TRIBUTAÇÃO INDIRETA NO DIREITO BRASILEIRO

TRIBUTAÇÃO INDIRETA NO DIREITO BRASILEIRO

HUGO DE BRITO MACHADO (COORDENADOR)

•

ADRIANO PINTO • ÁLISSON JOSÉ MAIA MELO
CARLOS CÉSAR SOUSA CINTRA • GUSTAVO MIGUEZ DE MELLO
HUGO DE BRITO MACHADO • HUGO DE BRITO MACHADO SEGUNDO
JOSÉ EDUARDO SOARES DE MELO • JOSÉ MARIA ARRUDA DE ANDRADE
LUIZ CARLOS MARQUES SIMÕES • LUIZ DIAS-MARTINS FILHO
MAURÍCIO BARROS • NATERCIA SAMPAIO SIQUEIRA
PAULO ROBERTO LYRIO PIMENTA • RICARDO LODI RIBEIRO
SACHA CALMON NAVARRO COELHO • SCHUBERT DE FARIAS MACHADO

MALHEIROS EDITORES

ICET INSTITUTO CEARENSE DE ESTUDOS TRIBUTÁRIOS

TRIBUTAÇÃO INDIRETA NO DIREITO BRASILEIRO

ISBN: 978-85-392-0156-3

MALHEIROS EDITORES LTDA.
Rua Paes de Araújo, 29, conjunto 171
CEP 04531-940 — São Paulo — SP
Tel.: (11) 3078-7205 — Fax: (11) 3168-5495
URL: www.malheiroseditores.com.br
e-mail: malheiroseditores@terra.com.br

Composição
Acqua Estúdio Gráfico Ltda.

Capa
Criação: Vânia Lúcia Amato
Arte: PC Editorial Ltda.

Impresso no Brasil
Printed in Brazil
01.2013

SUMÁRIO

APRESENTAÇÃO

Hugo de Brito Machado
Presidente do Instituto Cearense de Estudos Tributários (ICET)

O Instituto Cearense de Estudos Tributários/ICET tem promovido pesquisas jurídicas no campo do direito tributário, contando com a participação de ilustres estudiosos do assunto, com trabalhos que são reunidos em livros. Assim é que já publicamos, em conjunto com conceituada Editora, os seguintes livros de autoria coletiva:

- *Repetição do Indébito e Compensação no Direito Tributário*;
- *Regime Tributário das Indenizações*;
- *Lançamento Tributário e Decadência*;
- *As Contribuições no Sistema Tributário Brasileiro*;
- *Sanções Administrativas Tributárias*;
- *Sanções Penais Tributárias*;
- *Coisa Julgada – Constitucionalidade e Legalidade em Matéria Tributária*;
- *Certidões Negativas e Direitos Fundamentais do Contribuinte*; e
- *Não Cumulatividade Tributária*.

A cada dia mais me convenço de que tudo é relativo. E isto é da maior importância no estudo do Direito, porque significa a possibilidade de se aceitar um enunciado doutrinário mesmo que ele não seja válido para todas as situações. Aliás, penso que as teses jurídicas devem ser construídas tendo-se em vista o que geralmente acontece, e não tudo o que excepcionalmente pode acontecer. Se formos aos extremos do que pode caber em um conceito, os conceitos terminam se tornando inúteis para definir o que se quer dizer.

Assim, se considerarmos a repercussão do ônus para fins de definição do imposto como direto ou como indireto, temos de admitir que essa referência à repercussão é feita tendo-se em vista o que geralmente acontece, e por isto poderemos definir o imposto de renda como direto, embora se saiba que, excepcionalmente, esse imposto pode ter seu ônus transferido, no todo ou em parte, a terceiro.

Certamente pela mesma razão, quanto mais conhecemos a respeito de alguma coisa, mais essa coisa se nos apresenta complexa. Tudo que é pouco conhecido parece simples, e tudo que é muito conhecido parece complexo.

A propósito, a ideia de que é complexa a questão da classificação dos impostos em diretos e indiretos nos foi despertada com a leitura de Paul Hugon, que estuda o assunto em seu livro *O Imposto*, publicado já em 2ª edição no início dos anos 50, quando ainda nem havíamos iniciado nosso Curso de Graduação em Direito.[1] E a partir de então passamos a ver que realmente existe interessante diferença entre um imposto cuja carga é suportada por aquela pessoa que tem o dever de fazer o correspondente pagamento e um outro cuja carga pode ser transferida a terceiros, embutida no preço de bens e serviços, por quem tem o dever de pagar.

À transferência do ônus do tributo, embutido no preço de bens e serviços, tem sido atribuído o nome de "repercussão". A caracterização de um imposto como direto ou como indireto está, então, ligada à repercussão do seu ônus – tema que nos parece da maior importância para os estudiosos do direito tributário. Por esta razão, acolhemos e aplaudimos a sugestão que nos foi feita por Hugo de Brito Machado Segundo no sentido de que desta vez a pesquisa do Instituto Cearense de Estudos Tributários/ICET fosse feita sobre questões relativas à repercussão – e, assim, convidamos estudiosos do direito tributário para fazer essa pesquisa, formulando para serem respondidas as seguintes questões:

1. Paul Hugon, *O Imposto*, 2ª ed., Rio de Janeiro, Edições Financeiras, 1951.

1. Identificação dos tributos indiretos

1.1 Existem tributos indiretos? O que os caracteriza?

1.1.1 No Direito Brasileiro o ICMS é um tributo indireto? E o IPI? Por quê? Há relação entre não cumulatividade e tributação indireta? Qual? Basta ser não cumulativo para ser considerado indireto o tributo, e vice-versa?

1.1.2 Afirmativa a resposta à pergunta anterior, seriam indiretos também o PIS e a COFINS? E o IRPJ, quando incidente sobre o lucro presumido do comerciante vendedor? Por qual razão o ônus referente ao ICMS seria repassado ao consumidor, e o do IRPJ não?

1.1.3 Ainda em relação ao IRPJ, faria diferença o fato de ele incidir sobre o lucro presumido ou sobre o lucro real? Qual?

1.1.4 Nos serviços públicos, havendo fixação de preços e previsão de manutenção do equilíbrio econômico-financeiro dos contratos, pode-se dizer que os tributos que oneram a atividade são indiretos? Todos? Alguns? Quais?

1.1.5 O aumento de tributo incidente sobre um serviço público, sendo imediatamente transferido ao consumidor por força de previsão contida no contrato de concessão, deve ser considerado um aumento de tarifa? Caso negativo, isso significa que o consumidor está pagando tributo? Há algum reflexo, em razão disso, na aplicação do art. 166 do CTN a tais hipóteses?

1.1.6 Imagine-se que um consumidor final de energia elétrica questiona em juízo a cobrança do ICMS incidente sobre as faturas que paga à concessionária correspondente. Em face de medida liminar, deixa de sofrer o acréscimo do imposto nos termos impugnados. Essa liminar é confirmada por sentença e por acórdão do Tribunal de Justiça. Muitos anos depois, o STJ afirma a ilegitimidade ativa *ad causam* do consumidor final e extingue o processo sem exame do mérito. Pergunta-se: o Estado poderá exigir o ICMS que deixou de ser recolhido em todo o período de vigência da liminar? Ele poderá exigir esse imposto de quem? Da concessionária que estava impedida de acrescentá-lo à tarifa? Do consumidor que teve extinguido seu processo, por não ser considerado contribuinte?

2. Tributação indireta e repetição do indébito

2.1 O art. 166 do CTN se aplica à restituição de tributos indiretos? Ele se aplica a alguma outra hipótese de restituição do indébito tributário?

2.2 O art. 166 do CTN se aplica a outras ações relacionadas aos tributos indiretos, diversas da ação de restituição? Embargos à execução fiscal, por exemplo?

2.3 Há diferença entre a situação do contribuinte que paga tributo indireto e em seguida postula sua restituição e a daquele que, em vez de pagar, deposita o valor correspondente, questionando a cobrança? Por qual razão o art. 166 do CTN seria aplicável na primeira situação, e não na segunda?

2.4 O art. 166 confere legitimidade ao contribuinte "de fato" para postular a restituição do indébito? Caso negativo, como se poderá obter a restituição do indébito, sobretudo em situações nas quais o contribuinte de direito, que repassou o ônus financeiro do tributo ao consumidor, não tem como identificá-lo? Haveria ofensa ao art. 5º, XXXV, da CF de 1988?

3. Tributação indireta e imunidades subjetivas

3.1 Caso um comerciante vendedor seja titular de imunidade subjetiva, poderá ele invocá-la para se eximir da cobrança de tributo indireto incidente sobre as vendas que realiza? Poder-se-á dizer que tal imunidade não é aplicável, eis que quem "verdadeiramente" arca com o tributo é o consumidor final, não imune?

3.2 Caso um consumidor final seja titular de imunidade subjetiva, poderá ele invocá-la para fazer com que sobre as mercadorias e serviços que consome não incidam tributos indiretos? Poder-se-á dizer que tal imunidade não é por ele invocável, pois o "verdadeiro" contribuinte é o vendedor, não imune?

3.3 É possível oferecer resposta coerente às duas perguntas anteriores? Essa resposta é coerente com aquelas fornecidas às perguntas do item 2?

4. Tributação indireta e apropriação indébita

4.1 Quando o vendedor de uma mercadoria em cujo preço supostamente está embutido o tributo indireto recebe o pagamento desse preço mas não recolhe o tributo incidente sobre a operação, há apropriação indébita? Pode-se dizer que é o consumidor quem "verdadeiramente" paga o tributo, tendo o comerciante o papel de apenas repassá-lo aos cofres públicos, incorrendo em apropriação indébita se não o fizer?

4.2 Se não há apropriação indébita, eis que não se trata de mero repasse de tributo pago pelo consumidor, qual a justificativa para se negar ao comerciante o direito à restituição quando esse tributo é por ele recolhido indevidamente, nos termos do art. 166 do CTN?

5. Tributação indireta e inadimplência do consumidor

5.1 Caso o consumidor final não pague pela mercadoria adquirida, ainda assim o comerciante vendedor deverá recolher o tributo incidente sobre a operação?

5.2 Afirmativa a resposta à pergunta anterior, há coerência com a tese segundo a qual o comerciante não poderia pleitear a devolução do tributo pago indevidamente, a qual se funda na afirmação de que esse tributo seria pago, "na verdade", pelo consumidor final?

6. Tributação indireta e regressividade

6.1 A tributação indireta conduz, sempre, à regressividade? Caso afirmativo, como evitar ou minimizar isso?

6.2 Afirmar a regressividade da tributação indireta com base no fato de que seu ônus recai sobre o consumidor final é coerente com a afirmação de que a inadimplência desse consumidor não autoriza o comerciante a deixar de pagar o tributo correspondente? E com a afirmação de que não há apropriação indébita por parte do comerciante caso o consumidor pague o preço e ele, comerciante, não pague ao Fisco o tributo respectivo?

6.3 É a seletividade um reconhecimento constitucional (pelo menos em relação ao ICMS e ao IPI) de que tais tributos são indiretos? O que isso significa? Que são juridicamente suportados pelos consumidores finais?

7. Tributação indireta e base de cálculo de contribuições sobre a receita ou o faturamento

7.1 Caso se considere que os tributos indiretos são verdadeiramente pagos pelos consumidores finais dos produtos e serviços por eles onerados, poderia o ônus a eles correspondente ser considerado receita ou faturamento dos comerciantes vendedores?

7.2 Se comerciantes vendedores, quando pagam indevidamente um tributo indireto, não podem pleitear a devolução, sob o argumento de que quem teria pago tais tributos, na verdade, teria sido o consumidor final, por qual razão esse mesmo tributo, "pago" pelo consumidor final e apenas repassado ao Fisco, seria receita do comerciante?

8. Tributação indireta e consciência fiscal

8.1 Quais o sentido e o alcance do art. 150, § 5º, da CF de 1988? Estaria ali o reconhecimento de que o consumidor final é o "verdadeiro contribuinte" dos tributos que oneram as mercadorias e os serviços que consome?

8.2 A regulamentação do aludido dispositivo deveria ocorrer por meio de lei complementar? Quais tributos deveriam ser abrangidos pelo dever de esclarecimento ao consumidor?

8.3 Quais seriam as consequências práticas desse esclarecimento na formação da consciência fiscal?

9. Tributação indireta e desoneração das exportações

9.1 Por qual razão a Constituição Federal estabelece a não incidência de certos tributos sobre operações de exportação? Seria um reconhecimento de que tais tributos seriam verdadeiramente pagos pelos consumidores dos produtos, situados no Exterior?

Os Governos – no Brasil e, ao que parece, na maioria dos Países do mundo – têm dado preferência aos denominados impostos indiretos, ao que parece, por duas razões. A primeira, a falta de reação dos cidadãos. Os que são legalmente obrigados a pagar, porque geralmente conseguem transferir, embutido nos preços de bens e serviços, o ônus correspondente. E os que suportam esse ônus, porque geralmente ignoram esse ônus. E a segunda, a possibilidade de não serem compelidos a restituir os tributos cobrados indevidamente, especialmente em face da inconstitucionalidade das leis que os instituem.

A tese segundo a qual tributo indireto não se restitui, ainda que pago indevidamente, é extremamente perniciosa, pois amesquinha as garantias constitucionais do contribuinte.

Felizmente o STJ parece estar mudando sua orientação jurisprudencial quando à legitimidade daquele que paga o imposto somado ao preço do serviço por força de lei, como acontece no ICMS incidente sobre energia elétrica. É o que ficou demonstrado com o julgamento do REsp 1.299.303-SC, em cuja emenda está escrito:

> Diante do que dispõe a legislação que disciplina as concessões de serviço público e da peculiar relação envolvendo o Estado-concedente, a concessionária e o consumidor, esse último tem legitimidade para propor ação declaratória c/c repetição de indébito na qual se busca afastar, no tocante ao fornecimento de energia elétrica, a incidência do ICMS sobre a demanda contratada e não utilizada.

Realmente, é inegável o interesse jurídico que tem a empresa usuária de energia elétrica na não cobrança do ICMS, que, por força de lei, é a ela repassado pela empresa fornecedora da energia. Aliás, admitir o contrário significa autorizar tal cobrança, pois a empresa fornecedora de energia não tem interesse de fato em contestá-la, visto que não suporta o ônus correspondente.

Seja como for, certo é que o livro que apresentamos ao público alberga valiosos estudos de grandes especialistas – e, assim, nos faz acreditar que, com sua publicação, estamos contribuindo para o esclarecimento de importantes questões relacionadas com a denominada tributação indireta.

TRIBUTAÇÃO INDIRETA NO DIREITO BRASILEIRO

ADRIANO PINTO

Membro fundador do Instituto Cearense de Estudos Tributários (ICET) – Membro do Instituto dos Advogados do Ceará – Membro fundador da Academia Cearense de Letras Jurídicas – Professor da Faculdade de Direito da Universidade Federal do Ceará (UFC)

I – Memória jurídica. II – Domínio dos formatos históricos. III – Tributação indireta e repetição do indébito. IV – Tributação indireta e imunidades subjetivas. V – Tributação indireta e apropriação indébita. VI – Tributação indireta e inadimplência do consumidor. VII – Tributação indireta e regressividade. VIII – Tributação indireta e base de cálculo de contribuições sobre a receita ou faturamento. IX – Tributação indireta e consciência fiscal. X – Tributação indireta e desoneração das exportações. XI – Considerações finais.

I – Memória jurídica

Deve-se ao professor Hugo Machado a mais criativa e profícua ação construtora do direito tributário brasileiro, como Advogado, Juiz e Professor da vida jurídica moderna.

Veja-se que, ao convidar para a produção de livro com o selo do ICET em parceira com editora estimada pelo prestígio que merecidamente desfruta no mundo jurídico, o professor Hugo Machado já oferece um acabado levantamento das questões fundamentais ligadas ao tema proposto para o livro, em inusitado padrão metodológico para induzir a reflexão doutrinária.

Somente a amplitude, profundidade e atualidade do seu domínio sobre as questões jurídicas que assombram o direito tributário brasileiro permitem a apresentação dessa magnífica incursão pelos meandros da vida social onde se confrontam os autoritários engenhos do

Estado Fiscal e a resistência democrática de quantos atuam para fazer socialmente efetiva a proclamação do Estado Democrático de Direito feita na Constituição de 1988.

Conquanto se constitua em um desafio à sensibilidade jurídica e social dos que são distinguidos com o convite para compartilhar a produção doutrinária qualificada pelo empenho de servir à cidadania, o roteiro projetado para as reflexões já desbrava o emaranhado de questões que o tema a ser enfrentado oferece, cumprindo-se, no caso, a vocação de atuar para formar, revelar e difundir pensadores.

Vamos enfrentar as questões propostas na ordem apresentada, porque nenhuma outra alternativa nos parece mais adequada para compartilhar o esforço de produzir doutrina sem peias governamentais, políticas, corporativas ou de qualquer interesse fisiológico.

II – Domínio dos formatos históricos

1. Consta do roteiro proposto:

> ***1. Identificação dos tributos indiretos***
>
> *1.1 Existem tributos indiretos? O que os caracteriza?*
>
> 1.1.1 No Direito Brasileiro, o ICMS é um tributo indireto? E o IPI? Por quê? Há relação entre não cumulatividade e tributação indireta? Qual? Basta ser não cumulativo para ser considerado indireto o tributo, e vice-versa?
>
> 1.1.2 Afirmativa a resposta à pergunta anterior, seriam indiretos também o PIS e a COFINS? E o IRPJ, quando incidente sobre o lucro presumido do comerciante vendedor? Por qual razão o ônus referente ao ICMS seria repassado ao consumidor, e o do IRPJ não?
>
> 1.1.3 Ainda em relação ao IRPJ, faria diferença o fato de ele incidir sobre o lucro presumido ou sobre o lucro real? Qual?
>
> 1.1.4 Nos serviços públicos, havendo fixação de preços e previsão de manutenção do equilíbrio econômico-financeiro dos contratos, pode-se dizer que os tributos que oneram a atividade são indiretos? Todos? Alguns? Quais?

▶

▶ 1.1.5 O aumento de tributo incidente sobre um serviço público, sendo imediatamente transferido ao consumidor por força de previsão contida no contrato de concessão, deve ser considerado um aumento de tarifa? Caso negativo, isso significa que o consumidor está pagando tributo? Há algum reflexo, em razão disso, na aplicação do art. 166 do CTN a tais hipóteses?

1.1.6 Imagine-se que um consumidor final de energia elétrica questiona em juízo a cobrança do ICMS incidente sobre as faturas que paga à concessionária correspondente. Em face de medida liminar, deixa de sofrer o acréscimo do imposto nos termos impugnados. Essa liminar é confirmada por sentença e por acórdão do Tribunal de Justiça. Muitos anos depois, o STJ afirma a ilegitimidade ativa ad causam do consumidor final, e extingue o processo sem exame do mérito. Pergunta-se: o Estado poderá exigir o ICMS que deixou de ser recolhido em todo o período de vigência da liminar? Ele poderá exigir esse imposto de quem? Da concessionária que estava impedida de descontá-lo? Do consumidor que teve extinguido seu processo, por não ser considerado contribuinte?

2. Vê-se no primeiro conjunto de questões propostas a oportunidade para refletir sobre como a vida jurídica brasileira caminha apegada a formatos acadêmicos históricos.

Fez-se sedimentada a afirmativa de que, se o tributo tem como medida de extração da riqueza privada para repasse ao Estado a movimentação jurídica dos bens que integram o patrimônio do contribuinte, trata-se de tributo indireto, disto construindo-se consequências sempre prejudiciais ao contribuinte.

Faz-se exemplo suficiente a questão pertinente ao instituto da *repetição do indébito tributário*, na qual se tem construído o enriquecimento sem causa do Fisco, a partir dos requisitos exigidos pelo art. 166 do CTN para efetividade da restituição do pagamento indevido pelo contribuinte.

Ignora-se que o Estado Democrático de Direito há de ter como finalidade última servir à sociedade, e não se servir dela.

Infelizmente, a própria jurisprudência sumulada do STF já firmou que em pleitos de restituição apresentados pelos contribuintes de denominados impostos indiretos somente cabe a restituição do tributo pago indevidamente quando reconhecido, por decisão, que o contribuinte chamado *de jure* não recuperou do contribuinte dito de fato o *quantum* respectivo.

Com a Súmula 71 o STF simplesmente negou o direito à repetição do indébito no caso dos denominados tributos indiretos: "Embora pago indevidamente, não cabe restituição de tributo indireto".

Avançou a Súmula 546 do STF: "Cabe a restituição do tributo pago indevidamente quando reconhecido, por decisão, que o contribuinte *de jure* não recuperou do contribuinte *de facto* o *quantum* respectivo".

Ainda assim, significa, na prática, favorecer o Fisco com o enriquecimento sem causa. Não se diga que é melhor o Estado apropriar-se do indevido, porque vai aumentar sua disponibilidade para atender às necessidades sociais, do que permitir o reembolso de quem apenas está nominalmente designado "contribuinte".

Em primeiro lugar, cumpre fazer prevalecer a supremacia da Constituição, que já estabelece todos os meios pelos quais o Estado pode apropriar-se do patrimônio privado.

Depois, serve apenas à voracidade fiscal a ideia de que nos impostos indiretos coexistem dois contribuintes: o de direito, legal ou *de jure*, constituído da pessoa legalmente obrigada ao pagamento do imposto; e o de fato ou econômico, representado pela pessoa que, por via de transferência, translação ou repercussão econômica, recebe, suporta em definitivo o encargo financeiro do imposto, sem possibilidade de passá-lo adiante.

O "indébito tributário" na sua maior expressão constitui fonte do enriquecimento sem causa do Estado, mediante construções teóricas meramente formais, quando o contribuinte somente pode ser aquele que sofre a incidência da lei impositiva.

Faz-se atual a advertência do Min. Aliomar Baleeiro no RE 45.977-ES, que deu origem à evolução para a Súmula 546:

> (...) não pode se negar a nocividade, do ponto de vista ético e pragmático, duma interpretação que encoraja o Estado mantenedor do Direito a praticar, sistematicamente, inconstitucionalidades e ilegalidades na cer-

> teza de que não será obrigado a restituir o proveito da torpitude de seus agentes e órgãos. Nada pode haver de mais contrário ao progresso do Direito e à realização da ideia-força da Justiça. (STF, RE 45.977-ES, *DJU* 22.2.1967)

Como se vê, a classificação dos tributos em diretos e indiretos – veiculada pelo art. 166 do CTN – tem um potencial destrutivo da moralidade administrativa, hoje elevada a sede constitucional.

É classificação que nada tem de jurídica, elaborada pela ciência das finanças, a partir da observação do fenômeno econômico da translação ou repercussão dos tributos.

A classificação dos tributos indiretos com supedâneo no critério da repercussão econômica é inconciliável com a ordem constitucional de 1988, além de fonte de incertezas, pois não raras vezes tributos ditos indiretos não são repassados a terceiros, mas suportados pelo próprio contribuinte chamado "de direito".

Ademais, quase todos os impostos, de uma forma ou outra, e dentro dos mais variados mecanismos oferecidos pelas leis instáveis de mercado, repercutem economicamente.

Numa dada conjuntura econômica, um tributo dito direto pode se transformar em indireto, e vice-versa, sem que nada altere a lei e sem que se modifique o ordenamento jurídico tributário, pois não existe discernimento capaz de definir quando um tributo tem o ônus transferido a terceiro e quando é o mesmo suportado pelo próprio contribuinte.

Apenas por critério meramente legal ou de ficção jurídica, seriam indiretos aqueles impostos que a lei expressamente assim os nomeasse.

Deste modo, é totalmente falso e sem qualquer fundamento científico definir a transferência do respectivo encargo financeiro, expressão equivalente a "tributos indiretos", com base no critério da repercussão econômica, pois todos os tributos repercutem, de alguma forma.

Em suma, não se conforma com a realidade social, onde se tem o Estado instituindo a tributação sobre a atividade e/ou os bens da pessoa, a classificação de um tributo como direto ou indireto.

Só é admissível, na artificialidade legal ou burocrática, quando se utilize a repercussão econômica apenas como um instrumento, um meio, posto à mercê do enriquecimento sem causa do Estado para, nos casos de pagamento indevido de imposto já indireto, propiciar justificativa autoritária para a expropriação fiscal.

Convivemos com a formação doutrinaria dominante onde são identificáveis duas espécies de contribuinte: o de direito, pessoa obrigada legalmente ao pagamento do tributo, conforme o art. 121 do CTN; e o de fato, quem suporta definitivamente o ônus econômico do tributo, por não ter a possibilidade de repercuti-lo para outra pessoa.

No entanto, sob a realidade social contemplada pela ordem constitucional de 1988, a relação jurídica tributária não comporta essa dualidade de sujeitos num único polo, mas somente a figura do contribuinte.

Em prol desse argumento milita o *princípio constitucional da capacidade contributiva*, onde o contribuinte titular de uma riqueza é o único sujeito de direito que figura no polo passivo da relação jurídica tributária.

As expressões "contribuinte de fato" e "tributo indireto" têm sido questionadas há muito tempo, mas remanescem, pela força autoritária da Administração Fazendária.

O Estado Democrático de Direito é antes de tudo um instrumento para servir à sociedade, e não para submetê-la aos desígnios dos governantes ávidos por maior arrecadação fiscal.

Infelizmente, na realidade brasileira, quando a identificação formal do tributo desfavorece a sanha fiscal do Governo, ele obtém, com facilidade, tanto do Poder Legislativo como do Poder Judiciário, uma configuração que atenda ao interesse meramente material de arrecadar.

Em decisão recente o STJ proclamou que o "contribuinte de fato" não pode pedir a restituição de valores pagos por tributo indireto recolhido pelo "contribuinte de direito", por não fazer parte da relação jurídica tributária.

Nessa decisão a 1ª Turma do STJ negou a legitimidade ativa de uma pessoa jurídica dedicada à atividade hoteleira para questionar a repetição de valores indevidamente recolhidos ao Fisco a título de ICMS sobre o fornecimento de energia elétrica.

Ainda nessa decisão afirmou-se que, assim como o IPI, o ICMS é tributo indireto, "razão pela qual sua restituição ao 'contribuinte de direito' reclama a comprovação da ausência de repasse do ônus financeiro ao 'contribuinte de fato'".

Como se vê, o acerto da afirmativa de não existir legitimidade do chamado contribuinte de fato para postular em face de uma relação jurídica inexistente convive com a negativa do direito de quem tem essa relação jurídica, qual seja, o denominado "contribuinte de direito", mediante exigência autoritária de provar fato meramente econômico sem qualquer composição material para a situação de que houve pagamento fiscal indevido.

A jurisprudência do STJ admitia a legitimidade ativa do consumidor para discutir ICMS sobre energia elétrica, até que, no julgamento do REsp 903.394, sob o regime dos malsinados repetitivos, a 1ª Seção mudou o entendimento, ao afastar a legitimidade ativa de uma distribuidora de bebida para questionar o IPI, ao entender que somente o "contribuinte de direito" tem essa prerrogativa.

Veja-se:

Ementa: Tributário – ICMS – Energia elétrica – Demanda contratada – Imposto indireto – Contribuinte de fato – Ilegitimidade ativa *ad causam* – Novel posicionamento firmado no REsp n. 928.875-MT, pela 2ª Turma – Aplicação do entendimento consagrado no REsp n. 903.394-AL, julgado sob o regime de recurso repetitivo pela 1ª Seção.

1. Em que pese a iterativos precedentes nos quais a jurisprudência desta Corte vinha reconhecendo a legitimidade ativa do consumidor final para questionar a cobrança de ICMS quanto à demanda contratada de energia elétrica, a 2ª Turma, ao julgar o REsp n. 928.875-MT, rel. Min. Herman Benjamin, decidiu, por unanimidade, aplicar o entendimento consagrado no REsp n. 903.394-AL, julgado sob o regime de recurso repetitivo na 1ª Seção, no sentido de que somente o contribuinte de direito pode demandar judicialmente, não o contribuinte de fato.

2. No caso dos autos, trata-se de operações internas de energia elétrica; daí a empresa adquirente da energia não ser contribuinte do ICMS, o que atrai o reconhecimento de sua ilegitimidade ativa *ad causam* – Agravo regimental provido, para reconhecer a ilegitimidade passiva *ad causam* da empresa autora. (STJ, 2ª Turma, REsp/AgR/ED 1.052.168-AC (2008/0091339-0), rel. Min. Humberto Martins (1.130), j. 16.11.2010, *DJe* 23.11.2010)

Em suma, ganhou o artificialismo burocrático que desserve à sociedade e favorece, sempre, o poder fiscal.

"Contribuinte de direito", no sentido burocrático corrente, é quem tem relação pessoal e direta com o fato gerador do tributo e recolhe o tributo ao Fisco, nos termos do art. 121, parágrafo único, I, do CTN: "O sujeito passivo da obrigação principal diz-se: I – contribuinte, quando tenha relação pessoal e direta com a situação que constitua o respectivo fato gerador; (...)".

O "contribuinte de fato", por outro lado, é quem suporta o ônus econômico do tributo, ou seja, a quem a carga é repassada – normalmente, o consumidor final. Tributos indiretos, por sua vez, são aqueles em que há transferência do encargo financeiro.

A partir do entendimento de que não cabe distinguir o tributo em direto e indireto, tanto o ICMS como o IPI, o PIS, a COFINS, o IRPJ, são tributos que incidem juridicamente sobre o contribuinte, tendo como parâmetro de sua capacidade contributiva suas atividades, não se excluindo o ônus pessoal sofrido apenas porque existe mecanismo destinado a evitar que a tributação tenha base de cálculo composta por anterior carga fiscal, que se revela na chamada "não cumulatividade".

Apenas por artificialidade fiscal se pode afirmar, como regra, que o ônus do ICMS é repassado ao consumidor e o do IRPJ não, sabido que em toda e qualquer atividade produtiva se impõe considerar os custos tributários para a formação dos preços a serem praticados na cadeia operacional que leva bens e serviços ao consumidor final.

Sob essa ótica, tem-se que não faz diferença o mero regime fiscal legalmente estabelecido para apuração e recolhimento do tributo, como seja o caso do IRPJ pelo lucro presumido ou real.

No mesmo sentido, a fixação de preço, a manutenção do equilíbrio econômico-financeiro do contrato nos serviços públicos não transmudam a natureza dos tributos que oneram a atividade realizada, servindo a classificação de serem indiretos apenas para burlar a imunidade constitucional onde e quando se tenha o poder político para legislar em prol do mero interesse material de arrecadar.

No mesmo contexto das considerações já oferecidas, impõe-se entender que não se legitima qualquer incidência de lei impositiva tributária sobre a atividade que configure serviço público nos termos emergentes da Constituição, ou seja, tudo aquilo que vai atribuído ao

Estado oferecer à sociedade. De outra parte, a fixação de tarifas é questão de política social estranha ao mundo do direito tributário, e a formação de custos com a margem de remuneração da concessionária há de ter sede nos valores e princípios constitucionais que permitem ao Estado delegar a execução de suas tarefas à iniciativa privada.

Ainda na perspectiva apresentada, a existência de situação fiscal emergente de questão judicial onde se possa identificar sob a ordem jurídica um eventual prejuízo do Estado-membro em razão do não recolhimento do ICMS por efeito de decisões nas instâncias ordinárias a final reformadas pelo STJ não enseja legitimidade para cobrar do consumidor final o componente tributário da tarifa, devendo a União, em última análise, repor ao Estado-membro e à concessionária a perda sofrida por efeito da atuação do Poder Judiciário.

Haverá, por certo, resistência à contemplação das questões fiscais desconsiderando a estratificação de padrões já sedimentados na ordem legal, porque é comum a tendência de buscar extrair dela caminhos e soluções que, ao nosso entender, acabam por represar a defesa dos valores e princípios da ordem constitucional ainda quando, eventualmente, seja mais eficiente, em termos de resultados imediatos, esse caminho de submissão ao fato consumado.

No ambiente fiscal dominado pela criatividade burocrática oficial desenvolveu-se a distinção entre a não cumulatividade formada pela exclusão da carga tributária anterior na composição da base de cálculo do tributo e a não cumulatividade resultante da concessão de créditos fiscais.

Conforme a "Exposição de Motivos" da Medida Provisória 135, tem-se a não cumulatividade do PIS e da COFINS mediante a outorga de créditos fiscais, consubstanciada no Método Subtrativo Indireto.

Nesse Método Subtrativo Indireto a não cumulatividade é obtida por meio da concessão de crédito fiscal sobre as compras (custos e despesas) definidas em lei, na mesma proporção da alíquota que registra as vendas (receitas).

Forma-se, assim, de uma sistemática diferente daquela adotada pela legislação do IPI e do ICMS, para os quais se diz aplicado o Método de Imposto contra Imposto – isto é, compensa-se o montante devido na saída (vendas) com o valor efetivamente recolhido por ocasião da entrada (compras).

Sabidamente, a transformação da contribuição para o PIS e da COFINS em tributos não cumulativos teve por finalidade ("Exposição de Motivos" da Medida Provisória 66 e da Medida Provisória 135) a expansão da atividade comercial brasileira, quer com relação ao mercado interno, quer com relação às exportações.

Na legislação brasileira já se tinha a outorga de créditos fiscais no imposto sobre serviços de qualquer natureza/ISS referente aos serviços de construção civil, em que o art. 9º, § 2º, do Decreto-lei 406/1968 permitia deduzir do preço do serviço, para efeito de apuração da base de cálculo, os valores correspondentes aos materiais empregados e às subempreitadas.

Nomeia a burocracia fiscal o Método Direto Aditivo, pelo qual a alíquota do tributo é aplicada sobre o valor efetivamente agregado pelo contribuinte – isto é: mão de obra (MO), outras matérias-primas e insumos (MP), outras despesas (D) e a margem de lucro (L). Daí, o tributo pode ser calculado da seguinte maneira:

$$T = a \times (MO + MP + D + L).$$

Existe também o Método Indireto Aditivo, no qual o cálculo do tributo se faz por meio da somatória da aplicação da alíquota a cada um dos elementos que compõem o valor agregado pelo contribuinte:

$$T = (a \times MO) + (a \times MP) + (a \times D) + (a \times L).$$

Estes dois últimos métodos representam a aplicação clássica do imposto sobre o valor agregado/IVA.

Tem-se, ainda, o Método Indireto Subtrativo, que determina o valor devido por meio da diferença entre a alíquota aplicada sobre as vendas (R) e a alíquota aplicada sobre as compras (C), isto é:

$$T = (a \times R) - (a \times C).$$

Finalmente, dentre os principais, encontra-se ainda o Método de Crédito do Tributo, que é o mais conhecido na legislação brasileira, pois se trata da sistemática de não cumulatividade aplicada ao imposto sobre circulação de mercadorias e prestação de serviços/ICMS e ao imposto sobre produtos industrializados/IPI. Por esse método, o valor do tributo devido na etapa anterior é registrado como crédito fiscal para ser utilizado na apuração do débito referente à transação corrente.

A questão que se coloca nesse ambiente fiscal é considerar se metodologias burocráticas devem ditar o conteúdo dos direitos constitucionais do contribuinte, submetendo a cidadania ao aparato burocrático-fazendário.

Por decorrência do domínio governamental sobre o Legislativo e o Judiciário, construiu-se expressiva representatividade arrecadatória instituindo-se impostos sob a denominação de contribuições sociais incidentes sobre a receita das empresas. Logrou, ainda, o Governo obter formatos supostamente constitucionais que permitem a exigência delas no mesmo exercício fiscal de sua instituição e escamotear a formação dos fundos fiscais destinados às unidades federativas, burlando-se o sistema de transferências constitucionais.

Não interessa ao Governo quebrar o enquadramento da exação fiscal no conceito dual de tributo direto/indireto.

Nesse contexto, o tributo indireto onera o processo produtivo, fazendo o setor produtivo refém do humor governamental para instituir mecanismos de compensação que evitem seja transferido cumulativamente às mercadorias vendidas ao consumidor final o tributo exigido em cada etapa intermediária.

O ICMS é o principal tributo indireto no sistema tributário brasileiro, representando, em média, 25% da carga fiscal bruta. Mas, ainda assim, vivem os Estados-membros reféns das transferências fiscais federais, o que exaure o equilíbrio federativo.

Por certo, ninguém ignora que os fundos constitucionais tributários seguem sendo esvaziados pela instituição das denominadas "contribuições sociais", que encobrem impostos cuja arrecadação não é repartida para tais fundos. As representações parlamentares, dominadas pelo fisiologismo fiscal, ao invés de resistirem a tais desvios, buscam o aproveitamento, sendo exemplar o caso da denominada CIDE, alvo de postulações políticas para uma "fatia do bolo".

A referência à Medida Provisória 135 faz oportuno registrar como a própria Administração Fazendária já considera natural a manipulação fisiológica dos parlamentares para obter a aprovação de medidas provisórias, contando com a passividade do STF, conforme se revela no seguinte trecho da E. M. Interministerial 00135/2008-MF/MDIC, de 18.8.2008:

> (...).
>
> Apesar de caracterizados os requisitos de urgência e relevância justificadores da Medida Provisória n. 437, de 2008, constatou-se a inadequação do meio empregado aos fins colimados. *As manifestações de lideranças políticas do Congresso Nacional sobre a mesma nos levaram a reconsiderar a conveniência de sua edição, sem prejuízo da discussão sobre o seu mérito, particularmente considerando-se o interesse maior do Governo de V. Exa. de viabilizar a apreciação de proposições legislativas que estariam prejudicadas em função da obstrução da pauta do Congresso Nacional*, pela referida medida provisória, a partir de 16 de setembro próximo, em razão do transcurso de prazo a que se refere o § 6º do art. 62 da Constituição de 1988.
>
> 13. *Assim, entendemos que o mais adequado é revogar a medida provisória, desde logo, de modo a elidir essa possibilidade e permitir que a pauta de votações da Câmara dos Deputados seja desimpedida, ao mesmo tempo em que o Governo Federal empenhar-se-á em submeter ao Congresso Nacional projeto de lei com idêntico teor e trabalhar para a sua rápida aprovação.*
>
> 14. Destaco que *a jurisprudência do STF sempre admitiu que uma medida provisória seja revogada por outra (por exemplo, a ADI/MC n. 221-0-DF, Tribunal Pleno, rel. Min. Moreira Alves,* DJU *22.10.1993, e a ADI/MC n. 1.207-0-DF, Tribunal Pleno, rel. Min. Néri da Silveira,* DJU *1.12.1995), entendimento, esse, que se manteve aplicável sob a sistemática da Emenda Constitucional n. 32, de 2001 (conforme a ADI/MC n. 2.984-3-DF, Tribunal Pleno, rela. Min. Ellen Gracie,* DJU *14.5.2004)*. (Grifamos)

III – Tributação indireta e repetição do indébito

3. Vê-se no roteiro proposto:

> **2. Tributação indireta e repetição do indébito**
>
> *2.1 O art. 166 do CTN se aplica à restituição de tributos indiretos? Ele se aplica a alguma outra hipótese de restituição do indébito tributário?*

▶

2.2 O art. 166 do CTN se aplica a outras ações relacionadas aos tributos indiretos, diversas da ação de restituição? Embargos à execução fiscal, por exemplo?

2.3 Há diferença entre a situação do contribuinte que paga tributo indireto e em seguida postula sua restituição e a daquele que, em vez de pagar, deposita o valor correspondente, questionando a cobrança? Por qual razão o art. 166 do CTN seria aplicável na primeira situação, e não na segunda?

2.4 O art. 166 confere legitimidade ao contribuinte "de fato" para postular a restituição do indébito? Caso negativo, como se poderá obter a restituição do indébito, sobretudo em situações nas quais o contribuinte de direito, que repassou o ônus financeiro do tributo ao consumidor, não tem como identificá-lo? Haveria ofensa ao art. 5º, XXXV, da CF de 1988?

Enfrentando o primeiro item do roteiro, colocamos em pauta a questão da repetição do indébito nos casos dos tributos ditos indiretos, à luz da Constituição Federal, do Código Tributário Nacional e das Súmulas 71 e 546 do STF.

O art. 166 do CTN dispõe: "A restituição de tributos que comportem, por sua natureza, transferência do respectivo encargo financeiro somente será feita a quem prove haver assumido o referido encargo, ou, no caso de tê-lo transferido a terceiro, estar por este expressamente autorizado a recebê-la".

Doutrinariamente, há diversas formas de classificação dos tributos; mas para o caso interessa a classificação em diretos e indiretos, e mais precisamente os impostos.

Como já foi dito, remanesce o domínio do entendimento de que se tem o imposto direto quando o valor econômico é suportado exclusivamente pelo contribuinte, como é o caso do imposto sobre a propriedade de veículos automotores/IPVA (art. 155, IV, da CF). O proprietário do automóvel arca com o ônus do tributo, cujo valor não é repassado ao terceiro, em tese, pois poderá acontecer que, por circunstância de mercado, venda o veículo, considerando na composição do preço o valor desse tributo pago.

Já, o imposto indireto seria aquele em que a carga financeira vai transferida a terceiro, como é o caso do imposto sobre produtos industrializados/IPI (art. 153, III, da CF). O contribuinte do tributo é o industrial, que fica obrigado a recolher seu respectivo valor, mas pode vir a ser ressarcido financeiramente por ocasião do pagamento do preço por parte do adquirente.

Hugo Machado (*Curso de Direito Tributário*, 33ª ed., São Paulo, Malheiros Editores, 2012, p. 211), registrando a definição corrente sobre impostos diretos e indiretos, faz contundente crítica à referida classificação, ao afirmar:

> A classificação dos tributos em *diretos* e *indiretos* não tem, pelo menos do ponto de vista jurídico, nenhum valor científico. É que não existe critério capaz de determinar quando um tributo tem o ônus transferido a terceiro, e quando é o mesmo suportado pelo próprio contribuinte. O imposto de renda, por exemplo, é classificado como imposto direto; entretanto, sabe que nem sempre o seu ônus é suportado pelo contribuinte. O mesmo acontece com o IPTU, que, tratando-se de imóvel alugado, é quase sempre transferido para o inquilino.

Optando por aceitar definição legal, Hugo Machado diz (idem, ibidem):

> A nosso ver, *tributos que comportem, por sua natureza, transferência do respectivo encargo financeiro* são somente aqueles tributos em relação aos quais a própria lei estabeleça dita transferência. Somente em casos assim aplica-se a regra do art. 166 do CTN, pois a *natureza* a que se reporta tal dispositivo só pode ser a natureza *jurídica*, que é determinada pela lei correspondente, e não por meras circunstâncias econômicas que podem estar, ou não, presentes, sem que se disponha de um critério seguro para saber quando se deu, e quando não se deu, tal transferência.

Aliomar Baleeiro (*Direito Tributário Brasileiro*, 11ª ed. atualizada por Misabel Abreu Machado Derzi, Rio de Janeiro, Forense, 2007, p. 885), ao enfrentar a classificação dos tributos em diretos e indiretos, afirma que a Súmula 71 do STF não pode ser generalizada, devendo ser apreciada em cada caso concreto, porque, de começo, do ponto de vista científico, os financistas ainda não conseguiram, depois de 200 anos de discussão, desde os fisiocratas do século XVIII, um critério seguro para distinguir o imposto direto do indireto.

Misabel Derzi, atualizadora da obra acima citada, em nota específica, destaca a limitada aplicação do art. 166 do CTN:

> Juridicamente, somente existem dois impostos "indiretos" por presunção: o imposto sobre produtos industrializados/IPI, de competência da União, e o imposto sobre operações de circulação de mercadorias e prestação de serviços de transporte interestadual e intermunicipal e de comunicação/ICMS, de competência dos Estados. O caráter "indireto" dos demais tributos, como quer Aliomar Baleeiro, é apenas uma especulação econômica, pois são muitas as variáveis (condições de mercado, competitividade, de estrutura e incidência da exação, natureza do produto etc.) que podem desencadear ou não a translação.
> (...).
> A rigor, a ilação é extraída diretamente da Constituição Federal, porque, em relação a eles, a Carta adota dois princípios – o da seletividade e o da não cumulatividade – que somente podem ser explicados ou compreendidos pelo fenômeno da translação, uma vez que a redução do imposto a recolher, entre outros objetivos – em um ou outro princípio –, se destina a beneficiar o consumidor, por meio da repercussão no mecanismo dos preços. Ademais, tais impostos têm ainda a função de serem neutros, nem deformando a competitividade, a formação de preços ou a livre concorrência. Para isso nao podem onerar o agente econômico que atua sujeito às leis de mercado, ou seja, o contribuinte, (o comerciante), mas são suportados pelo consumidor. E não apenas há uma aceitação jurídico-constitucional da repercussão do encargo financeiro, mas ainda um comando de autorização e até de determinação da transferência.

Acrescenta Misabel Derzi que a restrição do art. 166 do CTN só se dá em relação aos créditos decorrentes do pagamento indevido, pois na compensação não prevalece a dicção do referido artigo.

Por certo, o art. 166 do CTN veiculou, neste particular, norma específica de direito privado, inconciliável com a Constituição Federal, e por isso não foi pela mesma recepcionado.

Já, o STJ, nos autos do REsp 629.356-PR, ementou:

> Tributário – Recurso especial – ISS – Sociedade uniprofissional – Art. 9º, § 3º, do Decreto-lei n. 406/1968 – Violação do art. 535 do CPC – Não ocorrência – Transferência do encargo financeiro – Comprovação desnecessária.
>
> (...).
>
> 2. Ante a falta de vinculação entre o tributo e os serviços prestados, descabido falar-se em prova da não transferência do encargo financeiro pelas sociedades de advogados, inaplicável a regra encartada no art. 166 do CTN. (STJ, REsp 629.356-PR)

Em decisão relatada pelo Min. José Delgado, o STJ assim se pronunciou:

> Tributos que comportem, por sua natureza, transferência do respectivo encargo financeiro são somente aqueles em relação aos quais a própria lei estabeleça dita transferência. Somente em casos assim aplica-se a regra do art. 166 do CTN, pois a natureza, a que se reporta tal dispositivo legal, só pode ser a jurídica, que é determinada pela lei correspondente, e não por meras circunstâncias econômicas que podem estar, ou não, presentes, sem que se disponha de um critério seguro para saber quando se deu, e quando não se deu, a aludida transferência. Na verdade, o art. 166 do CTN contém referência bem clara ao fato de que deve haver pelo intérprete sempre, em caso de repetição de indébito, identificação se o tributo, por sua natureza, comporta a transferência do respectivo encargo financeiro para terceiro ou não, quando a lei, expressamente, não determina que o pagamento da exação é feito por terceiro, como é o caso do ICMS e do IPI. (STJ, 1ª Turma, REsp/AgR 436.894-PR, *DJU* 17.2.2003)

No REsp 1.131.476-RS se tem o registro da sedimentação dos equivocados entendimentos quanto à existência dos tributos diretos e indiretos, com aplicações que, em última análise, concorrem para o enriquecimento sem causa do Fisco.

Veja-se:

> *Ementa:* Tributário – Recurso especial representativo de controvérsia – Art. 543-C do CPC – ISS – Locação de bens móveis – Repetição de indébito – Prova da não repercussão – Exigibilidade, *in casu* – Art. 166 do CTN.

1. O ISS é espécie tributária que admite a sua dicotomização como tributo direto ou indireto, consoante o caso concreto.

2. A pretensão repetitória de valores indevidamente recolhidos a título de ISS incidente sobre a locação de bens móveis (cilindros, máquinas e equipamentos utilizados para acondicionamento dos gases vendidos), hipótese em que o tributo assume natureza indireta, reclama da parte autora a prova da não repercussão, ou, na hipótese de ter a mesma transferido o encargo a terceiro, de estar autorizada por este a recebê-los, o que não ocorreu *in casu*, consoante dessume-se do seguinte excerto da sentença, *in verbis*: "Com efeito, embora pudesse o autor ter efetuado a prova necessária, que lhe foi facultada, deixou de demonstrar que absorveu o impacto financeiro decorrente do pagamento indevido do ISS sobre a operação de locação de móveis, ou que está autorizado a demandar em nome de quem o fez. Omitiu prova de que tenha deixado de repassar o encargo aos seus clientes ou que tenha autorização destes para buscar a repetição, conforme exigência expressa inscrita no art. 166 do CTN".

3. Precedentes: REsp n. 1.009.518-RS, rela. Min. Eliana Calmon, 2ª Turma, j. 6.8.2009, *DJe* 21.8.2009; AgR no AgR no REsp n. 947.702-RJ, rel. Min. Mauro Campbell Marques, 2ª Turma, j. 4.8.2009, *DJe* 17.8.2009; AgR no REsp n. 1.006.862-SC, rel. Min. Humberto Martins, 2ª Turma, j. 26.8.2008, *DJe* 18.9.2008; REsp n. 989.634-PR, rel. Min. Luiz Fux, 1ª Turma, j. 19.6.2008, *DJe* 10.11.2008; AgR no REsp n. 968.582-SC, rel. Min. Francisco Falcão, *DJU* 18.10.2007; AgR no Ag n. 692.583-RJ, rela. Min. Denise Arruda, *DJU* 14.11.2005; REsp n. 657.707-RJ, rel. Min. José Delgado, *DJU* 16.11.2004).

4. Recurso especial desprovido. Acórdão submetido ao regime do art. 543-C do CPC e da Resolução STJ n. 08/2008. (REsp 1.131.476-RS (2009/0059347-3), rel. Min. Luiz Fux, j. 9.12.2009)

Consta do voto do Relator, Min. Luiz Fux:

Com efeito, o art. 166 do CTN contém nítida referência ao fato de que exigível do intérprete, nos casos de repetição de indébito, identificar previamente se o tributo, por sua natureza, comporta a transferência do respectivo encargo financeiro para terceiro ou não, quando a lei, expressamente, não determina que o pagamento da exação é feito por terceiro.

Esse entendimento consolidou-se por se considerar que o art. 166 do CTN só tem aplicação aos tributos indiretos, isto é, que se incorporam explicitamente aos preços, como é o caso do ICMS, do IPI etc.

O ISS, como de sabença, é espécie tributária que admite a sua dicotomização como tributo direto ou indireto, consoante o caso concreto.

In casu, a pretensão repetitória da ora recorrente consiste em reaver valores indevidamente recolhidos a título de ISS incidente sobre a locação de bens móveis (cilindros, máquinas e equipamentos utilizados para acondicionamento dos gases vendidos), hipótese em que o tributo assume natureza indireta.

Apresenta-se com essa característica porque o contribuinte real é o consumidor (locador) da mercadoria objeto da operação (contribuinte de fato) e a empresa (contribuinte de direito) repassa, no preço da locação do bem, o imposto devido, recolhendo posteriormente aos cofres públicos o imposto já pago pelo "consumidor" de seus produtos ou serviços. Não assume, portanto, a carga tributária resultante dessa incidência.

Ignora a jurisprudência do STJ que o consumidor não mantém, com o Fisco ou com o fornecedor-contribuinte, relação jurídica tributária, mas sim de natureza privada. O fornecedor-contribuinte suporta a exação, o consumidor paga o preço da mercadoria, produto ou serviço. Este deve ser o critério jurídico da análise fática.

No contexto da ordem constitucional, não cabe falar em impossibilidade de repetição do indébito tributário por parte do contribuinte, quer dos chamados tributos indiretos ou diretos.

Dada a complexidade das questões que envolvem a restituição do indébito tributário, recomenda-se que o afetado pelo recolhimento fiscal indevido busque o controle judicial mediante o depósito da quantia questionada.

Onde e quando o onerado por efeito do pagamento do indébito tributário possa demonstrar a ocorrência vislumbra-se expectativa de que em sede judicial possa obter a liberação do encargo ou o ressarcimento do ônus suportado, sendo certo que em qualquer situação pode levantar judicialmente os fundamentos para sua pretensão, dado o princípio da inafastabilidade do acesso ao Judiciário (CF de 1988, art. 5º, XXV).

Infelizmente, a garantia constitucional de acesso ao controle judicial não significa que seja aplicada a Constituição, como se faz exemplo decisão do STJ em sede de um malsinado sistema de "recursos repetitivos", onde se vê:

> A ora recorrente ajuizou ação por entender que o prazo para pagamento de parcelas referentes ao ICMS era ilegal, visto que fixado em decreto e não em lei. Dessa forma, declarou o referido tributo em GIA, mas, apoiada na liminar concedida, recolheu seu valor na data que entendia correta. Sucede que se sagrou vencedora a Fazenda, que, após revogada a liminar, inscreveu em Dívida Ativa e promoveu a execução fiscal para a cobrança dos valores correspondentes a esse atraso (juros, correção monetária e multa). Daí os embargos à execução, nos quais a recorrente, contribuinte de direito, busca aproveitar o valor referente à alíquota a maior indevidamente recolhida para a compensação do débito referente ao recolhimento extemporâneo do tributo; ou seja, ela almeja compensar valor suportado pelo contribuinte de fato com obrigação que lhe é própria. Quanto a isso, vê-se que é aplicável à hipótese o art. 166 do CTN (prova da assunção do encargo), pois a jurisprudência deste Superior Tribunal já se firmou no sentido de admitir que esse dispositivo tem sua aplicação justamente nas hipóteses em que o contribuinte de direito demanda a repetição do indébito ou a compensação de tributo cujo valor foi suportado pelo contribuinte de fato, tal como se deu no caso. No que diz respeito à configuração, na hipótese, da denúncia espontânea (art. 138 do CTN), vale destacar que a Seção, ao julgar anterior recurso repetitivo, reafirmou o entendimento de que a apresentação da GIA, da DCTF ou de outra declaração dessa mesma natureza prevista em lei é modo de constituição de crédito tributário, dispensado o Fisco de qualquer outra providência nesse sentido, e que, diante do crédito assim declarado e constituído pelo contribuinte, não configura a referida denúncia espontânea o posterior recolhimento fora do prazo estabelecido (Súmula n. 360/STJ). O entendimento acima exposto foi adotado pela Seção no julgamento do recurso especial em questão, sujeito ao regime do art. 543-C do CPC e da Resolução n. 8/2008 do STJ – Precedentes citados: REsp n. 886.462-RS, *DJU* 28.10.2008; EREsp n. 727.003-SP, *DJU* 24.9.2007; AgR no EREsp n. 752.883-SP, *DJU* 22.5.2006; e EREsp n. 785.819-SP, *DJU* 19.6.2006. (REsp 1.110.550-SP, rel. Min. Teori Albino Zavascki, j. 22.4.2009)

O contribuinte brasileiro sofre um "jogo de empurra" no Judiciário, onde o STF criou a figura artificial da *violação indireta à Constituição* para liberar-se do encargo de fazer valer a supremacia constitucional diante da lei federal; e o STJ formatou a ideia de que *não existe direito federal se a lei apenas repetiu o contido em norma da Carta Magna.*

Veja-se no REsp 647.455-RS a demonstração de como se nega ao jurisdicionado a atuação eficiente para cumprir-se a garantia constitucional do acesso ao controle judicial.

Ementa: Tributário e processual civil – IPI – Creditamento – Produtos adquiridos pelo contribuinte – Isenção – Alíquota zero – Não cumulatividade – Matéria constitucional – Recurso especial – Ofensa ao art. 49 do CTN – Não conhecimento – Art. 166 do CTN inaplicável.

1. É inviável o recurso especial com base na violação do art. 49 do CTN, pois apenas reproduz o conteúdo de dispositivo da Constituição da República, pelo quê a matéria relativa à ofensa à técnica da não cumulatividade tem natureza constitucional – Precedentes do STJ.

2. A jurisprudência da 1ª Seção firmou-se no sentido de que, em se tratando de hipótese de aproveitamento de créditos de produtos isentos de IPI, afasta-se, portanto, a exigência do art. 166 do CTN.

3. Recurso especial da Fazenda Nacional parcialmente conhecido e não provido.

(...)

RELATÓRIO – *O Exmo. Sr. Min. Herman Benjamin*: Trata-se de recurso especial interposto, com fundamento no art. 105, III, "a", da Constituição da República, contra acórdão assim ementado (fls. 1.412):

"*Tributário – Princípio da não cumulatividade – Imposto sobre Produtos Industrializados – Crédito presumido – Correção monetária.*

"1. O princípio constitucional da não cumulatividade tem como finalidade essencial a proteção do consumidor final, evitando que este venha a suportar a carga tributária excessiva decorrente da incidência cumulativa de IPI nas operações que envolvem o processo de industrialização.

"2. O contribuinte tem direito de creditar-se do IPI relativo aos insumos e matérias-primas adquiridos sob o regime de isenção, não tributados ou sujeitos à alíquota zero, a fim de que o benefício possa ser efetivamente refletido no preço final do produto oferecido ao consumo.

"3. Tendo esta 1ª Seção reformulado o entendimento ao qual havia me curvado, retomo meu posicionamento anterior, entendendo ser devida a correção monetária dos créditos de IPI."

A Fazenda Nacional sustenta que houve violação dos arts. 49 e 166 do CTN. Quanto ao primeiro dispositivo, afirma que, no caso de crédito físico, remanesce unicamente o direito à sua manutenção para aproveitamento posterior, havendo de ser afastada a atualização monetária, que, acaso incidente, importará a eliminação da exata proporção entre o débito e o crédito escritural. No que tange ao segundo artigo, assevera que o aproveitamento dos créditos em comento é admissível apenas mediante a prova de que não houve a transferência do encargo financeiro ao consumidor, na medida em que se trata de tributo indireto.

Contrarrazões a fls. 1.459-1.472.

O Tribunal de origem admitiu o recurso especial (fls. 1.474). O Ministério Público Federal opinou pelo não provimento do apelo (fls. 1.481-1.485).

É o relatório.

VOTO – *O Exmo. Sr. Min. Herman Benjamin*: O art. 49 do CTN trata do princípio da não cumulatividade, que orienta a tributação pelo IPI:

"Art. 49. O imposto é não cumulativo, dispondo a lei de forma que o montante devido resulte da diferença a maior, em determinado período, entre o imposto referente aos produtos saídos do estabelecimento e o pago relativamente aos produtos nele entrados.

"Parágrafo único. O saldo verificado, em determinado período, em favor do contribuinte transfere-se para o período ou períodos seguintes."

A alegada violação do art. 49 do CTN adviria do fato de o Tribunal *a quo* não admitir o creditamento relativo aos produtos submetidos à alíquota zero, adquiridos pelo contribuinte.

No entanto, esse dispositivo legal repete estritamente o princípio constitucional previsto no art. 153, § 3º, II, da CF:

"Art. 153. Compete à União instituir impostos sobre: (...).

"(...).

"§ 3º. O imposto previsto no inciso IV: (...); II – *será não cumulativo, compensando-se o que for devido em cada operação com o montante cobrado nas anteriores*; (...)." (grifei)

Na verdade, toda a decisão recorrida, no que tange ao creditamento do IPI relativo aos produtos isentos, não tributados ou submetidos à alíquota zero, fundamenta-se no princípio constitucional da não cumulatividade, inscrito no dispositivo da Carta Maior acima transcrito.

A referência à legislação federal é mera reiteração da norma constitucional.

Incabível, na hipótese, o conhecimento do recurso especial, sob pena de invasão da competência constitucionalmente deferida ao egrégio STF.

Assim já decidiu esta Corte:

"*Processual civil e tributário – Creditamento de IPI – Aquisição de insumos isentos, não tributados, ou tributados à alíquota zero – Acórdão recorrido – Fundamento constitucional.*

"1. A apontada violação aos arts. 49 e 97 do CTN, por reproduzir o disposto nos arts. 153, § 3º, II, e 150, inciso I, da Carta Magna, não enseja o conhecimento de recurso especial pela alínea 'a'. Precedentes da Turma.

"2. Não se conhece do recurso especial quando o acórdão recorrido se assenta em fundamentos exclusivamente constitucionais.

"3. Esta Corte afastou o disposto no art. 166 do CTN na hipótese de direito ao creditamento do IPI, por não se tratar de repetição de indébito ou compensação.

"4. Recurso especial improvido" (REsp n. 840.348-MG, rel. Min. Castro Meira, 2ª Turma, j. 19.10.2006, *DJU* 31.10.2006 p. 268).

"Processual civil – Agravo regimental no agravo de instrumento – Tributário – IPI – Compensação – Prescrição – Matéria de cunho constitucional – Impossibilidade de apreciação do apelo excepcional.

"1. Nas ações que visam ao aproveitamento dos créditos escriturais do IPI relativos às aquisições de matérias-primas isentas ou reduzidas à alíquota zero o prazo prescricional é de cinco anos.

"2. Refoge aos limites da estreita competência outorgada ao STJ, em sede de recurso especial, o exame de matéria constitucional.

"3. Agravo regimental improvido" (AgR no Ag n. 777.482-PR, rel. Min. João Otávio de Noronha, 2ª Turma, j. 24.10.2006, *DJU* 4.12.2006 p. 284).

Portanto, quanto ao creditamento relativo ao IPI (matéria-prima e produtos isentos) não se pode conhecer do recurso especial.

No tocante à suposta ofensa ao art. 166 do CTN, a jurisprudência da 1ª Seção desta Corte firmou-se no sentido de que, tratando-se de hipótese de aproveitamento de créditos de IPI, como decorrência do mecanismo da não cumulatividade, é desnecessária a comprovação da não transferência do respectivo encargo financeiro a terceiro, sendo, portanto, inaplicável o disposto no artigo referido.

Nesse sentido:

"Processual civil e tributário – Creditamento de IPI – Aquisição de insumos isentos, não tributados, ou tributados à alíquota zero – Acórdão recorrido – Fundamento Constitucional.

"1. A apontada violação aos arts. 49 e 97 do CTN, por reproduzir o disposto nos arts. 153, § 3º, II, e 150, inciso I, da Carta Magna, não enseja o conhecimento de recurso especial pela alínea 'a'. Precedentes da Turma.

"2. Não se conhece do recurso especial quando o acórdão recorrido se assenta em fundamentos exclusivamente constitucionais.

"3. *Esta Corte afastou o disposto no art. 166 do CTN na hipótese de direito ao creditamento do IPI, por não se tratar de repetição de indébito ou compensação.*

"4. Recurso especial improvido" (REsp n. 840.348-MG, rel. Min. Castro Meira, 2ª Turma, j. 19.10.2006, *DJU* 31.10.2006 p. 268, grifei).

"Processual civil – Recurso especial – Embargos de declaração – Inexistência de quaisquer dos vícios do art. 535 do CPC – Falta de interesse recursal – Ausência de prequestionamento – Súmula n. 282 do STF – Conceito de 'lei federal' para fins do art. 105, III, da CF – Recurso especial assentado sobre fundamentação de natureza eminentemente constitucional – Art. 166 do CTN – Transferência do encargo financeiro – Inaplicabilidade – Precedentes – Prescrição – Conhecimento de ofício – Impossibilidade.

"(...).

"5. Matéria de natureza eminentemente constitucional não se comporta no âmbito de recurso especial.

"6. É firme a orientação da 1ª Seção do STJ no sentido da desnecessidade de comprovação da não transferência do ônus financeiro correspondente ao tributo nas hipóteses de aproveitamento de créditos de IPI, como decorrência do mecanismo da não cumulatividade – Precedentes: REsp n. 640.773-SC, 1ª Turma, Min. Luiz Fux, *DJU* 30.5.2005, e REsp n. 502.260-PR, 2ª Turma, Min. João Otávio de Noronha, *DJU* 9.2.2004.

"7. À época em que proferida a decisão não vigia qualquer norma que impusesse ao magistrado conhecimento de ofício da prescrição

– Precedentes: REsp n. 744.584-RJ, 1ª Turma, Min. Luiz Fux, *DJU* 28.11.2005; AgR no REsp n. 436.341-SC, 1ª Turma, Min. Francisco Falcão, *DJU* 24.5.2004; REsp n. 212.786-RS, 5ª Turma, Min. Edson Vidigal, *DJU* 27.9.1999.

"8. Recurso especial parcialmente conhecido e, nessa parte, desprovido" (REsp n. 627.977-AL, rel. Min. Teori Albino Zavascki, 1ª Turma, j. 28.11. 2006, *DJU* 7.12.2006, p. 273).

"Tributário – Recurso especial – IPI – Insumos isentos, não tributados ou tributados à alíquota zero – Art. 166 do CTN – Inaplicabilidade – Prescrição quinquenal – Correção monetária – Não incidência – Dissídio jurisprudencial – Súmula n. 83/STJ.

"1. *Nas hipóteses de aproveitamento de créditos de IPI não tem aplicação a disposição contida no art. 166 do CTN – Precedentes.*

"2. Nas ações que visam ao aproveitamento dos créditos escriturais do IPI relativos às aquisições de matérias-primas isentas ou reduzidas à alíquota zero o prazo prescricional é de cinco anos.

"3. A correção monetária de créditos escriturais de IPI somente é devida nas hipóteses em que o não aproveitamento pelo contribuinte em tempo oportuno tenha ocorrido em decorrência de medidas ilegais perpetradas pelo Fisco.

"4. 'Não se conhece do recurso especial pela divergência quando a orientação do Tribunal se firmou no mesmo sentido da decisão recorrida' – Súmula n. 83 do STJ.

"5. Recursos especiais da Fazenda Nacional e das empresas contribuintes conhecidos pela alínea 'a' e não providos" (REsp n. 420.155-SC, rel. Min. João Otávio de Noronha, 2ª Turma, j. 27.6.2006, *DJU* 1.8.2006, p. 395, grifei).

Diante do exposto, conheço parcialmente do recurso especial e nego-lhe provimento.

É como voto. (REsp 647.455-RS (2004/0013917-2)

A tendência de construir doutrina com a absorção da jurisprudência dos Tribunais Superiores quebra a resistência democrática, anula a supremacia constitucional e destrói a cidadania.

Entendemos que o regime não cumulativo não impede a restituição do indébito quando desatendidas as exigências do art. 166 do

CTN, que confere legitimidade para tal pleito somente àqueles que provem ter assumido o encargo financeiro do tributo que se pretende repetir ou estejam expressamente autorizados por quem assumiu referido encargo.

A não cumulatividade há de ter sentido e alcance emergentes do texto original da Constituição Federal de 1988 para o IPI e o ICMS – ou seja: compensar o que for devido em cada operação com o montante cobrado nas operações anteriores.

Por outras palavras: a não cumulatividade permite que o crédito fiscal das aquisições de bens e serviços vinculados, direta e indiretamente, ao processo de produção seja oposto ao débito decorrente das operações mercantis de vendas e assemelhadas, garantindo a natureza jurídica ontológica dos chamados impostos sobre o consumo, que devem ser suportados financeiramente pelo consumidor final de mercadorias e serviços.

O art. 154, I, da CF de 1988, ao permitir que a União institua imposto novo, desde que seja não cumulativo, expande o limite ao exercício do poder impositivo para instituir imposto novo plurifásico.

Quer dizer: nessa competência residual a União há de instituir imposto com incidência única. A tributação monofásica é antagônica à plurifásica e, por via de consequência, à substituição tributária progressiva.

A Emenda Constitucional 42/2003 faz-se inconstitucional, por quebrar o núcleo tributário estabelecido no texto constitucional originário, quando acrescenta o § 12 ao art. 195, dispondo que: "A lei definirá os setores de atividade econômica para os quais as contribuições incidentes na forma dos incisos I, 'b', e IV do *caput* serão não cumulativas" – quais sejam: as contribuições sobre a receita ou o faturamento e do importador de bens ou serviços do Exterior, ou de quem a lei a ele equiparar.

A Constituição Federal de 1988, em seu núcleo tributário constante da redação original, limitou o poder impositivo da União e garantiu para o contribuinte o peso da carga tributária sem imposto de incidências múltiplas.

IV – Tributação indireta e imunidades subjetivas

4. Lê-se no roteiro proposto:

3. Tributação indireta e imunidades subjetivas

3.1 Caso um comerciante vendedor seja titular de imunidade subjetiva, poderá ele invocá-la para se eximir da cobrança de tributo indireto incidente sobre as vendas que realiza? Poder-se-á dizer que tal imunidade não é aplicável, eis que quem "verdadeiramente" arca com o tributo é o consumidor final, não imune?

3.2 Caso um consumidor final seja titular de imunidade subjetiva, poderá ele invocá-la para fazer com que sobre as mercadorias e serviços que consome não incidam tributos indiretos? Poder-se-á dizer que tal imunidade não é por ele invocável, pois o "verdadeiro" contribuinte é o vendedor, não imune?

3.3 É possível oferecer resposta coerente às duas perguntas anteriores? Essa resposta é coerente com aquelas fornecidas às perguntas do item 2?

Conquanto existam variadas definições doutrinárias para a imunidade tributária, cumpre reconhecer que nela se expressa uma proibição constitucional para o exercício do poder tributário, significando que as pessoas políticas têm o dever de se privar de tributar, sob pena de inescusável inconstitucionalidade.

As imunidades dirigem vedações a todas ou a determinadas pessoas políticas e alcançam todos ou determinados tributos.

Considerado o modo de incidência, decorrente da forma da proibição de tributar, as imunidades têm sido classificadas em subjetivas, objetivas e mistas. Mas, como sempre vão beneficiar pessoas, pode ser dito serem necessariamente subjetivas.

Com essa compreensão, não se pode dizer que as imunidades subjetivas beneficiam pessoas e que as objetivas liberam a tributação de bens, para disto extrair, como se faz corrente para atender à voracidade fiscal, a imposição tributária.

Também por essa compreensão, deve ser recusada a ideia consagrada pelo STF de que as normas constitucionais imunizantes necessitam de regulamentação infraconstitucional para produzir efeito, até porque tal entendimento exclui a supremacia constitucional e transfere para o humor governamental fazer efetivo socialmente o mando da Constituição.

A incidência dos denominados impostos indiretos, como o IPI e o ICMS, nas operações de compra e venda por sujeitos beneficiados pela imunidade sempre causou debates entre os doutrinadores e pela jurisprudência.

A discussão quanto ao destino econômico do benefício da exoneração da carga fiscal somente há de ter lugar quando favorece o contribuinte, pois *a norma constitucional deve ser, sempre, considerada limite à expansão do exercício do poder impositivo, além do que esteja explicitado completamente na Constituição.*

Através da Súmula 591 o STF consolidou o entendimento de que "as pessoas imunes vendedoras não têm a incidência dos impostos, ainda que indiretos".

Essa orientação foi aplicada no RE 186.175, de 23.8.2006, de relatoria da Min. Ellen Gracie, entendendo-se que há incidência do imposto indireto quando o ente imune é o contribuinte de fato (consumidor).

Nesse sentido também decidiu o STJ:

> Tributário e constitucional – ICMS – Energia elétrica – Telecomunicação – Mandado de segurança – Suspensão da exigibilidade do tributo – Art. 150, inciso VI, alínea "a", da CF – Suposta imunidade tributária – Inexistência.
>
> 1. Restringe-se a controvérsia acerca da imunidade tributária recíproca entre o Município e o Estado-membro no que tange à incidência do ICMS.
>
> 2. A imunidade recíproca ou intergovernamental recíproca decorre da essência do sistema federativo pátrio. Por certo, depreende-se da Constituição da República que os entes de direito público, quais sejam, União, Estados, Distrito Federal e Municípios, não podem instituir impostos sobre diversas entidades, serviços ou renda uns dos outros (art. 150, inciso VI, alínea "a", da CF).
>
> 3. Na hipótese dos autos, o ICMS não incide sobre o patrimônio, a renda ou os serviços do Município, mas incide sobre o fornecimento dos serviços de energia elétrica e de telefonia por ele consumidos, descaracterizando, por conseguinte, a suposta imunidade recíproca do art. 150, inciso VI, alínea "a", da Constituição da República.

> Recurso em mandado de segurança improvido. (RMS 19.711-SC, rel. Min. Humberto Martins, *DJU* 9.3.2007)

Vamos além da doutrina que afirma ter a imunidade abrangência sobre os efeitos econômicos dos impostos, que se contrapõe à orientação jurisprudencial dominante, coerentes com o entendimento de que é artificial e favorecedora da voracidade fiscal a distinção entre tributos diretos e indiretos e contribuinte de direito e de fato.

Comungamos com o ensinamento doutrinário no sentido de que as normas imunitárias não podem ser interpretadas para deixar ao legislador menor ou aplicador da lei espaço para restringir o alcance da Constituição.

Temos a expectativa de que a jurisprudência evolua para firmar incondicionalmente a supremacia da Constituição, fazendo-se infensa à voracidade fiscal.

De fato, o STF já decidiu que a imunidade prevista pelo art. 150, VI, "c", abrange o ICMS sobre a comercialização de bens produzidos por entidades beneficentes desde que o produto da venda seja revertido às finalidades essenciais destas entidades.

Veja-se:

> *Ementa:* Constitucional – Tributário – ICMS – Imunidade tributária – Instituição de educação sem fins lucrativos – CF, art. 150, VI, "c".
>
> I – Não há invocar, para o fim de ser restringida a aplicação da imunidade, critérios de classificação dos impostos adotados por normas infraconstitucionais, mesmo porque não é adequado distinguir entre bens e patrimônio, dado que este se constitui do conjunto daqueles. O que cumpre perquirir, portanto, é se o bem adquirido, no mercado interno ou externo, integra o patrimônio da entidade abrangida pela imunidade.
>
> II – Precedentes do STF.
>
> III – Recurso extraordinário não conhecido. (RE/EDv 186.175-SP, rela. Min. Ellen Gracie, *DJU* 23.8.2006)

O STJ também se posiciona nessa mesma linha do STF relativamente à incidência na compra de mercadorias pelas entidades imunes, *in verbis*:

Recurso especial – Processo tributário – Ação declaratória de exigibilidade c/c repetição de indébito – ICMS – Tributo indireto – Consumidor – "Contribuinte de fato" – Ilegitimidade ativa – Apelo provido.

1. Os consumidores de energia elétrica, de serviços de telecomunicação e os adquirentes de bens não possuem legitimidade ativa para pleitear a repetição de eventual indébito tributário do ICMS incidente sobre essas operações.

2. A caracterização do chamado contribuinte de fato presta-se unicamente para impor uma condição à repetição de indébito pleiteada pelo contribuinte de direito, que repassa o ônus financeiro do tributo cujo fato gerador tenha realizado (art. 166 do CTN), mas não concede legitimidade *ad causam* para os consumidores ingressarem em juízo com vistas a discutir determinada relação jurídica da qual não façam parte.

3. Os contribuintes da exação são aqueles que colocam o produto em circulação ou prestam o serviço, concretizando, assim, a hipótese de incidência legalmente prevista.

4. Nos termos da Constituição e da Lei Complementar n. 86/1997, o consumo não é fato gerador do ICMS.

5. Declarada a ilegitimidade ativa dos consumidores para pleitear a repetição do ICMS.

6. Recurso especial provido. (REsp 983.814-MG, rel. Min. Castro Meira, *DJU* 17.12.2007)

Em suma, conquanto em divergência com segmentos doutrinários e a jurisprudência do STF e do STJ, entendemos que a imunidade dita subjetiva incide para liberar o vendedor da cobrança do imposto denominado indireto previsto para incidir sobre as vendas de bens – afirmativa que se faz coerente com as posições já manifestadas.

V – Tributação indireta e apropriação indébita

5. Está no roteiro oferecido:

4. *Tributação indireta e apropriação indébita*

4.1 Quando o vendedor de uma mercadoria em cujo preço supostamente está embutido o tributo indireto recebe o pagamento desse preço

▶

mas não recolhe o tributo incidente sobre a operação, há apropriação indébita? Pode-se dizer que é o consumidor quem "verdadeiramente" paga o tributo, tendo o comerciante o papel de apenas repassá-lo aos cofres públicos, incorrendo em apropriação indébita se não o fizer?

4.2 Se não há apropriação indébita, eis que não se trata de mero repasse de tributo pago pelo consumidor, qual a justificativa para se negar ao comerciante o direito à restituição quando esse tributo é por ele recolhido indevidamente, nos termos do art. 166 do CTN?

Por certo já está dito nas considerações anteriores que, juridicamente, é contribuinte aquele designado na lei como sujeito passivo da obrigação tributária; qualquer consequência econômica da atividade regularmente praticada não pode configurar ilícito, tudo se restringindo à sede negocial que tem regime privado.

Sob o manto constitucional, a falta de recolhimento de tributos ou contribuições, ainda quando se trata de valores retidos de terceiros, não pode ser tipificada como crime.

Todavia, remanesce o ranço autoritário que produziu o Decreto-lei 65/1937, cujo art. 5º equiparou ao crime de apropriação indébita a falta de recolhimento no prazo devido.

O mesmo desvio se fez na Lei 3.807/1960, cujo art. 86 estabeleceu:

> Art. 86. Será punida com as penas do crime de apropriação indébita a falta de recolhimento, na época própria, das contribuições e de quaisquer outras importâncias devidas às instituições de previdência e arrecadadas dos segurados ou do público.
>
> Parágrafo único. Para os fins deste artigo, consideram-se pessoalmente responsáveis o titular da firma individual, os sócios solidários, gerentes, diretores ou administradores das empresas incluídas no regime desta Lei.

No tocante ao IPI, surgiu o Decreto-lei 326/1967, cujo art. 2º dizia:

> Art. 2º. A utilização do produto da cobrança do imposto sobre produtos industrializados em fim diverso do recolhimento do tributo constitui

crime de apropriação indébita definido no art. 168 do CP, imputável aos responsáveis legais da firma, salvo se pago o débito espontaneamente, ou quando instaurado o processo fiscal, antes da decisão administrativa de primeira instância.

Por falta de resistência democrática, sobreveio a Lei 8.137/1990, cujo art. 2º, II, dispõe constituir crime de apropriação indébita:

(...) II – deixar de recolher, no prazo legal, valor de tributo ou de contribuição social, descontado ou cobrado, na qualidade de sujeito passivo de obrigação e que deveria recolher aos cofres públicos; (...).

Inicialmente aplicada a toda espécie de tributo ou contribuição, inclusive ao IPI e ICMS, essa tipicidade criminal sofreu modificação pela Lei 8.212/1991, para excluir tributos que não fossem os devidos à seguridade social, dispondo seu art. 95, "d", *verbis*:

Art. 95. Constitui crime: (...); d) deixar de recolher, na época própria, contribuição ou outra importância devida à seguridade social e arrecadada dos segurados ou do público; (...).[1]

Conforme o art. 168 do CP, o tipo criminal consiste na apropriação de coisa alheia móvel de que tem a posse e detenção.

Ora, em realidade fática, a retenção de valores que foram recebidos para serem repassados ao Fisco consiste apenas no inadimplemento de obrigação legal que sequer tem natureza tributária.

Ensina Hugo Machado (*Crimes Contra a Ordem Tributária*, São Paulo, Ed. RT, 1995, p. 125):

1. Nota: Esse artigo foi revogado pela Lei 9.983/2000, que acrescentou o art. 168-A, ao Código Penal, com o seguinte teor: "*Apropriação indébita previdenciária* – Art. 168-A. Deixar de repassar à previdência social as contribuições recolhidas dos contribuintes, no prazo e forma legal ou convencional: Pena – reclusão, de 2 (dois) a 5 (cinco) anos, e multa. § 1º. Nas mesmas penas incorre quem deixar de: I – recolher, no prazo legal, contribuição ou outra importância destinada à previdência social que tenha sido descontada de pagamento efetuado a segurados, a terceiros ou arrecadada do público; (...)."

O não pagamento de IPI, ou do imposto de renda retido na fonte ou de contribuições de seguridade social descontadas de empregados, não corresponde à apropriação indébita definida no art. 168 do CP. O contribuinte não se apropria, porque o dinheiro lhe pertence, e não ao Fisco, que é simplesmente credor.

Vale notar que o STF, no RE 75.278, ofereceu a seguinte ementa:

> Falta de recolhimento de contribuições descontadas e devidas à previdência social – Inocorrência do crime de apropriação indébita – Inaplicabilidade do art. 86 da Lei n. 3.807/1960. (STF, RE 75.278, *DJU* 8.3.1974)

Mas, infelizmente, sempre homenageando o poder governamental, o STF, em sede de *habeas corpus*, assim decidiu:

> Constitucionalidade do art. 2º, *caput*, do Decreto-lei n. 326/1967, porquanto, na realidade, não criou ele nova modalidade de apropriação indébita, mas apenas estabeleceu – o que se situa dentro do âmbito do direito tributário – a posição jurídica do responsável pelo pagamento do tributo em face da coisa fungível (produto da cobrança do imposto), vedando-lhe a utilização dela para outro fim que não o seu recolhimento aos cofres públicos na época própria, que é requisito objetivo para que, com relação à coisa fungível, possa ocorrer o crime de apropriação indébita, nos precisos termos do *caput* do art. 168 do CP, e não em decorrência de modalidade nova desse delito. (STF, HC 55.191, rel. Min. Moreira Alves, *RTJ* 86/408)

A Constituição Federal (art. 5º, LXVII), ao vedar a prisão por dívida, projeta inconstitucionalidade para qualquer sanção de prisão pela falta de pagamento de dívida oriunda de negócio jurídico ou dever legal.

A interpretação mais adequada é entender que a legitimidade da tributação se revela na sintonia com os valores consagrados no ordenamento constitucional, sem espaço para ampliações do exercício do poder impositivo.

Sob a face do Estado Democrático de Direito proclamado pela Constituição Federal de 1988, o direito tributário expressa conteúdo de proteção aos contribuintes e limites ao exercício do poder tributário, nos exatos e literais termos estabelecidos na ordem constitucional.

Compõem vigas basilares do direito tributário os princípios constitucionais tributários consubstanciados nas vedações, seja em termos de instrumento impositivo (legalidade), do objeto alcançado (irretroatividade), em relação ao momento da cobrança (anterioridade) ou à dimensão da exigência (capacidade contributiva e proibição do confisco).

A Constituição de 1988 surgiu contraposta à Carta de 1967, que formatava o domínio do Estado-aparato, e no seu art. 1º afirma categoricamente ser o Brasil um Estado Democrático de Direito, e não apenas um Estado de Direito, e no art. 3º, I, coloca a construção de uma sociedade livre, justa e solidária como objetivo fundamental da República.

Infelizmente, os tribunais continuam a conferir ao aparato estatal, especialmente o fazendário, meios e modos para os efeitos burocráticos produzirem maior amplitude para a arrecadação fiscal.

A postura dos tribunais tem proporcionado e estimulado a criatividade burocrática fazendária como instrumento tributário, ao sonoro discurso de atendimento do interesse publico, quando – para dizer o melhor – será atendido o mero interesse material de arrecadar.

Vivemos, ainda, sob a *jurisprudência dos conceitos fazendários*, em carência de uma *jurisprudência dos valores constitucionais*.

Os interesses fisiológicos fazendários ganham espaço no âmbito do Poder Judiciário, em detrimento da ponderação de valores constitucionais que devem limitar o exercício do poder impositivo.

Pior: verifica-se que a modificação de jurisprudência para desfavorecer o contribuinte se faz sem a adoção de efeitos prospectivos, como se vê recomendado em decisão do Min. Carlos Ayres Britto:

> O STF, guardião-mor da Constituição republicana, pode e deve, em prol da segurança jurídica, atribuir eficácia prospectiva às suas decisões, com a delimitação precisa dos respectivos efeitos, toda vez que proceder a revisões de jurisprudência definidora de competência *ex ratione materiae*. O escopo é preservar os jurisdicionados de alterações jurisprudenciais que ocorram sem mudança formal do Magno Texto. (STF, Pleno, CComp 7.204-MG, rel. Min. Carlos Britto, j. 29.6.2005)

Em atenção ao mero interesse fazendário, e prestigiando equivocada doutrina inconciliável com a Constituição Federal de 1988, o STF desferiu duro golpe contra a sociedade quando, no julgamento da ADC 1-DF (*DJU* 16.6.1995), atribuiu à Lei Complementar 70/1991 a natureza de lei ordinária.

Pior: em 2008 o STF esqueceu a orientação destinada a conferir segurança jurídica ao contribuinte e verteu legitimidade para a criatividade fazendária no julgamento proferido no RE 377.457, instaurando uma quebra inesperada do consolidado entendimento quanto à revogação da isenção da COFINS das sociedades civis introduzida pela Lei 9.430/1996, inclusive com o reconhecimento da repercussão geral da matéria (art. 543-B do CPC) e a rejeição da modulação dos efeitos desta decisão (tendo, portanto, aquele pronunciamento eficácia *ex tunc*).

Vale fazer memória daquele 17.9.2008, quando o Pleno do STF julgou os RE 377.457 e 381.964, entendendo constitucional, por oito votos a dois (vencidos os Mins. Eros Grau e Marco Aurélio), o art. 56 da Lei ordinária 9.430/1996, que revogou a isenção concedida às sociedades civis pela Lei Complementar 70/1991.

Gerou-se um conflito entre a dicção dos acórdãos transitados em julgado que entendiam inconstitucional a revogação da isenção e o teor daquele novo pronunciamento paradigmático pela Corte Suprema, provocando a corrida fazendária para reverter as situações consolidadas em sentido contrário.

A sociedade brasileira sofre, indefesa, os malefícios da verticalização da jurisprudência dos Tribunais Superiores através de institutos processuais como a súmula vinculante, o incidente de repercussão geral e o recurso repetitivo, quando estes, *para serem democráticos, deveriam ser aplicados apenas em relação ao aparato estatal.*

Neste momento, resgatar o debate sobre a supremacia constitucional como limite à criatividade burocrática fazendária que ganha espaço nos pronunciamentos jurisprudenciais é tarefa que certamente contribuirá positivamente para a construção da sociedade livre, justa e solidária que o art. 3º, I da CF de 1988 alça a primeiro objetivo fundamental da República.

O exercício da atividade empresarial e sua busca pelo saldo positivo entre os custos operacionais e as receitas exigem um foco privado, onde e quando não se tenha a específica imposição legal de conduta.

No ambiente de ampla concorrência, próprio da maioria dos setores da Economia, o auferimento, ou não, de lucros é determinado, muitas vezes, pela adoção de medidas *interna corporis*.

Uma correta estruturação societária e um bem-planejado controle de custos são elementos indispensáveis para o sucesso empresarial.

Como os tributos representam custos de significativo impacto na atividade empresarial, faz-se legítima toda e qualquer medida para minimizar a carga tributária onde e quando não exista específica vedação legal.

Não cabe à Administração Fazendária postar-se como controladora da motivação para qualquer aspecto da atividade empresarial, como vem sendo pretendido em formulações burocráticas.

Essa pretensão fazendária afronta o princípio da livre iniciativa (CF de 1988, art. 1º, IV), o princípio da propriedade privada (CF de 1988, art. 170, II) e o princípio da livre concorrência (CF de 1988, art. 170, IV), que garantem aos contribuintes o direito de organizar seus negócios da maneira que lhes convier.

De resto, essa pretensão também burla todos os princípios ou limitações ao exercício do poder de tributar, especialmente os veiculados nos arts. 150, 151 e 152 da CF de 1988.

A criação burocrática fazendária da avaliação do denominado "propósito negocial" como fundamento de validade dos planejamentos tributários, das condutas operacionais do contribuinte, é mero instrumento autoritário de atendimento à voracidade fiscal.

Não se invoquem, a favor dessa busca de arrecadação fiscal à margem da lei conciliável com a Constituição, os encargos estatais, porquanto estes devem ser sustentados mediante a tributação estabelecida nos exatos termos das normas constitucionais específicas.

Frustrou-se a total aprovação da Medida Provisória 66, de 29.8.2002, publicada no *DOU* em 30.8.2002, cujos arts. 13 a 19, que tratavam da norma geral antielisiva, acabaram não sendo convertidos em lei.

Essa pretensão autoritária da Administração Fazendária, todavia, logrou a produção do parágrafo único do art. 116 do CTN, segundo o qual "a autoridade administrativa poderá desconsiderar atos ou negócios jurídicos praticados com a finalidade de dissimular a ocorrência do fato gerador do tributo ou a natureza dos elementos constitutivos da obrigação tributária, (...)", conferindo a um juízo de valor administrativo vedar conduta sem existir lei proibitiva específica.

A liberdade, a igualdade e a solidariedade, conquanto sejam fundamentos contemporâneos do exercício da cidadania, não podem servir ao mero interesse fiscal que constrói uma vedação a condutas com propósito exclusivamente de aumentar a arrecadação, sob a autoritária visão de existir abuso de formas jurídicas.

Vem a Administração Fazendária aplicando autoritariamente o art. 116, parágrafo único, do CTN, para imputar abuso de formas jurídicas em atos e negócios privados.

VI – Tributação indireta e inadimplência do consumidor

6. Lê-se no roteiro oferecido:

> ***5. Tributação indireta e inadimplência do consumidor***
>
> *5.1 Caso o consumidor final não pague pela mercadoria adquirida, ainda assim o comerciante vendedor deverá recolher o tributo incidente sobre a operação?*
>
> *5.2 Afirmativa a resposta à pergunta anterior, há coerência com a tese segundo a qual o comerciante não poderia pleitear a devolução do tributo pago indevidamente, a qual se funda na afirmação de que esse tributo seria pago, "na verdade", pelo consumidor final?*

Por certo, excluída a ideia formalista, burocrática, de distinção entre contribuinte de direito e contribuinte de fato, resta, separada e independente, a obrigação de pagar o imposto incidente sobre a operação de venda pelo vendedor, cuja relação jurídica tributária se firma com o Estado, sem qualquer consideração com suas relações negociais.

Como já foi dito, tem o contribuinte – no caso, o vendedor de mercadoria – direito à restituição do que foi pago indevidamente ao Estado como se fora tributo, sem qualquer condicionamento ao fato de ter sido, ou não, dita parcela computada na formação do preço de venda.

Não cabe discutir sobre ser ou não absolutamente adequada a tese de que a classificação de tributos em diretos e indiretos seja exclusivamente econômica, dada a circunstância de que todas as relações sociais sempre contêm algum componente da Economia.

Importa – isto, sim – estabelecer quais os parâmetros constitucionais que dão regime às relações tributárias.

Nenhum efeito econômico pode ser extraído da Constituição para ampliar o poder impositivo, considerando que nela se tem um sistema de limites para o exercício do poder estatal, especialmente quanto à expropriação patrimonial para formar o tesouro fiscal.

Na verdade, em sintonia com a preocupação de que se tenham nas imposições tributárias efeitos econômicos ocultos sob o formato legal, o art. 150, § 5º, da CF de 1988 estabelece que "a lei determinará medidas para que os consumidores sejam esclarecidos acerca dos impostos que incidam sobre mercadorias e serviços".

Faz-se inconstitucional, como já exposto, a forma como os mais diversos aspectos da chamada tributação indireta são tratados pela ordem legal, pela doutrina e pela jurisprudência com vistas a expandir o campo da imposição tributária e aumentar a arrecadação fiscal.

Veja-se no ICMS, em que se tem autoritariamente afirmado que quando o chamado contribuinte de direito pleiteia a restituição do tributo pago indevidamente, por exemplo, exige-se a prova de que não houve o repasse do ônus representado pelo tributo ao contribuinte de fato (cuja existência, para este efeito, é levada em consideração), sob pena de indeferimento da restituição. Mas, contraditoriamente, quando o denominado contribuinte de direito é vítima da inadimplência do comprador – dito contribuinte de fato –, afirma-se que esta não o exime de pagar o tributo, eis que ele, o vendedor, é o "verdadeiro" contribuinte, não havendo qualquer relação jurídica entre o Estado e o contribuinte de fato (cuja existência é tida como juridicamente irrelevante para favorecer o Fisco). O mesmo se dá quanto o chamado contribuinte de fato pleiteia a restituição do indébito tributário.

Concorreu para o autoritarismo fiscal a jurisprudência do STJ em matéria de repetição do indébito.

Quando o contribuinte dito de direito pleiteia a restituição do imposto dito indireto, diz-se que ele não tem direito, em face de o ônus ter sido suportado, de fato, pelo consumidor final.

Mas quando o consumidor final é quem pleiteia a restituição do indébito afirma-se que, "na verdade", quem paga o tributo é o chamado contribuinte de direito, negando-se também a legitimidade *ad causam* ao consumidor.

Com essa jurisprudência produziu-se situação de absoluto desrespeito ao art. 5º, XXXV, da CF de 1988.

VII – Tributação indireta e regressividade

7. Consta do roteiro oferecido:

> ***6. Tributação indireta e regressividade***
>
> *6.1 A tributação indireta conduz, sempre, à regressividade? Caso afirmativo, como evitar ou minimizar isso?*
>
> *6.2 Afirmar a regressividade da tributação indireta com base no fato de que seu ônus recai sobre o consumidor final é coerente com a afirmação de que a inadimplência desse consumidor não autoriza o comerciante a deixar de pagar o tributo correspondente? E com a afirmação de que não há apropriação indébita por parte do comerciante caso o consumidor pague o preço e ele, comerciante, não pague ao Fisco o tributo respectivo?*
>
> *6.3 É a seletividade um reconhecimento constitucional (pelo menos em relação ao ICMS e ao IPI) de que tais tributos são indiretos? O que isso significa? Que são juridicamente suportados pelos consumidores finais?*

A questão colocada desloca-se para o acolhimento implícito de que a ordem legal pode desfigurar o limite constitucional da imposição tributária, estabelecido com a nominada outorga da competência tributária que entendemos definidora de todos os elementos da legitimidade da tributação.

Sendo assim, consideramos que o esforço interpretativo tomando em conta os efeitos econômicos somente se autoriza diante da Constituição Federal de 1988 *quando resulta em situações favoráveis ao contribuinte.*

Temos por princípio que *a interpretação conforme a Constituição jamais pode concorrer para ampliar o exercício do poder, e em sede tributária veda qualquer entendimento que agrave a situação do contribuinte.*

Sabido que são denominados regressivos os tributos cuja onerosidade relativa cresce na razão inversa do crescimento da renda do contribuinte, tem-se como inconstitucional, até por afronta ao princípio da capacidade contributiva, a lei que estabeleça incidência tributária com esse efeito.

Na verdade, mesmo considerando que nos chamados tributos progressivos, quando a onerosidade relativa aumenta na medida do crescimento da renda, a prática revela que outros mecanismos legais acabam por destruir a ideia de capacidade contributiva que a progressão da renda revela – como se faz exemplar o caso do imposto de renda das pessoas físicas quando os limites de deduções excluem gastos essenciais para a vida digna de quem vive do trabalho, assim como as faixas de isenção e tributação são insuficientemente expressivas da desigualdade social experienciada pelo Brasil.

Por certo, a denominada "tributação indireta" sempre conduz à regressividade tributária, e para evitá-la se impunha existir mecanismo legal que excluísse da base de calculo dos tributos incidentes sobre os bens de consumo os valores agregados ao seu custo de produção.

A capacidade econômica de concorrer, a título de tributo, às despesas do Estado, quer das pessoas naturais, quer das jurídicas, somente se revela após a dedução de todos os custos e gastos necessários a uma vida condigna do cidadão e à aquisição, produção e manutenção da atividade produtiva, em sentido lato, da empresa.

Como a ordem legal do sistema tributário não contempla o resguardo da capacidade contributiva (CF de 1988, art. 145, § 1º), *tem-se o domínio corrente e disfarçado da tributação confiscatória vedada pela Constituição.*

A falta de aplicação deste princípio atenta contra os direitos fundamentais da igualdade e da proteção à propriedade privada (vedação ao confisco) e da pessoalidade da tributação (individualização).

Sem a efetiva aplicação desse princípio a tributação vai continuar altamente concentradora de renda, porque o Estado cobra impostos de todos, inclusive – e até principalmente – dos muito pobres, especialmente pelo efeito da tributação indireta regressiva, que incide sobre os bens de consumo popular e da classe média, que são fortemente onerados.

Isto não constitui novidade alguma, todo mundo sabe; mas nada se faz de concreto para mudar esse modelo tributário.

Para obtenção da justiça fiscal, apanágio do Estado Democrático de Direito proclamado pela Constituição Federal de 1988, que estabelece o princípio da capacidade contributiva como instrumento de sua aferição material, *mister se faz mudar a ideologia do sistema legal, que persegue a obtenção de receitas estatais sem qualquer preocupação com a garantia constitucional de vida digna para o cidadão e de resultado justo para a atividade produtiva.*

Nem mesmo as expressas diretrizes constitucionais conduzem a uma produção legal balizada pela justiça social, predominando sempre o interesse meramente fiscal de maior arrecadação.

Essa voracidade fiscal é estimulada pelo domínio absoluto que o Governo exerce sobre o Legislativo e a contemplação política que afeta o Judiciário, tudo em detrimento da supremacia da Constituição.

A tributação sobre o consumo, como praticada no Brasil, implica desrespeito ao princípio da transparência (CF de 1988, art. 150, § 5º) e inexorável regressividade da carga tributária, na medida em que quem menos auferir renda, e consequentemente tiver uma parcela maior de comprometimento desta renda com o consumo, será mais taxado proporcionalmente que aqueloutro mais abastado e de maior capacidade de poupança.

Por certo, emerge da Constituição o princípio da seletividade tributária, com destaque para a expressa disposição do art. 153, § 3º, I, e do art. 155, § 2º, III.

Há de ser compreendido que a seletividade não se impõe apenas como mecanismo regulador de determinados comportamentos de consumo da população, mas também como limite impositivo, em razão da essencialidade do bem tributado, dado o surgimento da capacidade contributiva somente depois de satisfeito o mínimo existencial da pessoa.

A complexidade das relações jurídico-econômicas inerentes ao mundo moderno viabiliza e estimula a voracidade fiscal, dada a passividade das forças sociais que poderiam se contrapor em defesa dos contribuintes.

VIII – Tributação indireta e base de cálculo de contribuições sobre a receita ou faturamento

8. Figura no roteiro proposto:

> ***7. Tributação indireta e base de cálculo de contribuições sobre a receita ou o faturamento***
>
> *7.1 Caso se considere que os tributos indiretos são verdadeiramente pagos pelos consumidores finais dos produtos e serviços por eles onerados, poderia o ônus a eles correspondente ser considerado receita ou faturamento dos comerciantes vendedores?*
>
> *7.2 Se comerciantes vendedores, quando pagam indevidamente um tributo indireto, não podem pleitear a devolução, sob o argumento de que quem teria pago tais tributos, na verdade, teria sido o consumidor final, por qual razão esse mesmo tributo, "pago" pelo consumidor final e apenas repassado ao Fisco, seria receita do comerciante?*

Já deixamos evidente que paga o tributo aquele que a lei coloca como sujeito passivo da obrigação tributária instituída conforme o molde definido em norma da Constituição quando outorga a competência impositiva.

Os efeitos econômicos decorrentes da tributação somente podem ser considerados para, em circunstâncias produzidas pela aplicação oficial da ordem legal, beneficiar o contribuinte.

Por certo, tanto pela visão constitucional da imposição tributária como por decorrência do conceito de receita como valor que se agrega ao patrimônio do contribuinte, o simples repasse de parcela financeira realizado por atendimento à lei não configura receita tributável.

Conquanto o STJ ainda deva à sociedade, especialmente aos contribuintes, um desempenho institucional de contenção da voracidade fiscal que atropela a Constituição, vale lembrar que firmou jurisprudência no sentido de excluir a incidência do imposto de renda sobre verbas indenizatórias, dada a concepção de que estas apenas fazem reposição do patrimônio, excluindo-se a ocorrência de acréscimo patrimonial:

Processual civil e tributário – Recurso especial – Imposto de renda – Magistrado – Auxílio-moradia – Art. 25 da Medida Provisória n. 1.858-9/1999 – Natureza indenizatória – Não incidência – Redutor salarial – Caráter remuneratório – Incidência – Juros e correção monetária – Acessórios seguem a sorte do principal.

1. Indenização é a prestação em dinheiro, substitutiva da prestação específica, destinada a reparar ou recompensar o dano causado a um bem jurídico, quando não é possível ou não é adequada a restauração *in natura* do bem jurídico atingido. Não tem natureza indenizatória, portanto, o pagamento – ainda que imposto por condenação trabalhista – correspondente a uma prestação que, originalmente (= independentemente da ocorrência de lesão), era devida em dinheiro. O que há, em tal caso, é simples adimplemento, embora a destempo e por execução forçada, da própria prestação *in natura* (REsp n. 674.392-SC, 1ª Turma, rel. Min. Teori Albino Zavascki, *DJU* 6.6.2005).

2. As verbas trabalhistas recebidas em cumprimento de decisão judicial, a título de redutor salarial, mantiveram sua natureza original de prestação remuneratória, razão pela qual sobre elas deve incidir o imposto de renda.

3. Conforme dispõe o art. 25 da Medida Provisória n. 1.858-9/1999, os valores pagos a funcionários públicos a título de auxílio-moradia não constituem acréscimo patrimonial, possuindo natureza indenizatória, razão pela qual não podem ser objeto de incidência do imposto de renda.

4. Os juros de mora e a correção monetária são frutos acessórios da utilização da importância principal; assim, seguem a sorte desta. Se a obrigação principal for tributável, também o serão a correção monetária e os juros de mora sobre ela incidentes. Do mesmo modo, caso o principal tenha natureza indenizatória, não estará sujeito ao imposto de renda, bem como os juros moratórios e a atualização monetária dele decorrentes também não estarão.

5. Recurso especial parcialmente provido. (STJ, 1ª Turma, REsp 615.625-MT, rela. Min. Denise Arruda, j. 17.10.2006, *DJU* 7.11.2006 p. 234)

E progrediu o STJ quando, pela 2ª Turma, embora já tenha, como dito, seguido tal entendimento, vem adotando tese ainda mais adequada, no sentido de que os juros de mora, após o Código Civil de 2002, sempre têm natureza indenizatória – o que, por si só, independentemente da análise concreta acerca da ocorrência, ou não, de acréscimo patrimonial, justificaria a não incidência do imposto de renda:

> Tributário – Recurso especial – Art. 43 do CTN – Imposto de renda – Juros moratórios – CC, art. 404 – Natureza jurídica indenizatória – Não incidência.
>
> 1. Os valores recebidos pelo contribuinte a título de juros de mora, na vigência do Código Civil de 2002, têm natureza jurídica indenizatória. Nessa condição, portanto, sobre eles não incide imposto de renda, consoante a jurisprudência sedimentada no STJ. 2. Recurso especial improvido. (STJ, 2ª Turma, REsp 1.037.452-SC, rela. Min. Eliana Calmon, j. 20.5.2008, *DJe* 10.6.2008)

IX – Tributação indireta e consciência fiscal

9. Vê-se no roteiro oferecido:

> ***8. Tributação indireta e consciência fiscal***
>
> *8.1 Quais o sentido e o alcance do art. 150, § 5º, da CF de 1988? Estaria ali o reconhecimento de que o consumidor final é o "verdadeiro contribuinte" dos tributos que oneram as mercadorias e os serviços que consome?*
>
> *8.2 A regulamentação do aludido dispositivo deveria ocorrer por meio de lei complementar? Quais tributos deveriam ser abrangidos pelo dever de esclarecimento ao consumidor?*
>
> *8.3 Quais seriam as consequências práticas desse esclarecimento na formação da consciência fiscal?*

O direito tributário, especialmente por estabelecer regime para as relações entre o Estado e aquele de quem se vai expropriar riqueza para o custeio das necessidades sociais, reclama aplicação da ordem constitucional e legal com predomínio de uma consciência fiscal, havida esta como percepção e respeito aos valores e princípios proclamados pela Constituição Federal de 1988 para declarar o Estado Democrático de Direito.

Por certo, o sentido e o alcance do art. 150, § 5º, da CF de 1988 consistem em garantir ao contribuinte o conhecimento necessário da onerosidade tributária e impor à Administração Fazendária atuar para oferecer esse conhecimento e agir conforme os valores e princípios constitucionais.

Cumpre, pois, à Administração Fazendária oferecer a cada proposição normativa que faz junto aos legisladores todo o cenário real do peso e efeitos da tributação sobre aqueles que vão ser afetados pela imposição fiscal.

Segundo dados disponibilizados pelo Instituto Brasileiro de Planejamento Tributário/IBPT, em 1988 a carga tributária representou 20,01% do PIB; no curto período de 1998 a 2002 ela saltou de 27,38% para 32,64%. Em 2010 ela alcançou 35,13% do PIB.

Todavia, os brasileiros tanto sofrem a falta de serviços públicos básicos como são compelidos a pagar para suprir as necessidades sociais, contratando escolas e faculdades particulares, planos privados de saúde, habitando imóveis cercados de grades, com vigilância privada.

Impossível a qualquer contribuinte sem assistência técnica altamente qualificada e remunerada conhecer como e quanto paga de tributos, mesmo considerando apenas os mais ostensivos tributos ditos diretos, que são os que incidem sobre o patrimônio e a renda (IPTU, IPVA, ITBI, IR – dentre outros), alguns dos denominados tributos indiretos incidentes sobre a produção e o consumo (IPI, ICMS, ISS, PIS, COFINS, por exemplo).

Essa situação coloca a Administração Fazendária em permanente violação ao comando institucional do art. 150, § 5º, da CF, posto que a quase totalidade dos contribuintes não sabe quanto paga e nem sequer que paga tributos ao comprar um quilo de arroz ou feijão, um caderno ou um simples pãozinho.

Como já foi dito, a preponderância da tributação indireta traz a regressividade para o sistema tributário: quanto menor é a renda do contribuinte, maior a carga tributária.

Inverte-se, assim, a equação da igualdade relativa na sociedade; e quem menos tem mais paga.

A inteligência fazendária trabalha para produzir a invisibilidade dos impostos e para amortecer eventuais reações de consciência fiscal.

X – *Tributação indireta e desoneração das exportações*

10. Lê-se no roteiro oferecido:

> ***9. Tributação indireta e desoneração das exportações***
>
> *9.1 Por qual razão a Constituição Federal estabelece a não incidência de certos tributos sobre operações de exportação? Seria um reconhecimento de que tais tributos seriam verdadeiramente pagos pelos consumidores dos produtos, situados no Exterior?*

Consideramos tratar-se de mera politica de comércio exterior destinada a concorrer para a competitividade do produto nacional.

Como sabido, os acordos internacionais de comércio firmados na Organização Mundial do Comércio/OMC reconhecem a legitimidade de se desonerar as exportações de impostos indiretos incidentes em sua produção, excluindo-se punições previstas no Acordo sobre Subsídios e Direitos Compensatórios às políticas destinadas a compensar, total ou parcialmente, a incidência de tributos indiretos que oneram a produção doméstica destinada ao mercado externo ou seus insumos.

De resto, não haveria motivação institucional para tratamento de justiça fiscal fora da jurisdição brasileira, além do quê não se ressalva a destinação de consumo por contribuinte brasileiro.

Sendo reconhecido que a imunidade das exportações não se faz suficiente para desonerar em nível de competitividade internacional desejável, vem o Governo instituindo programas em favor das transações com outros Países, como fez, em janeiro/2012, com o denominado Regime Especial de Reintegração de Valores Tributários para as Empresas Exportadoras (Reintegra), que prevê a desoneração de resíduos de tributos indiretos (como CIDE, IOF, PIS, COFINS) sobre os produtos industrializados nacionais exportados.

XI – *Considerações finais*

O debate envolvendo questões fiscais revela-se importante sob quaisquer metodologias, inclusive quando, como adotado na maioria das vezes, busca incorporar sustentação jurisprudencial para a construção de soluções propostas.

Como educador, temos a firme convicção de ser nosso dever insistir na provocação de reflexões voltadas para a ideia fundamental de colocar a cidadania em plano superior ao dos interesses meramente fiscais.

Consideramos ser valor educativo construir o desapego aos formatos acadêmicos "engessadores" da contemplação dos valores sociais proclamados pela Constituição e, sobretudo, a inconformação com a padronização estabelecida pelo exercício de autoridade judiciária.

O respeito devido às instituições, especialmente ao Judiciário, não deve submeter a consciência da cidadania, que se resguarda pela reação da palavra livre de temor reverencial ou preconceitos.

Cumpre ter memória sobre a falibilidade humana, que permeia também a formação das Cortes judiciais, afetadas por toda sorte de contingências sociais, às quais se agregam fatores inusitados, como se revela na "troca de farpas" entre os Mins. Peluso e Joaquim Barbosa, ambos do STF, quando este último imputou ao primeiro a manipulação de resultados de julgamentos em entrevista divulgada pelo jornal *O Globo* em 20.4.2012, e que provocou oferta de esclarecimentos meramente apaziguadores pelo então recém-empossado Presidente do STJ, Min. Ayres Britto, visto em notícias do *site* oficial na mesma data.

Devemos insistir em cobrar a aplicação da Constituição como base para a construção da solução jurídica de casos submetidos ao controle judicial, em qualquer instância.

Todo o ordenamento legal deve ser visto da perspectiva do cidadão, com foco na compreensão de ser ele o destinatário do direito constitucional sem fórmulas burocráticas, cumprindo ao Judiciário dar efetividade social aos princípios e valores consagrados na Constituição.

Nesse contexto, a lei não pode ser vista como expressão de interesse do Estado, mas da cidadania, pelo quê o centro do Direito e da atuação do Judiciário pressupõe um foco de controle de constitucionalidade da norma legal – situação que exclui a legitimidade dos mecanismos processuais que padronizam a prestação jurisdicional.

NOVAS REFLEXÕES SOBRE A TRIBUTAÇÃO INDIRETA NO BRASIL

ÁLISSON JOSÉ MAIA MELO
Mestrando pelo Programa de Pós-Graduação da Universidade Federal do Ceará (UFC) – Especialista em Direito Tributário pela Faculdade 7 de Setembro (Fa7) – Analista de Regulação da Agência Reguladora de Serviços Públicos Delegados do Estado do Ceará (ARCE)

I – Considerações iniciais. II – Considerações finais.

I – Considerações iniciais

O tema da tributação indireta é bastante antigo e já bastante estudado por cientistas das finanças e da tributação. No entanto, por configurar objeto integrante do mundo cultural ou da realidade social, encontra-se em constante aprimoramento, decorrente de sucessivas e renovadas aplicações, a exigir novas análises, de tempos em tempos, sobre sua evolução. Sob uma perspectiva epistêmica, à medida que um objeto científico vai sendo estudado, novas teorias surgem para aprimorar o conhecimento daquele objeto, seja confirmando as teorias pretéritas, seja refutando-as.[1]

Há pouco mais de 10 anos o Instituto Cearense de Estudos Tributários/ICET realizou empresa semelhante, sob a coordenação do emérito professor Hugo de Brito Machado, convidando renomados pesquisadores na área do direito tributário a se manifestarem sobre o tema da repetição do indébito, com enfoque nos tributos indiretos.[2]

1. Karl Popper, *Lógica das Ciências Sociais*, 3ª ed., trad. de Estevão de Rezende Martins, Rio de Janeiro, Tempo Brasileiro, Biblioteca Tempo Universitário n. 50, 2004.
2. Hugo de Brito Machado (coord.), *Repetição do Indébito e Compensação no Direito Tributário*, Fortaleza, Dialética/ICET, 1999.

Observa-se, do cotejo da proposta anterior com a atual, que o tema de fato ganhou amplitude e profundidade, confirmando o desenvolvimento científico desse ramo do Direito.

O momento não poderia ser mais oportuno para uma revisita. Agradecendo o convite, por oportunizar a manifestação em uma obra de relevo a um jovem tributarista, debruçamo-nos sobre o tema de forma bastante crítica quanto às posições adotadas. Um primeiro criticismo parte da prevalência do constitucionalismo no ordenamento jurídico, desde uma perspectiva da Constituição como fundamento de validade[3] a uma visão de força normativa a ensejar a aplicação do conteúdo constitucional.[4] É a partir do conteúdo normativo constitucional que se deve interpretar o direito infraconstitucional.

Dessa conclusão advém o segundo criticismo do estudo, que toma como elemento norteador de todo o sistema tributário nacional o *princípio da capacidade contributiva*,[5] sendo norma principiológica[6] inaugural do título constitucional, positivado no § 1º do art. 145,[7] logo após a definição genérica da competência tributária dos entes federativos. A vinculação da tributação à existência real ou presumida de riqueza é condição de legitimação da atividade pública e da atuação administrativa tendente à arrecadação de tributos.

A abordagem será dividida segundo a temática dos tópicos-chave, buscando responder aos questionamentos na sequência orientada.

3. Hans Kelsen, *Teoria Pura do Direito*, 6ª ed., trad. de João Baptista Machado, São Paulo, Martins Fontes, 1998.

4. Konrad Hesse, *A Força Normativa da Constituição*, trad. de Gilmar Ferreira Mendes, Porto Alegre, safE, 1991.

5. Regina Helena Costa, *Princípio da Capacidade Contributiva*, 4ª ed., São Paulo, Malheiros Editores, 2012; Klaus Tipke e Douglas Yamashita, *Justiça Fiscal e Princípio da Capacidade Contributiva*, São Paulo, Malheiros Editores, 2002.

6. Humberto Ávila (*Teoria dos Princípios: da Definição à Aplicação dos Princípios Jurídicos*, 13ª ed., São Paulo, Malheiros Editores, 2012, p. 135) sustenta, aliás, tratar-se de um sobreprincípio, que incide no sistema tributário com eficácia *pro tanto*, irradiando-se como parâmetro inafastável para a tributação.

7. CF, art. 145: "§ 1º. Sempre que possível, os impostos terão caráter pessoal e serão graduados segundo a capacidade econômica do contribuinte, facultado à Administração Tributária, especialmente para conferir efetividade a esses objetivos, identificar, respeitados os direitos individuais e nos termos da lei, o patrimônio, os rendimentos e as atividades econômicas do contribuinte".

1. Identificação dos tributos indiretos

1.1 Existem tributos indiretos? O que os caracteriza?

O problema envolve uma questão ontológica. Dizer se existe algo como tributo, definido legalmente como prestação pecuniária compulsória, já encerra dúvidas, uma vez que nessa conceituação ele assume um caráter deontológico. Entretanto, aceitando-se a existência de tributos como institutos próprios do mundo cultural, com condição de existência e de possibilidade no ser humano, surgem outras dificuldades quanto à existência ontológica de tributos que seriam indiretos.

Numa tentativa de solucionar o problema, aponta-se que a especialização de certos entes (presumindo-se a existência ontológica de tributos) em primeira mão sugere um processo classificatório – e, assim sendo, não possuiria caráter de verdade ou existencial, mas de qualificação quanto à utilidade.[8] É o que ocorre no caso da tributação indireta, que acaba se configurando como critério classificatório para abarcar determinado loteamento de entidades conceituadas como tributos.

A solução, todavia, recai noutro problema, pois diversas são as classificações sugeridas para a distinção dos tributos entre diretos e indiretos.[9] Entre outras, merece menção, pelo seu impacto, a classificação clássica segundo o critério da repercussão econômica: *tributos indiretos* são aqueles em que o responsável pelo pagamento pode transferir o ônus econômico para outrem. Há, então, dois sujeitos: um que assume o dever jurídico de pagar (contribuinte "de direito") e outro que efetivamente arca com o custo ("contribuinte de fato") – o perfil "indireto" dessa tributação estaria na interposição, entre quem "efetivamente paga" e o Fisco, de um sujeito apenas legalmente obrigado.

8. Genaro Carrió, *Notas sobre Derecho y Lenguaje*, 4ª ed., Buenos Aires, Abeledo-Perrot, 1994, p. 99: "Las clasificaciones no son ni verdaderas ni falsas, son *serviciales* o *inútiles*; sus ventajas o desventajas están supeditadas al interés que guía a quien las formula, y a su fecundidad para presentar un campo de conocimiento de una manera más fácilmente comprensible o más rica en consecuencias prácticas deseables" (grifos no original).

9. Aliomar Baleeiro, *Uma Introdução à Ciência das Finanças*, 15ª ed., Rio de Janeiro, Forense, 2000; Alfredo Augusto Becker, *Teoria Geral do Direito Tributário*, 3ª ed., São Paulo, Lejus, 2001, pp. 536-538; Luís Dias Fernandes, *Repetição do Indébito Tributário: o Inconstitucional Art. 166 do CTN*, Rio de Janeiro, Renovar (Coleção Biblioteca de Teses), 2002, pp. 35-50; José Casalta Nabais, *Direito Fiscal*, 2ª ed., Coimbra, Livraria Almedina, 2003.

Tal classificação, contudo, é amplamente criticável.[10] Primeiramente porque carece de generalização, uma vez que um mesmo tributo pode, a depender da situação, ser considerado direto ou indireto. Em segundo lugar porque carece de adequada identificação da variável relevante, buscando, em vez de indicar com precisão um critério abstrato e o mais objetivo possível, simplesmente justificar as consequências práticas.

Propõe-se, portanto, um novo critério de classificação. Observado o papel do princípio da capacidade contributiva, forçoso reconhecer que um tributo somente é legítimo se previr em sua hipótese de incidência uma manifestação de riqueza, ou ao menos um signo presuntivo de riqueza.[11] Em contrapartida, a legislação de tributação presume com maior ou menor segurança a aptidão do cidadão de contribuir para os fins estatais. Entretanto, por imperativos da ordem econômica e social ou pela expectativa de facilitada arrecadação, o modelo de tributação estabelecido por vezes não estima nem presume uma riqueza imediata.

10. Hugo de Brito Machado Segundo, *Repetição do Tributo Indireto: Incoerências e Contradições*, São Paulo, Malheiros Editores, 2011, pp. 13-23; Luís Dias Fernandes, *Repetição do Indébito Tributário: o Inconstitucional Art. 166 do CTN*, cit., p. 128: "(...) este método, pela aleatoriedade de sua configuração, não diz com a essência mesma do imposto, a saber, com a sua natureza íntima, com o seu caráter imutável, que lhe empresta as feições peculiares".

Hugo de Brito Machado, *Curso de Direito Tributário*, 33ª ed., São Paulo, Malheiros Editores, 2012, p. 211: "(...). É que não existe critério capaz de determinar quando um tributo tem o ônus transferido a terceiro, e quando é o mesmo suportado pelo próprio contribuinte. O imposto de renda, por exemplo, é classificado como imposto direto; entretanto, sabe-se que nem sempre o seu ônus é suportado pelo contribuinte. O mesmo acontece com o IPTU, que, tratando-se de imóvel alugado, é quase sempre transferido para o inquilino".

11. Alfredo Augusto Becker, *Teoria Geral do Direito Tributário*, cit., 3ª ed., p. 263. O autor sustenta, além de que a presunção é absoluta (*juris et de jure*), que esse fato-signo de riqueza também poderia ser decorrente de ficção, embora nos Países em que consagrada a capacidade contributiva seja impossível essa situação.

Maria Rita Ferragut, *Presunções no Direito Tributário*, São Paulo, Dialética, 2001, p. 88: "É inconstitucional a utilização das ficções jurídicas em direito tributário, especificamente no que tange à criação de obrigações tributárias, já que na ficção jurídica considera-se como verdadeiro aquilo que, da perspectiva fenomênica, é falso, ou seja, tem-se como fato jurídico tributário um fato que, diante da realidade fática e jurídica comprovada, não é. E a razão desse entendimento é a violação de diversos princípios constitucionais, dentre os quais a legalidade, a tipicidade e a discriminação constitucional de competências".

Logo, uma distinção científica entre tributação direta e indireta guarda como critério mais adequado *o modo pelo qual a situação prevista na norma tributária atinge a riqueza que a tributação legitimamente e presumivelmente almeja captar*. Assim, a manifestação legítima de riqueza pode ser alcançada pela norma tributária de modo direto, quando a situação prevista na hipótese de incidência tem como núcleo a riqueza última; ou de modo indireto, quando a riqueza que se pode identificar é atingida mediatamente – decisão, essa, que parece ficar a cargo do legislador, como representante da sociedade, mediante juízo de política tributária.[12] O perfil "indireto" encontra-se na distinção entre o núcleo da hipótese de incidência e a riqueza supostamente pretendida pela legislação.

1.1.1 No Direito Brasileiro o ICMS é um tributo indireto? E o IPI? Por quê? Há relação entre não cumulatividade e tributação indireta? Qual? Basta ser não cumulativo para ser considerado indireto o tributo, e vice-versa?

São riquezas legitimadoras da tributação a renda, o patrimônio e o consumo. Apesar de poderem ser levantadas críticas a essa classificação, não merecem prosperar, já que são de visível utilidade. Sem adentrar com profundidade nessa discussão, vê-se que a riqueza eventualmente existente no consumo, aplicando-se o critério ora proposto, pode ser atingida pela tributação de forma direta – como seria o caso do imposto sobre o consumo similar ao modelo norte-americano – ou de forma indireta – como ocorre com os tributos incidentes sobre a cadeia econômica de bens e serviços. Nesses tributos a hipótese de incidência tem como elemento comum o complemento "produto", "mercadoria" ou "serviço"; no entanto, não parece acertado sustentar que a riqueza última esteja configurada nesses elementos, senão no consumo. Em última instância, a riqueza da produção guarda relação

12. Como salienta Dino Jarach ("Aspectos da hipótese de incidência tributária", *RDP* 17/287-304, "Cadernos de Direito Tributário", São Paulo, Ed. RT, julho-setembro/1971): "(...) na determinação do sujeito passivo principal (e, *mutatis mutandis* ou analogicamente, na determinação da situação abstrata da hipótese de incidência), existe sempre certo grau de arbitrariedade ou, se se prefere, de decisão discricionária do legislador" (p. 288).

de prejudicialidade com a riqueza do consumo: a oferta, num mercado ideal, só existe em razão da demanda e da existência de consumidores com poder aquisitivo.

Portanto, o ICMS e o IPI podem ser considerados tributos indiretos, uma vez que, incidindo sobre industrialização de produtos, circulação de mercadorias e de determinados serviços, têm por motivo legitimador de sua existência (verdadeira condição de possibilidade) atingir, em última instância, a riqueza do consumidor, que supostamente adquire o produto industrializado, a mercadoria ou o serviço circulado já submetido a tributação. Contudo, não significa necessariamente que tenha ocorrido repercussão econômica.

Já, em relação à não cumulatividade, que possui previsão para quatro modalidades de tributos na Constituição,[13] observa-se da própria leitura do texto constitucional que não se trata propriamente de "princípio", exigindo-se que certos tributos, como o IPI e o ICMS, sejam compensados em cada operação do montante já pago. Na verdade, trata-se de técnica de incidência tributária para determinação do elemento quantitativo, autorizando a previsão de alíquotas altas para as operações, onerando o produto final com alíquota fixa em relação ao custo de produção, em vez de prever alíquotas mais baixas para cada uma das etapas de forma cumulativa.

Colocada nesses termos, a não cumulatividade não guardaria *a priori* qualquer pertinência com a classificação dos tributos segundo a correlação entre hipótese de incidência e riqueza, salvo a coincidência de ela estar prevista em tributos definidos como indiretos.

> 1.1.2 Afirmativa a resposta à pergunta anterior, seriam indiretos também o PIS e a COFINS? E o IRPJ, quando incidente sobre o lucro presumido do comerciante vendedor? Por qual razão o ônus referente ao ICMS seria repassado ao consumidor, e o do IRPJ não?

O PIS e a COFINS, com fundamento no art. 195, I, "b", da CF, são contribuições sociais para custeio da seguridade social, oriundas

13. Para o IPI, no art. 153, § 3º, II; para os impostos residuais, no art. 154, I; para o ICMS, no art. 155, § 2º, I; e para as contribuições para a seguridade social, em casos específicos, no art. 195, § 12.

"do empregador, da empresa ou da entidade a ela equiparada na forma da lei", e cuja hipótese de incidência é o faturamento. Nesse sentido, é de se ver que, através da tributação do faturamento, pretendem o PIS e a COFINS atingir a riqueza consistente na renda do empregador – aliás, o próprio dispositivo constitucional alude também à renda. Assim, observada a distinção entre faturamento e renda de uma empresa, essas contribuições também podem ser consideradas tributos indiretos.

Já, o IRPJ, independentemente da forma de cômputo da base de cálculo, tem como hipótese de incidência a aquisição de renda pela pessoa jurídica – art. 153, III, da CF –, atingindo de forma direta e imediata a riqueza legítima (renda). Subentende-se, assim, que os efeitos e a finalidade da tributação do IRPJ se esgotam com a transferência de parte da renda da pessoa jurídica para o Fisco.

Para o ICMS, todavia, embora não signifique a necessária transferência do ônus ao consumidor, há uma expectativa de que o ciclo econômico seja perfeito somente na etapa final, ou seja, no ato de consumo.

> 1.1.3 Ainda em relação ao IRPJ, faria diferença o fato de ele incidir sobre o lucro presumido ou sobre o lucro real? Qual?

Como já salientado, não haveria diferença, para efeitos de distinção entre tributos diretos e indiretos, se o IRPJ tem como base de cálculo o lucro presumido ou o lucro real. A tipologia preconizada para a base de cálculo tem como fundamento apenas a definição de um critério mais simples e seguro de identificação (presumida) da manifestação de riqueza (renda) e almeja a simplificação da declaração e arrecadação pelo contribuinte. Para efeitos jurídico-tributários, houve incidência de tributo sobre a renda da pessoa jurídica.

> 1.1.4 Nos serviços públicos, havendo fixação de preços e previsão de manutenção do equilíbrio econômico-financeiro dos contratos, pode-se dizer que os tributos que oneram a atividade são indiretos? Todos? Alguns? Quais?

Superada a classificação dos tributos indiretos pelo critério da repercussão econômica, constata-se que o mero fato de ocorrer a revisão automática das tarifas diante de aumento de tributos, onerando as faturas pagas pelos usuários de serviço público, não autoriza sustentar que se trata de tributos indiretos. Insistir nessa conclusão é incidir na crítica já formulada ao critério – ou seja, que não possui cientificidade, variando o caráter direto ou indireto de acordo com o contexto.

Isso não significa que entre os tributos incidentes sobre os serviços públicos não possa haver aqueles já definidos como indiretos segundo a classificação proposta, como o IPI, o ICMS, o PIS e a COFINS. Aliás, em regra tais tributos incidem sobre os serviços públicos, mas a coincidência é, mais uma vez, incidental.

> 1.1.5 O aumento de tributo incidente sobre um serviço público, sendo imediatamente transferido ao consumidor por força de previsão contida no contrato de concessão, deve ser considerado um aumento de tarifa? Caso negativo, isso significa que o consumidor está pagando tributo? Há algum reflexo, em razão disso, na aplicação do art. 166 do CTN a tais hipóteses?

O regime tarifário no âmbito das concessões de serviços públicos tem sua pauta definida pelo ente público titular do serviço, cabendo à entidade reguladora competente não somente definir a composição tarifária, como também determinar o valor das tarifas e proceder aos reajustes e revisões tarifárias, nos termos dos respectivos contratos de delegação.[14] Assim, é comum que tais contratos, ou as normas técnicas de regulação econômica dos serviços, prevejam o repasse direto aos usuários dos valores devidos a título de tributos, pois são aprioristicamente considerados como despesas fixas.[15]

14. Jacintho Arruda Câmara, *Tarifa nas Concessões*, São Paulo, Malheiros Editores, 2009.

15. Hugo de Brito Machado Segundo, *Repetição do Tributo Indireto: Incoerências e Contradições*, cit., pp. 40-41: "No caso específico da energia elétrica, outra observação merece ser feita. É que, diversamente do que acontece na generalidade das operações tributadas pelo ICMS, a energia é tarifada. E mais: a tarifa é fixada por órgão federal, que nesse procedimento não leva em conta o valor do ICMS, até porque este é diferente em cada Estado-membro. Tanto que os contratos de concessão asseguram às concessionárias o direito de exigir dos usuários a tarifa fixada pela Agência Nacional

Quando o contrato não traz essa previsão, os custos relativos ao pagamento de tributos são computados dentro de uma parcela da composição tarifária[16] que, nos processos de definição das tarifas e de revisões tarifárias, permanece intocada. A majoração de tributos incidentes sobre a prestação de serviços públicos pode por si fundamentar, quando não o repasse automático,[17] uma revisão extraordinária das tarifas, com os mesmos efeitos práticos, à luz do art. 9º, § 3º, da Lei 8.987, de 13.2.1995.[18]

Entretanto, faz-se necessário respeitar primariamente a posição jurídica do prestador do serviço público como o contribuinte "de direito" das obrigações tributárias incidentes sobre os serviços. Se o valor do aumento dos tributos é imediatamente repassado, antes de significar que o consumidor está pagando tributo, deve-se entender que a atualização dos custos dá-se por um imperativo do regime jurídico-administrativo, para manutenção do equilíbrio econômico-financeiro dos contratos, de modo a permitir a regularidade e a conti-

de Energia Elétrica/ANEEL e o ICMS incidente na operação, em típico exemplo de repercussão jurídica (tal como se dava em relação às instituições financeiras e seus clientes, relativamente à CPMF)".

16. De modo simplificado, a tarifa de um serviço público pode também ser composta por duas parcelas: uma delas de conteúdo intangível, pois envolve custos fixos sobre os quais a empresa não detém controle – normalmente incluídos aqui os tributos incidentes sobre a atividade – e sobre a qual não caberia a incidência de fatores de estímulo à eficiência, e outra parcela com os custos da atividade que a prestadora dos serviços pode controlar segundo um regime de eficiência, sendo sensível à estimulação pela entidade reguladora conforme o modelo de eficiência utilizado.

17. Assim, Hugo de Brito Machado Segundo, *Repetição do Tributo Indireto: Incoerências e Contradições*, cit., pp. 41-42, nota de rodapé 29: "Mostra disso é que o STJ, em outra incoerência, tem decidido que as concessionárias de energia elétrica podem repassar aumentos de tributos aos consumidores de energia, não configurando essa prática um aumento das tarifas (STJ, 1ª Seção, ED no REsp 976.836-RS, *DJe* 26.11.2010). Ao assim decidir, o STJ deixa claro que uma coisa é a tarifa paga, e outra o tributo cobrado do usuário. A tributação dos serviços públicos, nesse contexto, torna-se juridicamente (e não apenas economicamente) devida pelos usuários desses serviços, dos quais as concessionárias têm o direito de exigir o preço e, separadamente (fundado em outra relação jurídica), o tributo. Trata-se (...) de típica hipótese de repercussão jurídica. Em razão disso, não é correto invocar-se o art. 166 do CTN para negar ao consumidor, que é contribuinte de direito também, a legitimidade. (...)".

18. Lei 8.987/1995, art. 9º, § 3º: "§ 3º. Ressalvados os impostos sobre a renda, a criação, alteração ou extinção de quaisquer tributos ou encargos legais, após a apresentação da proposta, quando comprovado seu impacto, implicará a revisão da tarifa, para mais ou para menos, conforme o caso".

nuidade do empreendimento. O contribuinte paga o faturamento dos serviços, embora na fatura possam vir discriminados os custos relativos aos tributos.

Apesar dessas considerações, embora o contribuinte não pague tributo, não significa que, em razão disso, não possa haver qualquer reflexo na aplicação do art. 166 do CTN a tais hipóteses.

> 1.1.6 Imagine-se que um consumidor final de energia elétrica questiona em juízo a cobrança do ICMS incidente sobre as faturas que paga à concessionária correspondente. Em face de medida liminar, deixa de sofrer o acréscimo do imposto nos termos impugnados. Essa liminar é confirmada por sentença e por acórdão do Tribunal de Justiça. Muitos anos depois, o STJ afirma a ilegitimidade ativa ad causam do consumidor final e extingue o processo sem exame do mérito. Pergunta-se: o Estado poderá exigir o ICMS que deixou de ser recolhido em todo o período de vigência da liminar? Ele poderá exigir esse imposto de quem? Da concessionária que estava impedida de descontá-lo? Do consumidor que teve extinguido seu processo, por não ser considerado contribuinte?

Sem adentrar na discussão do mérito da decisão do STJ a respeito da legitimidade ativa *ad causam* do consumidor final, atendo-se às perguntas formuladas, a extinção do processo sem exame de mérito acarreta a revogação automática das liminares concedidas. Poderá, portanto, o Estado exigir o ICMS que deixou de ser recolhido. No entanto, tal cobrança, por um imperativo de legalidade e de coerência, somente pode ser exigida do prestador de serviços públicos, que é juridicamente o contribuinte e sobre quem recai o dever de pagamento dos tributos – e não sobre os usuários do serviço.

No entanto, alguns detalhes merecem ser levados em consideração. De um lado, o titular dos serviços deve garantir a sustentabilidade do serviço para o prestador, desde que não assuma as ineficiências deste, por força do equilíbrio econômico-financeiro dos contratos, nos termos do art. 9º, §§ 2º e 4º, da Lei 8.987/1995.[19] Num processo de re-

19. Lei 8.989/1995, art. 9º, §§ 2º e 4º: "§ 2º. Os contratos poderão prever mecanismos de revisão das tarifas, a fim de manter-se o equilíbrio econômico-financeiro";

visão extraordinária das tarifas poderá ser decidido pela inclusão de recomposição dos custos advindos pela cobrança de tributos relativos a período pretérito. Por outro lado, ao usuário também deve ser garantida a modicidade tarifária, conforme o art. 6º, *caput* e § 1º, da Lei 8.987/1995,[20] com tarifas que reflitam o custo dos serviços. Entretanto, dada a excepcionalidade da situação, não se vislumbra alternativa juridicamente mais adequada.

2. Tributação indireta e repetição do indébito

2.1 O art. 166 do CTN se aplica à restituição de tributos indiretos? Ele se aplica a alguma outra hipótese de restituição do indébito tributário?

No âmbito da restituição do indébito tributário, o art. 166 do CTN[21] é dispositivo que traz algumas inquietações, especificamente para o tema da tributação indireta. Embora não seja cabível um estudo exaustivo do tema, é possível sinalizar alguns nortes na interpretação do dispositivo, a partir dos métodos clássicos de Hermenêutica.

Em primeiro lugar, a partir do método histórico, salienta-se que o dispositivo foi inserido, após a elaboração do Anteprojeto do Código pela Comissão designada, por influência da Advocacia Pública,[22] para

"§ 4º. Em havendo alteração unilateral do contrato que afete o seu inicial equilíbrio econômico-financeiro, o poder concedente deverá restabelecê-lo, concomitantemente à alteração".

20. Lei 8.987/1995:

"Art. 6º. Toda concessão ou permissão pressupõe a prestação de serviço adequado ao pleno atendimento dos usuários, conforme estabelecido nesta Lei, nas normas pertinentes e no respectivo contrato.

"§ 1º. Serviço adequado é o que satisfaz as condições de (...) modicidade das tarifas."

21. CTN: "Art. 166. A restituição de tributos que comportem, por sua natureza, transferência do respectivo encargo financeiro somente será feita a quem prove haver assumido o referido encargo, ou, no caso de tê-lo transferido a terceiro, estar por este expressamente autorizado a recebê-la".

22. Brandão Machado, "Repetição do indébito no direito tributário", in Brandão Machado (coord.), *Direito Tributário: Estudos em Homenagem ao Professor Ruy Barbosa Nogueira*, São Paulo, Saraiva, 1984, pp. 59-106: "Na Comissão Especial designada pelo Governo prevaleceu a 'doutrina do Tesouro Nacional', não obstante a presença do autor do Anteprojeto e a sua já conhecida opinião sobre a matéria" (p. 74).

endossar a consagração da classificação dos tributos como indiretos a partir do critério da repercussão econômica, já empreendida pelo STF à época, exigindo-se a comprovação, seja pelo contribuinte, seja pelo terceiro, do prejuízo econômico. Como visto, tal critério não guarda pertinência científica, acarretando, pelas suas consequências, a exigência de prova negativa (de que não teria transferido o encargo financeiro a terceiros), de praticamente impossível produção.[23] Assim, pelo método histórico, leva-se a conclusão que sugere a inconstitucionalidade do art. 166 do CTN, por violação às garantias de acesso ao Judiciário e de ampla defesa.[24]

Pelo método sistemático o dispositivo não leva a lugar algum, pois não há qualquer alusão expressa, seja no Código Tributário Nacional, seja na Constituição da época, à natureza de tributos ou à transferência de encargo financeiro. Também sob o método teleológico ou finalístico, feito de forma ampla, incorre-se nos mesmos equívocos do método histórico. Sustentar a interpretação do dispositivo a partir da repercussão econômica é incidir na falta de cientificidade do critério e na abertura para o arbítrio.

Outra corrente dá à repercussão o caráter jurídico, sendo autorizada a aplicação do art. 166 do CTN somente àqueles casos em que a repercussão seja determinada pelas normas jurídicas.[25] Conquanto

23. Luís Dias Fernandes, *Repetição do Indébito Tributário: o Inconstitucional Art. 166 do CTN*, cit., p. 69: "Se toda esta dificuldade preside a realização de uma prova positiva do fenômeno, que dizer da produção de sua prova em caráter negativo? Trata-se, no mínimo, de uma *probatio diabolica*, de um ônus infamante, enfim, de um absurdo jurídico".

24. Luís Dias Fernandes, *Repetição do Indébito Tributário: o Inconstitucional Art. 166 do CTN*, cit.

Brandão Machado, "Repetição do indébito no direito tributário", cit., in Brandão Machado (coord.), *Direito Tributário: Estudos em Homenagem ao Professor Ruy Barbosa Nogueira*, p. 99: "Ofende, portanto, a Constituição a regra legal que anula a pretensão do *solvens* a ter de volta o dinheiro que o Estado lhe toma, como tributo, sem autorização legal, retendo-o sob a justificativa de que foi ganho desta ou daquela maneira ou obtido de outrem a este ou àquele título".

25. Hugo de Brito Machado Segundo, *Repetição do Tributo Indireto: Incoerências e Contradições*, cit., *passim*, e *Processo Tributário*, 5ª ed., São Paulo, Atlas, 2010, pp. 418-427; Betina Treiger Grupenmacher, "A inaplicabilidade do disposto no art. 166 do CTN à repetição de indébito do ISS", in Luís Eduardo Schoueri (coord.), *Direito Tributário: Homenagem a Alcides Jorge Costa*, vol. 1, São Paulo, Quartier Latin, 2003, pp. 570-573; James Marins, *Direito Processual Tributário Brasileiro: Administrativo e Judicial*, 5ª ed.,

essa linha interpretativa soe bem mais adequada aos parâmetros jurídicos, ela ainda peca por permitir, em alguma medida, soluções aparentemente casuísticas,[26] nas quais circunstâncias periféricas podem ser decisivas para determinar a aplicação do art. 166 do CTN.

A partir do texto do art. 166 observa-se que o antecedente da regra traz algo à primeira vista intransponível: a existência de tributos cuja natureza comporta transferência do respectivo encargo financeiro.[27] E por "natureza dos tributos" o dispositivo parece aludir a algo que não seria relativo às características peculiares de determinada prestação pecuniária compulsória – interpretando-se "tributos" consoante o art. 3º do CTN[28] –, mas a algo inerente à generalidade da espécie tributária, sem ir ao extremo de se referir obrigatoriamente à hipótese de incidência – caso se interpretasse "natureza" segundo o art. 4º do CTN.[29]

São Paulo, Dialética, 2010, pp. 299-304; Alexandre Macedo Tavares, *Compensação do Indébito Tributário*, São Paulo, Dialética, 2006, pp. 123-133.

26. Luís Dias Fernandes, *Repetição do Indébito Tributário: o Inconstitucional Art. 166 do CTN*, cit., p. 55: "Não se pode, portanto, com meras cogitações do *poder ser*, individualizar determinado instituto jurídico para, assim, estremá-lo dos demais. A essência, o *ser* de algo, não se compadece com caracteres circunstanciais, simplesmente acidentais, mas, isto, sim, exsurge da conformação natural de seus traços invariáveis e insubstituíveis" (grifos no original).

27. Betina Treiger Grupenmacher, "A inaplicabilidade do disposto no art. 166 do CTN à repetição de indébito do ISS", cit., in Luís Eduardo Schoueri (coord.), *Direito Tributário: Homenagem a Alcides Jorge Costa*, vol. 1, pp. 571-572: "Efetivamente, a expressão 'tributos que comportem, por sua natureza, transferência do encargo financeiro' traz consigo a indagação de quais seriam os tributos cuja natureza implica a transferência de tal encargo. Tem-se por certo que são aqueles em que a transferência do encargo financeiro se dá em função de um fenômeno jurídico, e não propriamente econômico, como em regra se pretende fazer crer. Em outros termos, quando o legislador referiu-se à natureza dos tributos naturalmente estava dirigindo-se àqueles tributos nos quais há repercussão jurídica de acordo com a sistemática adotada pela Constituição Federal".

Luís Dias Fernandes, *Repetição do Indébito Tributário: o Inconstitucional Art. 166 do CTN*, cit., p. 128: "Inexiste referencial jurídico para identificar os tributos que, por sua natureza, comportem transferência do respectivo encargo financeiro, haja vista ser este um fenômeno de índole puramente econômica, que, à sua vez, sequer resultou devida e claramente equacionado pelas ciências incumbidas de sua análise".

28. CTN: "Art. 3º. Tributo é toda prestação pecuniária compulsória, em moeda ou cujo valor nela se possa exprimir, que não constitua sanção de ato ilícito, instituída em lei e cobrada mediante atividade administrativa plenamente vinculada".

29. CTN: "Art. 4º. A natureza jurídica específica do tributo é determinada pelo fato gerador da respectiva obrigação (...)".

Além disso, sob uma perspectiva sistêmica, deve-se ainda garantir maior prestígio à regra geral de restituição do indébito segundo o art. 165 do CTN,[30] enquanto o art. 166 merece ser compreendido como direito excepcional,[31] submetendo-se a interpretação mais restritiva. Assim, a característica da transferência do respectivo encargo financeiro, que deverá pertencer à generalidade da espécie tributária, deve ser apta a gerar uma presunção que supere a aplicação do art. 165.

Consciente de se estar contrariando a origem e a interpretação histórica do dispositivo legal, mas considerando que aceitar às últimas consequências esse método hermenêutico leva à conclusão iniludível da inconstitucionalidade da regra,[32] de antemão afastada, sustenta-se uma interpretação do art. 166 do CTN no sentido de que somente em situações excepcionalíssimas restaria configurada a aplicação dele, subsumidas aos dois casos vislumbrados a seguir.

O primeiro ocorre quando a própria lei que institui o tributo preveja que este será cobrado de terceiro pelo próprio contribuinte,[33] quando somente a partir daí poderá vir a ser incluído no preço da mercadoria. Somente quando essa previsão vem na legislação tributária específica do tributo é que se pode deduzir tratar-se a transferência como uma característica da "natureza" do tributo.

O segundo dar-se-ia na hipótese de tributos cuja lei instituidora adote o princípio da cartularidade, próprio da teoria dos títulos de crédito.[34] Nessa situação, o pagamento do tributo é representado

30. CTN: "Art. 165. O sujeito passivo tem direito, independentemente de prévio protesto, à restituição total ou parcial do tributo, seja qual for a modalidade do seu pagamento, (...)".

31. Sobre *direito excepcional*, cf. o clássico Carlos Maximiliano, *Hermenêutica e Aplicação do Direito*, 20ª ed., Rio de Janeiro, Forense, 2011, pp. 183-194.

32. Hugo de Brito Machado, *Curso de Direito Tributário*, cit., 33ª ed., p. 212: "A não ser assim, ter-se-á de concluir pela inconstitucionalidade do art. 166, por ser este um óbice intransponível ao exercício do direito à restituição do indébito".

33. Gilberto de Ulhôa Canto (*Temas de Direito Tributário*, vol. 2, Rio de Janeiro, Alba, 1964, pp. 145-146) e Amílcar de Araújo Falcão (*Direito Tributário Brasileiro: Aspectos Concretos*, Rio de Janeiro, Financeiras, 1960, p. 57) aludem à previsão contida no art. 99 do Regulamento do então existente imposto de consumo, Decreto-lei 7.404, de 22.3.1945, segundo o qual: "Art. 99. O impôsto, quando *ad valorem*, figurará obrigatòriamente em parcela separada na 'nota fiscal' e será cobrado do primeiro comprador, pelo fabricante, ficando, a partir dêste momento, incorporado ao preço do produto".

34. Fábio Ulhôa Coelho, *Curso de Direito Comercial*, 10ª ed., vol. 1, São Paulo, Saraiva, 2006, p. 375: "Pelo princípio da cartularidade, o credor do título de crédito

por algum elemento físico que o comprove, presumindo-se o direito à repetição do indébito àquele que possuir referido elemento. Aliás, o próprio CTN alude à possibilidade de pagamento de tributos em modalidade similar, nos termos do art. 162, II, e §§ 3º a 5º.[35] Trata-se de solução conveniente para os casos em que à Administração Fazendária não interessaria um controle cadastral rígido dos contribuintes, na contramão da política tributária adotada atualmente. No sistema tributário nacional de 1988 não há previsão de tributos que possuam tal natureza;[36] todavia, é possível que a União, no âmbito da competência residual, possa instituir tributo com tal natureza.[37]

Aos demais casos aplicar-se-ia o art. 165 do CTN. Interpretado o art. 166 nesses lindes, apesar de esse dispositivo não ser considerado inconstitucional, não teria praticamente qualquer serventia no atual sistema tributário nacional, inclusive não se aplicaria para o caso dos tributos indiretos existentes no ordenamento jurídico brasileiro.

Portanto, uma interpretação do art. 166 do CTN não leva à conclusão pela sua aplicação para a restituição dos tributos indire-

deve provar que se encontra na posse do documento para exercer o direito nele mencionado".

35. CTN:

"Art. 162. O pagamento é efetuado: (...); II – nos casos previstos em lei, em estampilha, em papel selado, ou por processo mecânico.

"(...).

"§ 3º. O crédito pagável em estampilha considera-se extinto com a inutilização regular daquela, ressalvado o disposto no art. 150.

"§ 4º. A perda ou destruição da estampilha, ou o erro no pagamento por esta modalidade, não dão direito a restituição, salvo nos casos expressamente previstos na legislação tributária, ou naquelas em que o erro seja imputável à autoridade administrativa.

"§ 5º. O pagamento em papel selado ou por processo mecânico equipara-se ao pagamento em estampilha."

36. A Lei federal 4.505, de 30.11.1964, que dispunha sobre o então existente imposto do selo, mencionava nos arts. 53 e 54 a existência de "estampinhas" do referido imposto, e os Anexos da lei incluíam operações de crédito, inclusive letra de câmbio e nota promissória, entre os fatos geradores.

37. Hugo de Brito Machado, *Curso de Direito Tributário*, cit., 33ª ed., p. 210: "A restituição do tributo pago em estampilha, papel selado ou por processo mecânico obedece a regime especial. Só é possível quando tenha havido erro imputável à autoridade administrativa ou nos casos previstos expressamente pela legislação do tributo respectivo".

tos, de acordo com o critério sustentado neste trabalho. É possível defender a aplicação desse dispositivo para os casos de tributos incidentes sobre faturas nos serviços públicos, considerando que, embora não se trate de tributos cuja natureza comporte transferência do respectivo encargo financeiro, são tributos inseridos num sistema tarifário que possui tal natureza. Assim, especialmente nessa situação, é possível a aplicação do art. 166 do CTN, mas aplicação, essa, de forma analógica.

2.2 O art. 166 do CTN se aplica a outras ações relacionadas aos tributos indiretos, diversas da ação de restituição? Embargos à execução fiscal, por exemplo?

Em que pese às limitações feitas no questionamento pretérito, observa-se que a excepcionalidade do art. 166 do CTN restringe-se ao capítulo da repetição do indébito, sugerindo, a princípio, sua aplicação apenas para a ação de restituição. Para o terceiro a quem possa ser transferido o encargo financeiro, enquanto isso não se realiza, não se vislumbra interesse jurídico devidamente consubstanciado. Ademais, a relação jurídica de imposição travada com o Fisco é estabelecida diretamente pelo contribuinte dito "de direito".

Assim, a princípio não haveria necessidade de extensão de aplicação processual do art. 166 do CTN. No entanto, a depender das circunstâncias do caso, passa a ser razoável, diante de cobranças flagrantemente indevidas, que a autoridade judicial possa aceitar o rito preventivo dos embargos à execução fiscal, antecipando-se uma futura repetição do indébito.

2.3 Há diferença entre a situação do contribuinte que paga tributo indireto e em seguida postula sua restituição e a daquele que, em vez de pagar, deposita o valor correspondente, questionando a cobrança? Por qual razão o art. 166 do CTN seria aplicável na primeira situação, e não na segunda?

Considerando que, do ponto de vista sustentado neste estudo, o art. 166 do CTN, na interpretação restrita dada a ele, não se aplica aos chamados tributos indiretos, na classificação segundo a conceituação ora adotada a questão perde pertinência. Assim, como o dispositivo não incidiria em relação à situação do contribuinte que paga tributo indireto, não há qualquer diferença entre situações.

Aliás, como de fato não deveria haver diferença, identificar que, de acordo com as teorias adotadas no presente trabalho, resta solucionado o conflito aparente de contextos similares, causado pelas interpretações correntes, configura forte indício do acerto científico da proposta, de uma aproximação da verdade.

2.4 O art. 166 confere legitimidade ao contribuinte "de fato" para postular a restituição do indébito? Caso negativo, como se poderá obter a restituição do indébito, sobretudo em situações nas quais o contribuinte de direito, que repassou o ônus financeiro do tributo ao consumidor, não tem como identificá-lo? Haveria ofensa ao art. 5º, XXXV, da CF de 1988?

Uma vez que o art. 166 do CTN não se presta para as situações de tributação indireta, sob pena de encerrar interpretação inconstitucional, o dispositivo não se presta a conferir legitimidade ao denominado "contribuinte de fato" para reclamar a restituição do indébito, não tendo este, salvo raríssimas exceções, também previstas na Constituição, qualquer relevância no sistema infraconstitucional tributário. Sugere-se a aplicação do art. 165 do CTN diretamente à situação, legitimando o contribuinte "de direito" a repetir, independentemente de repasse do ônus financeiro do tributo.

Se há alguma possibilidade de encontrar a legitimidade do consumidor, ela só poderá ser encontrada na própria Constituição. É pressuposto da violação ao direito fundamental previsto no art. 5º, XXXV, do texto constitucional,[38] conhecido como *princípio da inafastabilidade da jurisdição*, a existência do direito a ser lesado ou ser posto em ameaça pela lei; e, no caso do consumidor, tal direito não é explicitamente reconhecido.

38. CF, art. 5º, XXXV: "XXXV – a lei não excluirá da apreciação do Poder Judiciário lesão ou ameaça a direito; (...)".

3. Tributação indireta e imunidades subjetivas

3.1 Caso um comerciante vendedor seja titular de imunidade subjetiva, poderá ele invocá-la para se eximir da cobrança de tributo indireto incidente sobre as vendas que realiza? Poder-se-á dizer que tal imunidade não é aplicável, eis que quem "verdadeiramente" arca com o tributo é o consumidor final, não imune?

Em consequência dos argumentos expostos, vê-se que o comerciante vendedor, sendo o contribuinte dos tributos indiretos para todos os efeitos, pode invocar a imunidade subjetiva para eximir-se da cobrança de tributo indireto. Ademais, ainda que fossem sustentadas as teses da repercussão econômica ou da repercussão jurídica, esse contribuinte somente poderia eventualmente enfrentar dificuldades quando já tivesse realizado o pagamento dos tributos indiretos e estivesse pleiteando a restituição, respeitando-se os limites da norma excepcional do art. 166 do CTN.

Portanto, alegar que o consumidor final "verdadeiramente" arca com o tributo – verdade, essa, plenamente questionável de forma empírica, e ainda que sustentada presumivelmente com base em direito infraconstitucional – não pode ter o condão de afastar norma constitucional de imunidade.

3.2 Caso um consumidor final seja titular de imunidade subjetiva, poderá ele invocá-la para fazer com que sobre as mercadorias e serviços que consome não incidam tributos indiretos? Poder-se-á dizer que tal imunidade não é por ele invocável, pois o "verdadeiro" contribuinte é o vendedor, não imune?

A princípio, o consumidor final, ainda que titular de imunidade subjetiva, por não ser o sujeito da relação jurídico-tributária com o Fisco, sobre a qual incidira a norma imunizante, não poderia invocá-la para obter desconto na aquisição de mercadorias e serviços que consome. O consumidor final paga preço pelo contrato celebrado com o empresário – este, sim, o "verdadeiro" contribuinte para os efeitos jurídico-tributários –, e não tributo, não incidindo *a priori* razões de direito tributário nessa relação. Os tributos sobre o consumo têm como característica própria o relativo desconhecimento do sujeito que adquire os bens, sugerindo a impessoalidade em alguma medida. Quando são concebidos de forma indireta, ou seja, definida como contribuinte responsável pelo pagamento pessoa distinta daquela legitimamente almejada pela tributação, provoca-se a potencialização do desconhecimento, cabendo à seletividade o papel principal na realização da capacidade contributiva.

Nada obstante, não se vislumbram óbices para que, a partir do sistema tributário constitucional, a imunidade tributária, pela sua condição especial equivalente ou equiparável aos direitos fundamentais,[39] possa sofrer supervalorização adequada à força normativa da Constituição, de modo a que venha a ser considerada condição de possibilidade para a tributação, razão pela qual deve ser posicionada hermeneuticamente de modo prévio à discussão relativa à incidência. No entanto, é necessário que o Poder Judiciário, em sede de jurisdição constitucional, faça valer referida interpretação.

3.3 É possível oferecer resposta coerente às duas perguntas anteriores? Essa resposta é coerente com aquelas fornecidas às perguntas do item 2?

Entende-se que as respostas ora ofertadas são coerentes, uma vez que no item anterior concluiu-se que, no sistema infraconstitucional, deve ser aplicado o art. 165 para a repetição dos tributos indiretos sobre o consumo, não tendo o consumidor qualquer relevância na relação jurídico-tributária; e no presente item foram mantidas tais premissas, sustentando-se a excepcionalidade da aplicação da imunidade subjetiva do consumidor final.

39. Hugo de Brito Machado, *Direitos Fundamentais do Contribuinte e a Efetividade da Jurisdição*, São Paulo, Atlas, 2009.

Diz-se num estatuto (mínimo) do contribuinte; nesse sentido a ADI/MC/QO 2.551, Tribunal Pleno, rel. Min. Celso de Mello, j. 2.4.2003, *DJU* 20.4.2006, p. 00005, *Ement.* vol. 02229-01, pp. 00025: "*A garantia constitucional da não confiscatoriedade.* O ordenamento constitucional brasileiro, ao definir o estatuto dos contribuintes, instituiu, em favor dos sujeitos passivos que sofrem a ação fiscal dos entes estatais, expressiva garantia de ordem jurídica que limita, de modo significativo, o poder de tributar de que o Estado se acha investido. Dentre as garantias constitucionais que protegem o contribuinte destaca-se, em face de seu caráter eminente, aquela que proíbe a utilização do tributo – de qualquer tributo – com efeito confiscatório (CF, art. 150, IV)".

4. Tributação indireta e apropriação indébita

4.1 Quando o vendedor de uma mercadoria em cujo preço supostamente está embutido o tributo indireto recebe o pagamento desse preço mas não recolhe o tributo incidente sobre a operação, há apropriação indébita? Pode-se dizer que é o consumidor quem "verdadeiramente" paga o tributo, tendo o comerciante o papel de apenas repassá-lo aos cofres públicos, incorrendo em apropriação indébita se não o fizer?

Sendo o vendedor o contribuinte dos tributos incidentes sobre a operação, o inadimplemento do recolhimento desses tributos pode configurar supressão de tributo, e não apropriação indébita. O contribuinte "de direito" não figura como mero agente de retenção, pois este instituto nada mais é que uma modalidade de responsabilidade, que não se confunde com a noção de contribuinte. Contribuinte é aquele que pratica o fato gerador do tributo, previsto na hipótese de incidência, dando causa jurídica à prestação pecuniária compulsória individualizada.[40]

4.2 Se não há apropriação indébita, eis que não se trata de mero repasse de tributo pago pelo consumidor, qual a justificativa para se negar ao comerciante o direito à restituição quando esse tributo é por ele recolhido indevidamente, nos termos do art. 166 do CTN?

A verdade é que não deveria ser oposta negativa ao comerciante do direito à restituição dos tributos recolhidos indevidamente, aplicando-se ao caso o art. 165 do CTN. A justificativa para a negativa não é outra senão legitimar, através de interpretação inconstitucional de dispositivo legal, a ilegalidade do Fisco, que deveria de moto próprio efetuar as restituições devidas.

40. Dino Jarach, "Aspectos da hipótese de incidência tributária", cit., *RDP* 17/287-288: "Em primeiro lugar, o sujeito passivo obrigado por excelência é o que comumente se designa contribuinte. Êste é o sujeito obrigado em virtude da própria natureza dos fatos imponíveis que, de acôrdo com a lei, resultam atribuíveis a dito sujeito por ser quem os realiza. Êste sujeito é o que a literatura tradicional, em matéria de finanças públicas, denomina contribuinte de direito".

5. Tributação indireta e inadimplência do consumidor

5.1 Caso o consumidor final não pague pela mercadoria adquirida, ainda assim o comerciante vendedor deverá recolher o tributo incidente sobre a operação?

Ora, uma vez que ao comerciante vendedor compete assumir os riscos da livre empresa, cabendo a ele decidir quanto às formas de pagamento, das mais às menos seguras, que estaria disposto a contratar com o consumidor final, não poderia aquele opor ao Fisco, na condição de contribuinte, o inadimplemento deste como justificativa para a ausência do dever de recolher. Demais disso, concretizada a hipótese de incidência, consubstanciada na operação independentemente da contraprestação do consumidor, nasce a obrigação tributária.

5.2 Afirmativa a resposta à pergunta anterior, há coerência com a tese segundo a qual o comerciante não poderia pleitear a devolução do tributo pago indevidamente, a qual se funda na afirmação de que esse tributo seria pago, "na verdade", pelo consumidor final?

Nesse sentido, não há, de fato, qualquer coerência na tese proposta no questionamento. Não é o consumidor final quem paga "na verdade" o tributo; e, ainda que tal "verdade" pudesse ser comprovada econômica e contabilmente, ao comerciante ainda é lícito pleitear a restituição do indébito, por força do art. 165 do CTN, devendo ser tida por impertinente a alegação pelo Fisco, que não tem, a princípio, qualquer relação com o consumidor.

6. Tributação indireta e regressividade

6.1 A tributação indireta conduz, sempre, à regressividade? Caso afirmativo, como evitar ou minimizar isso?

De um modo geral, atento à reclassificação da tributação indireta procedida no item 1 dos questionamentos, considerando que é possível a tributação indireta sobre renda, patrimônio e consumo, não cabe sustentar que ela sempre conduziria à regressividade. O PIS e a COFINS, por exemplo, incidindo sobre o faturamento da empresa, almejando a renda desta, poderiam assumir caráter progressivo, com alíquotas diferenciadas à medida que aumenta a base de cálculo.

O questionamento poderia ser direcionado apenas aos tributos sobre o consumo, os quais, conforme diretriz adotada no sistema tributário nacional, são todos indiretos. A fim de responder à pergunta reformulada, três situações hipotéticas podem ajudar, tendo como sujeitos uma pessoa com alta concentração de renda (por exemplo, um milionário) e outra com baixa concentração de renda (por exemplo, um trabalhador humilde): (a) os dois consumidores adquirem o mesmo produto, fato que não raro acontece, pagando o mesmo preço; (b) os dois consumidores adquirem o mesmo gênero e até a mesma marca, mas o sujeito mais abastado, como normalmente pode acontecer, compra produto de melhor qualidade e, por conseguinte, de preço mais elevado; e (c) os dois consumidores adquirem os mesmos gênero e marca, mas é o sujeito mais humilde, como também pode acontecer – embora com menor frequência –, quem compra produto de melhor qualidade, pagando preço maior em relação ao outro produto adquirido pelo milionário.

Restringir o questionamento à primeira situação hipotética induz resposta positiva ao questionamento formulado. Contudo, a análise parece ser de alguma forma equivocada, pelos limites dados ao problema. Na verdade, é adequado sustentar que se trata de falso questionamento, uma vez que a alegação de regressividade sugere aplicar a sistemática de determinado tipo de tributo – no caso, da tributação sobre a renda – para outro tipo, que possui caracteres e mecanismos próprios. A regressividade, lado oposto da progressividade, é intimamente associada à capacidade contributiva dos tributos sobre a renda; ocorre que comparar a capacidade contributiva dos tributos indiretos sobre o consumo à luz da concentração de renda é aplicar sistema de referência distinto. Vale dizer: para os tributos sobre o consumo a riqueza de referência não é a renda acumulada, mas, sim, aquela disponibilizada para o fim específico de consumir (renda despendida ou a despender); daí a impropriedade de se comparar imediatamente com a renda acumulada.

No âmbito dos tributos sobre o consumo, diretos ou indiretos, o princípio da seletividade é que exerce o papel de concretização do princípio da capacidade contributiva. Assim, de modo a minimizar os efeitos negativos da impessoalidade dos tributos sobre o consumo, a seletividade, sem levar em conta as nuanças particulares do perfil constitucional de cada um dos tributos, permitiria que mercadorias e serviços, inclusive aqueles do mesmo gênero, pudessem ser tributados com alíquotas distintas, de acordo com parâmetros de essencialidade e de superfluidade e luxuosidade.

> *6.2 Afirmar a regressividade da tributação indireta com base no fato de que seu ônus recai sobre o consumidor final é coerente com a afirmação de que a inadimplência desse consumidor não autoriza o comerciante a deixar de pagar o tributo correspondente? E com a afirmação de que não há apropriação indébita por parte do comerciante caso o consumidor pague o preço e ele, comerciante, não pague ao Fisco o tributo respectivo?*

Uma vez negada a regressividade da tributação indireta geral, caso seja substituída no questionamento formulado pela parte somente da tributação indireta sobre o consumo, e se não se reconhecesse a crítica formulada na pergunta anterior, observa-se que a coerência seria mantida. Isso porque, como se conclui, o caráter regressivo nesses tributos é dado não em razão do perfil "indireto", mas, na verdade, por ser um tributo sobre o consumo. Ainda que o contribuinte fosse o consumidor, quando se teria um tributo direto, como se dá no caso do imposto sobre o consumo norte americano, a tributação ainda seria regressiva.

As duas afirmações que são colocadas em contraposição à primeira nos questionamentos formulados, por serem argumentos específicos para o perfil "indireto" dos tributos sobre o consumo, não guardam pertinência problemática, sendo independentes do fato de serem regressivos os tributos sobre o consumo.

> *6.3 É a seletividade um reconhecimento constitucional (pelo menos em relação ao ICMS e ao IPI) de que tais tributos são indiretos? O que isso significa? Que são juridicamente suportados pelos consumidores finais?*

Como já salientado, a seletividade é um reconhecimento constitucional de que tais tributos são realmente tributos sobre o consumo, que, por sua vez, encerram a impossibilidade de personalização e de graduação da tributação com base em características do consumidor. Significa, no fim das contas, não que os tributos sejam juridicamente suportados pelos consumidores, mas que a lei deve tomar como referência, para a instituição e majoração dos tributos, a riqueza do consumidor apenas como parâmetro de legitimação do tributo, à luz do princípio da capacidade contributiva. A lei tributária, para os fins da seletividade, deve pretender somente em tese alcançar a riqueza do consumidor, independentemente de, na previsão legal da hipótese de incidência, este vir a ser juridicamente obrigado a suportar algum ônus.

7. Tributação indireta e base de cálculo de contribuições sobre a receita ou o faturamento

7.1 Caso se considere que os tributos indiretos são verdadeiramente pagos pelos consumidores finais dos produtos e serviços por eles onerados, poderia o ônus a eles correspondente ser considerado receita ou faturamento dos comerciantes vendedores?

Restringindo a pergunta aos tributos indiretos sobre o consumo, e partindo da pressuposição errônea de que seriam "verdadeiramente" pagos pelos consumidores finais[41] – afirmação reconhecida também pelos comerciantes vendedores –, nesse caso não seria razoável que estes viessem a computar contabilmente como receita ou faturamento. No entanto, como na verdade os consumidores pagam preço, nele supostamente incluído eventual ônus econômico dos tributos incidentes sobre produtos e serviços,[42] esse ônus integrado em bloco (preço) deve ser computado como receita.

41. Brandão Machado, "Repetição do indébito no direito tributário", cit., in Brandão Machado (coord.), *Direito Tributário: Estudos em Homenagem ao Professor Ruy Barbosa Nogueira*, p. 87: "Como, porém, o tributo é de responsabilidade do *solvens*, o seu único devedor, e não do terceiro, *não há possibilidade lógica de ocorrer a hipótese de o terceiro pagar o indevido*. Tudo o que o terceiro paga é sempre devido, pois é sempre preço, a menos que a lei o considerasse devedor do tributo, em lugar do *solvens*" (grifos no original).

42. Hugo de Brito Machado Segundo, *Processo Tributário*, cit., 5ª ed., p. 419: "A rigor, de um ponto de vista econômico, *todo* tributo comporta transferência do

7.2 Se comerciantes vendedores, quando pagam indevidamente um tributo indireto, não podem pleitear a devolução, sob o argumento de que quem teria pago tais tributos, na verdade, teria sido o consumidor final, por qual razão esse mesmo tributo, "pago" pelo consumidor final e apenas repassado ao Fisco, seria receita do comerciante?

Não há razão justificadora. O comerciante contribuinte deve pleitear a restituição com base no art. 165 do CTN. O argumento da repercussão econômica dos tributos para o consumidor final não tem acolhida à luz de uma interpretação constitucional do art. 166 do CTN. Como já dito, o consumidor paga preço, em sua composição eventualmente embutido o ônus econômico dos tributos, que não autoriza reconhecer "verdadeiro" pagamento pelo consumidor. A única justificativa para o problema suscitado é que o argumento da repercussão econômica se presta para causar confusão e instaurar a insegurança jurídica e, por tabela, a injustiça fiscal.

8. Tributação indireta e consciência fiscal

8.1 Quais o sentido e o alcance do art. 150, § 5º, da CF de 1988? Estaria ali o reconhecimento de que o consumidor final é o "verdadeiro contribuinte" dos tributos que oneram as mercadorias e os serviços que consome?

encargo financeiro. Aliás, não apenas todo tributo, mas todo e qualquer ônus sofrido, por quem quer que seja, comporta, em tese, transferência do encargo financeiro a terceiros. No âmbito de uma sociedade comercial, o preço das mercadorias pode – aliás, deve, para que a empresa seja lucrativa e não vá à falência – servir para que aquele que as vende recupere o que gastou com aluguel de máquinas e imóveis, salários, energia elétrica, água, telefone, frete etc. Tudo isso é 'repercutido' nos preços dos bens ou serviços vendidos, sob pena de a atividade não se mostrar lucrativa".

Hugo de Brito Machado, *Curso de Direito Tributário*, cit., 33ª ed., p. 212: "Admitir que o contribuinte sempre transfere o ônus do tributo ao consumidor dos bens ou serviços é uma ideia tão equivocada quanto difundida. Na verdade, o contribuinte tenta transferir não apenas o tributário, mas todos os ônus que pesam sobre sua atividade. Mas nem sempre consegue. Ou nem sempre consegue inteiramente. Tudo depende das circunstâncias de cada caso e de cada momento. Seja como for, o certo é que não se pode confundir a relação jurídica de direito tributário, existente entre o contribuinte e o Fisco, com a relação jurídica de direito privado, existente entre o comprador e o vendedor dos bens e serviços".

O art. 150, § 5º, da CF[43] é um dos dispositivos mais desprezados pelos estudiosos do direito tributário.[44] Numa leitura estritamente jurídico-tributária, considera-se que ele se encontra malposicionado na Constituição;[45] que, na verdade, deveria estar topologicamente localizado na ordem econômica, ou talvez nos próprios direitos fundamentais, que tratam mais especificamente do consumidor. Acontece que não é o caso: o texto teve seu *locus* adequadamente definido nas limitações constitucionais ao poder de tributar, e demanda, em razão da inocuidade e indiferença da "lente" do tributarista, uma leitura propriamente constitucional.

Observando-se que o conteúdo do art. 150, § 5º, sugere a existência de algum interesse próprio do consumidor inerente a uma noção de direito à informação e juridicamente elevado pela Constituição ao caráter de tributário, deve-se *a priori* afastar as interpretações que neguem a força normativa do dispositivo ou redundem nos mesmos efeitos, somente devendo ser aceitas quando a busca de interpretações condizentes com seu *locus* no sistema tributário nacional redunde infrutífera.[46] Ao mesmo tempo, deve-se buscar a máxima eficácia na interpretação do dispositivo, sempre observando a realidade contextual em que se insere a norma constitucional e a projeção de mudança que esta pretende provocar.

Nessa metodologia, observando-se diversas eficácias possíveis do dispositivo, podem ser identificados, de forma sintética, quatro sentidos distintos, mas complementares, do art. 150, § 5º: (a) possibilitar que o consumidor tome conhecimento dos tributos embutidos nos preços das mercadorias e serviços que adquire, exigindo um dever de transparência tributária condizente com o princípio democrático;[47]

43. CF, art. 150, 5º: "§ 5º. A lei determinará medidas para que os consumidores sejam esclarecidos acerca dos impostos que incidam sobre mercadorias e serviços".

44. Roque Antônio Carrazza (*Curso de Direito Constitucional Tributário*, 28ª ed., São Paulo, Malheiros Editores, 2012, p. 1.085) o considera "aparentemente inócuo"; Ives Gandra da Silva Martins (*Sistema Tributário na Constituição de 1988*, 4ª ed., São Paulo, Saraiva, 1992, p. 164), por sua vez, o qualifica como "profilático (...) (e) de difícil aplicação".

45. Ives Gandra da Silva Martins, *Sistema Tributário na Constituição de 1988*, cit., 4ª ed., pp. 164-165.

46. Trata-se de fórmula similar à interpretação conforme a Constituição.

47. Hugo de Brito Machado Segundo, *Repetição do Tributo Indireto: Incoerências e Contradições*, cit., pp. 77-78.

(b) proibir que o Poder Público atente contra a clareza da legislação tributária, devendo buscar a simplicidade e a facilidade da compreensão das regras tributárias;[48] (c) determinar que o Poder Público somente possa exigir os tributos sobre o consumo quando a lei tributária preveja as medidas de esclarecimento ao consumidor, dando ao dispositivo constitucional verdadeiro *status* de limitação ao poder de tributa;[49] e (d) determinar que o consumidor seja, em última instância, o titular do direito à propriedade dos tributos sobre o consumo.

Nessa última interpretação, preenchendo com o direito à propriedade (art. 5º, XXII, da CF[50]) e o princípio da capacidade contributiva um possível vazio teleológico do art. 150, § 5º, da CF, que encerra na literalidade norma instrumental, não significa que o consumidor seja o contribuinte, mas que, uma vez adquiridos a mercadoria e o serviço, ele poderia ser juridicamente considerado titular de um direito de propriedade dos tributos sobre o consumo. Ademais, o próprio dispositivo constitucional define a existência desses tributos que incidem sobre mercadorias e serviços, e não tecnicamente sobre as respectivas operações.

48. Klaus Tipke e Douglas Yamashita, *Justiça Fiscal e Princípio da Capacidade Contributiva*, cit., pp. 119-120: "Muito embora tal dispositivo constitucional seja programático, isso não significa que seja destituído de eficácia. Normas constitucionais programáticas têm uma *eficácia proibitiva de disposição em contrário*. Assim, são *inconstitucionais* quaisquer normas infraconstitucionais que *regulamentem em sentido contrário* normas constitucionais programáticas" (grifos no original). Para reforçar a tese do caráter jurídico-tributário do art. 150, § 5º, os autores, em seguida, exemplificam a consequência da eficácia proibitiva citando dispositivo da "Lei Kandir", Lei Complementar 87/1996, relativa ao ICMS, que determina o cômputo do próprio imposto na sua base de cálculo, norma tipicamente tributária que atentaria à clareza. Na verdade, é sintomático no Brasil que as leis de tributação tendem à complicação, gerando altos custos de conformidade.

49. *Ad argumentandum tantum*, o art. 150, § 7º, ao estabelecer que "a lei poderá atribuir a sujeito passivo de obrigação tributária a condição de responsável pelo pagamento de imposto ou contribuição, cujo fato gerador deva ocorrer posteriormente, assegurada a imediata e preferencial restituição da quantia paga, caso não se realize o fato gerador presumido", parece conferir à "lei" mencionada no § 7º a mesma natureza da "lei" do § 5º; no entanto, aquele dispositivo abre uma faculdade para a chamada "substituição para frente", enquanto este faz uma determinação. Não parece haver dúvidas de que a "lei" tratada no § 7º é a específica do tributo, para alterar a condição do sujeito passivo.

50. CF, art. 5º, XXII: "XXII – é garantido o direito de propriedade; (...)".

8.2 A regulamentação do aludido dispositivo deveria ocorrer por meio de lei complementar? Quais tributos deveriam ser abrangidos pelo dever de esclarecimento ao consumidor?

De acordo com a primeira interpretação dada ao art. 150, § 5º, da CF, conforme a resposta dada à pergunta anterior, a lei regulamentadora nele prevista, que deveria trazer as medidas de esclarecimento ao consumidor, por se tratar de norma de limitação constitucional ao poder de tributar, à luz do art. 146, II, da CF,[51] deveria ser elaborada sob a espécie de lei complementar.[52] Já, no caso da terceira interpretação sustenta-se que é a própria lei instituidora do tributo que deve trazer as medidas de esclarecimento, o que não é incompatível com a solução anterior, que pode trazer de forma mais genérica os mecanismos.

Os tributos abrangidos são, nos limites do texto constitucional, aqueles incidentes sobre mercadorias e serviços. A interpretação literal conduziria à conclusão de que não se aplicaria a nenhum tributo, já que não há tributo cujo fato gerador seja a própria mercadoria ou serviço. No entanto, a interpretação teleológica e a sistêmica arrematam que os tributos abrangidos devam ser os tributos sobre o consumo, que enquadram como complemento do núcleo da hipótese de incidência mercadoria, produto ou serviço. Assim, são compreendidos no comando constitucional o II, o IE, o IPI, o ICMS e o ISS. Na mesma toada, a depender da elasticidade da interpretação que se dê ao texto constitucional, poderiam ainda ser inseridas a CIDE-Importação, a CIDE-Combustíveis e outras contribuições de intervenção no domínio econômico que fizessem referência a mercadoria, produto ou serviço.

8.3 Quais seriam as consequências práticas desse esclarecimento na formação da consciência fiscal?

51. CF: "Art. 146. Cabe à lei complementar: (...); II – regular as limitações constitucionais ao poder de tributar; (...)".

52. Tibério Carlos Soares Roberto Pinto e Álisson José Maia Melo, "Tributação indireta e anestesia fiscal: a necessidade de regulamentação do art. 150, § 5º, da Constituição", in Encontro Nacional do Conpedi/2011, Belo Horizonte, *Anais do XX Encontro Nacional do Conpedi*, Florianópolis, Fundação Boiteux, 2011, pp. 6.235-6.257.

Considerando que todos os cidadãos são consumidores e que estes, embora geralmente sejam conscientes da incidência de tributos sobre o consumo, não têm conhecimento de fato sobre qual percentual da composição do preço da mercadoria e do serviço supostamente vai para os cofres públicos,[53] o simples esclarecimento desses valores pode acarretar na formação da consciência fiscal, entre outras coisas, o sentimento de propriedade da coisa pública, aproximando o cidadão do Estado; o dever cívico de fiscalizar a execução adequada dos orçamentos públicos, como instrumento de controle social, bem como de buscar contribuir na elaboração desses instrumentos financeiros com sugestões de políticas públicas, a exemplo dos orçamentos participativos; e o crescente dever de responsabilização por parte do agente político, cuja carreira política poderia ser seriamente comprometida.

9. Tributação indireta e desoneração das exportações

9.1 Por qual razão a Constituição Federal estabelece a não incidência de certos tributos sobre operações de exportação? Seria um reconhecimento de que tais tributos seriam verdadeiramente pagos pelos consumidores dos produtos, situados no Exterior?

Em várias ocasiões a Constituição prevê no sistema tributário nacional certas "não incidências" com relação à exportação: assim, o art. 149, § 2º, I,[54] para as contribuições de intervenção no domínio econômico; o art. 153, IV, e § 3º, III,[55] para o IPI; o art. 155, II, e § 2º,

53. Alberto Carlos Almeida, *O Dedo na Ferida: Menos Imposto, Mais Consumo*, Rio de Janeiro/São Paulo, Record, 2010.

54. CF, art. 149, § 2º, I: "§ 2º. As contribuições sociais e de intervenção no domínio econômico de que trata o *caput* deste artigo: I – não incidirão sobre as receitas decorrentes de exportação; (...)".

55. CF:

"Art. 153. Compete à União instituir impostos sobre: (...); IV – produtos industrializados; (...).

"(...).

"§ 3º. O imposto previsto no inciso IV: (...); III – não incidirá sobre produtos industrializados destinados ao Exterior; (...)."

X, "a",[56] para o ICMS; e o art. 156, III, e § 3º, II,[57] para o ISS. A razão mais plausível para tal intento é nada mais que desonerar a cadeia produtiva nacional do "peso morto" da tributação quando as mercadorias e os serviços disputarão com maior competitividade o mercado internacional. O objetivo maior é, além de manter a balança financeira internacional do País equilibrada, estimular o desenvolvimento econômico, o crescimento nacional e a profissionalização da gestão empresarial.

Porque o custo relativo aos tributos pode influenciar no valor final do preço de venda das mercadorias e serviços não significa que os produtos são pagos pelos consumidores, mas, na verdade, que eles continuam pagando preço, sendo que mais competitivo.

II – Considerações finais

Em arremate, o que se pode observar de um modo geral nos questionamentos formulados é que, em virtude de um erro, por mais sutil que pudesse ter sido, na compreensão e adoção de determinada classificação dos tributos em diretos e indiretos a partir da repercussão econômica como a correta ou melhor interpretação, para atender a interesses escusos, não há como ela se sustentar, a longo prazo, quando se confronta com diversas situações específicas, incorrendo em diversas contradições, sem falar da pecha de inconstitucionalidade.

56. CF:

"Art. 155. Compete aos Estados e ao Distrito Federal instituir impostos sobre: (...); II – operações relativas à circulação de mercadorias e sobre prestações de serviços de transporte interestadual e intermunicipal e de comunicação, ainda que as operações e as prestações se iniciem no Exterior; (...).

"(...).

"§ 2º. O imposto previsto no inciso II atenderá ao seguinte: (...); X – não incidirá: a) sobre operações que destinem mercadorias para o Exterior, nem sobre serviços prestados a destinatários no Exterior, assegurada a manutenção e o aproveitamento do montante do imposto cobrado nas operações e prestações anteriores; (...)."

57. CF:

"Art. 156. Compete aos Municípios instituir impostos sobre: (...); III – serviços de qualquer natureza, não compreendidos no art. 155, II, definidos em lei complementar.

"(...).

"§ 3º. Em relação ao imposto previsto no inciso III do *caput* deste artigo, cabe à lei complementar: (...); II – excluir da sua incidência exportações de serviços para o Exterior; (...)."

Ao mesmo tempo, a elaboração de uma classificação com maior rigor científico, para o direito tributário, dos tributos em diretos e indiretos segundo a relação entre riqueza tributável e hipótese de incidência aponta novas informações e permite a melhor elucidação de detalhes que, na complexidade dos contextos, pareciam amalgamados. Com a distinção dos tributos indiretos em relação aos tributos sobre o consumo, são percebidas as características peculiares a cada um desses perfis; com a distinção dos momentos de realização da lei tributária, observa-se com coerência a posição jurídica do comerciante como contribuinte e o papel desempenhado pelo consumidor como referência. Por conseguinte, tais diferenciações acarretaram muita vez, e com bastante clareza, a inadequação dos questionamentos formulados, que necessitaram ser frequentemente reelaborados.

Por fim, a adoção de um viés hermenêutico notadamente constitucionalista, protetor dos direitos e garantias fundamentais do cidadão contribuinte, para o sistema tributário nacional provoca a proclamada valorização da Constituição, com total concordância prática entre seus dispositivos.

Referências bibliográficas

ALMEIDA, Alberto Carlos. *O Dedo na Ferida: Menos Imposto, Mais Consumo*. Rio de Janeiro/São Paulo, Record, 2010.

ÁVILA, Humberto. *Teoria dos Princípios: da Definição à Aplicação dos Princípios Jurídicos*. 13ª ed. São Paulo, Malheiros Editores, 2012.

BALEEIRO, Aliomar. *Uma Introdução à Ciência das Finanças*. 15ª ed. Rio de Janeiro, Forense, 2000.

BECKER, Alfredo Augusto. *Teoria Geral do Direito Tributário*. 3ª ed. São Paulo, Lejus, 2001.

BRASIL. "Constituição da República Federativa do Brasil de 1988. Portal da Legislação". Disponível em *http://www.planalto.gov.br* (acesso em 23.5.2012).

_________. "Decreto-lei 7.404, de 22.3.1945. Dispõe sôbre o Imposto de Consumo. Legislação Federal do Brasil". Disponível em *http://www.planalto.gov.br* (acesso em 28.5.2012).

_________. "Lei 5.172, de 25.10.1966. Código Tributário Nacional. Legislação Federal do Brasil". Disponível em *http://www.planalto.gov.br* (acesso em 25.3.2012).

_________. "Lei 8.987, de 13.2.1995. Dispõe sobre o regime de concessão e permissão da prestação de serviços públicos previsto no art. 175 da Constituição Federal, e dá outras providências. Legislação Federal do Brasil". Disponível em *http://www.planalto.gov.br* (acesso em 28.5.2012).

CÂMARA, Jacintho Arruda. *Tarifa nas Concessões*. São Paulo, Malheiros Editores, 2009.

CANTO, Gilberto de Ulhôa. *Temas de Direito Tributário*. vol. 2. Rio de Janeiro, Alba, 1964.

CARRAZZA, Roque Antônio. *Curso de Direito Constitucional Tributário*. 28ª ed. São Paulo, Malheiros Editores, 2012.

CARRIÓ, Genaro. *Notas sobre Derecho y Lenguaje*. 4ª ed. Buenos Aires, Abeledo-Perrot, 1994.

COELHO, Fábio Ulhôa. *Curso de Direito Comercial*. 10ª ed., vol. 1. São Paulo, Saraiva, 2006.

COSTA, Regina Helena. *Princípio da Capacidade Contributiva*. 3ª ed. São Paulo, Malheiros Editores, 2003.

FALCÃO, Amílcar de Araújo. *Direito Tributário Brasileiro: Aspectos Concretos*. Rio de Janeiro, Financeiras, 1960.

FERNANDES, Luís Dias. *Repetição do Indébito Tributário: o Inconstitucional Art. 166 do CTN*. Rio de Janeiro, Renovar (Coleção Biblioteca de Teses), 2002.

FERRAGUT, Maria Rita. *Presunções no Direito Tributário*. São Paulo, Dialética, 2001.

GRUPENMACHER, BetinaTreiger. "A inaplicabilidade do disposto no art. 166 do CTN à repetição de indébito do ISS". In: SCHOUERI, Luís Eduardo (coord.). *Direito Tributário: Homenagem a Alcides Jorge Costa*. vol. 1. São Paulo, Quartier Latin, 2003 (pp. 565-580).

HESSE, Konrad. *A Força Normativa da Constituição*. Trad. de Gilmar Ferreira Mendes. Porto Alegre, safE, 1991.

JARACH, Dino. "Aspectos da hipótese de incidência tributária". *RDP* 17/287-304. "Cadernos de Direito Tributário". São Paulo, Ed. RT, julho-setembro/1971.

KELSEN, Hans. *Teoria Pura do Direito*. Trad. de João Baptista Machado. 6ª ed. São Paulo, Martins Fontes, 1998.

MACHADO, Brandão. "Repetição do indébito no direito tributário". In: MACHADO, Brandão (coord.). *Direito Tributário: Estudos em Homenagem ao Professor Ruy Barbosa Nogueira*. São Paulo, Saraiva, 1984 (pp. 59-106).

MACHADO, Hugo de Brito. *Curso de Direito Tributário*. 33ª ed. São Paulo, Malheiros Editores, 2012.

_________. *Direitos Fundamentais do Contribuinte e a Efetividade da Jurisdição*. São Paulo, Atlas, 2009.

_________ (coord.). *Repetição do Indébito e Compensação no Direito Tributário*. Fortaleza, Dialética/ICET, 1999.

MACHADO SEGUNDO, Hugo de Brito. *Processo Tributário*. 5ª ed. São Paulo, Atlas, 2010.

_________. *Repetição do Tributo Indireto: Incoerências e Contradições*. São Paulo, Malheiros Editores, 2011.

MARINS, James. *Direito Processual Tributário Brasileiro: Administrativo e Judicial*. 5ª ed. São Paulo, Dialética, 2010.

MARTINS, Ives Gandra da Silva. *Sistema Tributário na Constituição de 1988*. 4ª ed. São Paulo, Saraiva, 1992.

MAXIMILIANO, Carlos. *Hermenêutica e Aplicação do Direito*. 20ª ed. Rio de Janeiro, Forense, 2011.

MELO, Álisson José Maia, e PINTO, Tibério Carlos Soares Roberto. "Tributação indireta e anestesia fiscal: a necessidade de regulamentação do art. 150, § 5º, da Constituição". In: Encontro Nacional do Conpedi/2011, Belo Horizonte. *Anais do XX Encontro Nacional do Conpedi*. Florianópolis, Fundação Boiteux, 2011 (pp. 6.235-6.257).

NABAIS, José Casalta. *Direito Fiscal*. 2ª ed. Coimbra, Livraria Almedina, 2003.

PINTO, Tibério Carlos Soares Roberto, e MELO, Álisson José Maia. "Tributação indireta e anestesia fiscal: a necessidade de regulamentação do art. 150, § 5º, da Constituição". In: Encontro Nacional do Conpedi/2011, Belo Horizonte. *Anais do XX Encontro Nacional do Conpedi*. Florianópolis, Fundação Boiteux, 2011 (pp. 6.235-6.257).

POPPER, Karl. *Lógica das Ciências Sociais*. Trad. de Estevão de Rezende Martins. 3ª ed. Rio de Janeiro, Tempo Brasileiro, Biblioteca Tempo Universitário n. 50, 2004.

SCHOUERI, Luís Eduardo (coord.). *Direito Tributário: Homenagem a Alcides Jorge Costa*. vol. 1. São Paulo, Quartier Latin, 2003.

TAVARES, Alexandre Macedo. *Compensação do Indébito Tributário*. São Paulo, Dialética, 2006.

TIPKE, Klaus, e YAMASHITA, Douglas. *Justiça Fiscal e Princípio da Capacidade Contributiva*. São Paulo, Malheiros Editores, 2002.

YAMASHITA, Douglas, e TIPKE, Klaus. *Justiça Fiscal e Princípio da Capacidade Contributiva*. São Paulo, Malheiros Editores, 2002.

A TRIBUTAÇÃO INDIRETA NO DIREITO BRASILEIRO

CARLOS CÉSAR SOUSA CINTRA

Doutor e Mestre pela Pontifícia Universidade Católica de São Paulo (PUC-SP) – Professor Adjunto da Universidade Federal do Ceará (UFC) – Professor Conferencista do Instituto Brasileiro de Direito Tributário (IBDT) – Membro do Instituto Cearense de Estudos Tributários (ICET) – Advogado em Fortaleza

A discussão em torno dos denominados "tributos indiretos" e, por via de consequência, do regime jurídico a eles aplicável é assunto que tem sido examinado ao longo do tempo por estudiosos da economia, da ciência das finanças, assim como pelos juristas, órgãos da Administração Fazendária e Cortes de Justiça, advindo de tais especulações determinadas ilações que causam perplexidades as mais diversas.

Isto porque em muitos dos preditos escritos se verifica a ausência de coerência interna, porquanto as premissas por eles encampadas mostram-se inegavelmente incompatíveis com certas conclusões, que na maioria das vezes se inclinam a atender às expectativas do Fisco Federal, Estadual e Municipal.

Por sua vez, o enfrentamento do assunto pela doutrina jurídica nacional e estrangeira geralmente é restrito ao exame pontual da suposta ausência de juridicidade da classificação dos tributos em diretos e indiretos.[1]

Aqui, como de costume, deparamos com posições apriorísticas: de um lado, aqueles que defendem a todo custo a serventia da referida

1. Cf. Ramon Valdés Costa, *Curso de Derecho Tributario*, t. I, Montevidéu, Editorial Amalio M. Fernandez, 1970, pp. 269-77.

classificação,[2] em contraposição aos que sustentam que a aduzida classificação é totalmente desprovida de qualquer juridicidade, cientificidade e, por conseguinte, aplicação prática.[3]

Vale consignar que nos embates doutrinários acima indicados nem sempre há a necessária preocupação com a repercussão das conclusões provenientes de tais especulações ante aquilo que preceitua o direito positivo nacional – razão pela qual reputamos como salutar e oportuna a retomada do assunto nesta obra coletiva.

Será precisamente a partir do cenário indicado acima que trataremos do tema ora proposto, o que pretendemos fazer mediante o oferecimento de algumas respostas às questões argutamente propostas pelo Coordenador deste livro.

1. Identificação dos tributos indiretos

1.1 Existem tributos indiretos? O que os caracteriza?

Tratar da existência de tributos diretos no universo da tributação, atribuindo lhes eventual regime jurídico específico, impõe, inicialmente, que se dedique alguma atenção ao que devemos compreender pelo próprio ato de classificar, avançando posteriormente no sentido de investigar se é necessário o atendimento a certo(s) requisito(s) para que determinada classificação seja tida como jurídica.

Etimologicamente, *classificar* significa "reunir em classes e nos grupos respectivos, segundo sistema ou método ou sistema de classificação".[4] Temos aí uma atividade que consiste em selecionar objetos segundo dado critério distintivo eleito pelo sujeito cognoscente (qualidade, tamanho ou outras propriedades ou qualidades).[5]

2. Cf. Fábio Fanucchi, *Curso de Direito Tributário Brasileiro*, 4ª ed., vol. I, São Paulo, Resenha Tributária, 1986.

3. Cf. Alfredo Augusto Becker, *Teoria Geral do Direito Tributário*, 4ª ed., São Paulo, Noeses, 2007, pp. 568-570.

4. Cf. Caldas Aulete, *Dicionário Contemporâneo da Língua Portuguesa*, 2ª ed. brasileira, vol. 1, Rio de Janeiro, Delta, 1964, p. 819.

5. Florence Haret lembra que "conceituar, qualificar e classificar são operações lógicas intimamente interligadas, na medida em que todas têm por resultado a delimitação precisa do contorno semântico da palavra" (*Teoria e Prática das Presunções no Direito Tributário*, São Paulo, Noeses, 2010, p. 382).

É, pois, a classificação um fato cultural que tem a virtude de colaborar no processo de geração de sentido, mediante a emissão de enunciados sobre conceitos que designam objetos.[6]

Já, a noção de "classe" está associada a um conjunto de entidades que possuem algum atributo comum,[7] advindo daí os termos "gênero" (classes cujos membros se agrupam em subclasses), "espécie" (diversas subclasses) e "diferença" (atributo(s) que diferencia(m) uma espécie de outra integrante do mesmo gênero).[8]

Diante de tais conceitos, é possível concluir, em síntese, que as classificações – lídimos meios de reordenar a realidade segundo as semelhanças e dessemelhanças reveladas por determinados objetos – provêm da necessidade que temos de reconhecer as diferenças entre as coisas, para com elas melhor lidarmos.

É neste contexto que, em princípio – na esteira apregoada por Agustín Gordillo[9] e Genaro R. Carrió[10] –, anuímos com os que defendem que as classificações não são certas ou erradas, mas, sim, úteis ou inúteis. Justificamos nossa posição a partir da premissa segundo a qual referido processo divisório pode ser guiado por distintos interesses e necessidades, que por vezes culminam com diferentes agrupamentos.

Porém, aquele relativismo propugnado pelos mencionados autores não se ajusta às classificações jurídicas, quer as constantes no domínio do direito positivo, quer as que são propostas pela ciência do Direito. A nosso ver, no território jurídico forçosamente deve-se levar

6. Guibourg, Ghigliani e Guarinoni destacam que "agrupamos los objetos individuales en conjunto o clases, y establecemos que un objeto pertencerá a una clase determinada cuando reúna tales o cuales condiciones" (*Introducción al Conocimiente Científico*, Buenos Aires, Universitaria de Buenos Aires, 1985, p. 39).

7. Cf. Irving Copy, *Introdução à Lógica*, trad. de Álvaro Cabral, 2ª ed. São Paulo, Mestre Jou, 1987, p. 128.

8. Paulo de Barros Carvalho afirma que "diferença específica é o nome que se dá ao conjunto de qualidades que se acrescentam ao gênero para determinação da espécie, de tal modo que é lícito anunciar que a (E) espécie é igual ao (G) gênero mais a (DE) diferença específica (E = G + DE)" ("IPI – Comentários sobre as regras gerais de interpretação da Tabela NBM/SH (TIPI/TAB)", *Revista Dialética de Direito Tributário* 12/54, São Paulo, Dialética).

9. Agustín Gordillo, *Tratado de Derecho Administrativo*, 10ª ed., t. I, Buenos Aires, FDA, 2009, pp. I-21-23.

10. Genaro R. Carrió, *Notas sobre Derecho e Lenguaje*, Buenos Aires, Abeledo-Perrot, 1990, p. 99.

em conta, como parâmetro para rearrumar certos objetos em posições fixas e nitidamente demarcadas relativamente a outras categorias, aquilo que é dotado de prescritividade[11] segundo o ordenamento jurídico.

Com efeito, as classificações que encontramos no direito positivo (linguagem prescritiva) para o fim de estipular regimes jurídicos distintos serão válidas à medida que a diferença específica – quer dizer, aquele algo mais que o individualiza perante outros objetos do mesmo gênero – tenha pertinência ao sistema do direito positivo.[12] Do contrário a classificação deve ser tida como inválida.

Já, o labor realizado pelo cientista do Direito (linguagem descritiva) será verdadeiro somente se ele tiver como substrato um critério consagrado pela ordem jurídica, ou seja, se a classificação retratar o que constar no conjunto de normas jurídicas (regras e princípios) *hic et nunc*.[13]

Após essa indispensável digressão, voltando a atenção à classificação dos tributos em diretos e indiretos, tem-se que ao longo dos tempos muitos foram os critérios propostos para justificar tal divisão, que em última análise remonta aos estudos desenvolvidos pelos fisiocratas (século XVIII).[14]

Em apertada síntese, aduzem-se os seguintes critérios:[15]

11. Seguimos a orientação de Eurico Marcos Diniz de Santi, para quem, "nas classificações jurídicas, os referenciais são conceitos cunhados prescritivamente pelo Direito" ("As classificações no sistema tributário brasileiro", in *Justiça Tributária – 1º Congresso Internacional de Direito Tributário – IBET*, São Paulo, Max Limonad, 1998, p. 133).

12. Nas palavras de Geraldo Ataliba: "É despropositado, anticientífico e absurdo o jurista recorrer a qualquer critério não jurídico, pré-jurídico ou metajurídico para estabelecer uma classificação jurídica dos institutos que estuda. Não é lícito ultrapassar os limites do fenômeno que se põe como objeto de nosso estudo: o direito positivo. (...)" (*Hipótese de Incidência Tributária*, 6ª ed., 13ª tir., São Paulo, Malheiros Editores, 2012, p. 128).

13. Celso Antônio Bandeira de Mello pontifica que, "em Direito, a operação lógica de classificar, por força, há de se ater às características de 'direito', isto é, dos institutos e categorias, cujos ingredientes componentes são sistemas de normas, processos que definem um conjunto de efeitos imputáveis a determinadas situações e relações" (*Natureza e Regime Jurídico das Autarquias*, São Paulo, Ed. RT, 1986, p. 361).

14. Cf. Bernardo Ribeiro de Moraes, *Compêndio de Direito Tributário*, 2ª ed., Rio de Janeiro, Forense, 1993, pp. 431-437.

15. Cf. José Morschbacher, *Repetição do Indébito Tributário Indireto*, São Paulo, Ed. RT, 1983, pp. 17-19.

(a) repercussão econômica (tributos diretos os que não repercutem; tributos indiretos os que repercutem);[16]

(b) natureza do lançamento (tributos diretos os sujeitos a lançamento; tributos indiretos os não sujeitos a lançamento);

(c) temporalidade da hipótese de incidência (tributos diretos teriam como hipótese de incidência atos /fatos intermitentes, isolados ou particulares; tributos indiretos teriam na hipótese de incidência elementos constantes, duráveis ou contínuos);

(d) ficção legal (tributos indiretos seriam os que a lei assim qualificasse; tributos diretos, os demais);

(e) campos econômicos imponíveis (tributos diretos, os que recaem sobre o patrimônio e a renda; tributos indiretos, os que oneram o consumo, gasto ou despesa).

José Morschbacher, em escrupuloso estudo acerca da citada classificação, salienta que "as formulações que vieram a ser oferecidas, é verdade, nunca mereceram a consagração simultaneamente dos economistas, dos financistas e dos juristas, pela explicação muito simples de que se pretendeu, sempre, defini-los, exclusiva e isoladamente, ou do ponto de vista das ciências econômicas, ou das ciências financeiras, ou das ciências jurídicas, sem se aperceberem, os respectivos arautos, de que se trata de matéria simultaneamente econômica, financeira e jurídica".[17]

É certo que entre nós a proposta teórica que granjeou posição de destaque no âmbito do Executivo, do Legislativo e do Judiciário é a que elege a existência do suposto fenômeno econômico da "repercussão" ou "translação" do tributo para outro sujeito como critério bastante em si mesmo para identificar a existência de tributos indiretos.

Assim, seriam indiretos aqueles tributos que por sua natureza admitissem a transferência do respectivo encargo tributário ("repercussão fiscal") do denominado "contribuinte de direito" (aquele que por definição legal integra e relação jurídica tributária) para o chama-

16. Aliomar Baleeiro assinala que "repercussão, ou translação, palavra, esta última, preferida pelos italianos, é o fenômeno pelo qual o contribuinte paga o imposto mas liberta-se do sacrifício, transferindo-o a terceiros, no todo ou em parte" (*Uma Introdução à Ciência das Finanças*, 14ª ed., Rio de Janeiro, Forense, 1990, p. 153).

17. José Morschbacher, *Repetição do Indébito Tributário Indireto*, cit., p. 15.

do "contribuinte de fato" (aquele que suporta o ônus fiscal),[18] restando, pois, configurada a designada "repercussão ou translação econômica".

Já, tributos diretos seriam aqueles em que o contribuinte de direito não consegue transferir a carga fiscal para outras pessoas, suportando definitivamente o custo tributário final.

Convém sublinhar que severas criticas foram propugnadas por inúmeros autores, entre os quais financistas (Pantaleoni e Seligman)[19] e juristas (Gaston Jèze),[20] que admitindo a artificialidade e a precariedade do fenômeno da repercussão/absorção dos tributos, negavam veementemente a cientificidade do mencionado critério para fins de classificar os tributos em diretos e indiretos.

Contudo, segmento da doutrina nacional avaliza a orientação simplista segundo a qual sempre que determinada exação comportasse o fenômeno da repercussão econômica, ou transferência do ônus fiscal para outra pessoa, aquela figura seria considerada um tributo indireto.[21]

De nossa parte, tomando como parâmetro o que prescreve o direito positivo brasileiro, apregoamos a ausência de critérios seguros que nos permitam identificar no sistema tributário nacional quais seriam os tributos diretos e quais seriam indiretos.[22] Consoante será visto adiante, a despeito da regra prevista no at. 166 do CTN, não hesitamos em asseverar que nenhuma das propostas acima foi encampada pelo legislador pátrio.[23]

18. Cf. Hugh Dalton, *Princípios de Finanças Públicas*, trad. de Maria de Lourdes Modiano, 4ª ed. Rio de Janeiro, FGV, 1980.

19. Cf. Alfredo Augusto Becker, *Teoria Geral do Direito Tributário*, cit., 4ª ed., pp. 570-571.

20. "É impossível dizer o que é um imposto direto ou indireto" (Gaston Jèze, *Cours Élémentaire de Science des Finances et de Législation Financière Française*, 5ª ed., Paris, M. Giardi & Brière, 1912, p. 782).

21. Cf. Ruy Barbosa Nogueira, *Curso de Direito Tributário*, 14ª ed., São Paulo, Saraiva, 1995, p. 159.

22. Cf. Luís Dias Fernandes, *Repetição do Indébito Tributário: o Inconstitucional Art. 166 do CTN*, Rio de Janeiro, Renovar, 2002.

23. José Artur Lima Gonçalves e Márcio Severo Marques assim se pronunciaram: "Não vislumbramos, em nenhuma disposição da Constituição, qualquer norma jurídica que permita classificar os tributos por ela autorizados em diretos e indiretos, classificação, esta, que, portanto, é estranha ao sistema do direito positivo brasileiro" ("O direito à restituição do indébito tributário", in Hugo de Brito Macha-

Especificamente quanto à repercussão econômica, endossamos a orientação teórica segundo a qual a simples "transferência do encargo financeiro" não deveria ser tomada como ponto de apoio a justificar a divisão dos impostos em diretos e indiretos, já que aquele repasse do custo fiscal é algo incontestavelmente contingencial.[24]

De fato, não se mostra plausível, *a priori*, assegurar que o valor de determinado tributo (ICMS, por exemplo) sempre será transferido a terceira pessoa; ou, por outro lado, que o custo tributário de outra figura tributária (IRPF, *e.g.*) jamais será suportado por sujeito distinto daquele que ocupa o polo passivo da respectiva obrigação tributária.

Na verdade, dependendo do contexto tomado pelo estudioso, o exame de situações concretas idênticas confirmará que pelo menos em tese é possível que ora ocorra o repasse do referido custo tributário para terceiro ou que não se dê dita translação econômica, tudo dependendo, entre outros fatores, da elasticidade da oferta ou da demanda, quer dizer, de fatores econômicos do mercado.[25]

Até admitimos que os tributos que oneram a produção e o consumo (IPI, ICMS e ISS) são mais vocacionados a admitir a transferência do respectivo encargo financeiro que aqueles que incidem sobre o patrimônio e a renda (IR, IPVA, IPTU, *v.g.*).

Entretanto, tal conclusão não autoriza aceitar que existam tributos que por sua própria natureza ensejem a ocorrência da mencionada repercussão econômica,[26] enquanto outros não se prestem a se sujeitar

do (coord.), *Repetição do Indébito e Compensação no Direito Tributário*, São Paulo, Dialética, 1999, p. 209).

24. No mesmo sentido, Hugo de Brito Machado leciona: "A ocorrência da repercussão, a nosso ver, trata-se de fenômeno imprestável como critério de classificação dos impostos em diretos e indiretos, posto que a realidade tem demonstrado a não ocorrência de repercussão relativamente a impostos apontados como indiretos e a ocorrência da repercussão em impostos apontados como diretos, o que desmoraliza inteiramente a classificação" (*Comentários ao Código Tributário Nacional*, vol. III, São Paulo, Atlas, 2005, p. 408).

25. Neste diapasão, Aliomar Baleeiro observava que "o mesmo tributo pode ser direto ou indireto, conforme a técnica de incidência e até conforme as oscilantes e variáveis circunstâncias do mercado, ou a natureza da mercadoria ou a do ato tributário" (STF, 2ª Turma, RE 45.977, rel. Min. Aliomar Baleeiro, *DJU* 22.2.1967).

26. Nesta direção, v. a doutrina de Gilberto de Ulhôa Canto: "Nenhum imposto se pode qualificar como sendo, necessária e fatalmente, transferível. Já se destacou o fato de ser sempre uma contingência de mercado a cobrança de preço no qual se inclui, no todo ou em parte, o montante acumulado ou isolado de imposto pago por um

a este fenômeno econômico.[27] Isto porque para todos os tributos existe, pelo menos em tese, a possibilidade de ocorrer aquela transferência do aludido encargo financeiro para terceiro,[28] também designada de "repercussão meramente econômica".[29]

Por último, conquanto discordemos frontalmente daqueles que insistem na juridicidade da classificação dos tributos em diretos e indiretos, sublinhamos que nossa jurisprudência, quando do enfrentamento de determinados problemas tributários (repetição de indébito, *ad exemplum*), valeu-se dos seguintes parâmetros para distinguir os impostos em diretos e indiretos:[30]

(a) critério da repercussão ou translação econômica;[31]

(b) critério que leva em conta o conteúdo do fato gerador do tributo, admitindo, assim, que tributos indiretos seriam os que oneram relações, operações ou negócios em que há dois sujeitos envolvidos, e cujo valor

ou mais dos integrantes da cadeia de operações comerciais" ("Repetição do indébito", in Ives Gandra da Silva Martins (coord.), *Caderno de Pesquisas Tributárias* 8/13, São Paulo, Resenha Tributária, 1991).

27. Alfredo Augusto Becker, reconhecendo que a repercussão econômica é ínsita a todos os tributos, verberava que "os fatores decisivos da repercussão econômica do tributo são estranhos à natureza do tributo e determinados pela conjuntura econômico-social" (*Teoria Geral do Direito Tributário*, cit., 4ª ed., p. 573).

28. Nas palavras de Hugo de Brito Machado: "É impossível estabelecer-se um critério seguro para indicar os impostos cujo encargo financeiro é transferível, e quais os que não ensejam essa transferência (...). Todos os tributos e, mais que isto, todos os encargos financeiros de uma pessoa, especialmente de quem exerce atividade econômica, tendem a ser transferidos a terceiros, embutidos no preço dos bens, ou serviços, que esta oferece" ("Imposto indireto, repetição e imunidade subjetiva", *Revista Dialética de Direito Tributário* 2/21, São Paulo, Dialética).

29. Cf. Maurice Duverger, *Finances Publiques*, Paris, Presses Universitaires de France/PUF, 1965, p. 398.

30. Hugo de Brito Machado Segundo noticia que, "conforme a circunstância, considera-se ora de suma importância, ora inteiramente irrelevante, para fins jurídicos (vale dizer, para fins de reconhecimento da existência de direitos subjetivos e deveres jurídicos), a existência de um contribuinte de fato, que supostamente arca com o ônus de um tributo legalmente devido por um contribuinte de direito" (*Repetição do Tributo Indireto: Incoerências e Contradições*, São Paulo, Malheiros Editores, 2011, p. 11).

31. Súmula 546 do STF: "Cabe a restituição do tributo pago indevidamente quando reconhecido, por decisão, que o contribuinte *de jure* não recuperou do contribuinte *de facto* o *quantum* respectivo".

da exação admite ser repassado por um dos sujeitos da relação ao outro, mediante a explícita inclusão no respectivo preço.[32]

1.1.1 No Direito Brasileiro o ICMS é um tributo indireto? E o IPI? Por quê? Há relação entre não cumulatividade e tributação indireta? Qual? Basta ser não cumulativo para ser considerado indireto o tributo, e vice-versa?

No item anterior assumimos posição no sentido de rechaçar a existência de previsão de critério jurídico para o fim específico de identificar, no Direito Brasileiro, o que seriam tributos diretos ou tributos indiretos.[33]

Quando muito, admitimos que há aspectos contingenciais, a serem apurados nas situações concretas, que podem auxiliar na solução de casos práticos que exijam o estudo do fenômeno da repercussão ou translação econômica do tributo.

No que diz respeito ao ICMS e ao IPI, considerando o critério (não jurídico) da repercussão econômica do encargo financeiro para terceira pessoa, é lugar-comum na doutrina pátria classificá-los como tributos indiretos.[34]

Porém, tal como foi dito antes, se é certo que aqueles impostos que oneram a produção e o consumo efetivamente se prestam a viabilizar a transferência do custo tributário mais que os tributos que inci-

32. STJ, 1ª Seção, EREsp 168.469-SP, rel. Min. Ari Pargendler, rel. para o acórdão Min. José Delgado, *DJU* 17.12.1999, p. 314.

33. Sobre a referida omissão legislativa no tocante à distinção entre tributos diretos e indiretos temos como atual a observação de Tarcísio Neviani quando ele verberava que "não existe no direito positivo brasileiro qualquer definição de quais sejam uns e quais sejam outros, socorrendo-se, pois, os julgadores, com maior ou menor infelicidade, de distinções ou classificações preparadas pelos estudiosos da ciência das finanças" (*A Restituição de Tributos Indevidos, seus Problemas, suas Incertezas*, São Paulo, Resenha Tributária, 1983, p. 57).

34. Esta a opinião de Sacha Calmon Navarro Coêlho: "(...) os impostos indiretos são feitos pelo legislador para repercutir nos contribuintes de fato, os verdadeiros possuidores da capacidade econômica (consumidores de bens, mercadorias e serviços) (...). Os agentes econômicos que atuam no circuito produção-circulação-consumo apenas *adicionam e repassam* o ônus financeiro do tributo para frente. É o que ocorre com o ICMS e o IPI" (in *Curso de Direito Tributário Brasileiro*, 19ª ed., Rio de Janeiro, Forense, 2007, p. 474).

dem sobre o patrimônio e a renda, nem por isto sempre haverá neles tal repasse econômico.[35]

A uma, pelo fato de que, se com frequência ocorre a adição do imposto (IPI e/ou ICMS) como parte integrante do preço do produto, por seu turno, sabe-se que há forças do mercado (oferta e procura, elasticidade do produto, aspectos competitivos etc.) que possuem a virtude de recomendar a não adoção do predito acréscimo do tributo, majorando, assim, o preço do produto, sob pena de daí advir indesejada retração no volume de vendas.[36]

A duas, porque existem fatores que *per se* comparecem como verdadeiros óbices à aduzida transferência do custo tributário a terceira pessoa. Somente à guisa de ilustração, atente-se para o caso de produtos tabelados (medicamentos, *e.g.*),[37] em que não há como implementar o acréscimo do tributo incidente ao preço praticado perante o consumidor final.

Portanto, insistimos em que somente a análise do caso concreto nos fornecerá condições objetivas para apontar, se for o caso, a ocorrência do fenômeno da repercussão econômica do IPI e do ICMS,[38] o que poderia ensejar classificá-los como tributos indiretos.[39]

35. Roberto Ferraz assinala: "Portanto, o 'repasse' de todos os custos, inclusive tributários, nos preços das mercadorias ao consumidor ocorrerá ou não de acordo com os casos concretos. Não se trata de uma regra, mas de um fato, e relativo, pois ocorre de maneira generalizada apenas do ponto de vista macroeconômico, que abstrai dos casos concretos" ("Repetição do indébito tributário e legitimidade ativa – Telecomunicações – Lei 9.472/1997, art. 108", *Revista Dialética de Direito Tributário* 100/108, São Paulo, Dialética).

36. Acerca disso é esclarecedora a lição de Paul Samuelson e William Nordhaus. "Para se saber quem é que suporta o peso final do imposto, se os compradores, se os vendedores, tem que se saber quais as elasticidades relativas da oferta e da procura. Em geral, um imposto transfere-se para diante, para os consumidores, se a procura for pouco elástica relativamente à oferta, e transfere-se para trás, em direção à produção, se a oferta for relativamente menos elástica que a procura" (*Economia*, trad. de Manuel F. C. Mira Godinho, 12ª ed. Lisboa, McGraw-Hill, 1990, p. 480).

37. Há décadas o Min. Décio Miranda admoestava que, tratando-se de produto tabelado, "não fica ao alvedrio do industrial ou comerciante acrescentar qualquer parcela ao preço autorizado" (STF, 2ª Turma, RE 89.209, rel. Min. Décio Miranda, *DJU* 6.4.1979, p. 2.685).

38. Lembra Hugo de Brito Machado Segundo que "a 'transferência do ônus' de um tributo, portanto, considerada sob um prisma apenas econômico, é absolutamente difusa, e de impossível determinação" (*Processo Tributário*, São Paulo, Atlas, 2004, p. 375).

39. Imputamos como atual a chamada de Aliomar Baleeiro quando décadas atrás este jurista assinalou que "financistas e juristas ainda não assentaram um *stan-*

Todavia, nos domínios do STJ há jurisprudência sedimentada admitindo que "o ICMS e o IPI são exemplos de tributos que, por sua constituição jurídica, comportam a repercussão do encargo financeiro (tributos chamados de 'indiretos')".[40]

Vale registrar que as premissas adotadas por aquele Tribunal Superior não mantêm a exigida coerência interna com inúmeras conclusões que aquela Corte de Justiça apresenta quando do enfrentamento de questões postas à sua apreciação (legitimidade para pleitear restituição, efeitos da inadimplência do comprado, reconhecimento de imunidades subjetivas etc.).[41]

Já, sobre a existência de eventual vínculo da não cumulatividade com a denominada "tributação indireta", não identificamos tais institutos do direito tributário como figuras que mantenham relação entre si, o que significa ser possível haver tributo.

Esclareceremos que a locução "tributação indireta", ora tratada, está sendo empregada no sentido de técnica de tributação que alcança a produção, a circulação e o consumo, isto é, o dispêndio de renda, levando em conta somente de modo indireto, reflexo, e, portanto, impreciso, a capacidade contributiva da pessoa originariamente visada pela tributação – aquele que gasta ou consome a renda (o consumidor final).

Isto posto, destacamos que nada obsta a que um tributo tido como "indireto" incida em cascata, isto é, seja cumulativo, de modo que haja sobreposição do *quantum* que incide sucessivamente em cada uma das fases do ciclo econômico sobre o valor global de cada uma delas, e que vai se incorporando ao preço do produto, ampliando, assim, a base de cálculo da incidência seguinte.

No passado tivemos o imposto sobre o consumo (sucedido pelo imposto sobre produtos industrializados/IPI) e o imposto sobre vendas e consignações/IVC (sucedido pelo imposto sobre circulação de

dard seguro para distinguir impostos diretos e indiretos, de sorte que a transferência do ônus, às vezes, é matéria de fato, apreciável em caso concreto" (STF, 2ª Turma, RE 45.977, rel. Min. Aliomar Baleeiro, *DJU* 22.2.1967).

40. STJ, 1ª Turma, REsp 1.191.860-SC, rel. Min. Luiz Fux, *DJe* 14.4.2011.

41. Hugo de Brito Machado Segundo, com agudeza, denuncia as patentes incoerências e contradições reveladas principalmente pela jurisprudência do STJ, que se utiliza de fundamentação arrimada em excertos de escritos doutrinários dissonantes, alguns dos quais negando até mesmo a classificação dos tributos em diretos e indiretos (*Repetição do Tributo Indireto: Incoerências e Contradições*, cit., pp. 18-21).

mercadorias/ICM), que, a par de serem tidos como tributos indiretos, não se sujeitavam à não cumulatividade.

Do mesmo modo, o imposto sobre serviços de qualquer natureza/ ISS – considerado pelo STJ umas vezes tributo direto, outras vezes tributo indireto[42] – igualmente tem a feição cumulativa, o que confirma o que dissemos antes quanto à inexistência de relação biunívoca entre a não cumulatividade e a denominada tributação indireta.

Também sustentamos que a sujeição de determinado tributo à não cumulatividade não o classifica como tributo indireto. Evitar a denominada "superposição de incidências" é apanágio próprio da sistemática da incumulatividade, que, assim, tem o condão de permitir que o tributo seja exigido em diversos momentos (produção, circulação e consumo), ou seja, não se acumulando na proporção em que seus fatos geradores vão acontecendo.

Mas isto não importa necessariamente consentir que sempre o ônus do tributo não cumulativo seja transferido para o consumidor final, caracterizando-o como eventual tributo indireto.[43]

Tampouco aceitamos que, ao prever a não cumulatividade como sendo aplicável a certas exações, a Carta Magna tenha expressamente estatuído, mesmo que indiretamente, que dito custo fiscal deva ser juridicamente arcado pelos consumidores finais.[44]

O fato de a não cumulatividade tributária, enquanto mecanismo empregado para calcular o tributo devido, ser preordenada a suprimir a indiscriminada oneração acumulativa ou "em cascata" – que, em última análise, acarreta uma nefanda sobreposição de tributos – não

42. "O ISS é espécie tributária que admite a sua dicotomização como tributo direto ou indireto, consoante o caso concreto" (STJ, 1ª Seção, REsp 1.131.476-RS, rel. Min. Luiz Fux, j. 9.12.2009, *DJe* 1.2.2010).

43. Hugo de Brito Machado Segundo, ao enfatizar que a não cumulatividade não configura uma repercussão jurídica do ônus do tributo, conclui que ela "não dá ao contribuinte o direito de repassar o ônus do tributo" (*Repetição do Tributo Indireto: Incoerências e Contradições*, cit., p. 90).

44. Vê-se, pois, que dissentimos de Humberto Ávila quando este autor defende que a natureza indireta do ICMS decorre da não cumulatividade, uma vez que, "como não pode haver acúmulo da carga tributária, é o consumidor que deverá arcar com o seu ônus econômico, devendo a medida da tributação ser buscada nele e não no vendedor ou no prestador de serviços" ("ICMS como imposto sobre consumo. Inocorrência de prestação onerosa de serviço de comunicação no caso de inadimplemento do consumidor", *Revista Dialética de Direito Tributário* 186/114, São Paulo, Dialética).

prejudica a conclusão acima apontada, até mesmo porque não podemos confundir os efeitos econômicos com as consequências jurídicas da mencionada técnica de tributação.[45]

Por sua vez, admitir que tributos indiretos que sejam cumulativos repercutem nos preços aplicados aos consumidores finais, aumentando-os, não importa atrelar, juridicamente, a tributação indireta à técnica da não cumulatividade.[46] Isso porque, como assinalado antes, a formação do preço sofre o influxo de fatores diversos (demanda, oferta, competitividade etc.).

Em resumo: não é pertinente supor que o simples fato de dado tributo (ICMS, IPI – por exemplo) sujeitar-se à referida sistemática seja condição necessária e suficiente para a efetivação do repasse do ônus fiscal ao consumidor.

> 1.1.2 Afirmativa a resposta à pergunta anterior, seriam indiretos também o PIS e a COFINS? E o IRPJ, quando incidente sobre o lucro presumido do comerciante vendedor? Por qual razão o ônus referente ao ICMS seria repassado ao consumidor, e o do IRPJ não?

Apregoamos noutra parte que o Direito Brasileiro não consagra critério jurídico que permita identificar, de modo exato, quais seriam os tributos diretos e indiretos – constatação, esta, que nos autoriza a evidenciar a dificuldade de enquadrar a contribuição para o PIS e a COFINS numa daquelas classes.

Porém, caso viesse a ser adotada a definição de tributação indireta aludida no quesito anterior, seria forçoso aceitar que o PIS e a COFINS

45. Geraldo Ataliba e Cléber Giardino acentuavam: "Não cumulatividade econômica é noção totalmente diferente de não cumulatividade jurídica. São conceitos radicalmente diversos, exatamente porque situados em universos que nem sequer se comunicam. A última é categoria construída e desenvolvida somente em função de critérios jurídicos" ("ICM – Abatimento constitucional – Princípio da não cumulatividade", *RDTributário* 29-30/111, São Paulo, Ed. RT).

46. Divergimos de Mizabel Derzi, que, associando o IPI e o ICMS ("tributação indireta") à seletividade e não cumulatividade, diz haver "uma aceitação jurídico-constitucional da repercussão do encargo financeiro, mas ainda um comando de autorização e até de determinação da transferência" (Aliomar Baleeiro, *Direito Tributário Brasileiro*, 10ª ed., Rio de Janeiro, Forense, 1991, p. 887).

– exações, estas, que oneram a produção, a circulação e o consumo e que, por isso, atingem apenas indiretamente a capacidade contributiva da pessoa que realiza o gasto, consumo ou dispêndio de renda – seriam tributos indiretos.

Por sua vez, o fato de o PIS e a COFINS se submeterem, conforme o caso, ao regime jurídico da cumulatividade (Lei 9.779/1999) ou da não cumulatividade (Leis 10.637/2002 e 10.833/2003) não interfere na eventual repercussão econômica de tais contribuições para terceiros, uma vez que para nós a cumulatividade ou incumulatividade não inviabiliza nem garante a efetivação do predito repasse financeiro ao consumidor final.[47]

Relativamente ao IRPJ calculado com base no denominado "lucro presumido" de comerciante vendedor, ainda que possa haver aí verdadeira aproximação da base de cálculo do imposto citado com aquela própria do ICMS e/ou do IPI (receita bruta *x* valor total das operações realizadas num dado período), nem por isso seria o IRPJ um tributo indireto.

A uma, pelas dificuldades decorrentes da ausência de critério jurídico ("diferença específica") a permitir a identificação de tal classe. A duas, em virtude de que enxergamos no IRPJ autêntico tributo que grava a percepção da renda e não o gasto/consumo/dispêndio.

Com efeito, a incidência do IRPJ toca diretamente o sujeito cuja capacidade contributiva se pretende alcançar – a saber, o titular da renda[48] –, mesmo que o montante seja apurado presumidamente, caso assim opte o contribuinte, mediante a aplicação de certos percentuais sobre a receita bruta.

É de se atentar para o fato de que, assim como no caso do ICMS, o PIS, a COFINS e o IRPJ têm a possibilidade de interferir em eventual preço a ser praticado pelo contribuinte, que, assim, tem a potencialidade de repassá-los igualmente ao consumidor, desde que o mercado ofereça condições favoráveis à efetivação de tal repasse.

47. Estamos com Hugo de Brito Machado Segundo, para quem a implementação da repercussão depende "de uma série de fatores e condições de mercado, mas não do fato de o tributo ser não cumulativo" (*Repetição do Tributo Indireto: Incoerências e Contradições*, cit., p. 89).

48. Cf. STJ, 1ª Turma, REsp 98.404-MG, rel. Min. Milton Luiz Pereira, *DJU* 23.6.1997, p. 29.049.

Porém, considerando as razões acima expendidas, tal aspecto não qualifica tais tributos como indiretos.

Por fim, merece registro que o STJ, contrariando as premissas que ele mesmo vem prestigiando para fins de identificar os tributos indiretos,[49] não é claro e objetivo quanto a definir se o PIS e a COFINS seriam tributos indiretos,[50] ao passo que quanto ao IR já se decidiu que ele seria tributo direto.[51]

1.1.3 Ainda em relação ao IRPJ, faria diferença o fato de ele incidir sobre o lucro presumido ou sobre o lucro real? Qual?

Nos termos previstos pelo art. 44 do CTN, a base de cálculo do imposto de renda é o montante real, arbitrado ou presumido da renda ou dos proventos de qualquer natureza.

As pessoas jurídicas que apuram tal imposto com base no denominado "lucro real" levam em conta o conjunto de registros contábeis de todas as operações por elas realizadas (receitas / despesas), atendendo às inúmeras particularidades previstas na legislação ordinária.[52]

Já, o lucro arbitrado tem cabimento quando não se mostra possível calcular o imposto a partir da apuração do lucro real, em razão de a empresa não possuir uma contabilidade confiável, não atendendo ela também aos pressupostos para sujeição ao regime do lucro presumido. Aqui há critérios específicos definidos pela legislação tributária para fins de determinar o montante a ser onerado pelo aduzido imposto.[53]

Por outro lado, o cálculo do IR com base no chamado "lucro presumido", que se dá por expressa opção do contribuinte que preencha certos requisitos impostos pela legislação, está associado à adoção de sistemática manifestamente simplificada, por meio da qual se apura o

49. De acordo com o STJ, indiretos são os tributos que incidem sobre relações, operações ou negócios em que há dois polos ou partes (1ª Seção, EREsp 168.469-SP, rel. Min. Ari Pargendler, rel. para o acórdão Min. José Delgado, *DJU* 17.12.1999, p. 314).

50. Cf. STJ, 2ª Turma, REsp/AgR 1.237.117-RJ, rel. Min. Humberto Martins, *DJe* 26.4.2011.

51. Cf. STJ, 1ª Seção, EREsp 931.004-SC, rel. Min. José Delgado, rel. para o acórdão Min. Castro Meira, *DJe* 28.9.2009.

52. Cf. art. 247 do RIR/1999.

53. Cf. art. 530 do RIR/1999.

montante tributável aplicando-se determinados percentuais legais (1,6%, 8%, 16%, 32%, dependendo do tipo de atividade) sobre sua receita bruta, sem necessidade de manutenção de complexo regime de escrituração contábil de sua atividade.[54]

Verifica-se que na apuração pelo regime do lucro presumido por empresa comercial a base de cálculo do IRPJ efetivamente aproxima-se da base de cálculo do ICMS, definida em termos genéricos como sendo o valor das operações realizadas pelo comerciante.

Porém, advogamos que o emprego daquela singela metodologia de cálculo (presunção de lucro a partir da aplicação de um percentual sobre a receita bruta) não é bastante em si mesma para qualificar o predito IR como sendo um tributo sobre o consumo – e, portanto, como suposto imposto indireto.

Explicamos: além dos próprios problemas que antes denunciamos quanto à referida classificação, o método de apuração do IRPJ com base no lucro presumido segue onerando a renda do contribuinte, ainda que por presunção legal. Esta particularidade não o transforma em imposto incidente sobre o gasto, o consumo ou o dispêndio, e tampouco atinge a capacidade contributiva dos consumidores.

Todavia, reafirmamos que, apesar de o IR não recair sobre o consumo, nada obsta a que aquele que aufere a renda promova a transferência da carga econômica para terceiros.

1.1.4 Nos serviços públicos, havendo fixação de preços e previsão de manutenção do equilíbrio econômico-financeiro dos contratos, pode-se dizer que os tributos que oneram a atividade são indiretos? Todos? Alguns? Quais?

Já salientamos que o mero repasse do encargo financeiro do tributo aos consumidores não é critério jurídico-legal seguro para qualificar determinado tributo como indireto, porquanto, indiscutivelmente, todos os tributos admitem ser repassados a terceiros.[55]

54. Cf. art. 13 da Lei 9.718/1998.

55. Esta a opinião de Gilberto de Ulhôa Canto, ao pugnar que "qualquer tributo pode ser transferível, ainda que alguns deles sejam mais suscetíveis de o serem que outros" ("Repetição do indébito", cit., in Ives Gandra da Silva Martins (coord.), *Caderno de Pesquisas Tributárias* 8/9).

Não é pelo fato, portanto, de eventualmente ocorrer a aduzida translação econômica do custo tributário que se deve concluir pela natureza indireta dos tributos que gravam eventual serviço público cuja remuneração se dá por meio da fixação de preços.[56]

Por sua vez, é certo que, ao fixar o valor da remuneração pela prestação de certos serviços públicos por meio de tarifa, são levados em conta critérios que permitam sejam cobertos os custos decorrentes de tal atividade, entre os quais o de natureza tributária.[57]

Assim, as empresas concessionárias têm o direito subjetivo à percepção da contraprestação (tarifa) que lhes foi garantida pelo Poder Público, via edital, contrato de concessão ou atos de regulação do setor; quantia, esta, que deve ser bastante para remunerar pelo menos os custos arcados pelo prestador, levando-se em conta as despesas tributárias.

De seu turno, a fim de ser mantido o equilíbrio econômico-financeiro do contrato,[58] é possível que os citados contratos estipulem mecanismos de revisão tarifária na hipótese de ocorrer criação, alteração ou extinção de quaisquer tributos ou encargos legais (ressalvado o IR).[59]

Temos ali mais um exemplo do expresso reconhecimento legal de que os tributos de qualquer natureza são considerados, de maneira geral, como custos da empresa que produz e comercializa produtos ou presta serviços, podendo estes ser transladados a terceiros segundo a regência de leis econômicas; e, no caso em análise, nos termos de dispositivo legal autorizativo.

56. Tarcísio Neviani é contundente: "Nem a distinção dos tributos em diretos e indiretos existe com valor científico, nem o uso da teoria da translação seve para convalidar tal distinção, que não tem fundamento, é apriorística, anticientífica e deu origem, nos tribunais, a heresias econômicas e jurídicas" (*A Restituição de Tributos Indevidos, seus Problemas, suas Incertezas*, cit., p. 154).

57. Cf. art. 9º da Lei 8.987/1995.

58. Celso Antônio Bandeira de Mello ensina:

"Equilíbrio econômico-financeiro (ou equação econômico-financeira) é a *relação de igualdade* formada, de um lado, pelas obrigações assumidas pelo contratante no momento do ajuste e, de outro lado, pela compensação econômica que lhe corresponderá.

"A equação econômico-financeira é intangível. (...)" (*Curso de Direito Administrativo*, 29ª ed., São Paulo, Malheiros Editores, 2012, p. 654).

59. Cf. art. 9º, § 3º, da Lei 8.987/1995.

1.1.5 O aumento de tributo incidente sobre um serviço público, sendo imediatamente transferido ao consumidor por força de previsão contida no contrato de concessão, deve ser considerado um aumento de tarifa? Caso negativo, isso significa que o consumidor está pagando tributo? Há algum reflexo, em razão disso, na aplicação do art. 166 do CTN a tais hipóteses?

A partir da resposta oferecida à questão anterior, concluímos que a elevação de tributo incidente sobre serviço público e que é imediatamente transferida ao consumidor em razão de cláusula prevista no contrato de concessão configura inconteste hipótese de majoração da tarifa.

Tal situação ratifica o que foi dito anteriormente acerca da franca possibilidade de os tributos de qualquer natureza interferirem nos preços dos produtos e serviços que a eles se sujeitam, independentemente de rótulos que lhes sejam atribuídos pela doutrina.

À medida que é essencial a preservação entre o objeto e o preço do serviço (tarifa), caso haja uma elevação nos encargos tributários relativos ao objeto, então, impende seja revisto o valor da tarifa que foi definido inicialmente em condições distintas, na forma admitia pela legislação de regência.

Assinalamos que o reconhecimento do imediato impacto provocado por tal majoração na tarifa a ser paga pelo usuário não importa admitir que este sujeito é quem esteja pagando o tributo aumentado,[60] quer dizer, que ele seja o sujeito passivo da correlativa obrigação tributária.

Nao sobeja repisar que aquilo que a concessionária cobra do consumidor é um preço, que tem na sua composição custos de diversa natureza, inclusive os de índole tributária (ICMS, PIS e COFINS).[61]

60. "No caso da energia elétrica, embora o consumidor final possa ser considerado contribuinte de fato, jamais será contribuinte de direito, pois não existe lei que inclua o consumidor no polo passivo da relação tributária, além de não competir a ele recolher o imposto ao Fisco Estadual, nem promover a saída da mercadoria, o que torna impossível classificá-lo como contribuinte de direito" (STJ, 2ª Turma, EDcl no AgRg no AREsp 31.020-SC, rel. Min. Humberto Martins, *DJe* 25.11.2011).

61. Roberto Ferraz explica que, "efetivamente, de maneira global, os custos tributários devem necessariamente compor os preços finais das mercadorias, da mesma maneira que todos os demais custos" ("Repetição do indébito tributário e legitimidade ativa – Telecomunicações – Lei 9.472/1997, art. 108", cit., *Revista Dialética de Direito Tributário* 100/107).

No caso em apreço é preciso ressaltar a existência de regra jurídica assegurando ao concessionário o direito de revisão da tarifa para fazer face aos novos encargos, tudo em homenagem à restauração do equilíbrio econômico-financeiro do contrato administrativo,[62] que foi afetado por evento não previsto pelos contratantes (aumento da carga tributária) e que altera substancialmente a avença originariamente firmada.

Diante disso, temos que se afigura incompreensível a postura adotada pelo STJ quando essa Corte de Justiça nega que o repasse da elevação de determinado encargo tributário (PIS e COFINS, *v.g.*) configure hipótese de majoração da tarifa,[63] admitindo, assim, a cobrança "à parte" – ou seja, em separado – daquela despesa fiscal diretamente do usuário, como se este fosse quem pagasse o respectivo tributo.

Noutras palavras: se é perfeitamente cabível a transferência do ônus financeiro do PIS e da COFINS, bem como de outros tributos (ICMS, *ad exemplum*), para o preço final de tarifa cobrada do contribuinte, já que tais parcelas integram os custos considerados para a formação final do preço, qualquer translação econômica proveniente de aumento no *quantum* de tais tributos deve obedecer ao que estatui o art. 9º, §§ 2º e 3º, da Lei 8.987/1995.

Todavia, caso seja admitido, *ad argumentandum tantum*, que sob o prisma jurídico é o usuário quem paga os referidos tributos, então, não há como deixar de reconhecê-lo como parte legítima para discutir judicialmente eventual pagamento indevido[64] ou outras questões tributárias,[65] não podendo ser invocado o art. 166 do CTN para afastar aquela legitimidade *ad causam*.

62. Manoel de Oliveira Franco Sobrinho leciona que "constitui princípio fundamental, portanto, integrante dos contratos administrativos, a possível previsão de preços e custos, da adoção de meios que entre as estipulações protejam a execução e a prestação de cláusulas que autorizem, em termos sempre atuais, no equilíbrio econômico, uma justa ou equivalente remuneração" (*Contratos Administrativos*, São Paulo, Saraiva, 1981, p. 228).

63. STJ, 1ª Seção, REsp 1.185.070-RS, rel. Ministro Teori Albino Zavascki, *DJe* 27.9.2010.

64. Em sentido contrário, entre outros: STJ, 2ª Turma, EDcl no AgRg no AREsp 31.020-SC, rel. Min. Humberto Martins, *DJe* 25.11.2011; e STJ, 1ª Seção, EREsp 1.192.624-MG, rel. Min. Benedito Gonçalves, *DJe* 17.6.2011.

65. STJ, 2ª Turma, REsp 1.155.813-RJ, rel. Min. Castro Meira, *DJe* 22.11.2011.

> 1.1.6 Imagine-se que um consumidor final de energia elétrica questiona em juízo a cobrança do ICMS incidente sobre as faturas que paga à concessionária correspondente. Em face de medida liminar, deixa de sofrer o acréscimo do imposto nos termos impugnados. Essa liminar é confirmada por sentença e por acórdão do Tribunal de Justiça. Muitos anos depois, o STJ afirma a ilegitimidade ativa ad causam do consumidor final e extingue o processo sem exame do mérito. Pergunta-se: o Estado poderá exigir o ICMS que deixou de ser recolhido em todo o período de vigência da liminar? Ele poderá exigir esse imposto de quem? Da concessionária que estava impedida de descontá-lo? Do consumidor que teve extinguido seu processo, por não ser considerado contribuinte?

O caso proposto é bastante provocante, porque à primeira vista muitos se apressariam em responder que, cessados os efeitos de certa decisão judicial, em razão do trânsito em julgado em sentido contrário àquele nela consagrado, o tributo que não fora recolhido por força da decisão revista poderia ser exigido pelo ente tributante competente.

Entretanto, a implementação da referida pretensão oficial esbarra na dificuldade em identificar o sujeito de quem se irá exigir o pagamento do tributo durante o período em que vigorou a medida judicial impeditiva da cobrança.

Não se olvide que a empresa concessionária deixou de recolher o tributo em razão de decisão judicial não provocada por ela. Já, o adquirente de energia elétrica pode alegar que, por não ser sujeito passivo da respectiva obrigação tributária – o que para o STJ lhe retira a *legitimatio ad causam* para discutir questões oriundas da correlata relação jurídica tributária –, não poderia ser impelido a recolher aquele tributo.

Certamente o Fisco engendrará fórmula que lhe permita exigir por meio do caminho menos tortuoso, cobrando de quem seja mais suscetível de não contestar tal atitude.

De nossa parte, para mantermos coerência com as premissas que fixamos noutra parte, conquanto admitamos que tal conduta seja questionável, somente vislumbramos a concessionária como possível sujeito da predita exigência, que, como assinalamos, é de todo polêmica.

Vale registrar que o fato de a empresa concessionária exigir do consumidor eventual declaração admitindo assumir o ônus tributário proveniente de eventual insucesso em ação judicial tal como a sugerida na questão não retira a problemática a que referimos, porquanto ajuste daquela natureza não pode ser invocado pelas partes, por força do art. 123 do CTN.

2. Tributação indireta e repetição do indébito

2.1 O art. 166 do CTN se aplica à restituição de tributos indiretos? Ele se aplica a alguma outra hipótese de restituição do indébito tributário?

Registramos antes nossa firme opção em não enxergar critério jurídico que de modo preciso permita identificar quais seriam os tributos diretos e os indiretos no Direito Brasileiro,[66] oportunidade em que destacamos que a jurisprudência pátria comumente extrai conclusões nem sempre coerentes com os pressupostos por ela empregados.[67]

Ora, o art. 166 do CTN, prescreve que "a restituição de tributos que comportem, por sua natureza, transferência do respectivo encargo financeiro somente será feita a quem prove haver assumido o referido encargo, ou, no caso de tê-lo transferido a terceiro, estar por este expressamente autorizado a recebê-la".

Ressalvando posições doutrinárias isoladas, o que se percebe é que encontramos disceptações tanto no que diz de perto com a compatibilidade desta previsão com a nossa vigente ordem constitucional[68] como também relativamente ao que se deva compreender por "transferência do respectivo encargo financeiro".

Por seu turno, não há como deixar de reconhecer que, em última análise, aquele dispositivo buscou fundamento na relevância atribuída

66. Para Alfredo Augusto Becker "não existe nenhum critério científico para justificar a classificação dos tributos em diretos e indiretos, e, além disto, esta classificação é impraticável" (*Teoria Geral do Direito Tributário*, cit., 4ª ed., p. 570).

67. Cf. Leonardo e Silva de Almendra Freitas, "Análise crítica da reviravolta da orientação do STJ acerca da legitimidade do contribuinte 'de fato' para repetir o indébito tributário indireto", *Revista Dialética de Direito Tributário* 187, São Paulo, Dialética.

68. Cf. Hugo de Brito Machado (coord.), *Repetição do Indébito e Compensação no Direito Tributário*, São Paulo/Fortaleza, Dialética/ICET, 1999.

ao fenômeno da repercussão ou translação econômica dos tributos,[69] tendo ele sofrido influência tanto da Súmula 71[70] como principalmente da Súmula 546,[71] ambas do STF.

Na verdade, há uma profusão de críticas dirigidas pela doutrina ao referido preceito normativo, que para nós possui redação multifária, marcada por imprecisão que oportunizou aos aplicadores da lei construir diferentes (e incoerentes) ilações.

Convém sublinhar que, precisamente em razão daquela inexatidão, já que não há nenhum diploma explicitando o que seriam "tributos que comportem, por sua natureza, transferência do encargo financeiro", abriu-se espaço para que o Fisco consagrasse a execrável orientação segundo a qual seria perfeitamente possível a subsistência de pagamento de tributo manifestamente incompatível com o sistema jurídico.

Para tanto, seria bastante que a pessoa legitimada a requerer a repetição do indébito deixasse de atender às esdrúxulas exigências contidas no art. 166 do CTN, a saber: (a) prova da assunção do ônus financeiro por parte do ocupante do polo passivo da respectiva obrigação tributária (contribuinte *de iure*) ou (b) expressa concordância do sujeito que supostamente tenha suportado a referida repercussão econômica (contribuinte *de facto*).

Com efeito, associando a exigência contida no citado dispositivo aos tributos indiretos, finda-se atribuindo relevância às figuras do "contribuinte de direito" (aquele que integra o polo passivo da relação jurídica tributária) e do "contribuinte de fato" (aquele que suporta o ônus econômico do tributo).

Enfatizamos que a regra veiculada pelo art. 166 do CTN foi editada a partir de distinção ("tributos que admitem repercussão/tributos que não admitem repercussão") que não se escora nem mesmo no campo pré-jurídico. Em função deste descuido, dependendo das escolhas

69. Cf. Luís Dias Fernandes, *Repetição do Indébito Tributário: o Inconstitucional Art. 166 do CTN*, cit.

70. "Súmula 71. Embora pago indevidamente, não cabe restituição de tributo indireto."

71. "Súmula 546. Cabe a restituição do tributo pago indevidamente quando reconhecido, por decisão, que o contribuinte *de jure* não recuperou do contribuinte *de facto* o *quantum* respectivo."

conceituais, não é atitude despropositada defender que "nenhum tributo, por sua natureza, comporta o fenômeno da transferência do encargo financeiro", ou, então, que "todos os tributos, por sua natureza, comportam aquela translação econômica".

Entretanto, mesmo dirigindo acerbas críticas ao teor daquele enunciado normativo, salientamos que até o presente momento ele não foi declarado como incompatível com a vigente ordem jurídica pátria. Ao contrário, nossas Cortes de Justiça constantemente dele fazem uso, conquanto contraditoriamente, como causa de decidir.

Diante disso, pugnamos pela realização de um esforço hermenêutico voltado a conferir ao art. 166 do CTN um sentido que não inviabilize o legítimo direito à restituição de tributos pagos indevidamente.

Neste diapasão, cumpre desde logo sublinhar que a significação da cláusula "transferência do encargo financeiro" não pode coincidir com a repercussão meramente econômica, fenômeno complexo que se traduz na recuperação sucessiva do tributo, que juntamente com outras parcelas (salários, aluguéis etc.) integra os custos dos produtos.

A contrario sensu, a restituição de todos os tributos estaria condicionada ao atendimento do disposto no aduzido art. 166, já que, segundo foi dito antes, em tese os gravames compõem os custos das mercadorias ou serviços.

Assim, a interpretação mais plausível, por se harmonizar com a Constituição Federal de 1988 (legalidade, isonomia, moralidade, razoabilidade), é a que prestigia o que alguns autores designam de "repercussão jurídica do tributo",[72] obtida a partir de critérios normativos hauridos do ordenamento posto, e não em razões de ciência econômica.[73]

Aquela "translação jurídica do encargo financeiro" estaria, portanto, consubstanciada na previsão normativa que credenciasse o contribuinte a: (a) receber de um dado sujeito a importância relativo

72. Hugo de Brito Machado – com quem nos pomos de acordo – pontificou que "a transferência a que se reporta o art. 166 do CTN há de ser somente aquela autorizada pela norma jurídica" ("Repetição do indébito", in Ives Gandra da Silva Martins (coord.), *Caderno de Pesquisas Tributárias* 8/248, São Paulo, Resenha Tributária, 1991).

73. "A identificação dos tributos que não comportam transferência do respectivo encargo financeiro dar-se-á com base em critérios normativos hauridos do ordenamento posto e não em razões de ciência econômica" (STJ, REsp 118.488, rel. Min. José Delgado, *DJU* 6.10.1997, p. 49.888).

a tributo por ele recolhido (reembolso), acrescendo tal importância ao preço; ou (b) reter de uma pessoa determinada quantia a ser posteriormente recolhida como tributo.

Noutro giro verbal: a repercussão do ônus tributário de que trata o art. 166 do CTN somente ocorreria quando houvesse regra jurídica expressamente autorizando que a parcela do tributo refletisse diretamente no preço das mercadorias ou serviços, aumentando-o quando o sujeito incorpora a quantia ao valor que ele irá receber, ou reduzindo-o quando o sujeito subtrai tal importância do valor que ele irá pagar.[74]

Portanto, o art. 166 do CTN somente teria aplicação quando se estiver diante do que convencionamos denominar de "repercussão jurídica do tributo" – definição, esta, que cabe exclusivamente ao direito positivo estipular.

Logo, mantenhamos na retentiva que não é suficiente a possível ocorrência da simples "repercussão econômica do ônus fiscal" para fins de imediata sujeição do caso ao art. 166 do CTN. Isto porque diversas circunstâncias,[75] inclusive mercadológicas (excesso de oferta, promoções, obsoletismo etc.), podem determinar que em tributos propícios a ocorrer aquela translação econômica (ICMS, IPI, ISS) não se aperfeiçoe o aduzido repasse ao adquirente,[76] bem como que tributos erroneamente classificados como "diretos" (IPTU, IR etc.) sejam transladados.

Aqui, impende ressalvar casos em que os indébitos merecem ser repetidos independentemente de qualquer perquirição acerca dos requisitos estatuídos no art. 166 do CTN, mesmo estando o tributo

74. Conforme Hugo de Brito Machado Segundo: "Exemplo de tributo repassado juridicamente é o imposto de renda retido na fonte, a CPMF, a contribuição previdenciária (parcela do empregado) e todos aqueles exigidos no âmbito de sistemáticas de substituição tributária" (*Processo Tributário*, cit., p. 377).

75. "(...) não havendo contabilidade de custos que acuse a inserção do imposto para apuração do seu valor global, não se pode afirmar ter havido transferência, pelo menos direta, do ônus fiscal ao consumidor final. Nesses casos, será ele suportado pelo próprio comerciante, que irá deduzi-lo da margem de lucro bruto" (STF, RE 87.055, rel. Min. Moreira Alves, *DJU* 13.6.1977, p. 3.901).

76. "(...) tratando-se, notoriamente, de produto tabelado, não fica ao alvedrio do industrial ou comerciante acrescentar qualquer parcela ao preço autorizado, prevalecendo, pois, a presunção de que o imposto indevidamente pago não foi transladado ao comprador subsequente" (STF, RE 89.209, rel. Min. Décio Miranda, *DJU* 6.4.1979, p. 2.685).

submetido à regra da repercussão jurídica do ônus fiscal, como quando ocorre o pagamento indevido decorrente de erro de fato (indicação no documento de arrecadação de valor maior que o devido, escrituração a mais do *quantum* do tributo relativo a certa operação ou prestação etc.).

> *2.2 O art. 166 do CTN se aplica a outras ações relacionadas aos tributos indiretos, diversas da ação de restituição? Embargos à execução fiscal, por exemplo?*

Não obstante nossas contundentes restrições às aplicações que o STJ vem dando ao art. 166 do CTN, reconhecemos que agiu bem aquela Corte de Justiça quando consolidou entendimento no sentido de que aquele dispositivo somente deve ser levado em conta nos específicos casos de restituição de tributos.[77]

Então, é descabido pretender impor o atendimento às condições estabelecidas no mencionado comando normativo, por exemplo, quando se discute a legalidade de determinada imposição tributária em sede de embargos à execução fiscal, até mesmo porque em tal situação sequer ocorreu recolhimento de tributo a ensejar eventual comprovação da não repercussão do ônus fiscal.

> *2.3 Há diferença entre a situação do contribuinte que paga tributo indireto e em seguida postula sua restituição e a daquele que, em vez de pagar, deposita o valor correspondente, questionando a cobrança? Por qual razão o art. 166 do CTN seria aplicável na primeira situação, e não na segunda?*

Não visualizamos diferença ontológica entre a restituição de tributos pagos indevidamente que tenham sido repassados (juridicamente) a terceiros e o levantamento de depósito de tributo transladado (juridicamente) ao consumidor, objeto de discussão judicial.

77. Cf., entre outros julgados: STJ, 2ª Turma, REsp 157.667-RS, rel. Min. Peçanha Martins, v.u., *DJU* 29.5.2000, p. 139; STJ, 2ª Turma, REsp 85.151-SP, rela. Min. Nancy Andrighi, *DJU* 11.9.2000, p. 233; STJ, 2ª Turma, REsp 684.887-SP, rela. Min. Eliana Calmon, *DJU* 3.10.2005, p. 201; STJ, 1ª Seção, EREsp 785.819-SP, rela. Min. Eliana Calmon, *DJU* 19.6.2006, p. 92.

Em ambas as situações, ocorrendo o mesmo fenômeno da repercussão jurídica do ônus fiscal, mostra-se odiosa qualquer discriminação que o Poder Judiciário venha a adotar.[78]

2.4 O art. 166 confere legitimidade ao contribuinte "de fato" para postular a restituição do indébito? Caso negativo, como se poderá obter a restituição do indébito, sobretudo em situações nas quais o contribuinte de direito, que repassou o ônus financeiro do tributo ao consumidor, não tem como identificá-lo? Haveria ofensa ao art. 5º, XXXV, da CF de 1988?

Assentamos anteriormente que não é o denominado "contribuinte de fato" quem paga o tributo. O recolhimento da exação sempre cabe àquele que ocupa o polo passivo da obrigação tributária, na condição de contribuinte ou responsável (art. 121 do CTN).

O fato de na composição do preço a ser pago pelo consumidor constarem, entre outros custos, eventuais despesas fiscais indefiníveis não o posiciona, regularmente, como sujeito habilitado a postular a restituiçao de tributo indevidamente pago.

Porém, inaceitável coonestar os incessantes abusos do Fisco, que muita vez, de caso pensado, exige o recolhimento de tributos sabidamente inválidos e, por este motivo, indevidos, e ao mesmo tempo cria todo tipo de obstáculo para se manter impune quanto à prática de tal ilicitude.[79]

Logo, nos casos em que vier a ocorrer o que pactuamos denominar de "repercussão jurídica do tributo", para fins de construir um sentido apropriado à dicção do art. 166 do CTN, mostra-se abominável deixar de conferir *legitimatio ad causam* àquele que suportou o

78. Cf. STJ, 1ª Turma, Ag/AgR 1.365.535-MG, rel. Min. Benedito Gonçalves, rel. para o acórdão Min. Napoleão Nunes Maia Filho, *DJe* 21.6.2012.

79. Merece encômios a censura de Tarcísio Neviani, que, com invulgar precisão, admoesta que "nada há de mais antidemocrático e de mais totalitário que a teoria que põe o Estado acima dos cidadão e que subverte a essência das coisas, fazendo dos cidadãos instrumentos do Estado ao invés de ser o Estado o instrumento dos cidadãos" ("Repetição do indébito", in Ives Gandra da Silva Martins (coord.), *Caderno de Pesquisas Tributárias* 8/311-312, São Paulo, Resenha Tributária, 1991).

ônus financeiro, em função de previsão normativa – sujeito, este, vulgarmente denominado de "contribuinte de fato".[80]

É certo que durante algum tempo o STJ, acertadamente, acenou com a existência de legitimidade ativa para as ações de repetição do indébito. Nesta direção firmou-se o seguinte entendimento: "Em se tratando de IPI, a distribuidora de bebidas é a contribuinte de fato, e a indústria (fabricante) a contribuinte de direito. A distribuidora é, portanto, a legitimada para pleitear a repetição de indébito ou a compensação do que pagou indevidamente, enquanto a fabricante apenas pode fazê-lo se devidamente autorizada, nos termos do art. 166 do CTN".[81]

Contudo, para sobressalto da comunidade jurídica, mais recentemente aquele Tribunal Superior passou a inadmitir o designado "contribuinte de fato" como sujeito detentor de legitimidade ativa *ad causam* requerer, em seu próprio nome, a restituição de tributo que lhe fora repassado em razão de previsão normativa.[82]

Diante disso, cabe-nos indagar: *quid juris* da consagração de manifesta inconstitucionalidade como fonte de receitas para o Estado?

Exclamamos nossa indignação com aquela funesta realidade, razão pela qual corroboramos com Hugo de Brito Machado Segundo quando ele evidencia que o famigerado art. 166 do CTN vem sendo utilizado como instrumento que viabiliza autêntica "inconstitucionalidade eficaz", visto que, apesar de o tributo vir a ser cobrado com arrimo em lei já declarada inconstitucional, este não é restituído sob o equivocado pretexto de não atendimento dos requisitos previstos naquele dispositivo.[83]

80. Ives Gandra da Silva Martins – com quem concordamos – realça que aceitar entendimento contrário à possibilidade de o "contribuinte de fato" requerer a restituição de tributos indevidos terminaria por equipará-lo a um "contribuinte castrado, uma vez que, apesar de titular de um direito, ele não poderia diretamente exercê-lo", quer dizer, o contribuinte de fato "seria um contribuinte capaz de impedir a repetição do indébito, mas não um contribuinte capaz de repetir" ("Repetição do indébito", in Ives Gandra da Silva Martins (coord.), *Caderno de Pesquisas Tributárias* 8/161, São Paulo, Resenha Tributária, 1991).

81. STJ, 2ª Turma, REsp 989.565-MG, rela. Min. Eliana Calmon, *DJe* 25.11.2008.

82. Cf. os seguintes precedentes: STJ, 1ª Seção, REsp 903.394-AL, rel. Min. Luiz Fux, *DJe* 26.4.2010; e STJ, 2ª Turma, REsp 928.875-MT, rel. Min. Herman Benjamin, *DJe* 1.7.2010.

83. Hugo de Brito Machado Segundo, *Repetição do Tributo Indireto: Incoerências e Contradições*, cit., p. 31.

Ademais, afigura-se legal e moral a atitude estatal que, de maneira monopolizada e torpe, faz prevalecer sua conduta ilícita proveniente da manutenção em seus cofres de quantias indevidamente exigidas a título de tributo, ao suposto abrigo do art. 166 do CTN?[84] Claro que não.

O certo é que, por força da interpretação que vem sendo adotada pelo STJ, a Fazenda Pública acaba ficando desobrigada de restituir quantias recebidas a título de tributo.

Não há como compactuar com tamanho disparate, que lastimavelmente vem sendo cotidianamente posto em prática pelo Fisco, contando com o beneplácito de nossas Cortes de Justiça, que, para indeferir restituição solicitada pelo "contribuinte de direito", afirmam ser o "contribuinte de fato" quem sofre o impacto tributário, ao mesmo tempo em que para rejeitar repetição de indébito promovida pelo "contribuinte de fato" não levam em conta aquela translação, já que somente quem integraria a relação jurídica tributária seria o contribuinte de direito.[85]

No contexto *in examine*, assumimos firme posição veementemente contrária aos que sugerem ser melhor ocorrer o enriquecimento ilícito do Estado que eventual enriquecimento ilícito por parte do contribuinte que pleiteia a restituição de tributos recolhidos indevidamente.[86]

84. De se registrar a lição de Gabriel Lacerda Troianelli, que, defendendo a tese da inconstitucionalidade do art. 166 do CTN, por ofensa aos princípios da legalidade e moralidade, diz que "a norma em exame, assim, anima a imoralidade legiferante e promove a inconstitucionalidade útil, a inconstitucionalidade utilíssima" ("Repetição de indébito, compensação e ação declaratória", in Hugo de Brito Machado (coord.), *Repetição do Indébito e Compensação de Tributos*, São Paulo, Dialética/ICET, 1999, p. 122).

85. "(...) o terceiro que suporta o ônus do tributo, não sendo sujeito passivo da obrigação tributária, não detém legitimidade para integrar o polo ativo da relação processual consubstanciada na prerrogativa da repetição do indébito junto ao Fisco, pois esse direito pertence exclusivamente ao denominado contribuinte de direito" (STJ, 2ª Turma, REsp 1.066.562-RS, rel. Min. Mauro Campbell Marques, *DJe* 9.8.2011).

86. Vê-se que dissentimos de Paulo de Barros Carvalho, que, admitindo a ausência de fundamentação jurídica tanto para que o Estado fique com tributo indevidamente pago cujo encargo foi transferido a terceiro assim como para que o sujeito passivo que não prove ter suportado o impacto financeiro predique a restituição, advoga que, "na ausência de títulos de ambos os lados, deve prevalecer o magno princípio da supremacia do interesse público ao do particular, incorporando-se as quantias ao patrimônio do Estado" (*Curso de Direito Tributário*, 12ª ed., São Paulo, Saraiva, 1999, p. 419).

Demais disso, obstar à postulação por parte de quem juridicamente sofreu a translação de determinado tributo traduz verdadeiro amesquinhamento do conteúdo do art. 5º, XXXV, da CF de 1988, segundo o qual "a lei não excluirá da apreciação do Judiciário lesão ou ameaça a direito".

Explicamos: (a) para o "contribuinte de direito" indiscutivelmente há ingentes dificuldades de se comprovar tecnicamente a assunção do ônus fiscal indevido, inviabilizando, assim, a ida ao Judiciário para postular certas repetições de indébito; e (b) para o "contribuinte de fato" que tenha arcado com o ônus fiscal injustificadamente não se admite a legitimidade ativa *ad causam*.[87]

Portanto, se a ordem jurídico-constitucional assegura aos cidadãos o pleno acesso ao Poder Judiciário, que deve promover a entrega da prestação jurisdicional da forma mais completa e convincente possível,[88] então, não é de se abonar a construção jurisprudencial dada ao art. 166 do CTN que, ao recusar erroneamente pedidos de restituição formulados ora por "contribuinte de direito", ora por "contribuinte de fato", conforme o caso, termina legitimando excessos perpetrados pelo Fisco.[89]

3. Tributação indireta e imunidades subjetivas

3.1 Caso um comerciante vendedor seja titular de imunidade subjetiva, poderá ele invocá-la para se eximir da cobrança de tributo indireto incidente sobre as vendas que realiza? Poder-se-á dizer que tal imunidade não é aplicável, eis que quem "verdadeiramente" arca com o tributo é o consumidor final, não imune?

87. Relativamente ao "contribuinte de fato" concordamos com a conclusão de Hugo de Brito Machado Segundo, para quem "a interpretação dada pela jurisprudência ao art. 166 do CTN simplesmente retira daquele boa parte de seus direitos subjetivos, e os arremessa à lata do lixo" (*Repetição do Tributo Indireto: Incoerências e Contradições*, cit., p. 101).

88. STF, 2ª Turma, RE 158.655, rel. Min. Marco Aurélio, *DJU* 2.5.1997.

89. Tarcísio Neviani alvitra: "(...) cumpre ao Poder Judiciário evitar de todo modo possível que o Estado se prevaleça do seu poder para retirar dos cidadãos mais do que a lei, devidamente promulgada, limitadamente permite. No caso de tributo indevido, provado o indébito, cumpre não dificultar ao repetente a sua justa postulação, para que se mantenha íntegro o valor maior do princípio da legalidade dos tributos" ("Repetição do indébito", in Ives Gandra da Silva Martins (coord.), *Caderno de Pesquisas Tributárias* 8/312).

Aos estreitos limites deste escrito interessa definir as imunidades subjetivas como sendo as regras constitucionais que excluem do campo de incidência de determinado(s) tributo(s) certo(s) sujeito(s) em razão de certa(s) característica(s) eleita(s) pelo preceito imunizante.[90]

Para sermos congruentes com nossas premissas, temos de admitir que não há obstáculo jurídico algum ao reconhecimento do direito à imunidade subjetiva nos casos dos tributos incidentes sobre vendas que ele(s) promove(m). É que, como já assertamos, o repasse do ônus tributário ao consumidor não faz migrar para ele a condição de sujeito passivo da obrigação tributária.

A contrario sensu, de nada valeria a previsão de tal modalidade de regra imunizante, uma vez que como vimos, em tese, todos os tributos admitem o repasse do respectivo ônus fiscal.

Tendo em vista que não atribuímos relevância jurídica àquela mera translação econômica deste ou daquele tributo (ICMS, *e.g.*), não é de se afastar o direito à imunidade subjetiva pertencente a contribuinte comerciante.

Entretanto, cabe registrar que na Excelsa Corte houve oscilação jurisprudencial. Num primeiro momento negou-se imunidade para entidade imune que fosse "contribuinte de direito" em tributos sujeitos a translação do ônus fiscal.[91]

Porém, corrigindo aquele equívoco, a Excelsa Corte passou a aceitar que a regra imunizante de natureza subjetiva, em situações tais como a que foi mencionada na questão, alcançaria o denominado "contribuinte de direito" mesmo nos casos em que este repassa o encargo financeiro ao consumidor.[92]

90. Nas palavras de Regina Helena Costa: "As imunidades subjetivas ou pessoais são aquelas outorgadas em razão da condição de determinadas pessoas; recaem sobre sujeitos (...). São outorgadas em função da natureza jurídica da pessoa ou, mesmo, em consideração ao papel socialmente relevante que desempenha" (*Curso de Direito Tributário*, São Paulo, Saraiva, 2009, p. 81).

91. "ICM – Entidade de assistência social que aufere renda com produção e venda de pães. Não é ela alcançada pela imunidade prevista no art. 19, III, 'c', da EC n. 1/1969" (STF, 1ª Turma, RE 134.573, rel. Min. Moreira Alves, *DJU* 29.9.1995, p. 31.906).

92. STF, Tribunal Pleno, RE/EDv 210.251, rela. Min. Ellen Gracie, rel. para o acórdão Min. Gilmar Mendes, *DJU* 28.11.2003, p. 11.

> *3.2 Caso um consumidor final seja titular de imunidade subjetiva, poderá ele invocá-la para fazer com que sobre as mercadorias e serviços que consome não incidam tributos indiretos? Poder-se-á dizer que tal imunidade não é por ele invocável, pois o "verdadeiro" contribuinte é o vendedor, não imune?*

Não admitimos que consumidor final titular de imunidade subjetiva pretenda que as aquisições que ele faça de mercadorias e serviços (energia elétrica, comunicação – *ad exemplum*) sejam beneficiadas com o referido preceito imunizante.

Ocorre que, como pontuamos linhas atrás, o fato de no preço de determinado produto ou serviço estar incluído determinado custo tributário não eleva o consumidor à condição de sujeito integrante da relação jurídico-tributária e, por conseguinte, detentor do direito à imunidade subjetiva a ele reconhecida.

A esse respeito, diga-se que já há algumas décadas a posição do STF é no sentido de não admitir que no caso em apreço o consumidor invoque sua imunidade subjetiva;[93] entendimento, este, que culminou com a edição da Súmula 591.[94]

> *3.3 É possível oferecer resposta coerente às duas perguntas anteriores? Essa resposta é coerente com aquelas fornecidas às perguntas do item 2?*

Cremos que a resposta coerente a ser dada às duas questões anteriores, na esteira presentemente adotada pela Suprema Corte, deve levar em conta que, em verdade, a imunidade alcança somente aquele que figura no polo passivo da obrigação tributária.

93. "Imunidade fiscal recíproca. Não tem aplicação na cobrança do IPI. O contribuinte *de iure* é o industrial ou produtor. Não é possível opor à forma jurídica a realidade econômica para excluir uma obrigação fiscal precisamente definida na lei. O contribuinte de fato é estranho à relação tributária e não pode alegar a seu favor a imunidade recíproca" (STF, 2ª Turma, RE 68.741, rel. Min. Bilac Pinto, *DJU* 23.10.1970).

94. "Súmula 591. A imunidade ou a isenção tributária do comprador não se estende ao produtor, contribuinte do IPI."

Logo, o vendedor titular de imunidade subjetiva, sujeito passivo da obrigação tributária, faz jus à imunidade de tributo que em tese possa repercutir. Já, se o sujeito imune ocupar a condição de consumidor final, em função de neste caso ele não integrar a relação jurídica tributária, inadmissível pretender que o preceito imunizante seja invocado para fins de exoneração da tributação.

Quanto à restituição dos tributos que repercutem, apesar de nossa resposta manter-se na linha exposta quando do enfrentamento das indagações do item 2, registramos que o STF e o STJ nem sempre prolatam decisões coerentes com as premissas por eles encampadas.

É dizer: naqueles Tribunais Superiores ora dá-se total relevância à figura do "contribuinte de direito", ora atribui-se excessiva importância ao "contribuinte de fato" – advindo daí inúmeras contradições, que vêm sendo apontadas ao longo deste estudo.

4. Tributação indireta e apropriação indébita

4.1 Quando o vendedor de uma mercadoria em cujo preço supostamente está embutido o tributo indireto recebe o pagamento desse preço mas não recolhe o tributo incidente sobre a operação, há apropriaçao indébita? Pode se dizer que é o consumidor quem "verdadeiramente" paga o tributo, tendo o comerciante o papel de apenas repassá-lo aos cofres públicos, incorrendo em apropriação indébita se não o fizer?

Tendo em vista as premissas que adotamos, mesmo nos casos em que há o repasse econômico do encargo financeiro para terceiros – o que para alguns caracteriza os denominados "tributos indiretos" –, nem por isso se cogita que o(s) tributo(s) incidente(s) na respectiva operação ou prestação constitua(m) objeto de obrigação principal em que figura no polo passivo o consumidor.

Ocorre que é equívoco considerar que numa aquisição de mercadoria ou serviço o consumidor realiza o fato imponível da obrigação tributária principal, paga ao comerciante ou prestador do serviço certo tributo, e que este, na condição de colaborador da Administração Tributária, tenha o singelo dever instrumental de recolhê-lo aos cofres públicos.

Na situação descrita, é o comerciante ou prestador de serviço que pratica o fato gerador, recolhendo posteriormente tributo próprio, se for o caso. Este o motivo pelo qual temos como certo que a falta de recolhimento de tributo eventualmente repassado ao consumidor pelo vendedor de mercadoria ou prestador de serviço é atípica do ponto de vista penal – quer dizer, não se amolda ao tipo penal estatuído no art. 2º, II, da Lei 8.137/1990.[95]

Impende assinalar, contudo, que a conclusão acima expendida tem como exceção os casos em que a legislação tributária utiliza a figura da "substituição tributária" (art. 121, II, e art. 128, ambos do CTN).

Isto porque naquela modalidade de sujeição passiva, por expressa determinação legal, dado sujeito, denominado de "substituto tributário" (industrial, comerciante, prestador de serviço, instituição financeira, fonte pagadora etc.), procede à retenção/desconto ou adiciona o valor do gravame ao preço normalmente praticado (que pode ou não conter na sua composição o tributo de obrigação própria do substituto tributário) – tributo, este, que seria devido por quem ocupa originariamente o polo passivo da obrigação tributária ("contribuinte substituído").

Naqueles específicos casos o não recolhimento do aduzido valor pode até vir a configurar o tipo penal descrito no art. 2º, II, da Lei 8.137/1990, desde que os demais elementos desta figura delitiva se façam presentes, de modo que a referida situação não traduza simples inadimplemento do pagamento do tributo.

Aqui, é oportuno novamente relembrar que o fato de em algumas situações o ônus fiscal (assim como outras despesas) integrar o preço praticado pelo contribuinte do imposto não autoriza inferir que aquela parcela do tributo seja juridicamente de responsabilidade do consumidor final.

Como visto antes, deixando de lado a exceção a que aludimos ("substituição tributária"), quando um terceiro suporta o repasse de

95. Não abonamos a doutrina de Pedro Roberto Decomain quando ele apregoa que "o fenômeno da translação do imposto é, portanto, inerente ao próprio mecanismo constitucional do ICMS, donde cometer sempre crime previsto pelo inciso II do art. 2º da lei o contribuinte que deixa de recolher o tributo aos cofres públicos" (*Crimes Contra a Ordem Tributária*, 3ª ed., Florianópolis, Obra Jurídica Editora, 1997, p. 89).

eventual custo tributário incidente em operação ou prestação de serviço ele não realiza nenhum fato jurídico tributário ("fato gerador"); ou seja, não surge para ele dever jurídico cujo objeto se constitua em verdadeira prestação tributária.

Então, mostra-se insubsistente intentar atribuir ao inadimplente responsabilidade penal pela prática do crime tributário definido no art. 2º, II, da Lei 8.137/1990,[96] bem como do delito previsto no art. 168-A do CP, conquanto o tributo não recolhido (IPI, ICMS ou ISS) tenha sido incluído no preço exigido do consumidor.[97]

Pelas razões expostas, deduzimos que nas hipóteses em que não há substituição tributária (retenção na fonte, *e.g.*) torna-se inaceitável imputar a pratica do crime de apropriação indébita, tal como previsto no art. 168-A do CP, àquele que simplesmente deixa de recolher contribuição previdenciária considerada como despesa contábil ou custo referente à venda de produtos ou à prestação de serviços.

Interpretação contrária à que propomos importaria subverter a noção de "repercussão jurídica do tributo", tornando-se sinônima do fenômeno econômico consistente no repasse do encargo financeiro tributário enquanto despesa do comerciante ou prestador de serviços.

Atente-se a que nossa conclusão coincide com jurisprudência firmada no âmbito do STJ.[98]

4.2 Se não há apropriação indébita, eis que não se trata de mero repasse de tributo pago pelo consumidor, qual a justificativa para se negar ao comerciante o direito à restituição quando esse tributo é por ele recolhido indevidamente, nos termos do art. 166 do CTN?

A questão acima proposta presta-se a mais uma vez evidenciar a existência de manifesto desajuste entre premissas e conclusões quando do exame da jurisprudência que versa sobre questões relacionadas

96. Cf. Roque Antônio Carrazza, "O ICMS e o delito capitulado no art. 2º, II, da Lei 8.137/1990: problemas conexos", *Revista Brasileira de Ciências Criminais* 8/103, São Paulo, Ed. RT.

97. Cf. STJ, 2ª Turma, REsp 851.260-RS, rela. Min. Eliana Calmon, *DJe* 8.10.2008.

98. "Pacificou-se no STJ que é desnecessária a comprovação da não repercussão financeira das contribuições previdenciárias, que constituem tributo de natureza direta" (STJ, 2ª Turma, REsp/AgR 290.859-RJ, rel. Min. Herman Benjamin, *DJe* 24.9.2009).

com tributos cujo ônus fiscal se inclui no preço praticado ao consumidor final, que por isso assume a condição de destinatário da carga econômica do tributo.

Na verdade, à medida que se aceite que, tratando-se de ICMS, "o contribuinte de direito recolhe o tributo por obrigação própria, embora o contribuinte de fato suporte o ônus financeiro do imposto, de modo que o inadimplemento da obrigação tributária principal não importa apropriação indébita",[99] não há, de modo congruente, como justificar a "necessidade de comprovação, por parte do contribuinte de direito, de que não repassou ao contribuinte de fato o encargo financeiro do tributo, ou, no caso de tê-lo transferido a terceiro, de que está por ele autorizado a pleitear a repetição do indébito".[100]

Uma vez estabelecido que somente nos casos de haver norma jurídica determinando a realização da inclusão do encargo financeiro é que seria pertinente aplicar o art. 166 do CTN no que se refere aos requisitos a serem atendidos para fins do exercício do direito à repetição do indébito por parte do comerciante, então, é descabida a invocação do art. 166 do CTN como dispositivo a reger pedido de restituição quando ocorre simples repercussão econômica do tributo.

Assim, a fim de ser mantida a coerência interna do discurso, é inevitável admitir que, ressalvados os casos em que se dá o fenômeno da substituição tributária, nas demais situações o consumidor ("contribuinte de fato") não realiza fato gerador ao adquirir produtos, e tampouco é quem paga o tributo incidente nesta operação. Daí advém o seguinte: (a) a falta de recolhimento de tal exação não deve ser qualificada como apropriação indébita; (b) nenhum óbice poderia ser imposto ao comerciante ("contribuinte de direito").

5. Tributação indireta e inadimplência do consumidor

5.1 Caso o consumidor final não pague pela mercadoria adquirida, ainda assim o comerciante vendedor deverá recolher o tributo incidente sobre a operação?

99. STJ, 2ª Turma, REsp 851.260-RS, rela. Min. Eliana Calmon, *DJe* 8.10.2008.

100. STJ, 2ª Turma, REsp 880.195-SP, rel. Min. Humberto Martins, *DJe* 27.11.2008.

Inicialmente assinalamos que o consumidor final não realiza fato jurídico tributário algum quando adquire mercadoria, razão pela qual ele não é devedor de nenhum tipo de tributo pelo fato de assumir tal condição.

Prova disso é que, caso o vendedor, verdadeiro contribuinte das operações mercantis, deixe de recolher os tributos que venham a onerar tal operação, será ele (e não o adquirente) quem terá lavrado contra si um auto de infração, podendo sujeitar-se, depois, a um processo de execução fiscal.[101]

Fincado na premissa acima, advogamos que a inadimplência do adquirente, que geralmente acontece após estar consumado o fato gerador da respectiva obrigação tributária, não exonera o contribuinte do recolhimento do(s) tributo(s) que incida(m) no referido negócio jurídico de compra e venda.

A análise das hipóteses de incidência do IPI,[102] do ICMS[103] e do ISS,[104] assim como as razões indicadas antes, quando discernimos o fenômeno meramente econômico da "repercussão do ônus fiscal" da "repercussão jurídica" decorrente de prescrição normativa, apontam para a justeza da nossa posição.

Já, no que se refere ao PIS e à COFINS a discussão ganha roupagem especial, uma vez que suas hipóteses de incidência, segundo as Leis 9.718/1999 (faturamento), 10.637/2002 e 10.833/2003 (receita bruta), pressupõem o ingresso de valores que venham a se incorporar definitivamente ao patrimônio da entidade que os recebe, independentemente de quaisquer reservas, condições ou correspondência no passivo.[105]

101. Cf. Roque Antônio Carrazza, *ICMS*, 15ª ed., São Paulo, Malheiros Editores, 2011, p. 695.

102. Cf. José Roberto Vieira, *A Regra-Matriz de Incidência do IPI: Texto e Contexto*, Curitiba, Juruá, 1993.

103. Cf. José Eduardo Soares de Melo, *ICMS: Teoria e Prática*, 11ª ed., São Paulo, Dialética, 2009.

104. Cf. Aires F. Barreto, *ISS na Constituição e na Lei*, 3ª ed., São Paulo, Dialética, 2009.

105. Acerca do conceito de "receita" adotamos histórica lição de Geraldo Ataliba, que assim se manifestou: "O conceito de receita refere-se a uma espécie de entrada. Entrada é todo o dinheiro que ingressa nos cofres de uma entidade. Nem toda entrada é uma receita. Receita é a entrada que passa pertencer à entidade. Assim, só se consi-

Diante disso, parece razoável sustentar a não incidência do PIS e da COFINS quando da inadimplência do adquirente, pois com este descumprimento do dever de pagar determinada aquisição não acontece aquela entrada definitiva de valores para o vendedor; ou seja, nenhum elemento novo foi incorporado ao patrimônio do contribuinte de tais contribuições sociais.

Em reforço ao argumento acima, há vozes apregoando que com a inadimplência resta impossibilitado atingir a capacidade contributiva do contribuinte,[106] advindo dessa constatação o fundamento para a exclusão dos valores não recebidos da base de cálculo a ser objeto da tributação.[107] Advoga-se que naquela situação inexiste efetiva exteriorização de riqueza, por manifesta ausência de substrato econômico decorrente da predita inadimplência.

Então, o não ingresso nos cofres da empresa de valores que eventualmente tenham sido registrados em sua contabilidade como faturamento é condição suficiente para fulminar a presunção de receita tributável pelo PIS e pela COFINS? Entendemos que sim.

Porém, atente-se a que no STJ[108] e no STF[109] há uníssona jurisprudência abertamente contrária ao entendimento acima perfilhado.

dera receita o ingresso que venha a integrar o patrimônio da entidade que a recebe" ("Imposto sobre serviços – Empresa de propaganda – Conceito de receita e critérios de lançamento", *RDA* 107/361, Rio de Janeiro, FGV).

106. Cf. Helenilson Cunha Pontes, "Sistema tributário, carga tributária e capacidade contributiva", in *Grandes Questões Atuais do Direito Tributário*, 8º vol., São Paulo, Dialética, 2004.

107. Ruy Barbosa Nogueira considera que "a tributação da hipótese mencionada viola normas constitucionais e infraconstitucionais, uma vez que submete o contribuinte ao pagamento de tributos quando inexiste a riqueza correspondentes à incidência tributária" ("Tributo antecipado pelo contribuinte de direito, cuja base de cálculo é o preço. Não pago este, também a Fazenda não pode se apropriar do tributo. Compensação ou restituição", *Revista Dialética de Direito Tributário* 72/170, São Paulo, Dialética).

108. "A jurisprudência do STJ firmou o entendimento no sentido de que a concretização das vendas, mesmo que inadimplidas, importa crédito para o vendedor oponível ao comprador, permanecendo incólume o fato gerador das contribuições do PIS e da COFINS – Precedentes: AgR no REsp n. 1.037.184-SC, rel. Min. Herman Benjamin, 2ª Turma, *DJe* 24.3.2009; REsp n. 1.029.434-CE, rel. Min. Luiz Fux, 1ª Turma, *DJe* 18.6.2008" (STJ, 1ª Turma, Ag/AgR 1.404.278-PR, rel. Min. Benedito Gonçalves, *DJe* 28.10.2011).

109. "O sistema tributário nacional fixou o regime de competência como regra geral para a apuração dos resultados da empresa, e não o regime de caixa (art. 177 da Lei n. 6.404/1976). 2. Quanto ao aspecto temporal da hipótese de incidência da

> *5.2 Afirmativa a resposta à pergunta anterior, há coerência com a tese segundo a qual o comerciante não poderia pleitear a devolução do tributo pago indevidamente, a qual se funda na afirmação de que esse tributo seria pago, "na verdade", pelo consumidor final?*

Temos por certo que, se fosse levado às últimas consequências o firme entendimento do STJ, que, ao interpretar o art. 166 do CTN, considera que este regramento se aplica, indistintamente, aos aludidos impostos (IPI, ICMS e ISS), então, irremediavelmente não seria cabível exigir do denominado "contribuinte de direito" o pagamento do tributo, já que este não fora "pago" juntamente com o preço pelo chamado "contribuinte de fato".[110]

Mas, confrontando as manifestações daquele Tribunal Superior, percebe-se que não há maiores preocupações com a racionalidade que deveria nortear tais decisões, mormente quanto às consequências atribuídas a determinadas tomadas de posição.

De um lado, o STJ indefere pedidos de restituição de IPI, ICMS ou ISS formulados por "contribuinte de direito" sob o argumento de que o repasse do encargo fiscal para o consumidor final é traço que

COFINS e da contribuição para o PIS, portanto, temos que o fato gerador da obrigação ocorre com o aperfeiçoamento do contrato de compra e venda (entrega do produto), e não com o recebimento do preço acordado. O resultado da venda, na esteira da jurisprudência da Corte, apurado segundo o regime legal de competência, constitui o faturamento da pessoa jurídica, compondo o aspecto material da hipótese de incidência da contribuição ao PIS e da COFINS, consistindo em situação hábil ao nascimento da obrigação tributária. O inadimplemento é evento posterior que não compõe o critério material da hipótese de incidência das referidas contribuições (...). 5. As vendas canceladas não podem ser equiparadas às vendas inadimplidas, porque, diferentemente dos casos de cancelamento de vendas, em que o negócio jurídico é desfeito, extinguindo-se, assim, as obrigações do credor e do devedor, as vendas inadimplidas – a despeito de poderem resultar no cancelamento das vendas e na consequente devolução da mercadoria –, enquanto não sejam efetivamente canceladas, importam crédito para o vendedor oponível ao comprador" (STF, Tribunal Pleno, RE 586.482, rel. Min. Dias Toffoli, *DJe* 119, 18.6.2012).

110. Neste sentido, Ruy Barbosa Nogueira verberou que, "se o contribuinte de fato (sujeito passivo da obrigação principal), ao deixar de pagar o preço, *ispo facto* deixa de pagar o ICMS, quem tem competência para autuá-lo e processá-lo até chegar ao executivo fiscal é exclusivamente a Fazenda" ("ICMS e prestação onerosa de serviço de comunicação não paga", *Revista Dialética de Direito Tributário* 78/146, São Paulo, Dialética).

não pode ser desprezado pelo Direito, dada a previsão contida no art. 166 do CTN.[111] E, de outra parte, a mesma Corte de Justiça não atribui relevância à inadimplência do consumidor final para fins de exonerar o "contribuinte de direito" do dever de recolher o tributo incidente na operação ou prestação de serviço,[112] pois não seria lícito repassar o ônus desta inadimplência ao Fisco.[113]

É patente, pois, o desalinho cometido por aquele Tribunal Superior ao enfrentar questões jurídicas envolvendo tributos inclinados a serem repassados aos consumidores finais como integrantes do preço.[114]

7. Tributação indireta e base de cálculo de contribuições sobre a receita ou o faturamento

7.1 Caso se considere que os tributos indiretos são verdadeiramente pagos pelos consumidores finais dos produtos e serviços por eles onerados, poderia o ônus a eles correspondente ser considerado receita ou faturamento dos comerciantes vendedores?

É preciso desde logo repisar que defendemos não ser o consumidor final de produtos e serviços quem paga os tributos que oneram tais aquisições. Dessa conclusão deflui que o ônus relativo aos mencionados tributos não poderia ser excluído da receita ou faturamento do comerciante vendedor sob o pretexto de que ele seria objeto de obrigação tributária pertencente ao adquirente de produtos ou serviços.

Por sua vez, admitindo, somente para fins de argumentação, a premissa segundo a qual caberia verdadeiramente ao consumidor final

111. "O art. 166 do CTN, firme ao explicitar que o pedido de restituição é o ressarcimento por um recolhimento indevido, nega legitimidade àquele que, embora tenha pago o tributo, não tenha suportado o respectivo ônus econômico" (STJ, 2ª Turma, Ag/AgR 1.395.082-PR, rel. Min. Mauro Campbell Marques, *DJe* 14.6.2011).

112. "A inadimplência do usuário não afasta a incidência ou a exigibilidade do ICMS sobre serviços de telecomunicações" (STJ, 2ª Turma, RMS/AgR 33.743-RO, rel. Min. Herman Benjamin, *DJe* 16.5.2011).

113. STJ, 2ª Turma, REsp 1.189.924-MG, rel. Min. Humberto Martins, j. 25.5.2010, *DJe* 7.6.2010.

114. Evidenciando idêntica perplexidade, Hugo de Brito Machado Segundo observa que "o Direito é um só, e uma tese, quando verdadeira nos casos em que beneficia a Fazenda Pública, não pode se tornar falsa sempre que sua aplicação coerente beneficiar o contribuinte" (*Repetição do Tributo Indireto: Incoerências e Contradições*, cit., p. 74).

pagar os denominados "tributos indiretos", daí adviria impossibilidade de considerar aquela parcela como integrante do faturamento ou receita bruta do comerciante vendedor.[115]

Porém, registramos, por oportuno, que há outras fortes razões, algumas delas apresentadas pelo Min. Marco Aurélio de Mello,[116] com as quais nos pomos de acordo, que justificam plenamente a exclusão do ICMS ("tributo indireto", consoante a jurisprudência pátria) da base de cálculo do PIS e da COFINS.[117]

A partir do conceito de faturamento ou receita que adotamos linhas atrás, verifica-se que o montante devido a título de ICMS de maneira alguma pode ser tido como critério hábil a mensurar a obtenção de faturamento ou receita, uma vez que tal parcela não se incorpora ao patrimônio dos contribuintes.[118]

115. Embora não estejamos de acordo com as bases teóricas de Fábio Fanucchi, este autor ofereceu exposição que se ajusta à tese a que aludimos apenas para argumentar. Se não, vejamos: "É de se perguntar, então: o que acaba fazendo a pessoa jurídica em relação a impostos como o de produtos industrializados e o de circulação de mercadorias? Não parece demais responder-se: representa simples intermediária entre o contribuinte de fato (o que paga aqueles impostos) e o poder tributante, recebendo o imposto, compensando os créditos que tenha pelas incidências nas mercadorias de revenda, nos insumos e nos materiais de embalagem adquiridos e recolhendo o saldo que se verifique favorável à Fazenda. Atua, assim, em operação de conta alheia (da Fazenda) e não obtém nenhum resultado que possa carrear para sua receita operacional. Logo, tanto o IPI (dissociado do preço dos bens por ela, empresa, vendidos) como o ICM (embora integrado no preço dos bens vendidos) não se constituem numa 'receita operacional'; portanto, não se comportam no conceito de 'faturamento', base de cálculo da contribuição do PIS" (*apud* Fleury Pires, in TRF-3ª Região, AMS 18.949-SP).

116. "Descabe assentar que os contribuintes da COFINS faturam, em si, o ICMS. O valor desse revela, isto, sim, um desembolso a beneficiar a entidade de direito público que tem a competência para cobrá-lo" (STF, RE 240.785-MG, rel. Min. Marco Aurélio, j. 24.8.2006).

117. "(...) a imposição legal ao contribuinte do ônus de arrecadar o ICMS, tributo estadual, nao transmuda o valor da 'receita estadual' em 'receita do agente arrecadador' (sujeito passivo), já pela só circunstância de a riqueza integrar o patrimônio estadual: o ICMS é custo tributário do sujeito passivo, não faturamento adveniente de operações de venda de mercadorias ou de prestação de serviços" (TRF-1ª Região, 7ª Turma, AMS 2006.33.00.020652-4-BA, rel. Juiz Federal Rafael Paulo Soares Pinto (conv.), *DJU* 25.4.2008, p. 432).

118. Cf. Misabel Derzi, "Contribuição para o FINSOCIAL", *RDTributário* 55/222, São Paulo, Malheiros Editores, 1991.

> *7.2 Se comerciantes vendedores, quando pagam indevidamente um tributo indireto, não podem pleitear a devolução, sob o argumento de que quem teria pago tais tributos, na verdade, teria sido o consumidor final, por qual razão esse mesmo tributo, "pago" pelo consumidor final e apenas repassado ao Fisco, seria receita do comerciante?*

Esta indagação outra vez avigora que, de fato, não é coerente considerar, por um lado, que é o consumidor final quem paga os "tributos indiretos" incidentes nas vendas de produtos e serviços e, em razão disso, recorrer ao art. 166 do CTN para fins de impor restrições ao exercício do direito de restituição de tais tributos por parte de comerciantes vendedores, ao mesmo tempo em que se peleja pela legitimidade da inclusão daquele encargo financeiro (ICMS, *ad exemplum*) no conceito de receita ou faturamento do respectivo comerciante ou prestador do serviço.[119]

O disparate dispensa maiores desdobramentos. Apenas reforça o que temos apontado ao longo deste trabalho no concernente à total ausência de harmonia quando da extração de conclusões das premissas erigidas por nossos Tribunais Superiores.[120]

> ***8. Tributação indireta e consciência fiscal***
>
> *8.1 Quais o sentido e o alcance do art. 150, § 5º, da CF de 19/88? Estaria ali o reconhecimento de que o consumidor final é o "verdadeiro contribuinte" dos tributos que oneram as mercadorias e os serviços que consome?*

119. Cf. Súmulas 68 e 94 do STJ.

120. Na voz de Hugo de Brito Machado Segundo: "De duas, uma. Ou o preço pertence ao comerciante, e o tributo, pago com o valor obtido com ele, é dívida do comerciante (devendo ser devolvido ao comerciante quando pago de maneira indevida), ou, então, o preço pertence só em parte ao comerciante, parte na qual não se compreende o tributo devido à Fazenda. Se essa segunda opção é a acolhida na interpretação do art. 166 do CTN e no trato da restituição do indébito do tributo indireto, não pode haver a incoerência de se escolher a primeira forma de compreensão do problema quando se trata de discutir a base de cálculo do PIS e da COFINS" (*Repetição do Tributo Indireto: Incoerências e Contradições*, cit., p. 74).

Ao estabelecer que "a lei determinará medidas para que os consumidores sejam esclarecidos acerca dos impostos que incidam sobre mercadorias e serviços", o constituinte originário inegavelmente delegou ao legislador a missão de permitir que os consumidores tenham conhecimento detalhado (qualitativo e quantitativo) dos impostos que oneram as operações com mercadorias e prestação de serviços.

Reforçou-se, com aquela previsão constitucional, relativamente aos impostos, o que alguns cognominam de "princípio da transparência fiscal".[121]

Por outro lado, não se pode imaginar que o predito comando normativo – cuja integração normativa exigida pela Constituição Federal de 1988 até hoje não ocorreu – tenha expressamente reconhecido o consumidor final como verdadeiro contribuinte dos impostos que incidem sobre a venda de mercadorias e a prestação de serviços.

O próprio dispositivo preceitua apenas e tão somente que lei estipule critérios que permitam aos consumidores conhecerem o volume dos impostos que "incidem" nas aquisições de produtos e serviços, não se fazendo nenhum tipo de menção no sentido de que os consumidores serão esclarecidos sobre os impostos que eles "pagam", como supostos sujeitos passivos de obrigação tributária, na condição de contribuintes.

8.2 A regulamentação do aludido dispositivo deveria ocorrer por meio de lei complementar? Quais tributos deveriam ser abrangidos pelo dever de esclarecimento ao consumidor?

Ainda que a Carta Magna faça alusão ao vocábulo "lei", sem qualquer adjetivação, considerando que o assunto *in examine* projeta-se nas esferas da União (IPI), Estados-membros e Distrito Federal (ICMS) e Municípios (ISS), sustentamos que referida regulamentação deve dar-se por meio de lei complementar.

121. Ricardo Lobo Torres aduz: "A providência é da maior importância e servirá para coarctar abusos do legislador, que muita vez prefere aumentar os impostos indiretos, que são invisíveis e causam pequena reação popular, do que majorar os tributos diretos e progressivos, que incidem sobre pessoas de maior capacidade contributiva mas ficam sujeitos a *lobby* e à resistência de interessados" (*Curso de Direito Financeiro e Tributário*, 11ª ed., Rio de Janeiro, Renovar, 2004, p. 125).

De seu turno, o texto constitucional prevê o esclarecimento relativamente aos impostos que oneram o consumo de mercadorias e serviços, que presentemente seriam o IPI, o ICMS e o ISS.[122]

O certo é que, decorridos quase 25 anos da edição da *Lex Magna*, a determinação constante do § 5º do art. 150 vem sendo totalmente ignorada pelos legisladores e administradores públicos – o que deixa transparecer inexistir qualquer interesse em informar a população sobre o assunto em discussão.

8.3 Quais seriam as consequências práticas desse esclarecimento, na formação da consciência fiscal?

Não se discute que, de um modo geral, as pessoas não têm consciência daquilo que onera a aquisição de produtos ou serviços, proveniente da atividade de tributação. Poucos são os que se dão conta de que o preço pago por eles pode sofrer influência direta dos impostos (IPI, ICMS, ISS) que incidem, por força da repercussão econômica de tal encargo financeiro.

Com efeito, espera-se que, dispondo das informações com exatidão, nos termos do § 5º do art. 150 da CF de 1988, os consumidores disponham de melhores condições para exercer a cidadania, ora cobrando dos governantes melhor destinação dos valores arrecadados, ora acompanhando a atuação dos legisladores, ora clamando pela redução da carga tributária, que não pode ser entrave ao desenvolvimento do País (geração de emprego e renda, *v.g.*), afetando negativamente eventuais decisões estratégicas dos agentes econômicos.

Inegavelmente, uma sociedade dotada de maior consciência sobre o peso dos impostos (IPI, ICMS e ISS) incluídos no preço dos produtos e serviços adquiridos está mais propensa a exigir das autoridades uma prestação de contas mais efetiva no que diz respeito à qualidade dos serviços públicos prestados pelos entes estatais. Eis aí um mecanismo que pode favorecer a realização de melhor avaliação do comportamento do Poder Público.

122. Não incluímos o imposto de importação porque, na verdade, a incidência de tal imposto se dá em momento anterior ao consumo de produtos ou serviços (cf. Miguel Hilu Neto, *Imposto sobre Importações e Imposto sobre Exportações*, São Paulo, Quartier Latin, 2003).

9. *Tributação indireta e desoneração das exportações*

9.1 Por qual razão a Constituição Federal estabelece a não incidência de certos tributos sobre operações de exportação? Seria um reconhecimento de que tais tributos seriam verdadeiramente pagos pelos consumidores dos produtos, situados no Exterior?

É tendência hodierna reduzir eventuais barreiras alfandegárias, entre as quais as provenientes da atividade de tributação. Tendo em vista as transformações experimentadas pela economia mundial, que ensejaram uma globalização econômica e financeira, cada vez mais se põe em evidência a premente necessidade de conferir ao comércio exterior um perfil competitivo, que, como se sabe, sofre a interferência de distintos fatores.

Nesta direção, alega-se que é muito baixa a competitividade da produção nacional relativamente ao mercado internacional de bens com valor agregado, tendo a atual carga tributária imposta aos contribuintes brasileiros interferência direta na configuração daquele indesejado cenário.

Por sua vez, como a incidência tributária, acoplada a outros fatores econômicos, intervém na formação do preço praticado no mercado, houve por bem o constituinte admitir a utilização de mecanismo exonerativo (IPI, ICMS, PIS e COFINS) como forma de tentar favorecer a colocação de produtos nacionais em outros mercados consumidores. Com tal iniciativa busca-se evitar a inconveniente "exportação de impostos".

A esse respeito, tenha-se em mente que os acordos internacionais de comércio firmados na Organização Mundial do Comércio/OMC admitem como legítimo que se desonerem as exportações de impostos incidentes sobre a produção doméstica.

Portanto, do ponto de vista econômico, não há como negar que a incidência de tributos na exportação pode tornar inviável a realização de determinadas transações destinadas a outros Países, quer pelo encarecimento do produto, quer pela redução das margens de lucros que levem o exportador a optar por abastecer o mercado local.

Entretanto, não se pode inferir que a situação acima descrita confirma que os tributos sejam verdadeiramente pagos pelos consumidores dos produtos, situados no Exterior. Estes podem até sofrer o impacto financeiro pela eventual inclusão no preço – o que como já enfatizamos antes, não significa que os adquirentes domiciliados no Exterior sejam os verdadeiros responsáveis pelo pagamento de tais tributos.

TRIBUTAÇÃO INDIRETA NO DIREITO BRASILEIRO

GUSTAVO MIGUEZ DE MELLO

Advogado no Rio de Janeiro, São Paulo, no STF e no STJ – Membro da Academia Brasileira de Direito Tributário – Vice-Presidente da Associação Brasileira de Direito Financeiro – Ex-Expositor da Comissão *The Future of the Lawyer* da *Union Internationale des Avocats*

LUIZ CARLOS MARQUES SIMÕES

Ex-Sócio da *PricewaterhouseCoopers* na área Legal Tributária – Advogado Tributarista

I – Considerações introdutórias. II – Respostas às perguntas.

Queremos, desde logo, agradecer ao ilustre jurista Hugo de Brito Machado pelo honroso convite de enfrentar os desafios causados pelas pertinentes e complexas perguntas, inteligentemente formuladas, a respeito dos tributos indiretos.

I – Considerações introdutórias

1. No que concerne à matéria em exame, assim como em relação a todas as demais questões jurídicas, a fixação do alcance das legislações complementar e ordinária deve ser feita em consonância com o pleno atendimento das finalidades visadas pelos princípios e normas constitucionais. A propósito, J. J. Gomes Canotilho atribui tal relevância ao princípio da máxima eficácia de interpretação da Constituição, que o designa de diversas maneiras: "(...) *princípio da máxima efetividade* (...) também designado *princípio da eficiência ou princípio da interpretação efectiva* (...)"[1] (grifos no original).

1. J. J. Gomes Canotilho, *Direito Constitucional*, 5ª ed., Coimbra, Livraria Almedina, 1991, p. 233.

1.1 Ensina Canotilho: "Este princípio (...) pode ser formulado da seguinte maneira: a uma norma constitucional deve ser atribuído o sentido que maior eficácia lhe dê. É um princípio operativo em relação a todas e quaisquer normas constitucionais".[2]

1.2 A referida lição do consagrado constitucionalista português consta do voto do Min. Sydney Sanches na ADI/Medida Liminar 1.332-RJ.[3]

2. Dentre as limitações ao poder de tributar, destacamos:

(a) O legislador constituinte determinou a proibição de tratamento desigual entre contribuintes que se encontrem em situação equivalente (art. 150, II). A Carta Política acrescentou que, "sempre que possível, os impostos terão caráter pessoal e serão graduados segundo a capacidade econômica do contribuinte, (...)" (art. 145, § 1º).

(b) A que decorre da determinação de que a participação no custeio da Previdência Social terá de ser feita com equidade, sob pena de violação do art. 194, parágrafo único, V.

(c) É também sabido que o legislador constituinte originário foi além, e consagrou o princípio do devido processo legal substantivo, que tem as vertentes da razoabilidade e da proporcionalidade (sobre a matéria, v., por exemplo, o voto do Min. Celso de Mello quanto à aparência do bom direito na ADI 2.551. Sobre esta questão o Plenário do STF reiterou a orientação do referido eminente Magistrado).

2.1 As aludidas limitações são – como não poderia deixa de ser – pacificamente aceitas pela doutrina e pelos nossos tribunais. A aplicação dos referidos princípios para a verificação da constitucionalidade dos tributos predominantemente considerados indiretos é mais relevante que pacificar o entendimento sobre sua conceituação.

2.2 Numa reavaliação dos princípios constitucionais tributários sob o ponto de vista da Economia e da Política Fiscal, Gustavo Miguez de Mello fez as seguintes considerações sobre o tema:

(a) Interpretar o Direito é relevantíssima função do jurista, que exige dele constante aprimoramento técnico e profissional. Absurda é sua substituição por profissionais destituídos de treinamento jurídico

2. Idem, ibidem.
3. *RTJ* 164/63.

adequado. Para interpretar é indispensável conhecer a sistemática jurídica em vigor. Não conhece o texto quem desconhece o contexto – já o observavam os glosadores e o confirma a doutrina moderna. Cabe, por exemplo, ao jurista interpretar normas jurídicas de Contabilidade. Entretanto, para executar adequadamente esta tarefa, deverá ele conhecer Contabilidade. Assim também J. X. Carvalho de Mendonça interpretou com profundidade o direito comercial, por conhecer muito bem o comércio, ou, melhor, a realidade disciplinada pelo ramo do Direito ao qual ele primordialmente se dedicou.

(b) Há várias formas de os tributos serem calculados para apurar o mesmo nível de arrecadação. Muitas delas são absolutamente incompatíveis com o que dispõe a Constituição Federal. As incompatibilidades tornam-se claras quando contrariam as finalidades visadas pelo legislador maior. Tais finalidades, em diversos casos, são de política fiscal e têm conteúdo econômico.

(c) O saudoso e eminente jurista Amílcar de Araújo Falcão assim abordou o tema em exame: a peculiaridade no caso do direito tributário está apenas em que certas considerações de ordem política e económico-financeira devem ser feitas para alcançar – não alterar ou corrigir – o significado da lei, do mesmo modo como se lança mão de noções de Medicina Legal ou de ciência atuarial e contábil para penetrar o sentido, respectivamente, da lei penal ou da legislaçao sobre seguro.[4]

(d) Ao serem analisados os referidos elementos econômicos e de política fiscal das questões inerentes aos impostos indiretos, devem ser levados em consideração o sentido e o alcance das normas constitucionais.

(e) Oportuno o ensinamento de Paul A. Samuelson a respeito da incidência econômica de tributos. Entre os não economistas, muitos são os que pensam que os tributos sobre faturamento, circulação de mercadorias, produtos industrializados e serviços, formalmente destacados do preço ou não, têm seu encargo transferido para o adquirente de mercadorias ou beneficiário dos serviços prestados pelo chamado contribuinte de direito. Pergunta-se: esta consideração, feita por mui-

4. *Apud* Gustavo Miguez de Mello, in Luiz Fernando Martins Kuyven (coord.), *Temas Essenciais de Direito Empresarial – Estudo em Homenagem a Modesto Carvalhosa*, São Paulo, Saraiva, 2012, pp. 213-222. O texto de Amílcar de Araújo Falcão foi anteriormente publicado em *Introdução ao Direito Tributário*, Rio de Janeiro, 1976, p. 76.

tos dos que militam no direito tributário, poderá prevalecer na aplicação dos princípios jurídicos da tributação? Richard A. Musgrave observa o seguinte: "(...) the economist's informed guess, based on explicit and reasoned hypotheses, is to be preferred (with all due allowance for professional modesty) to the implicit and haphazard assumptions of the pratical man".[5] Identificadamente, entretanto, as coisas não se passam desta maneira. Para a precisa aplicação dos princípios constitucionais, e em homenagem ao princípio da segurança jurídica, é necessária a adequada apreciação científica dos fatos econômicos.

(f) Para que o imposto seja totalmente repassado aos preços dos produtos ou serviços é indispensável que o mesmo número de adquirentes do produto ou serviço de que se tratar adquira a mesma quantidade deles, depois de seu valor ser acrescido do tributo. Em outras palavras: é necessário que a demanda do produto ou serviço seja absolutamente inelástica.

3. Do ponto de vista científico, quem efetivamente suporta o encargo do tributo?

Paul A. Samuelson, Prêmio Nobel de Economia, observa o seguinte: "A tax will raise the price to the consumer and will lower the price received by the producer, the difference going to the Government. At the higher price a smaller quantity will be bought by consumers. This is as it should be, because producers are also supplying a smaller quantity at the lower price which they receive. Thus the amounts willingly bought and sold are in balance where the new supply and demand schedules intersect, and there will be no further change in price".[6] Ou, em Português: "Um imposto aumentará o preço para o consumidor e diminuirá o preço recebido pelo produtor, a diferença indo para o Governo. Com um preço maior uma quantidade menor será comprada pelos consumidores. Isto é como deve ser, porque os produtores também estão suprindo uma menor quantidade com um

5. Richard A. Musgrave, *Problems of Tax Administration in Latin America*, Baltimore, published for the Joint Tax Program by the Johns Hopkins Press, 1965, p. 31: "(...) o palpite de um economista, com base em uma explícita e fundamentada hipótese, deve prevalecer (tendo em conta toda a modéstia profissional) sobre suposições implícitas e isoladas (ou aleatórias) daquele que tem prática".

6. Paul A. Samuelson, in Richard A. Musgrave, *Problems of Tax Administration in Latin America*, cit., p. 166.

preço menor que eles recebem. Então, as quantidades que se quer comprar e vender estão em equilíbrio onde há a intercessão das curvas da oferta e da procura, e lá não haverá nova variação no preço".

Sendo assim, o produtor arca com parte do encargo do imposto, pois o preço que ele recebe antes de acrescido o gravame é menor.

Samuelson acrescenta: "Tax incidence, thus, is no easy problem and requires all the advanced tools of economics to help toward its solution. Even an expert is not a magician capable of making a controlled experiment in which he (1) measures things without taxes, then (2) measures things with taxes, and finally (3) determines tax incidence as the difference between these situations"[7] – que podemos assim traduzir: "Incidência do imposto, portanto, não é um problema fácil e exige todas as ferramentas avançadas de economia para ajudar a levá-lo em direção a uma solução. Mesmo um especialista não é um mágico capaz de fazer um experimento no qual ele (1) mede as coisas sem impostos e, então, (2) mede as coisas com os impostos e, finalmente, (3) determina a incidência de imposto como a diferença entre essas situações".

4. Uma questão relevante no que concerne a tributo indireto é a de sua regressividade. Esta é determinada com relação à renda da pessoa física, podendo levar em consideração seu patrimônio líquido.

4.1 Estabelecidas, por exemplo, oito faixas de renda, serão regressivos os impostos que forem suportados relativamente mais pelos contribuintes de renda mais baixa (na prática é mais difícil aperfeiçoar o cálculo da regressividade do tributo tentando levar em conta o patrimônio líquido do contribuinte, por falta de dados).

4.2 Os assim designados tributos indiretos não são pessoais nem graduados de acordo com a capacidade econômica do contribuinte. Na verdade, gravam eles economicamente a parcela consumida da renda. Ocorre que a propensão para poupar tende a ser, em certa medida, sensível ao aumento da renda. Poupa-se aquela parcela da renda não necessária para satisfazer despesas inadiáveis ou, pelo menos, necessárias ou úteis.

7. Idem, p. 167.

Assim, o contribuinte de renda elevada poderá poupar, hipoteticamente, 20% da renda. Neste caso, os tributos indiretos gravarão economicamente 80% da sua renda. Já, um contribuinte de renda diminuta e com muitos encargos familiares tenderá a consumir integralmente sua renda, ou até mesmo mais que a renda, caso naturalmente venha a se endividar para cobrir seus gastos. Neste caso, os tributos indiretos poderão atingir sua receita total acrescida do endividamento, e não sua renda líquida, tal como definida pela legislação do imposto sobre a renda.

4.3 O eminente Professor de Economia da Universidade de Harvard Richard A. Musgrave, em seu clássico trabalho *Estimating the Distribution of the Tax Burden*, referindo-se a impostos indiretos sobre vendas de mercadorias que gravam economicamente a renda consumida (*general sales tax on consumer goods*), leciona: "Since consumption expenditures fall as fraction of income when moving up the income scale, the resulting pattern of burden distribution is regressive".[8] Ou, em Português: "Desde que os gastos com consumo caiam como uma fração da renda, quando subir na escala de renda, o resultado-padrão da distribuição de ônus será regressivo em relação à renda. Quanto maior a renda, relativamente menor o impacto do tributo".

5. Sabe-se que a legislação ordinária dos tributos indiretos tem como pressuposto, por vezes, a preservação do interesse arrecadatório do Poder Público, na suposição de ser menos injusto o locupletamento do Fisco que um eventual ganho do contribuinte que as autoridades tributárias considerem indevido. As finalidades da tributação constituem respostas às seguintes perguntas, que servem para testar qualquer sistema tributário, ressalvados os casos dos Países unitários com vistas a fortalecer a Federação:

(a) O sistema contribui para a adequada alocação de recursos, sem tornar excessiva a carga tributária globalmente considerada? O sistema tributário é justo, ou, melhor, ele trata igualmente os contribuintes em situação idêntica (equidade horizontal) e trata de maneira adequada os que se encontrem em situação diferente (equidade vertical)? O sistema tributário proporciona aos residentes no País onde se

8. Richard A. Musgrave, "Estimating the Distribution of the Tax Burden", in *Problems of Tax Administration in Latin America*, cit., p. 43.

aplica maior contribuição possível à adequada redistribuição da renda e ao desenvolvimento econômico, ou, melhor, à produção de bens e serviços? Favorece ele a política de estabilização da economia, pelo combate adequado ao desemprego, à inflação e ao desequilíbrio do balanço de pagamentos internacionais e a formação de recursos em divisas conversíveis?

(b) Outra pergunta relevante em caso de Países federativos é: o sistema tributário contribui, ou não, e, em caso de resposta afirmativa, se contribui da melhor maneira possível para a repartição dos poderes políticos, fortalecendo a Federação, pela maior autonomia proporcionada aos poderes estaduais e municipais?

(c) O sistema tributário foi elaborado de forma a favorecer a eficiência de sua administração?

(d) Deixamos de propósito para o fim uma questão da maior relevância: a aplicação concreta do sistema tributário respeita os direitos e garantias individuais do cidadão?

5.1 A finalidade da cobrança de tributos não é a arrecadação, mas a obtenção dos resultados em razão das respostas às perguntas acima. Para o estudo da questão, v. Gustavo Miguez de Mello, "Uma Visão Interdisciplinar dos Problemas Jurídicos, Econômicos, Sociais e Políticos e Administrativos Relacionados com uma Reforma Tributária",[9] e, com grande amplitude, o estudo da *Royal Commision on Taxation* do Canadá, editado em cinco volumes pela Queens Printer.

6. Relativamente à apropriação indébita, cabe salientar que a Constituição Federal dispõe o seguinte: "não haverá prisão civil por dívida, salvo a do responsável pelo inadimplemento voluntário e inescusável de obrigação alimentícia e a do depositário infiel" (art. 5º, LXVII). Só em casos excepcionais a Constituição admite a prisão civil por dívida. E, mesmo assim, após o Pacto Internacional dos Direitos Civis e Políticos (art. 11) e o Pacto de São José da Costa Rica (art. 7º, 7), que têm hierarquia superior à legislação interna, nem mesmo o depositário infiel está sujeito à referida prisão. O STF editou sobre a matéria a Súmula Vinculante 25, cujo teor é o seguinte: "É ilícita a prisão do depositário infiel, qualquer que seja a modalidade do depósito".

9. In *Temas para uma Nova Estrutura Tributária no Brasil*, Sup. Esp. I – Congresso Brasileiro de Direito Financeiro, Rio de Janeiro, Mapa Fiscal Editora, 1978.

A prisão civil por dívida não configura prisão de natureza penal, mas a finalidade do dispositivo constitucional que afasta a prisão civil por dívida é absolutamente incompatível com a prisão penal por dívida. Sendo assim, se o tributo é suportado no todo ou em parte pelo contribuinte de direito e se o recolhimento do tributo não se realiza, seria inconstitucional a aplicação da pena que resultasse em prisão por dívida. A realidade econômica, no caso, tem que ser levada rigorosamente em conta. Nada do que dispõe o legislador ordinário (criação e ficção jurídicas, presunção ou forma de regular o tributo) pode acarretar a prisão por dívida. Acresce que o ônus da prova em matéria penal é do acusador, que terá que demonstrar que a incidência econômica não recaiu sobre o contribuinte de direito. E, como vimos, na lição de Samuelson: "Tax incidence thus is no easy problem and requires all the advanced of economics to help toward its solution". Deve-se, portanto, observar, como diz o referido autor, em outro texto atrás citado, que um especialista não é o mágico capaz de fazer uma experiência controlada que determine a incidência econômica do tributo.

6.1 A complexa prova econômica é imprescindível para que não sejam infringidos, entre outros, os direitos à segurança, de defesa, ao devido processo legal e princípios consagrados pelo legislador ordinário na legislação penal.

6.2 O interesse público constitucionalmente definido é o de que sejam respeitados os direitos do contribuinte decorrentes dos princípios constitucionais acima citados e de outros, cuja análise extrapola os limites deste trabalho.

7. É claro que a Constituição Federal permite a cobrança de tributos indiretos. Mas não admite que seja feita imoderadamente, sob alíquotas elevadas, que supere a capacidade econômica do contribuinte, que os suportará economicamente. A racionalidade e a proporcionalidade dos tributos exigidos pela Constituição impedem que o legislador constitucional derivado e, por muito mais forte razão, o legislador complementar ou ordinário criem tributos que tenham base de cálculo que sejam despesas do contribuinte, seu faturamento ou sua receita. Os chamados "tributos em cascata" são desproporcionados e não razoáveis; e, por isso mesmo, ainda na vigência da Constituição de 1946, a

Ementa 18 àquela Constituição, de 1.12.1965, substituiu o imposto em cascata sobre vendas e consignações para introduzir o imposto sobre o valor acrescido, incidente sobre a circulação de mercadorias, cuja principal característica é sua não cumulatividade, lamentavelmente moderada, em certa medida.

Eis a análise de Alcides Jorge Costa sobre a cumulatividade na tributação:

"O imposto de venda multifásico cumulativo em cascata ressente-se de outro grave defeito: o de não constituir uma carga uniforme para todos os consumidores, que são afinal quem o suportam. Este ônus será tanto maior quanto mais longo o ciclo da produção e da comercialização de cada produto. Como a essencialidade do produto não guarda relação alguma com a extensão do ciclo a que fica sujeito até chegar ao consumidor, pode acontecer – e acontecia muitas vezes – que o produto mais essencial seja onerado. Por exemplo: joias têm um ciclo de produção e comercialização normalmente mais curto que o de certos artigos de alimentação, como a carne.

"Um imposto multifásico cumulativo torna impraticável uma desoneração completa dos produtos exportados. Por outro lado, um produto importado e vendido diretamente ao consumidor fica em posição altamente vantajosa na concorrência com produtos fabricados no País."[10]

A mesma arrecadação pode ser obtida com um tributo cumulativo ou não cumulativo. Se o tributo for cumulativo a alíquota será menor; se não for, maior. Assim, a COFINS cumulativa é cobrada sob as alíquotas de 3% ou 4% (Lei 9.718/1998 e Lei 10.684/2003), dependendo de quem seja o contribuinte; e a não cumulativa sob a alíquota de 7,6% (Lei 10.833/2003) (arrecadação semelhante é obtida mediante estudos técnicos da Receita Federal do Brasil. No caso concreto, não podemos avaliar o estudo feito pelas autoridades fiscais sobre a matéria, pois não o lemos).

Ora, nós entendemos que o tributo cumulativo contraria os princípios da igualdade e do devido processo legal nas vertentes da racionalidade e da proporcionalidade.

10. Alcides Jorge Costa, *ICM na Constituição e na Lei Complementar*, São Paulo, Resenha Tributária, 1978, p. 8.

7.1 No tocante à classificação dos tributos em diretos e indiretos – cuja melhor doutrina é uníssona em criticá-la –, algumas considerações se fazem necessárias. Estamos assumindo que, no contexto de uma obra jurídica a que se destina o presente estudo, se busque elucidar o tratamento jurídico da questão. Entre juristas e muitas decisões judiciais, diversos são os pronunciamentos no sentido de se levar em consideração, para classificação de um tributo em direto ou indireto, aquilo que se pensa ser a transferência do encargo financeiro do tributo pelo sujeito passivo da relação jurídica, ou contribuinte legalmente incumbido de pagá-lo, para o contribuinte de fato ou consumidor do produto ou serviço. Trata-se do fenômeno da *repercussão jurídica* da transferência do encargo de quem é obrigado a pagá-lo para aquele que, de fato, arca com seu ônus financeiro. A partir desse entendimento são deduzidos, muitas vezes indevidamente, os efeitos jurídicos.

7.2 O efeito econômico de um tributo depende da elasticidade da demanda do produto ou serviço sobre o qual incide. Por isso mesmo, não se pode justificar com segurança, cientificamente, que a classificação dos tributos seja feita a partir do seu efeito econômico. Ilustramos o que se afirma citando o caso do imposto de renda/IR, considerado tipicamente como tributo direto, o qual deixaria de sê-lo na hipótese de um credor no Exterior que contrata empréstimo com um residente no País e cujo contrato disponha que o pagamento dos juros deve ser feito pelo valor líquido desse tributo. Neste caso, o mutuário estaria, efetiva e concretamente, arcando com seu encargo financeiro. Citamos, ainda, como exemplo o imposto predial, também considerado como tributo direto, mas que, na prática, seu encargo é transferido pelo proprietário de um imóvel alugado ao seu respectivo inquilino. Mais difícil e complexo para se identificar o efeito econômico, ilustramos com um imposto cobrado sobre bebida alcoólica cujos apreciadores continuem a comprá-la na mesma quantidade, compensando-se o referido encargo com a abstenção, por exemplo, do consumo de leite. Neste caso, é provável que os produtores de leite acabem sofrendo o efeito de tal tributo via diminuição ou redução do consumo de seu produto.

A toda evidência, este critério de classificação tendo por base a repercussão econômica do tributo é inconsistente e não se sustenta cientificamente.

7.3 Há, contudo, um grande número de juristas consagrados que defendem como critério para a classificação dos tributos em diretos e indiretos a aplicação de um método direto e indireto de imposição. Neste sentido, transcrevemos o entendimento do ilustre jurista Hugo de Brito Machado, que com precisão assevera: "Temos um tributo direto, ou, mais exatamente, um tributo instituído por método impositivo direto, quando a norma jurídica tributária atribui a determinada pessoa a obrigação de pagar o tributo sem conceder a esta o direito de transferir para terceiro o encargo financeiro respectivo. E se está em presença de um tributo indireto, ou, mais exatamente, um tributo instituído por método impositivo indireto, quando a norma jurídica tributária concede ao sujeito passivo, ou obrigado ao pagamento, a faculdade de obter de terceiro o reembolso do tributo pago".[11]

7.4 Verifica-se que o critério de classificação do tributo tendo por base um método impositivo direto e indireto atribui relevância àquilo que o legislador dispõe. É, pois, critério eminentemente jurídico, ao qual nos alinhamos. Contudo, cremos mereça ser salientado que, na prática, só seria integralmente indireto o tributo cujo encargo econômico pudesse ser transladado pelo contribuinte de direito ao contribuinte de fato desde que o mesmo número de consumidores adquirisse pelo mesmo valor a mesma quantidade de produto ou serviço – ou, em linguagem econômica, que a demanda do produto ou serviço fosse inteiramente inelástica. Os empresários têm plena consciência de que isto não ocorre desta maneira, razão pela qual manifestam interesse em que o tributo indireto não seja instituído ou, caso já o tenha sido, seja extinto (é claro que este interesse nao decorre apenas, nem principalmente, das obrigações chamadas acessórias).

8. Há quem pense ser justa a cobrança de quase todos os tributos brasileiros, ser tolerável o enriquecimento sem causa do Poder Público quando se pleiteia a restituição de tributos. Há quem considere razoável a modulação na declaração de inconstitucionalidade de leis tributárias, considerando injusto alguma classe de contribuintes não pagar determinado tributo regressivo.

11. Hugo de Brito Machado, *Comentários ao Código Tributário Nacional*, vol. III, São Paulo, Atlas, 2005, p. 428 (comentários ao art. 166, n. 4.5).

8.1 Temos profunda convicção de que esses entendimentos são errados. O respeito à capacidade econômica do contribuinte e a pessoalidade do imposto não são levados em consideração por todos os tributos que gravam a parte consumida da renda. Como exemplos citamos ICMS, IPI, COFINS, PIS, entre outros. As práticas tributárias em nosso País estimulam a cobrança desses tributos porque são, na sua vasta maioria, ocultos nos preços praticados – o que faz com que os contribuintes se irritem contra os empresários e não contra os responsáveis pela sua instituição e cobrança. Parece que os mais pobres, os miseráveis – e, sobretudo, os que não têm instrução –, não têm consciência de que suportam encargos tributários, e são, por isso mesmo, menos sensíveis quanto à constatação dos efeitos da corrupção. Essas razões evidenciam a necessidade da aplicação rigorosa dos princípios e regras constitucionais e legais que têm o Poder Público como destinatário.

9. Nossas respostas aos quesitos formulados devem ser interpretadas de forma a que se atribua a máxima eficácia aos princípios e normas constitucionais, pois, como ensinava o saudoso Aliomar Baleeiro, "a Constituição não destrói a si mesma; logo, não transige com interpretação que a aniquila".[12]

As normas jurídicas infraconstitucionais não alteram as normas e princípios constitucionais que dispõem sobre capacidade econômica, igualdade entre contribuintes e equidade no financiamento da Previdência Social, por exemplo, não podendo, assim, negar relevância a fatos econômicos e a finalidades de política fiscal que adotaram. É claro que cabe às normas infraconstitucionais disciplinar outros fatos econômicos, como os efeitos da classificação dos tributos, entre outros.

Feitas estas considerações introdutórias, passamos a responder aos quesitos formulados, na mesma ordem e imediatamente após sua apresentação. Em face do extenso número e complexidade, esforçar-nos-emos em responder de maneira direta e objetiva.

12. Aliomar Baleeiro, *Uma Introdução á Ciência das Finanças*, 2ª ed., vol. I, Rio de Janeiro, Forense, 1958, n. 237, p. 355.

II – Respostas às perguntas

1. Identificação dos tributos indiretos

1.1 Existem tributos indiretos? O que os caracteriza?

Há vários tributos indiretos, segundo nossa doutrina e nossos tribunais. O critério comumente usado para a classificação de um tributo indireto repousa na transferência do seu encargo financeiro, pertencente ao sujeito passivo da relação jurídica com a Fazenda Pública, para o contribuinte de fato ou consumidor final do produto ou serviço.

Nós nos alinhamos àqueles que defendem a classificação com base num método de imposição, de modo que haja autorização expressa. Em outras palavras: previsão da repercussão jurídica autorizando, ou não, a transferência de tal encargo.

1.1.1 No Direito Brasileiro o ICMS é um tributo indireto? E o IPI? Por quê? Há relação entre não cumulatividade e tributação indireta? Qual? Basta ser não cumulativo para ser considerado indireto o tributo, e vice-versa?

(A) Ante qualquer dos critérios de classificação dos tributos aqui mencionados, não se pode afirmar que o ICMS e IPI sejam tributos indiretos. Exceção existe no caso de autorização de cobrança do ICMS, pelas concessionárias de energia elétrica, dos seus consumidores. Neste caso, induvidosamente, o ICMS é um tributo indireto.

Não há nas legislações do ICMS e do IPI previsão para a repercussão jurídica do encargo financeiro dos tributos para o consumidor final do produto ou serviço, conquanto a sistemática de apuração e cobrança do IPI evidencie que o valor do tributo é destacado no documento fiscal e adicionado ao preço do produto, podendo parecer, à primeira vista, que sua cobrança é supostamente autorizada pelo contribuinte de fato ao adquirir o produto. Isto, contudo, não ocorre juridicamente. E, por isso mesmo, não se pode afirmar com segurança que seu encargo financeiro pertence ao contribuinte de fato. Irrelevante que o IPI conste destacadamente do próprio documento fiscal que ampara a transferência do produto para se afirmar que há a translação do seu ônus financeiro do contribuinte de direito para o contribuinte de fato.

Notar que com relação ao ICMS se verifica praticamente o mesmo. O tributo também é destacado no documento fiscal, porém meramente para fins de controle e apuração. Apenas se diferencia do IPI pelo fato de ser parte integrante do custo do produto ou serviço; não é cobrado adicionalmente do adquirente, como ocorre no caso do IPI. O total do documento fiscal – vale dizer, o que será cobrado do adquirente – permanece o mesmo relativamente ao ICMS e é acrescido pelo valor do IPI. Exemplo: mercadoria no valor de R$ 100,00, com alíquotas de ICMS de 17% e de IPI de 10%, o total do documento fiscal será de R$ 110,00; este o custo total para o adquirente.

Ilustrando mais uma vez, não raro constatamos nas relações comerciais entre o contribuinte de direito e o contribuinte de fato a ocorrência de inadimplência deste último quanto ao pagamento do produto adquirido, sem prejuízo de o contribuinte de direito continuar com a obrigação de pagar o tributo, quando, na maioria das vezes, já o fez, inclusive. É óbvio que o contribuinte de fato não arcou com o ônus dos citados tributos. Esta situação permite várias observações que excedem o âmbito deste trabalho, não se nos afigurando, aqui, viável apreciá-las.

(B) Embora distintas, a não cumulatividade e a tributação indireta têm em comum o fato de se aplicarem a tributo cuja base imponível seja operação envolvendo uma dualidade de sujeitos. A primeira, prevista no inciso I do §. 2º do art. 155 da CF de 1988, consiste na técnica de apuração do tributo segundo a qual se abate do tributo, em cada operação ou prestação, o montante cobrado pelo sujeito ativo em cada operação ou prestação anterior, de modo que o contribuinte de direito recolha somente a diferença.

Já, a tributação indireta, que tem como núcleo a transferência do encargo financeiro do tributo, diz respeito, principalmente, à identificação do agente que, efetivamente, deve suportar seu ônus, irradiando daí seus efeitos jurídicos.

(C) Exceto pela citada característica em comum entre ambas, não se pode afirmar que a não cumulatividade, por si só, tem o condão de definir ser o tributo indireto, ou vice-versa. Consideramo-la indiferente para fins de classificação do tributo em direto e indireto.

> 1.1.2 Afirmativa a resposta à pergunta anterior, seriam também indiretos o PIS e a COFINS? E o IRPJ, quando incidente sobre o lucro presumido de comerciante vendedor? Por qual razão o ônus referente ao ICMS seria repassado ao consumidor, e o do IRPJ não?

(A) Grande parte da doutrina e até mesmo nossos tribunais têm classificado o ICMS, o IPI, o PIS e a COFINS como tributos indiretos. Pelas razões aqui já expostas, tal classificação é passível de crítica, principalmente pela sua inconsistência científica.

Entendemos que nem o PIS, nem a COFINS, nem o IR com base na sistemática do lucro presumido podem ser classificados como tributos indiretos. Este último com muito mais razão, pois se trata de tributo cuja base imponível é inteiramente distinta da dos demais. Aqueles incidem sobre o faturamento, enquanto este tem por base um lucro presumido, em substituição ao lucro real, apurado a partir do lucro liquido do exercício, que o legislador definiu como sendo um percentual da receita bruta do contribuinte de direito.

(B) Relativamente à transferência do encargo tributário numa e outra situação, notar que o ICMS é tributo que tem sua base imponível numa operação – ou seja, geralmente, a movimentação econômica de um produto ou prestação de um serviço; há necessariamente uma dualidade de sujeitos resultantes dessa operação, considerada como seu fato gerador. Já, o IRPJ tem como base imponível um lucro presumido, assim entendido como um percentual da sua base imponível – vale dizer: a receita bruta das vendas de um produto ou serviço e a apuração de resultado em conta alheia, notadamente os ganhos de capital sobre a venda de um bem imobilizado, as receitas financeiras, os juros sobre o capital próprio, as variações monetárias ativas e outras.

Ademais, saliente-se que o IRPJ recai sobre uma pessoa, renda ou patrimônio. Sua base de cálculo é mais heterogênea, suscetível a efeitos imprevisíveis e diferenciados, mormente em razão de suas atividades operacionais inerentes à apuração do lucro do exercício. Enquanto o ICMS tem sua base impositiva sobre uma operação, uma atividade. Quanto a este, como exceção, inclusive, à regra, aqui também citada anteriormente no caso das concessionárias de energia elétrica, a repercussão jurídica do encargo financeiro é autorizada em lei, permitindo que o sujeito passivo da relação jurídica cobre o tributo do consumidor final de energia elétrica. Induvidosa, portanto, sua classificação como tributo indireto nesta operação.

> 1.1.3 Ainda em relação ao IRPJ, faria diferença o fato de ele incidir sobre o lucro presumido ou sobre o lucro real? Qual?

Embora as bases de cálculo do tributo em ambas as sistemáticas de apuração sejam distintas, ainda assim não há diferença entre elas que justifique sua classificação de maneira diferente. Não há que se falar em transferência do encargo tributário. Como é sabido, a base de cálculo do lucro presumido decorre da aplicação de um percentual sobre a receita bruta, o qual é estabelecido em função da atividade econômica do contribuinte. Diferentemente no caso do lucro real: este, como há que se inferir da sua própria expressão, é o lucro líquido do exercício, apurado consoante as regras comerciais e contábeis, ajustado pelas exclusões e adições previstas em lei. É o resultado algébrico de todas as receitas auferidas menos os custos e despesas incorridos na sua apuração. Consideram-se, ainda, na sua base de cálculo as exclusões e deduções não incorporadas no lucro líquido, bem como as adições e exclusões previstas em lei e incorporadas naquele.

Como se vê, ambos os casos são indiferentes para fins da transferência do encargo tributário.

> 1.1.4 Nos serviços públicos, havendo fixação de preços e previsão de manutenção do equilíbrio econômico-financeiro dos contratos, pode-se dizer que os tributos que oneram a atividade são indiretos? Todos? Alguns? Quais?

Observados nossos comentários anteriores, e desde que o legislador tenha autorizado ao sujeito passivo da relação jurídica a cobrança do seu gravame do consumidor final, esses tributos devem ser classificados como indiretos. Inexistindo tal previsão normativa, a classificação desses tributos como indiretos carece de sustentação científica. Como exemplo citamos o ICMS incidente sobre o fornecimento de energia elétrica.

1.1.5 O aumento de tributo incidente sobre um serviço público, sendo imediatamente transferido ao consumidor por força de previsão contida no contrato de concessão, deve ser considerado um aumento de tarifa? Caso negativo, isso significa que o consumidor está pagando tributo? Há algum reflexo, em razão disso, na aplicação art. 166 do CTN a tais hipóteses?

(A) Sob a ótica econômica pode-se responder afirmativamente a esta pergunta, pois, afinal, este custo estaria sendo assumido pelo consumidor. Do ponto de vista jurídico, em face da previsão expressa de sua cobrança no contrato de concessão, pode-se sustentar que não se trata de um aumento de tarifa.

(B) Mesmo com previsão expressa da repercussão jurídica do encargo do tributo para o consumidor final, contribuinte de fato, o responsável pelo seu pagamento à Fazenda Pública é o sujeito passivo. O contribuinte de fato apenas arcou com parte ou totalidade do seu ônus financeiro.

(C) A resposta à ultima indagação há de ser afirmativa, ou seja, esta é a hipótese contemplada pelo art. 166 do CTN.

1.1.6 Imagine-se que um consumidor final de energia elétrica questiona em juízo a cobrança do ICMS incidente sobre as faturas pagas à concessionária correspondente. Em face de medida liminar, deixa de sofrer o acréscimo do imposto nos termos impugnados. Essa liminar é confirmada por sentença e por acórdão do Tribunal de Justiça. Muitos anos depois, o STJ afirma a ilegitimidade ativa ▶

► *ad causam* do consumidor final e extingue o processo sem exame do mérito. Pergunta-se: o Estado poderá exigir o ICMS que deixou de ser recolhido em todo o período de vigência da liminar? Ele poderá exigir esse imposto de quem? Da concessionária que estava impedida de descontá-lo? Do consumidor que teve extinguido seu processo, por não ser considerado contribuinte?

(A) Ao responder a estas perguntas, pressupomos que a empresa fornecedora de energia usou a faculdade legal de transferir o encargo do ICMS para o consumidor; e o Estado, réu na ação, arguiu a ilegitimidade ativa *ad causam* do consumidor final. Ademais, há ainda outras questões que precisam ser apreciadas: (a) Sabendo-se que a concessionária tem o direito de transladar o encargo do tributo para o consumidor final, e havendo ela sido impedida de fazê-lo, não por lei, mas por atos judiciais, em processos de terceiros, deveria ela ser obrigada a assumir o encargo do tributo que não pode cobrar do consumidor de energia? (b) Tendo o Estado pleiteado em juízo o reconhecimento da não existência de relação processual com o consumidor final de energia, poderá ele ajuizar ação contra aquele que tenha por objeto a cobrança do mesmo tributo questionado na ação extinta sem exame do mérito?

(B) Cabe salientar que, se a Fazenda Pública pleiteou em juízo a declaração de não existência de relação processual com determinado contribuinte com relação a uma específica cobrança de tributo, não pode ela *venire contra factum proprium* e pretender instaurar a referida relação processual.

A propósito do princípio *nemo potest venire contra factum proprium*, o Min. José Carlos Moreira Alves afirma que a parte está "impedida (...) de exercer essa conduta que contradiz seu anterior reconhecimento de liquidez".[13]

Inadmite-se que no litígio alguém venha a negar seus próprios atos. Ou, como já proclamava a glosa do Direito Romano: *venire contra factum proprium non valet.*

13. Min. José Carlos Moreira Alves, parecer não publicado nos autos da ação de cobrança de honorários que se encontra no STJ, onde ganhou o n. AREsp 2012/0042581-2-RJ.

A aplicação da teoria dos atos próprios constitui regra derivada do princípio geral da boa-fé. Reproduza-se a doutrina:

> Son las reglas objetivas de la honradez en el comercio o en tráfico que llevan a creer en la palavra empeñada y en que el acto sea concertado lealmente, obrando con rectitud (...).
>
> La buena fe y lealtad es esencial para resolver el problema planteado por el tema de los actos propios, porque ella impone – como hemos dicho – el deber de proceder con rectitud y honradez en el desenvolvimiento de las relaciones jurídicas y en la celebración, interpretación y ejecución de los negocios jurídicos.
>
> Por ello, es inadmisible conducta contradictoria.[14]
>
> O principio que veda o *venire contra factum proprium* deriva da boa-fé objetiva e traduz justamente o princípio geral que tem como injurídico o aproveitamento de situações prejudiciais ao *alter* para a caracterização das quais tenha agido, positiva ou negativamente, o titular do direito.[15]

(C) A Jurisprudência está de par com esse pensamento. Dentre muitos julgados, permite-se reproduzir:

> (...) O Direito Moderno não compactua com *venire contra factum proprium*, que se traduz com o exercício de uma posição jurídica em contradição com o comportamento assumido anteriormente (Menezes Cordeiro, *Da Boa-Fé no Direito Civil*, II/742). Havendo real contradição entre dois comportamentos, significando o segundo quebra injustificada da confiança gerada pela prática do primeiro em prejuízo da contraparte, não é possível dar eficácia à conduta anterior. (STJ, 4ª Turma, REsp 95.539-SP, rel. Min. Ruy Rosado de Aguiar, *RSTJ* 93/ 314 – trecho destacado, p. 318)[16]

14. Alejandro Borda, *La Teoría de los Actos Próprios*, Buenos Aires, Abeledo Perrot, ns. 68 e 69, pp. 63-64.

15. Judith Martins-Costa, *Comentários ao Código Civil*, vol. V, t. I, Rio de Janeiro, Forense, 2003, p. 351.

16. Orientação doutrinária e jurisprudencial sobre o princípio em exame foi invocada por Eduardo Menezes Côrtes em trabalho não publicado que integra os autos da ação referida na nota de rodapé 13.

(D) A Constituição Federal garante o direito individual à segurança. Tratando-se de direito individual, só é invocável pelo cidadão contra o Poder Público, não sendo aplicável na hipótese inversa. O princípio que veda o *venire contra factum proprium* deriva de boa-fé objetiva e traduz justamente o princípio geral que tem como injurídico o aproveitamento de situações prejudiciais ao *alter* para a caracterização das quais tenha agido, positiva ou negativamente, o titular do direito.[17]

(E) Sendo assim, por óbvio, ato do Poder Judiciário não pode criar um tributo nem transferir seu encargo para outrem que não a pessoa prevista em lei, assim como eliminar a faculdade de transladar o encargo do tributo.

A propósito, permitimos reproduzir questão que foi apresentada ao então 2º Conselho de Contribuintes quando da criação do imposto único sobre minerais. Treze empresas de mineração de carvão eram obrigadas a recolher um *royalty* de 4%, cujo valor era acrescido ao do referido mineral, previsto, inclusive, no próprio tabelamento expedido pelo CPCAN, órgão da Presidência da República.

Foi criado o imposto único sobre minerais, à alíquota de 8%, e extinto o aludido *royalty*.

Prontamente as empresas carboníferas pediram ao mencionado Órgão o reajuste do seu preço, para poderem refletir o novo tributo. O CPCAN levou seis meses para reajustar o preço do carvão, o que impossibilitou, naquele período, que aquelas empresas pudessem repercutir o tributo e, tampouco, cobrá-lo dos consumidores. Em seguida as empresas foram autuadas e impugnaram a cobrança. A decisão de primeira instância lhes foi desfavorável. Elas, após interposição de recurso, pagaram o tributo, mas não pretendiam pagar a multa.

Em memorial apresentado aos conselheiros e na sustentação oral, o advogado que passou a patrocinar a causa sustentou que uma omissão da Administração não poderia tirar do contribuinte a faculdade de cobrar o tributo, razão pela qual aquelas empresas consideraram o reajuste de preço um ato-condição para que pudesse prevalecer a majoração do encargo que deveriam recolher à União Federal.

17. Judith Martins-Costa, *Comentários ao Código Civil*, cit., vol. V, t. I, p. 351.

Embora a lei previsse os requisitos precisos do salário-mínimo e a legislação de correção monetária estabelecesse todos os pressupostos para seu cálculo, necessário se tornava um ato-condição, pelas autoridades competentes – a fixação do salário-mínimo e do coeficiente de correção monetária –, para que o destinatário da lei fosse obrigado a pagar o aumento do salário-mínimo ou a dívida com a correção monetária. Na mesma situação se encontravam as empresas carboníferas.

O Procurador da Fazenda junto ao Conselho de Contribuintes contestou a tese, embora ele próprio reconhecesse que aquele Conselho deveria encaminhar os processos ao Ministro da Fazenda, com recomendação de dispensa da multa por equidade. Subsequentemente o Conselho julgou indevida a multa, por ser indevido o tributo que já havia sido pago.

(F) Ante o exposto, passamos a responder objetivamente às perguntas formuladas: (a) o Estado não pode exigir o tributo que deixou de ser recolhido no período da liminar e demais decisões mencionadas no quesito; (b) com isso, fica prejudicada a segunda pergunta; (c) da concessionária que estava impedida de cobrar o tributo do consumidor da energia aquele não pode ser exigido, em virtude do princípio constitucional da segurança jurídica, posto que as decisões judiciais aludidas na consulta, não pleiteadas por ela, não podem criar encargos para ela; (d) o Estado não pode também exigir judicialmente do consumidor o encargo tributário. Ele mesmo sustentou não haver relação jurídica, nem processual, entre ele e o consumidor final. Aqui, aplica-se o princípio constitucional da moralidade, não podendo *venire contra factum proprium*. Caso pudesse ser cobrado o tributo, teria, ainda, que ser observado o princípio constitucional de livre acesso ao Judiciário (art. 5º, XXXV, da CF de 1988).

2. Tributação indireta e repetição do indébito

2.1 O art. 166 do CTN se aplica à restituição de tributos indiretos? Ele se aplica a alguma outra hipótese de restituição do indébito tributário?

(A) Tanto parte ponderável da doutrina como da jurisprudência predominante entendem que o art. 166 do CTN aplica-se à restituição de tributos indiretos. Corrobora esse entendimento a Súmula 546 do STF.

(B) A aplicação do art. 166 do CTN e a interpretação judicial que vem prevalecendo nos conduzem à seguinte curiosa e tormentosa situação com relação a pagamento de tributo indevido. Suponhamos o caso em que o contribuinte de direito tem de decidir o que fazer ao verificar que as condições de mercado permitem que ele repasse, ao menos em parte, o encargo do tributo. Se o referido contribuinte pagar o tributo indevido, conseguirá transladar o ônus tributário; se não o fizer nesta ocasião, perderá a oportunidade de fazê-lo; se ele discutir a questão em juízo, sem depositar o valor do principal do tributo, mesmo que obtenha decisões favoráveis, correrá o risco, em caso de reforma da decisão que estiver prevalecendo, de perder a proteção judicial. Restaria a ele depositar os valores em discussão ou ter aumentado bastante seu desembolso. A tendência do contribuinte pode ser a de simplesmente repassar, no todo ou em parte, o ônus do tributo indevido. Se o contribuinte pedir repetição de indébito terá que enfrentar a orientação jurisprudencial contrária ao seu interesse. Muitos contribuintes de direito optam por pagar o tributo e transladar, na medida do possível, seu encargo para o contribuinte de fato.

O quadro descrito mostra que o estado atual de coisas deixa inteiramente desprotegidos o contribuinte de direito e também o contribuinte de fato. Estimula, em muito, o Fisco a se empenhar perante o legislador para que opte pela criação de tributos indiretos, que são, como regra, absolutamente incompatíveis com a finalidade da tributação concernente à justiça fiscal adotada pelo legislador maior ao consagrar os princípios da igualdade dos contribuintes (art. 150, II), do respeito, sempre que possível, à capacidade econômica do contribuinte, da equidade no financiamento da Previdência Social (art. 194, parágrafo único, V).

Ora, quem não sofre um encargo do imposto em grau algum e, pelo contrário, se beneficia financeiramente com seu recebimento é o Fisco. Para não ser incentivado a atentar contra tão relevantes princípios constitucionais, os recursos do tributo não podem ficar, de forma alguma, em seu poder.

Saliente-se, ainda, que aumenta a regressividade da tributação, prejudicando aqueles que deveriam ser os interesses gerais e permanentes da Administração Pública, entre eles o pleno respeito à Constituição Federal e às leis. Gustavo Miguez de Mello analisou a questão ao comentar os arts. 165 a 169 do CTN em obra coletiva coordenada por Ives Gandra da Silva Martins.[18]

(C) No referido trabalho o autor invoca inúmeras decisões do Supremo Tribunal americano no sentido de que as provas obtidas com base em informações decorrentes de invasão de domicílio pela Polícia, ainda que obtidas por meios lícitos, devem ser retiradas do processo criminal, para que não seja estimulada a violação de domicílio, protegida pela IV Emenda à Constituição americana (tais provas são designadas como *the fruit of the poisonous tree*).

(D) Em conclusão, mesmo após o advento da aludida Súmula 546 do STF continuamos entendendo que o art. 166 do CTN é inconstitucional.

Consequentemente, respondemos negativamente à segunda pergunta.

2.2 O art. 166 do CTN se aplica a outras ações relacionadas aos tributos indiretos, diversas da ação de restituição? Embargos à execução fiscal, por exemplo?

Afirmada a inconstitucionalidade desse artigo, o mesmo não se aplica às situações consultadas.

2.3 Há diferença entre a situação do contribuinte que paga tributo indireto e sem seguida postula sua restituição e a daquele que, em vez de pagar, deposita o valor correspondente, questionando a cobrança? Por qual razão o art. 166 do CTN seria aplicável na primeira situação, e não na segunda?

18. Ives Gandra da Silva Martins (coord.), *Comentários ao Código Tributário Nacional*, 6ª ed., vol. 2, São Paulo, Saraiva, pp. 449-501.

(A) Entre outras razões, e em face do entendimento que sustentamos sobre a inconstitucionalidade do art. 166 do CTN, opinamos pela sua inaplicabilidade em qualquer caso.

Contudo, admitida que fosse a constitucionalidade do art. 166 do CTN, há diferença entre as duas situações. No caso de pagamento do tributo e subsequente postulação de sua restituição estamos diante da extinção do crédito tributário, conforme prescreve o art. 156, I, do CTN. Na hipótese de depósito do valor do tributo e subsequente pedido de restituição estamos diante de uma simples suspensão da exigibilidade do crédito tributário, conforme prescreve o art. 151, II, do CTN.

De notar que, em relação à garantia de acesso ao Judiciário para impugnar ameaça ou lesão de direito, caso direito assista ao contribuinte, é evidente que ele teria de estar protegido por uma medida cautelar, liminar ou de antecipação de tutela, desde que a requeira.

Merece ser posto em relevo o seguinte: o art. 166 do CTN não disciplina a destinação dos depósitos realizada pelos contribuintes em processos tributários. Aplicá-lo a tais depósitos só mediante alteração do seu conteúdo ou agindo com violação do princípio constitucional da legalidade (art. 5º, II).

(B) Entendemos que o pagamento indevido do tributo deveria acarretar sua imediata restituição, de ofício, pela autoridade administrativa.

(C) Do ponto de vista financeiro, considerando objetivamente o efeito tributário em ambos os casos, temos que, na hipótese de pagamento do tributo e postulação de sua restituição este contribuinte já poderia tomar sua dedutibilidade para fins de IR e contribuição social sobre o lucro – desde que, é claro, se tratasse de tributo com efeito no lucro líquido (exemplo: ICMS). Já, na hipótese em que o contribuinte não pagou o tributo, depositou-o e postulou sua restituição, ele não teria efeito no seu lucro líquido, e, por conseguinte, poderia incorrer num ônus financeiro maior dos citados impostos. Neste particular, não estamos entrando no mérito da constituição de uma posição, e tampouco sobre sua dedutibilidade, tendo em vista extrapolar o propósito deste trabalho. Com efeito, do ponto de vista do desembolso deste contribuinte relativamente ao valor pago ou depositado, não há, obviamente, qualquer diferença, como, por exemplo, no caso do recebimento dos depósitos não sujeitos a precatório.

(D) Há que se acrescentar, ainda, outra diferença entre as duas situações. Na primeira, pagar o tributo e pleitear sua restituição, o contribuinte tem que enfrentar as decisões judiciais que entendem não ter ele legitimidade ativa para postular sua restituição. Para fazê-lo, teria que ter a autorização do contribuinte de fato. Na segunda, depositar o valor do tributo e questionar sua cobrança, esse contribuinte tem pleno direito para postular, devendo impugnar a cobrança ilegal ou inconstitucional do tributo. Nesta situação, ele não pagará o tributo. Depositará o valor do seu principal, para se proteger contra medidas constritivas por parte da autoridade fiscal.

(E) Embora entendamos que o art. 166 do CTN é inconstitucional, há quem defenda sua validade e sua eficácia, caso em que se sustentaria sua aplicação no caso do pagamento do tributo e seu consequente pedido de restituição. Teria ainda que enfrentar as orientações contrárias de perigo de reincidência, que se orientam pela Súmula 546 do STF.

> *2.4 O art. 166 confere legitimidade ao contribuinte "de fato" para postular a restituição do indébito? Caso negativo, como se poderá obter a restituição do indébito, sobretudo em situações nas quais o contribuinte de direito, que repassou o ônus financeiro do tributo ao consumidor, não tem como identificá-lo? Haveria ofensa ao art. 5º, XXXV, da CF de 1988?*

(A) Parte substancial da doutrina e das decisões judiciais sobre a matéria não reconhece legitimidade ativa ao contribuinte "de fato" para postular a restituição do indébito. Justificam essa maneira de assim entender asseverando que o contribuinte de fato não é parte da relação jurídica entre a Fazenda Pública e o contribuinte.

Consequentemente, afirmam eles que não tem legitimidade ativa para postular a repetição de indébito.

(B) Nessa mesma linha de argumentação, da própria leitura do art. 166 do CTN há que se interferir, da parte sua final, que o contribuinte de fato não tem legitimidade ativa para postular. Com efeito, havendo transferência do encargo tributário a terceiro, este tem que autorizar o contribuinte de direito a receber dito encargo. Portanto, ele carece da referida legitimidade ativa para postular a restituição de tributo.

(C) Embora respeitando aqueles que entendem que a norma do art. 166 do CTN não contraria a Constituição, temos entendido de maneira diferente. As razões que nos levam a assim entender são as seguintes. A recusa de legitimidade ativa para postular do contribuinte encontraria alguns óbices constitucionais; dentre eles, o princípio constitucional da igualdade, ou seja, o contribuinte que faz indevidamente o pagamento de qualquer tributo, direto ou indireto, não pode arcar com encargos superiores àqueles do contribuinte que se absteve de pagar o tributo considerado indevido. Neste mesmo sentido, sempre que possível, os impostos terão caráter pessoal, serão graduados segundo a capacidade do contribuinte. Mesmo que se admita que seja impossível ao legislador substituir o imposto indireto por outro, que respeite o mencionado princípio, certamente, ao menos caberia à Administração Tributária não cobrar ou devolver aquilo que cobrou indevidamente. Ademais, há de se salientar que, se a própria norma ordinária que criou o tributo se distancia dos princípios constitucionais, mais absurdo ainda será a Administração Pública não admitir direito àquele que sofreu de fato seu ônus financeiro.

Essas, em síntese, as razões que nos levam a entender que a norma do art. 166 do CTN é inconstitucional.

(D) Relativamente à pergunta, segundo a qual o contribuinte de direito não teria como identificar o consumidor final, não resta outra alternativa senão postular pela declaração da inconstitucionalidade do art. 166 do CTN.

Como regra geral, é possível a identificação do consumidor de produto ou serviço. Contudo, não desconhecemos que há inúmeras situações que impedem ou dificultam sobremaneira tal identificação. Aliás, isto ocorre com razoável frequência nos casos das empresas que vendem em grande escala produtos de pequeno valor econômico.

Para que esse contribuinte não fique desprotegido pela recusa do seu direito de postular a restituição, tendo em vista não ter identificado o consumidor para lhe autorizar tal postulação, só lhe resta arguir a inconstitucionalidade da norma do art. 166 do CTN.

Ainda como princípio moral, nossos tribunais não devem estimular a Fazenda Pública a insistir na cobrança de tributo indevido quando o contribuinte de fato sofreu o ônus do seu pagamento e não tem legitimidade ativa para pleitear a sua restituição. É, pois, necessário, assegurar aos contribuintes de direito e de fato a legitimidade para pleitear a restituição do tributo. Tal reconhecimento desestimularia a Fazenda Pública da cobrança do tributo indevido, evitando, assim, enriquecimento ilícito do Estado, não permitindo que retivesse esses recursos. Ou – melhor ainda – deveria o Fisco devolvê-los de ofício ao contribuinte.

(E) Entendemos que há evidente ofensa à norma do art. 5º, XXXV, da CF de 1988.

3. Tributaçao indireta e imunidades subjetivas

3.1 Caso um comerciante vendedor seja titular de imunidade subjetiva, poderá ele invocá-la para se eximir da cobrança de tributo indireto incidente sobre as vendas que realiza? Poder-se-á dizer que tal imunidade não é aplicável, eis que quem "verdadeiramente" arca com o tributo é o consumidor final, não imune?

Tratando-se de imunidade subjetiva ampla, como se depreende da pergunta, garantida ao comerciante vendedor, este pode, sim, eximir-se do pagamento de imposto indireto. Irrelevante é o fato de transferir, ou não, o encargo do tributo para terceiro. Mesmo na hipótese concreta de o encargo tributário ter sido assumido pelo consumidor final, tal fato não tem o condão de interferir na relação jurídica entre a Fazenda Pública e o contribuinte de direito, para excluir a incidência da regra ínsita de imunidade subjetiva.

Negativamente respondemos à segunda pergunta.

> *3.2 Caso um consumidor final seja titular de imunidade subjetiva, poderá ele invocá-la para fazer com que sobre as mercadorias e serviços que consome não incidam tributos indiretos? Poder-se-á dizer que tal imunidade não é por ele invocável, pois o "verdadeiro" contribuinte é o vendedor, não imune?*

No caso de imunidade garantida ao consumidor final, entendemos que ele tem direito de invocar a não incidência do tributo sobre as mercadorias e serviços por ele adquiridos. Negar o benefício da imunidade a este consumidor é admitir que seu patrimônio possa ser adversamente afetado pelo encargo tributário. Seria o mesmo que admitir a ineficácia da imunidade.

> *3.3 É possível oferecer resposta coerente às duas perguntas anteriores? Essa resposta é coerente com aquelas fornecidas às perguntas do item 2?*

É possível e necessária.

> ***4. Tributação indireta e apropriação indébita***
>
> *4.1 Quando o vendedor de uma mercadoria em cujo preço supostamente está embutido o tributo indireto recebe o pagamento desse preço mas não recolhe o tributo incidente sobre a operação, há apropriação indébita? Pode-se dizer que é o consumidor quem "verdadeiramente" paga o tributo, tendo o comerciante o papel de apenas repassá-lo aos cofres públicos, incorrendo em apropriação indébita se não o fizer?*

(A) A apropriação indébita é hipótese tipificada como crime no art. 168 do CP. O legislador ordinário, ao definir os crimes contra a ordem tributária, dispõe que é crime "Deixar de repassar à previdência social as contribuições recolhidas dos contribuintes, no prazo e forma legal ou convencional" ou quem deixar de "recolher, no prazo legal, contribuição ou outra importância destinada à previdência social que tenha sido descontada de pagamento efetuado a segurados, a terceiros ou arrecadada do público" (art. 168-A do Código Penal, incluído pela Lei 9.983/2000, *caput* e §1º, I).

Portanto, não há apropriação indébita pelo fato de esse vendedor não ter recolhido o tributo. O fato não está elencado entre as hipóteses legais consideradas como tal.

Ademais, o tributo em questão pertence ao vendedor, contribuinte de direito; o Estado apenas tem contra ele um direito de crédito.

Naturalmente que este contribuinte está exposto à autuação por não ter recolhido o encargo tributário aos cofres públicos.

(B) Respondemos também negativamente à segunda pergunta. Não há apropriação indébita desse vendedor, em face da ausência de tipificação legal.

Há, sim, omissão ativa de sua parte, por não ter recolhido o tributo, sujeitando-se às penalidades pecuniárias.

4.2 Se não há apropriação indébita, eis que não se trata de mero repasse de tributo pago pelo consumidor, qual a justificativa para se negar ao comerciante o direito à restituição quando esse tributo é por ele recolhido indevidamente, nos termos do art. 166 do CTN?

Negar ao comerciante o direito à restituição do tributo, como, lamentavelmente, parte da doutrina entende, ratificada por decisões judiciais, é passível de criticas, e tampouco se sustenta quando perquirida sua consonância com os princípios constitucionais. Admitir que o art. 166 do CTN ampara esse tipo de entendimento é colocá-lo frontalmente em desacordo com os princípios constitucionais da capacidade econômica e do que veda o enriquecimento ilícito do Estado.

Portanto, o vendedor em questão tem direito à restituição do tributo.

5. Tributação indireta e inadimplência do consumidor

5.1 Caso o consumidor final não pague pela mercadoria, ainda assim o comerciante vendedor deverá recolher o tributo incidente sobre a operação?

(A) Consoante a jurisprudência, afirmativa deve ser a resposta a esta pergunta.

(B) Duas são as normas que se aplicam na situação descrita nesta pergunta: uma de natureza tributária e outra de natureza civil. Quem defende que o art. 166 do CTN nega legitimidade ao contribuinte de direito para pleitear a restituição do tributo pago indevidamente responderá afirmativamente a esta pergunta. Argumentaria que a norma tributária aplicável é taxativa ao dispor sobre as obrigações do contribuinte de direito, não havendo previsão para deixar de recolher tributo pela inadimplência do consumidor. Finalmente, sugeriria a este contribuinte que buscasse a defesa de seus interesses nas normas obrigacionais do Código Civil.

(C) Há outros – aos quais nos alinhamos – que sustentam que o contribuinte de direito não pode ser prejudicado pela inadimplência do consumidor, sob pena de ter seus direitos elementares não respeitados. A maneira mais eficaz de evitar esse efeito financeiro do encargo tributário seria admitir a compensação ou o crédito, de imediato, contra a Fazenda Pública, do valor do tributo recolhido. Inadmitindo-se a compensação ou o crédito, caberia a esse contribuinte arguir a inconstitucionalidade do art. 166 do CTN para ter seu direito à restituição do tributo – infelizmente, com os inconvenientes percalços decorrentes dos efeitos financeiros negativos: além do tributo propriamente, também os custos advocatícios daí resultantes, sem falar na demora na solução do litígio.[19]

19. STJ, 1ª Seção: "Tributos que por natureza comportem a transferência do encargo financeiro são somente aqueles previstos pela lei". Natureza tem que ser jurídica – art. 166 do CTN.

A restituição de tributos que comportem, por sua natureza, transferência do respectivo encargo financeiro somente será feita a quem prove haver assumido referido encargo, ou, no caso de tê-lo transferido a terceiro, estar por este expressamente autorizado a recebê-la (art. 166, CTN) (REsp 783/SP; REsp 1989/0010106-4 Ministro César Asfor Rocha).

5.2 Afirmativa a resposta à pergunta anterior, há coerência com a tese segundo a qual o comerciante não poderia pleitear a devolução do tributo pago indevidamente, a qual se funda na afirmação de que esse tributo seria pago, na verdade, pelo consumidor final?

Quem defende o entendimento de que o contribuinte de direito somente pode pleitear a devolução do tributo pago se comprovar que não repassou o encargo ao consumidor responderia afirmativamente à pergunta. Afinal, na hipótese em questão o consumidor final está inadimplente.

Portanto, é evidente que não houve a repercussão do ônus financeiro em relação a tributo que, ainda que transferido para o consumidor, não foi pago por ele, pois não teria honrado o pagamento da mercadoria comprada.

Em resumo, duas são as correntes sobre o assunto: uma que sustenta o direito amplo e irrestrito de obtenção da restituição do tributo, ou, melhor ainda, sua imediata compensação; e outra que sustenta que somente o contribuinte de direito que tenha provado a assunção do encargo tributário tem legitimidade para pleitear sua restituição (interpretação literal do art. 166 do CTN e Súmula 546 do STF), desde que autorizado pelo consumidor final.

Alinhamo-nos com aqueles que defendem o direito amplo e irrestrito de restituição do tributo da maneira mais eficaz.

6. Tributação indireta e regressividade

6.1 A tributação indireta conduz, sempre à regressividade? Caso afirmativo, como evitar ou minimizar isso?

(A) A regressividade mede-se com relação à renda do contribuinte. Regressivos por excelência são os tributos que oneram relativamente mais aqueles possuidores de menor renda.

Não obstante, entendemos que não se deve afirmar que em todos os casos, e sempre, a tributação indireta conduz à regressividade. Ilustramos o que dissemos com tributos indiretos que gravam exclusivamente objetos supérfluos e de alto luxo.

(B) Há meios de reduzir a regressividade do tributo como um todo. Portanto há que se eliminar ou reduzir os tributos incidentes sobre itens de grande necessidade como alimentos, remédios, alimentos e serviços necessários à saúde e educação. Aplicação também de alíquota pequenas ou, mesmo, zero contribui para o combate à regressividade.

6.2 Afirmar a regressividade da tributação indireta com base no fato de que seu ônus recai sobre o consumidor final é coerente com a afirmação de que a inadimplência desse consumidor não autoriza o comerciante a deixar de pagar o tributo correspondente? E com a afirmação de que não há apropriação indébita por parte do comerciante caso o consumidor pague o preço e ele, comerciante, não pague ao Fisco o tributo respectivo?

(A) Ambas as perguntas podem ter respostas afirmativa e negativa. Dependerá do entendimento que se perfilhe, como anteriormente citado.

Como dissemos, há regressividade nos tributos indiretos, exceto em casos raros, como anteriormente mencionado. Também pelas razões já expostas, quem defende a constitucionalidade do art. 166 do CTN deveria responder que a inadimplência do consumidor final não desobrigaria o contribuinte de direito de pagar o tributo.

Os que consideram este artigo como inconstitucional – entre os quais nos relacionamos – devem sustentar que não há que se falar em questão de coerência no caso sob exame. As normas constitucionais infringidas pelo art. 166 do CTN não restringem quaisquer restituições de tributos, e tampouco determinam que o contribuinte de direito deva pagar o tributo mesmo no caso de inadimplência do contribuinte de fato.

(B) Pelas razões também já invocadas, entendemos que não ocorre apropriação indébita por parte do comerciante caso o consumidor pague o preço e ele, comerciante, não pague ao Fisco o tributo, respectivamente.

O valor do tributo incidente na operação pertence ao contribuinte de direito, sendo irrelevante o fato de seu ônus financeiro ter sido assumido pelo consumidor final. A Fazenda Pública tem apenas um direito de crédito contra esse contribuinte de direito.

6.3 É a seletividade um reconhecimento constitucional (pelo menos em relação ao ICMS e ao IPI) de que tais tributos são indiretos? O que significa? Que são juridicamente suportados pelos consumidores finais?

(A) É possível afirmar que a seletividade é um critério que se presta à classificação dos tributos indiretos. Mas não que se deva, consequentemente, inferir que os tributos sejam indiretos. Ela contribui, sim, para que haja redução da regressividade, mormente quando aplicada levando-se em conta a essencialidade dos produtos e serviços. A regressividade está presente na quase qualidade dos tributos.

(B) Entendemos que a seletividade, por si só, não tem o condão de estabelecer que ICMS e IPI são juridicamente suportados pelo consumidor final.

7. Tributação indireta e base de cálculo de contribuições sobre a receita ou o faturamento

7.1 Caso se considere que os tributos indiretos são verdadeiramente pagos pelos consumidores finais dos produtos e serviços por eles onerados, poderia o ônus a eles correspondente ser considerado receita ou faturamento dos comerciantes vendedores?

Como regra geral, pode-se dizer que não. Como exceção a esta regra o próprio ICMS, que afeta a receita do contribuinte de direito, e, por conseguinte, seu resultado operacional (lucro líquido).

7.2 Se comerciantes vendedores, quando pagam indevidamente um tributo indireto, não podem pleitear a devolução, sob o argumento de que quem teria pago tais tributos, na verdade, teria sido o consumidor final, por qual razão esse mesmo tributo, pago pelo consumidor final e apenas repassado ao Fisco, seria receita do comerciante?

Como mencionado na resposta à pergunta anterior, a indagação do por quê seria receita do contribuinte de direito quando ele é mero repassador dos recursos à Fazenda Pública, posto que o encargo do tributo foi assumido pelo consumidor final, comporta discussão. Esta é resolvida pela aplicação das regras jurídicas de Contabilidade.

Como regra geral, por força das referidas regras contábeis, todos os tributos que interferem na apuração do resultado operacional do contribuinte devem integrar suas chamadas contas diferenciais ou de crédito (custos, despesa, receita). Com efeito, os tributos que, pela sua própria natureza ou disposição legal, não integram o resultado operacional do contribuinte são contabilizados em contas ativa e passiva; não são refletidos na conta de lucros e perdas.

Consequentemente, todo aquele que se encontra na posição de mero repassador aos cofres públicos de um tributo cujo encargo tenha sido pago pelo consumidor final, tendo em vista expressa previsão legal de poder dele ser cobrado, não é receita do contribuinte de direito.

O IPI é um bom exemplo do que se afirma, embora sua repercussão jurídica não tenha sido prevista em lei; tem sido contabilizado apenas em contas ativa e passiva, em razão de sua sistemática de apuração e cobrança.

8. Tributação indireta e consciência fiscal

8.1 Quais o sentido e o alcance do art. 150, § 5º, da CF de 1988? Estaria ali o reconhecimento de que o consumidor final é o verdadeiro contribuinte dos tributos que oneram mercadorias e serviços que consome?

(A) O legislador constitucional pressupõe que os contribuintes necessitam de informação acerca dos impostos incidentes sobre mercadorias e serviços, razão pela qual determina ao legislador ordinário que, a seu critério, estabeleça providências para a prestação de esclarecimentos ao consumidor.

A necessidade desses esclarecimentos decorre da possibilidade de que, em parte ou no todo, sejam transferidos para o consumidor impostos que incidam sobre mercadorias e/ou serviços.

(B) Respondemos negativamente a esta segunda pergunta. Entendemos que o legislador constitucional não criou uma ficção segunda a qual o consumidor final deva ser, ordinariamente, tratado como o verdadeiro contribuinte dos tributos sobre as mercadorias e serviços que consome.

8.2 A regulamentação do aludido dispositivo deveria ocorrer por meio de lei complementar? Quais tributos deveriam ser abrangidos pelo dever de esclarecimento ao consumidor?

(A) Entendemos que não há necessidade de a regulamentação do citado dispositivo ser feita por lei complementar.

(B) Como regra geral, todos os tributos deveriam ser esclarecidos pelos seus respectivos legisladores ordinários, especialmente aqueles cujo encargo, no todo ou parte, seja suportado pelo consumidor final e cuja incidência seja sobre mercadorias e serviços.

8.3 Quais seriam as consequências práticas desse esclarecimento na formação da consciência fiscal?

Consequência prática na formação da consciência do cidadão que está sofrendo encargos de tributos, e, assim, poder exercer sua cidadania, exigindo serviços públicos de qualidade, convencendo-se de que tem razão para se indignar com a corrupção e combatê-la.

9. Tributação indireta e desoneração das exportações

9.1 Por qual razão a Constituição Federal estabelece a não incidência de certos tributos sobre operações de exportação? Seria um reconhecimento de que tais tributos seriam verdadeiramente pagos pelos consumidores dos produtos, situados no Exterior?

(A) Diversas são as razões pelas quais os tributos não devem onerar as exportações. A primeira delas se justifica, como regra geral, pelo fato de os importadores estabelecidos no Exterior não estarem sujeitos ao sistema jurídico brasileiro. Tampouco estão sujeitos ao nosso sistema jurídico, na esmagadora maioria dos casos, os concorrentes dos exportadores brasileiros estabelecidos em outros Países. Ademais, há outra razão de natureza mercadológica: as exportações para o Exterior não deveriam ser oneradas pela tributação posto que em caso contrário estaríamos onerando o preço do nosso produto ou serviço pelo correspondente tributo, acarretando, consequentemente, situação desvantajosa relativamente à competição internacional. Exceção a esta afirmativa a hipótese de o exportador brasileiro de bens ou serviços arcar com o encargo tributário. Outra razão para desoneração tributária sobre as exportações é a que a desvantagem em termos de competição internacional se daria não apenas com relação aos competidores estabelecidos nos Países de destinação da exportação, como também em relação a todos os demais. Isto porque, como regra geral, esses Países também não oneram tributariamente suas exportações.

Sobrecarregar o exportador brasileiro, impingindo-lhe suportar mais um tributo que grava economicamente, como regra geral, o faturamento implicaria onerá-lo desigualmente, (a) principalmente com relação aos concorrentes no País, eis que de uma maneira ou outra acabaria transferindo, no todo em parte, o encargo tributário para o adquirente desses produtos ou serviços, (b) bem como com relação aos importadores estrangeiros, pelas razões apontadas. Portanto, esse exportador acabaria tendo que assumir o encargo tributário, na medida em que não conseguisse transferi-lo para o importador, ou, obviamente, inviabilizada restaria a exportação.

Outro fator, distinto do tributário, mas que entra na equação do estabelecimento do preço do produto ou do serviço, diz respeito aos efeitos produzidos pelas normas cambiais do País. A apreciação da moeda nacional, real ou artificialmente, opera como elemento negativo no contexto da prática dos preços de exportação de um produto ou serviço. Quanto mais apreciada a moeda, menor a possibilidade de esse empresário vender seu produto ou serviço, tendo em vista a lei elementar de mercado calcada na concorrência. Ao contrário, quanto menos apreciada a moeda nacional, maior a capacidade de colocação desse produto ou serviço no Exterior, posto que seu preço final tenderá a ser menor comparativamente à hipótese de apreciação da moeda. Em conclusão, a mais-valia da moeda acaba acarretando o mesmo efeito da tributação, porém de maneira mais perversa ainda.

(B) Ante o exposto, respondemos afirmativamente à segunda pergunta, no sentido de que os importadores acabariam arcando com o ônus tributário desse tributo através do mecanismo da repercussão econômica.

Os efeitos danosos acima mencionados, inclusive os de natureza tributária quando exigidos, podemos encerrá-los na expressão "custo Brasil", tão justificadamente criticada.

TRIBUTAÇÃO INDIRETA NO DIREITO BRASILEIRO

HUGO DE BRITO MACHADO

Professor Titular de Direito Tributário da Universidade Federal do Ceará (UFC) – Presidente do Instituto Cearense de Estudos Tributários (ICET) – Desembargador Federal aposentado do TRF-5ª Região – Membro da Academia Brasileira de Direito Tributário, da Associação Brasileira de Direito Financeiro, da Academia Internacional de Direito e Economia, do Instituto Ibero-Americano de Direito Público e da *International Fiscal Association*

1. Introdução

As questões mais complexas surgidas na relação tributária dizem respeito à denominada tributação indireta. Começam com a própria questão de saber se existem, ou não, tributos indiretos e se agravam no que concerne à repetição do tributo indevidamente pago. Projetam-se no direito constitucional, com perquirições em torno da imunidade tributária. No direito penal, com perquirições em torno do crime de apropriação indébita. E no direito privado, com perquirições em torno das consequências do inadimplemento de obrigações dessa área do Direito. No próprio âmbito da tributação essas questões se desdobram no plano da política jurídica envolvendo princípios constitucionais e da ciência das finanças públicas, inclusive no plano das relações internacionais.

Quase todas as questões suscitadas pela tributação indireta comportam respostas diferentes, antagônicas, sem que se possa assegurar que umas são melhores que as outras. Existe, porém, um aspecto no qual o estudioso do assunto deve ter a maior atenção. É a coerência. Uma resposta oferecida a uma das questões examinadas pode ser razoável mas estar em aberto conflito com uma resposta oferecida a outra – resposta que, isoladamente, também pode parecer aceitável.

Por isto mesmo, neste estudo, que elaboramos a partir de questionamento oferecido pelo Instituto Cearense de Estudos Tributários/ICET, procuramos oferecer respostas a todas as questões, com nossa preocupação centrada na coerência. Eventualmente até poderíamos oferecer a uma ou a outra das questões propostas resposta diferente da que ofertamos, mas preferimos sempre as respostas que nos permitem guardar a coerência no conjunto dos temas examinados.

Infelizmente nem sempre se vê nos doutrinadores, e nos juízes, essa preocupação com a coerência. Daí porque a jurisprudência dos tribunais, inclusive do STJ e do STF, abriga respostas conflitantes. Respostas que, uma a uma, isoladamente, até poderiam ser consideradas corretas, mas, considerado o conjunto das questões, revela-se flagrante incoerência entre a resposta ofertada a uma questão e a resposta ofertada a outra questão.

Assim, sem a pretensão de superar todas as dificuldades que o tema oferece e ofertar respostas corretas a todas as questões, vamos examinar todas elas, com o propósito de, a final, oferecer ao legislador federal um caminho que nos parece útil ao menos para eliminar a incoerência e reduzir ao mínimo possível o número de conflitos em torno de questões atinentes à denominada tributação indireta.

2. O que caracteriza os tributos indiretos

2.1 Doutrina predominante

A doutrina predominante aponta como característica dos tributos indiretos o serem esses tributos legalmente devidos por um sujeito, enquanto economicamente são suportados por outro. E por isto mesmo refere-se a um contribuinte *de direito*, aquele que é legalmente obrigado ao pagamento do tributo, e um contribuinte *de fato*, aquele que suporta o ônus correspondente. Nas palavras de Hugo de Brito Machado Segundo:

> A explicação mais comumente encontrada nos manuais de direito tributário é a de que o tributo indireto se caracteriza por ser legalmente devido por um sujeito, mas economicamente ser suportado por outro. Daí chamar-se o primeiro de contribuinte de direito, e o segundo, contribuinte de fato.[1]

O tributo é *indireto* exatamente porque a riqueza daquele que suporta seu ônus é alcançada indiretamente, por intermédio de outra pessoa. A palavra "indireto", para qualificar o tributo que permite alcançar a riqueza de muitos através de um, ou alguns, legalmente definidos como sujeitos passivos da obrigação tributária, é indiscutivelmente correta. E não enseja controvérsias.

Note-se que não nos referimos ao tributo que *alcança*, mas ao que *permite alcançar* a riqueza de quem não é legalmente colocado na condição de sujeito passivo da obrigação tributária. O ser, ou não, alcançada pelo tributo a riqueza de um terceiro, que não é sujeito passivo da relação jurídica tributária, é uma possibilidade. E, na verdade, só diante de cada situação concreta se pode verificar se tal possibilidade se concretiza, ou não.

1. Hugo de Brito Machado Segundo, *Repetição do Tributo Indireto: Incoerências e Contradições*, São Paulo, Malheiros Editores, 2011, p. 13.

A dificuldade, portanto, reside em indicar os tributos que em determinado sistema jurídico tributário podem ser classificados como diretos e como indiretos, porque um tributo pode em determinada situação alcançar a riqueza do sujeito passivo da correspondente obrigação tributária, mas em outra situação esse mesmo tributo pode não alcançar a riqueza daquele que é legalmente colocado como sujeito passivo da correspondente obrigação.

No Direito Brasileiro a doutrina geralmente afirma que o imposto sobre operações relativas à circulação de mercadorias e sobre prestações de serviços de transporte interestadual e intermunicipal e de comunicação/ICMS é um imposto indireto, porque tem como sujeito passivo o empresário que vende a mercadoria ou presta o serviço mas tem seu ônus incluído no preço, e, assim, suportado pelo adquirente da mercadoria ou tomador do serviço. E essa mesma doutrina geralmente afirma que os impostos sobre o patrimônio e a renda são diretos, porque o ônus a eles correspondente é suportado por aquele que é legalmente colocado na condição de sujeito passivo da obrigação tributária.

Rubens Gomes de Souza, um dos maiores tributaristas brasileiros, referindo-se à classificação dos impostos em diretos e indiretos, escreve:

> Para a maioria dos autores, impostos diretos são os suportados em definitivo pelo contribuinte obrigado por lei ao seu pagamento; indiretos os que são ou podem ser transferidos por aquêle contribuinte para outra pessoa, que por sua vez os transferirá ou suportará em definitivo; por isso se diz que no imposto indireto há dois contribuintes, o de direito (a pessoa obrigada por lei ao pagamento) e o de fato (a pessoa que arcará em definitivo com o ônus do imposto). Essa transferência do ônus fiscal de uma pessoa para outra chama-se repercussão ou translação do imposto.[2]

Entretanto, assevera que essa transferência do ônus "está sujeita à lei da oferta e da procura, isto é, só será possível quando as condições do mercado a permitirem: é, portanto, um conceito econômico e não

2. Rubens Gomes de Souza, *Compêndio de Legislação Tributária*, 4ª ed., Rio de Janeiro, Edições Financeiras, 1964, p. 135.

jurídico".[3] E em seguida afirma que prefere "distinguir os impostos em diretos e indiretos segundo um critério jurídico, que é o da natureza do seu fato gerador". E explica:

> Por êste critério, são diretos os impostos cujo fato gerador seja uma situação permanente (por exemplo, a propriedade) ou pelo menos durável ou continuada no tempo (por exemplo, a renda); ao contrário, são indiretos os impostos cujo fato gerador seja uma situação instantânea ou que possa ser isolada no tempo (por exemplo, uma compra e venda, um consumo).[4]

Como facilmente se pode ver, tanto pelo critério da repercussão como pelo critério da natureza do fato gerador, preconizado por Rubens Gomes de Souza, chega-se à conclusão que o ICMS é um imposto indireto e que os impostos sobre o patrimônio e a renda são impostos indiretos.

2.2 Situações peculiares que desmentem a doutrina

A classificação de determinado tributo como *direto* ou como *indireto* tem sido posta em dúvida, porque existem situações que desmentem a doutrina que a formula.

Realmente, é conhecido o exemplo do profissional liberal que cobra mais pelo mesmo serviço se o cliente quer o recibo da quantia paga. Para os que não querem tal recibo é concedido um desconto, que nada mais é que parte do imposto de renda/IR que o profissional deixará de pagar, porque não incluirá a quantia recebida em sua Declaração Anual de Rendimentos.

Também o exemplo do proprietário de prédio alugado que, de forma oculta ou até ostensivamente, inclui no valor do aluguel e cobra do inquilino a quantia paga a título de imposto sobre a propriedade predial e territorial urbana/IPTU.

Por outro lado, existem exemplos de venda de mercadoria por preço de custo, ou até por preço menor que o custo. E isto quer dizer,

3. Idem, ibidem.
4. Idem, ibidem.

indiscutivelmente, que o sujeito passivo da obrigação tributária, o comerciante, não transferiu para o comprador o ônus do ICMS.

Tais exemplos, e outros semelhantes, constituem situações peculiares que desmentem a doutrina quanto à classificação dos tributos em diretos e indiretos. Não nos parece, porém, que invalidem a questionada classificação, nem que autorizem dizer-se que os tributos sobre o patrimônio e a renda não são diretos, ou que o ICMS não é um tributo indireto. O ser *direto* ou *indireto* quer dizer apenas que na generalidade dos casos, em situações ordinárias, o ônus do primeiro é suportado pelo sujeito passivo da obrigação tributária, enquanto o ônus do segundo é transferido por este a terceiros com os quais se estabelece uma relação alheia ao direito tributário.

É importante observarmos, ainda, que em muitas situações, especialmente quando o sujeito passivo da obrigação tributária é pessoa que exerce atividade econômica, não se pode ter certeza de que o ônus do tributo está sendo transferido ou está sendo suportado pelo sujeito passivo da obrigação tributária. É natural que no exercício de atividade econômica, ou lucrativa, as pessoas procurem transferir para terceiros todos os custos da atividade, tributários ou não. E, como o lucro que têm o direito de obter não é tabelado, não se pode saber até onde ocorre, ou não, a transferência dos ônus do empresário a seus clientes.

Entretanto, certo é que o empresário nem sempre consegue transferir para seus clientes os custos de sua atividade. Aliás, se não fosse assim não existiria falência de empresas.

2.3 Tributo e tarifa de serviços públicos

A diferença essencial no trato das questões relativas aos tributos indiretos, tratando-se de serviços públicos, consiste em que em relação a estes as leis do mercado não têm a mesma influência por elas exercida sobre os preços privados. É que o Estado, ao delegar a prestação do serviço, estabelece a tarifa ou preço público a ser cobrado como contraprestação pela empresa concessionária.

A Lei 8.987, de 13.2.1995, que dispõe sobre o regime de concessão e permissão da prestação de serviços públicos, ao tratar da política tarifária, estabelece:

> Art. 9º. A tarifa do serviço público concedido será fixada pelo preço da proposta vencedora da licitação e preservada pelas regras de revisão previstas nesta Lei, no edital e no contrato.
>
> (...).
>
> § 3º. Ressalvados os impostos sobre a renda, a criação, alteração ou extinção de quaisquer tributos ou encargos legais, após a apresentação da proposta, quando comprovado o seu impacto, implicará a revisão da tarifa, para mais ou para menos, conforme o caso.

Como se vê, é a própria lei que nos autoriza a dizer que o ônus dos impostos, salvo dos que incidam sobre a renda, é transferido para os usuários, incluído na tarifa paga pelos serviços públicos. Quanto à exceção, é importante esclarecermos que os impostos sobre o patrimônio não se colocam em questão, porque os bens necessários à atividade prestadora geralmente pertencem ao Poder Público, como instrumentos da prestação do serviço.

2.4 Respostas às questões colocadas

Com fundamento nas ideias expostas nos itens precedentes, assim respondemos, em apertada síntese, às questões que nos foram colocadas:

> ***1. Identificação dos tributos indiretos***
>
> *1.1 Existem tributos indiretos? O que os caracteriza?*

Sim, existem tributos indiretos. Caracterizam-se eles porque geralmente, em situações ordinárias, são pagos pelo sujeito passivo da obrigação tributária correspondente mas são suportados por terceiros, aos quais aquele transfere os ônus de sua atividade.

> 1.1.1 No Direito Brasileiro o ICMS é um tributo indireto? E o IPI? Por quê? Há relação entre não cumulatividade e tributação indireta? Qual? Basta ser não cumulativo para ser considerado indireto o tributo, e vice-versa?

No Direito Brasileiro tanto o ICMS como o IPI são tributos indiretos, porque tanto o comerciante como o industrial, na condição de sujeito passivo da correspondente obrigação tributária, transferem para os compradores de suas mercadorias e produtos o ônus correspondente.

Existe, sim, no atual sistema tributário brasileiro relação entre a não cumulatividade e a tributação indireta. Tal relação consiste em que tanto a não cumulatividade como a tributação indireta dizem respeito aos tributos incidentes em operações que se sucedem desde a produção ou importação até o consumo dos produtos ou mercadorias.

Os tributos não cumulativos são também indiretos. Entretanto, para ser indireto não é necessário que seja não cumulativo. Já tivemos em nosso País o imposto sobre vendas e consignações/IVC, que era cumulativo mas sempre foi considerado um tributo indireto.

> 1.1.2 Afirmativa a resposta à pergunta anterior, seriam indiretos também o PIS e a COFINS? E o IRPJ, quando incidente sobre o lucro presumido do comerciante vendedor? Por qual razão o ônus referente ao ICMS seria repassado ao consumidor, e o do IRPJ não?

O PIS e a COFINS são, com certeza, tributos indiretos.

O imposto de renda de pessoa jurídica/IRPJ, quando incidente sobre o lucro presumido do comerciante vendedor, pode ter seu ônus transferido para os adquirentes dos produtos ou tomadores de serviços. Entretanto, isto pode ser considerado uma situação excepcional, pois a incidência ordinária do IRPJ ocorre sobre o lucro real.

O ônus referente ao ICMS é repassado ao consumidor, ordinariamente, porque geralmente o mercado comporta tal repasse e o valor do imposto é seguramente conhecido pela empresa vendedora no momento da venda. O IRPJ, todavia, só é conhecido no final do ano-base correspondente, e isto impede seu repasse, a não ser pelo critério da aproximação.

> 1.1.3 Ainda em relação ao IRPJ, faria diferença o fato de ele incidir sobre o lucro presumido ou sobre o lucro real? Qual?

Sim. A diferença consiste em ser o IRPJ incidente sobre o lucro presumido um percentual da receita, tal como acontece com o ICMS e com as contribuições PIS e COFINS, sendo, portanto, desde logo conhecido seu valor, o que permite seja este transferido para os clientes da empresa, embutido nos preços dos bens ou serviços.

> 1.1.4 Nos serviços públicos, havendo fixação de preços e previsão de manutenção do equilíbrio econômico-financeiro dos contratos, pode-se dizer que os tributos que oneram a atividade são indiretos? Todos? Alguns? Quais?

Sim. Aliás, existe mesmo dispositivo de lei que autoriza tal afirmação. Todos os tributos, com exceção dos que incidem sobre a renda.

> 1.1.5 O aumento de tributo incidente sobre um serviço público, sendo imediatamente transferido ao consumidor por força de previsão contida no contrato de concessão, deve ser considerado um aumento de tarifa? Caso negativo, isso significa que o consumidor está pagando tributo? Há algum reflexo, em razão disso, na aplicação do art. 166 do CTN a tais hipóteses?

Sim, nos casos em que a lei não autoriza a cobrança do tributo diretamente do usuário do serviço. Não, nos casos em que a lei autoriza a cobrança do tributo, pela prestadora do serviço, ao usuário deste – como acontece, por exemplo, com o fornecimento de energia elétrica. Em razão disso, o usuário ou tomador do serviço é também um contribuinte de direito, de sorte que tem plena aplicação o art. 166 do CTN.

> 1.1.6 Imagine-se que um consumidor final de energia elétrica questiona em juízo a cobrança do ICMS incidente sobre as faturas que paga à concessionária correspondente. Em face de medida liminar, deixa de sofrer o acréscimo do imposto nos termos impugnados. Essa liminar é confirmada por sentença e por acórdão do Tribunal de Justiça. Muitos anos depois, o STJ afirma a ilegitimida ▶

▶ de ativa ad causam do consumidor final e extingue o processo sem exame do mérito. Pergunta-se: o Estado poderá exigir o ICMS que deixou de ser recolhido em todo o período de vigência da liminar? Ele poderá exigir esse imposto de quem? Da concessionária que estava impedida de acrescentá-lo à tarifa? Do consumidor que teve extinguido seu processo, por não ser considerado contribuinte?

A formulação dessa questão bem demonstra as incoerências e contradições instauradas na jurisprudência em torno do assunto. A rigor, o consumidor é, sim, parte legítima para questionar a exigência do tributo, pois a lei o coloca na condição de sujeito passivo da obrigação tributária, como contribuinte substituído.

Seja como for, em face da referida decisão do STJ, o Estado poderá, sim, cobrar o ICMS da concessionária, e esta poderá cobrá-lo do consumidor final.

3. *A repetição do indébito*

3.1 O art. 166 do CTN e os tributos indiretos

O CTN estabelece:

> Art. 166. A restituição de tributos que comportem, por sua natureza, transferência do respectivo encargo financeiro somente será feita a quem prove haver assumido referido encargo, ou, no caso de tê-lo transferido a terceiro, estar por este expressamente autorizado a recebê-la.

Diante desse dispositivo legal coloca-se a questão de saber quais são os tributos que, por sua natureza, comportam transferência do respectivo encargo financeiro. Questão cujo deslinde depende do critério que adotamos quando classificamos um tributo como indireto.

Em outras palavras, devemos saber o que é um tributo indireto e, ainda, o que significa dizer que um tributo comporta, por natureza, a transferência do respectivo encargo financeiro. Se entendermos que tributo indireto é todo aquele que, por sua natureza, comporta a transferência do respectivo encargo financeiro, e por isto mesmo entendermos que não há diferença entre ser indireto e comportar a transferência de seu encargo financeiro, teremos eliminado a parte da questão que somente se coloca quando admitimos que alguns tributos, além dos indiretos, comportam a transferência do seu encargo financeiro.

3.2 O art. 166 do CTN e o questionamento judicial fora da ação de repetição

Conhecemos casos nos quais foi posta em juízo a questão relativa à transferência do encargo financeiro do tributo fora da ação de repetição. Uma gráfica havia lançado o imposto sobre produtos industrializados/IPI nas notas fiscais referentes a fornecimento de impressos personalizados. Na época estava sendo questionada judicialmente tal incidência. Muitos sustentavam que em tal situação incidia o ISS, e não o IPI – tese que terminou sendo vitoriosa. E a partir da decisão afirmando que incidiu, naquela situação, o ISS, a gráfica deixou de recolher o IPI, sofrendo, então, auto de infração no qual a Receita Federal fez tal cobrança, sustentando que, tendo havido a transferência do encargo para o usuário do impresso, a gráfica teria de fazer o pagamento.

A nosso ver, tal cobrança, que, na prática, não prosperou, consubstancia verdadeiro absurdo.

3.3 O art. 166 do CTN, o pagamento e o depósito

Outra questão relevante no contexto das situações em que se discute a aplicação do art. 166 do CTN é a que diz respeito à restituição do depósito. Na verdade, o contribuinte, diante de uma situação na qual é questionável a incidência de um tributo considerado indireto, em vez de fazer o pagamento, prefere ingressar com ação judicial para discutir a incidência e faz o depósito em juízo da quantia correspondente.

Sobrevindo, a final, sentença que afirma não incidir o tributo na situação questionada, tem-se a questão de saber se deve o depósito ser devolvido ao contribuinte ou convertido em renda, já que indiscutivelmente ocorreu a transferência do respectivo encargo financeiro.

Entendemos que a regra do art. 166 do CTN não comporta interpretação ampliativa de seu alcance. Assim, não pode ser aplicado para impedir a devolução do depósito, até porque este foi efetuado em garantia do juízo, vale dizer, foi efetuado para garantir a eficácia da sentença; e, como a sentença foi favorável ao autor, afirmando a não incidência do tributo, constitui um contrassenso a não restituição do valor depositado.

3.4 O art. 166 do CTN e questões processuais suscitadas

Em torno da regra albergada pelo art. 166 do CTN, ou por causa dela, algumas questões processuais têm sido suscitadas, especialmente no que concerne à legitimidade para pedir a restituição de tributo pago indevidamente.

Para a compreensão adequada da questão relativa à legitimidade processual é da maior importância que se esclareça o que confere legitimidade para o questionamento em juízo, vale dizer, para pedir a prestação jurisdicional. Diz o Código de Processo Civil que "para propor ou contestar ação é necessário ter interesse e legitimidade".[5] O "ter interesse" há de ser entendido como o ter na ação o meio hábil para a realização do direito, que depende de outrem que, na condição de devedor, não quer adotar o comportamento que consubstancia a prestação devida.

O contribuinte de direito, aquele que pagou o tributo indevido, tem, sim, legitimidade para pedir a restituição. Se entendermos que nao tem legitimidade, porque transferiu o ônus a terceiro, esse terceiro certamente terá legitimidade para pedir a restituição. Temos de entender, portanto, que o art. 166 do CTN confere essa legitimidade. A não ser assim, estará consagrada em termos absolutos a regra segundo a qual tributo indireto não se restitui, ainda que pago indevidamente. Terá voltado a imperar a regra estabelecida pela Súmula 71 do STF.

3.5 Respostas às questões colocadas

> ***2. Tributação indireta e repetição do indébito***
>
> *2.1 O art. 166 do CTN se aplica à restituição de tributos indiretos? Ele se aplica a alguma outra hipótese de restituição do indébito tributário?*

5. CPC, art. 3º.

Sim. O art. 166 aplica-se à restituição de tributos indiretos. Ele não se aplica a nenhuma outra hipótese de restituição do indébito tributário.

2.2 O art. 166 do CTN se aplica a outras ações relacionadas aos tributos indiretos, diversas da ação de restituição? Embargos à execução fiscal, por exemplo?

Não. A interpretação do art. 166 do CTN de sorte a torná-lo aplicável em situações alheias à repetição do indébito está em flagrante conflito com a Constituição Federal.

2.3 Há diferença entre a situação do contribuinte que paga tributo indireto e em seguida postula sua restituição e a daquele que, em vez de pagar, deposita o valor correspondente, questionando a cobrança? Por qual razão o art. 166 do CTN seria aplicável na primeira situação, e não na segunda?

Há, sim, significativa diferença. Na primeira tem-se um pedido de restituição de tributo pago indevidamente. Já, na segunda tem-se um depósito cuja finalidade é garantir a efetividade da sentença que venha a ser proferida, afirmando que o tributo é devido, e, neste caso, determinando a conversão do depósito em renda, ou que o tributo é indevido, e, neste caso, determinando a devolução do depósito a quem o efetuou.

A tal argumento pode ser ainda acrescentado o de que o art. 166 do CTN alberga regra restritiva de direito do contribuinte, que não pode ser ampliada pelo intérprete.

2.4 O art. 166 confere legitimidade ao contribuinte "de fato" para postular a restituição do indébito? Caso negativo, como se poderá obter a restituição do indébito, sobretudo em situações nas quais o contribuinte de direito, que repassou o ônus financeiro do tributo ao consumidor, não tem como identificá-lo? Haveria ofensa ao art. 5º, XXXV, da CF de 1988?

Se quem pagou o tributo indevido não pode pedir a correspondente restituição, porque transferiu seu ônus, é evidente que essa restituição pode ser pleiteada por aquele que suportou dito ônus. Negar tal legitimidade é negar o princípio da legalidade tributária. E, ainda, como a decisão que diz não ser o autor parte legítima não presta jurisdição, é razoável entender-se também que, não havendo decisão de mérito, ocorre negativa de jurisdição, com ofensa ao art. 5º, XXXV, da CF de 1988.

4. As imunidades subjetivas

4.1 O que é "imunidade subjetiva"

A imunidade tributária "é o obstáculo criado por uma norma da Constituição que impede a incidência de lei ordinária de tributação sobre determinado fato, ou em detrimento de determinada pessoa, ou categoria de pessoas".[6] Caracteriza-se especialmente em razão da posição hierárquica superior da Constituição Federal, de modo que os fatos imunes, assim como as pessoas imunes, ficam fora do alcance do legislador.

Quando a regra da Constituição protege um fato, objetivamente considerado, contra a incidência da lei tributária, diz que a imunidade é *objetiva*. E quando a regra da Constituição protege a pessoa, ou categoria de pessoas, contra a incidência de regra tributária em detrimento do seu patrimônio ou sua renda, diz-se que a imunidade é *subjetiva*.

Em síntese, a imunidade subjetiva é a proteção que a Constituição confere a determinada pessoa contra a cobrança de tributo.

A vigente Constituição Federal estabelece que às pessoas jurídicas titulares do poder de tributar é vedado instituir tributo sobre patrimônio, renda ou serviços uns dos outros e sobre patrimônio, renda ou serviços dos partidos políticos, entre outras pessoas que indica. Assim, em face da vigente Constituição temos como exemplos de imunidade subjetiva a imunidade da União, dos Estados, dos Municípios e dos partidos políticos.

6. Hugo de Brito Machado, *Curso de Direito Tributário*, 33ª ed., São Paulo, Malheiros Editores, 2012, p. 234.

4.2 Comerciante vendedor imune

Entendendo-se como *comerciante* aquela pessoa que pratica a compra e venda com intuito de lucro, é difícil imaginar um comerciante vendedor como titular de imunidade subjetiva, pois a Constituição assevera que a lei estabelecerá o estatuto jurídico da empresa pública, da sociedade de economia mista e de suas subsidiárias que explorem atividade econômica de produção ou comercialização de bens ou de prestação de serviços, dispondo sobre a sujeição ao regime jurídico próprio das empresas privadas, inclusive quanto aos direitos e obrigações civis, comerciais, trabalhistas e tributárias.[7]

Assim, se as entidades públicas que porventura exerçam atividades comerciais devem submeter-se ao regime tributário próprio das empresas privadas, não se pode imaginar um comerciante vendedor imune. Não podemos, porém, desconhecer que entidades religiosas que, por estarem enquadradas no conceito de *templos de qualquer culto*, desfrutam de imunidade tributária[8] eventualmente praticam o comércio de certos produtos ligados à religião, e até outros que com esta não têm nenhuma relação.

A palavra "comerciante", portanto, no contexto da questão que estamos a examinar, não tem o sentido estrito que lhe é atribuído pelo direito comercial. Significa, aqui, qualquer pessoa que efetua, como atividade continuada, a venda de mercadorias em geral.

Seja como for, certo é que em face de vendas de mercadorias realizadas por entidades que se consideram imunes a questão foi suscitada, chegou até o STF, e este entendeu que "a imunidade abrange até mesmo o ICMS incidente sobre produtos vendidos pela entidade imune, desde que a receita respectiva seja revertida no atendimento de suas finalidades institucionais".[9]

4.3 Consumidor titular de imunidade subjetiva

Neste ponto situa-se mais uma incongruência entre as muitas existentes no tema dos impostos indiretos. Incongruência que se projetou até a Corte Maior.

7. CF de 1988, art. 173, § 1º, II.

8. CF de 1988, art. 150, VI, "b".

9. Hugo de Brito Machado Segundo, *Repetição do Tributo Indireto: Incoerências e contradições*, cit., p. 47.

O STF entendeu durante algum tempo que, sendo o adquirente da mercadoria ou produto uma entidade imune – vale dizer, titular de imunidade subjetiva –, essa imunidade devia prevalecer, e, assim, o imposto não seria devido.[10] Mais tarde, porém, passou a adotar o entendimento oposto, segundo o qual a realidade econômica não pode prevalecer sobre a forma jurídica, e, assim, mesmo sendo o adquirente do bem titular de imunidade subjetiva, o imposto deve ser pago pelo contribuinte de direito. É expressivo desse novo entendimento o acórdão proferido no RE 68.741-SP, do qual foi relator o Min. Bilac Pinto, que porta a seguinte ementa:

> Imposto de produtos industrializados – Imunidade tributária recíproca – Contribuinte *de jure* – Contribuinte de fato.
>
> Imunidade fiscal recíproca. Não tem aplicação na cobrança do IPI. O contribuinte *de jure* é o industrial ou produtor. Não é possível opor à forma jurídica a realidade econômica para excluir uma obrigação fiscal previamente definida na lei. O contribuinte de fato é estranho à relação tributária e não pode alegar, em seu favor, a imunidade recíproca.

Esse novo entendimento terminou sendo objeto de súmula da jurisprudência do STF.[11] Assim, podemos afirmar que, segundo a jurisprudência do STF, a imunidade subjetiva do comprador não é invocável, pois o verdadeiro contribuinte é o vendedor, não imune.

4.4 A questão da coerência

Infelizmente, as Fazendas Públicas, em todos os seus setores – vale dizer, a Fazenda Pública Federal, as Estaduais e as Municipais –, não demonstram ter o menor interesse pelo Direito. Cuidam apenas de defender a arrecadação, e chegam muitas vezes a sustentar teses conflitantes com outras que também defendem. Em outras palavras, para

10. STF, 1ª Turma, RMS 17.380-SP, rel. Min. Barros Monteiro, j. 13.11.1967, *RTJ* 44/126; STF, 1ª Turma, RMS 19.000-SP, rel. Min. Victor Nunes Leal, j. 17.6.1968, *RTJ* 46/18; STF, 2ª Turma, RE 68.245-SP, rel. Min. Themístocles Cavalcante, j. 8.9.1969, *RTJ* 52/69; STF, 1ª Turma, RE 68.450-SP, rel. Min. Aliomar Baleeiro, j. 4.2.1969, *RTJ* 53/836.

11. STF, Súmula 591.

as Fazendas Públicas só é correta a tese que implica o atendimento de seus interesses arrecadatórios. E essa postura, lamentável sob todos os aspectos, talvez seja a causa mais significativa das incoerências e contradições às quais se refere o título deste livro, no qual estão examinadas com indiscutível propriedade e admirável espírito critico.

A diversidade de opiniões sobre quaisquer assuntos deve ser respeitada, pois, afinal, decorre da individualidade dos seres humanos. Ninguém tem o direito de impor aos outros a sua opinião. Entretanto, uma coisa é ter opinião diversa, e outra é ser incoerente. Temos todos o dever de sermos coerentes. Infelizmente, porém, no que diz respeito às questões decorrentes da classificação dos tributos em diretos e indiretos esse dever de coerência tem sido flagrantemente descumprido pelo que fazem as Fazendas Públicas.

E o pior é que a incoerência tem contagiado os órgãos do Poder Judiciário, contribuindo para o incremento da insegurança jurídica.

Neste pequeno estudo, todavia, procuramos manter a coerência, apoiados na tese segundo a qual deve prevalecer a forma jurídica, cabendo ao legislador, quanto for o caso, fazer com que seja jurídico aquilo que decorre da realidade econômica.

4.5 Respostas às questões colocadas

> ***3. Tributação indireta e imunidades subjetivas***
>
> *3.1 Caso um comerciante vendedor seja titular de imunidade subjetiva, poderá ele invocá-la para se eximir da cobrança de tributo indireto incidente sobre as vendas que realiza? Poder-se-á dizer que tal imunidade não é aplicável, eis que quem "verdadeiramente" arca com o tributo é o consumidor final, não imune?*

Sim. Se aquele que pratica o fato gerador do tributo é imune, a lei tributária não incide e o imposto, portanto, não é devido. Não podemos dizer que a imunidade não é aplicável, pois o que realmente importa é saber quem tem o dever jurídico de pagar, e não quem suporta o ônus do tributo.

> *3.2 Caso um consumidor final seja titular de imunidade subjetiva, poderá ele invocá-la para fazer com que sobre as mercadorias e serviços que consome não incidam tributos indiretos? Poder-se-á dizer que tal imunidade não é por ele invocável, pois o "verdadeiro" contribuinte é o vendedor, não imune?*

Não, pois o que paga, na verdade, é o preço do bem adquirido. Sim, o verdadeiro contribuinte, o contribuinte de direito, é o vendedor da mercadoria.

> *3.3 É possível oferecer resposta coerente às duas perguntas anteriores? Essa resposta é coerente com aquelas fornecidas às perguntas do item 2?*

Sim, as respostas que oferecemos são coerentes. E tais respostas são, sim, coerentes com as respostas fornecidas às perguntas do item 2. Em todas elas consideramos que a forma jurídica deve prevalecer.

5. Apropriação indébita

5.1 Apropriação indébita como tipo penal

Descarta-se, desde logo, a possibilidade de configuração do tipo penal previsto no art. 168 do CP. Resta saber se com o não recolhimento, pelo vendedor da mercadoria, do tributo incidente sobre a operação e supostamente incluído no preço e, desta forma, repassado ao consumidor estaria configurado o crime de apropriação indébita previsto no art. 2º, II, da Lei 8.137/1990.

Nos termos do referido dispositivo legal, constitui crime "deixar de recolher, no prazo legal, valor de tributo ou de contribuição social, descontado ou cobrado, na qualidade de sujeito passivo da obrigação tributária e que deveria recolher aos cofres públicos".

A nosso ver, esse dispositivo refere-se aos casos nos quais existam dois sujeitos passivos da obrigação tributária, em face da criação, por lei, da figura do responsável tributário. É nesses casos que pode haver o desconto, ou a cobrança, por parte de um sujeito passivo da obrigação tributária, do valor do tributo a um terceiro, para recolhimento aos cofres públicos. É o caso do IR descontado na fonte, por exemplo. E da substituição tributária para frente no ICMS, quando o vendedor cobra do comprador, além do preço da mercadoria, o valor do imposto que incidirá em operações futuras. Em tais casos, sim, pode haver o crime definido pelo art. 2º, II, da Lei 8.137/1990. Não, todavia, nos casos em que o imposto seja devido pelo vendedor de uma mercadoria e o comprador tenha feito o pagamento do preço desta, pois a inclusão, ou não, do valor do imposto nesse preço é uma questão simplesmente econômica. Pode ocorrer, ou não. E, sendo assim, não se pode afirmar que o vendedor recebeu o tributo do comprador.

5.2 Direito à restituição do que for pago indevidamente

Pela mesma razão que o não pagamento do tributo, pelo contribuinte de direito, não configura apropriação indébita, a esse contribuinte de direito deve ser feita a restituição do tributo que tenha sido pago indevidamente. A questão reside em saber quem deve o tributo. Quem é parte na relação jurídica tributária, vale dizer, quem é o sujeito passivo da relação obrigacional tributária.

Não temos dúvida de que em tributos como o ICMS, por exemplo, salvo em situações excepcionais expressamente previstas em lei, o sujeito passivo da obrigação tributária é o comerciante vendedor da mercadoria. É dele, e não do comprador da mercadoria, o dever de fazer o pagamento do imposto e também o direito de haver a restituição quando o imposto é pago indevidamente.

5.3 Respostas às questões colocadas

4. *Tributação indireta e apropriação indébita*

4.1 Quando o vendedor de uma mercadoria em cujo preço supostamente está embutido o tributo indireto recebe o pagamento desse preço mas não recolhe o tributo incidente sobre a operação, há apropriação indébita? Pode-se dizer que é o consumidor quem "verdadeiramente" paga o tributo, tendo o comerciante o papel de apenas repassá-lo aos cofres públicos, incorrendo em apropriação indébita se não o fizer?

Não. Não há apropriação indébita, porque, do ponto de vista jurídico, o comerciante recebeu o que lhe era devido em função de uma relação de direito comercial, de uma compra e venda, sendo o dever de pagar o tributo um dever seu, e não do comprador da mercadoria.

> *4.2 Se não há apropriação indébita, eis que não se trata de mero repasse de tributo pago pelo consumidor, qual a justificativa para se negar ao comerciante o direito à restituição quando esse tributo é por ele recolhido indevidamente, nos termos do art. 166 do CTN?*

Não existe nenhuma justificativa para se negar ao comerciante o direito à restituição quando o tributo é por este recolhido indevidamente.

6. Inadimplência do consumidor

6.1 Não pagamento do preço pelo comprador

Nos casos em que o comprador deixa de pagar o preço da mercadoria por ele comprada tem-se a inadimplência de uma obrigação de direito comercial, inteiramente alheia à relação de tributação, que não tem nem pode ter qualquer repercussão no âmbito do direito tributário.

Tratando-se do ICMS nem podemos afirmar que a existência de um contrato de compra e venda, e do consequente dever de pagar, são relevantes para o nascimento da obrigação tributária. Esta pode nascer de uma doação, por exemplo, na qual nem mesmo existe um preço a ser pago pelo donatário. E mesmo assim existe o dever do doador, que promoveu a saída da mercadoria, de fazer o pagamento do imposto correspondente.

Seja como for, certo é que, do ponto de vista jurídico, quem paga o imposto é o contribuinte de direito, aquele que está juridicamente ligado ao credor desse imposto.

6.2 Respostas às questões colocadas

> ***5. Tributação indireta e inadimplência do consumidor***
>
> *5.1 Caso o consumidor final não pague pela mercadoria adquirida, ainda assim o comerciante vendedor deverá recolher o tributo incidente sobre a operação?*

Sim, porque a dívida do tributo é dele, e não do consumidor final.

> *5.2 Afirmativa a resposta à pergunta anterior, há coerência com a tese segundo a qual o comerciante não poderia pleitear a devolução do tributo pago indevidamente, a qual se funda na afirmação de que esse tributo seria pago, "na verdade", pelo consumidor final?*

Não. Afirmar que a dívida do tributo é do comerciante vendedor e, ao mesmo tempo adotar a tese segundo a qual esse comerciante não pode pleitear a devolução do que pagou indevidamente, porque esse tributo seria pago, na verdade, pelo consumidor final, configura flagrante incoerência.

7. A regressividade dos tributos

7.1 O que significa a regressividade dos tributos

Considerando-se cada tributo isoladamente, podemos dizer que os tributos em geral podem ser fixos, proporcionais, progressivos e regressivos. Fixos, quando têm valor diretamente determinado pela lei. Proporcionais, quando têm valor calculado mediante a aplicação de uma alíquota sobre uma base de cálculo, sendo o valor do tributo, neste caso, um percentual do valor de sua base de cálculo. São progressivos os tributos quando têm alíquotas que crescem na medida em que crescem as correspondentes bases de cálculo. E regressivos quando suas alíquotas diminuem na medida em que crescem as suas bases de cálculo. Estas são qualificações próprias dos impostos sobre o patrimônio e a renda, vale dizer, dos impostos considerados diretos.

Considerando-se o sistema tributário como um todo, geralmente se diz que ele é progressivo quando o ônus dos tributos suportados por uma pessoa cresce quando cresce sua capacidade contributiva. E regressivo quando o ônus dos tributos cresce quando diminui a capacidade contributiva.

Existe um entendimento generalizado segundo o qual os tributos incidem sobre o patrimônio e a renda ou sobre o consumo. E, como o consumo de cada um tende a ser menor em relação a seu patrimônio e sua renda, na medida em que estes são maiores, os impostos que incidem sobre o consumo conferem regressividade ao sistema tributário, porque a carga tributária torna-se maior para aquelas pessoas de menor patrimônio e menor renda.

A progressividade ou a regressividade do sistema tributário são estabelecidas em relação ao patrimônio e à renda, tomados estes como o critério para determinação da capacidade contributiva.

7.2 Os tributos indiretos são geralmente regressivos

Os tributos indiretos incidem sobre o consumo e o uso de bens e de serviços. Assim, como o percentual do consumo diminui para cada pessoa na medida em que aumenta a sua renda, diz-se que os tributos indiretos são regressivos.

A preferência dos governantes – que parece ser mundial – pelos tributos indiretos é motivada pela quase total ausência de resistência a esses tributos. Não há resistência por parte dos contribuintes de direito porque o ônus sobre os preços é generalizado, atinge a todos por igual, de sorte que fica facilitada a transferência desse ônus para os consumidores e usuários de bens e serviços. E não há resistência por parte destes porque desconhecem, não sabem, que estão pagando tributo embutido nos preços.

7.3 Regressividade e seletividade

Regressividade não se confunde com seletividade. Seletivo é o tributo que seleciona, vale dizer, que incide com carga diferente em razão do critério eleito para a seletividade.

Schubert de Farias Machado e eu já escrevemos:

> Seletivo (imposto) – é o imposto que tem alíquotas diferentes para os diversos bens sujeitos à sua incidência. O exemplo típico de imposto seletivo em nosso sistema tributário é o IPI, que, por força de regra da Constituição Federal, deve ser seletivo em função da essencialidade do produto (CF de 1988, art. 153, § 3º, I). Quer dizer que a alíquota deve ser maior para produtos menos essenciais e menor para produtos mais essenciais. Infelizmente, na prática, esse dispositivo constitucional não tem sido observado adequadamente.[12]

7.4 Seletividade em função da essencialidade

Realmente, a vigente Constituição Federal impõe a seletividade em função da essencialidade dos produtos para o IPI.[13] E para o ICMS faculta a seletividade em função da essencialidade das mercadorias e dos serviços. Neste último a seletividade é facultativa, mas se existir há de ser em razão da essencialidade dos produtos. Em outras palavras, a seletividade para o ICMS não é obrigatória, mas o critério da seletividade, se esta for implantada, só pode ser o da essencialidade dos produtos ou serviços.

Infelizmente, no IPI temos exemplos de flagrante desrespeito ao preceito constitucional, com alíquotas relativamente baixas para produtos como uísque, que teria de ter alíquotas as mais elevadas. Alegam os agentes fazendários que a alíquota elevada para o uísque seria um estímulo ao contrabando. E isto pode ser verdade, mas de nenhum modo pode ser oposto à regra constitucional.

E para o ICMS também temos situações nas quais a regra constitucional é flagrantemente violada, como ocorre com a redução de alíquotas para bebidas alcoólicas em alguns Estados.

12. Hugo de Brito Machado e Schubert de Farias Machado, *Dicionário de Direito Tributário*, São Paulo, Atlas, 2011, p. 210.

13. CF de 1988, art. 153, § 3º, I.

7.5 Respostas às questões colocadas

> ***6. Tributação indireta e regressividade***
>
> *6.1 A tributação indireta conduz, sempre, à regressividade? Caso afirmativo, como evitar ou minimizar isso?*

Em regra, sim. Isto poderia ser minimizado com a utilização de alíquotas efetivamente seletivas em razão da essencialidade dos produtos.

> *6.2 Afirmar a regressividade da tributação indireta com base no fato de que seu ônus recai sobre o consumidor final é coerente com a afirmação de que a inadimplência desse consumidor não autoriza o comerciante a deixar de pagar o tributo correspondente? E com a afirmação de que não há apropriação indébita por parte do comerciante caso o consumidor pague o preço e ele, comerciante, não pague ao Fisco o tributo respectivo?*

Não. Muito pelo contrário, é flagrantemente incoerente.

> *6.3 É a seletividade um reconhecimento constitucional (pelo menos em relação ao ICMS e ao IPI) de que tais tributos são indiretos? O que isso significa? Que são juridicamente suportados pelos consumidores finais?*

Em relação ao IPI e ao ICMS a seletividade em função da essencialidade dos produtos e serviços é, sim, um reconhecimento constitucional de que tais tributos são indiretos. Isto não significa que o consumidor final é sujeito passivo da relação tributária, mas simplesmente que suporta o ônus desses tributos.

8. Contribuições sobre a receita ou o faturamento

8.1 Receita ou faturamento e tributos indiretos

Sem questionar a distinção entre *receita* e *faturamento*, podemos dizer que se trata de quantias recebidas pelo vendedor comerciante ou pelo prestador do serviço para integrarem seu patrimônio.

Assim, entendemos que o valor dos tributos recebidos pelo comerciante vendedor ou pelo prestador do serviço para repasse ao Fisco não integram a receita e, portanto, não podem sofrer a incidência das contribuições que incidem sobre a receita ou o faturamento.

8.2 Distinção entre o regime do IPI e o do ICMS

Há, todavia, uma distinção, que não pode ser desconsiderada, entre o regime jurídico do IPI devido e pago pelo importador, industrial ou produtor, como sujeito passivo da relação tributária, e o regime jurídico do ICMS geralmente devido por quem promove a circulação de mercadorias ou prestação de serviços sujeita a esse imposto.

O IPI é sempre destacado na nota fiscal correspondente, enquanto o ICMS não é, salvo em casos especiais, como o do fornecimento de energia elétrica.

Nos casos em que a lei determina o destaque, na nota fiscal ou fatura, do valor do imposto, esse valor decididamente não integra a receita de quem o recebe para repasse ao Fisco. Já, nos casos – como acontece com o ICMS em geral e com o IPI incidente nas vendas feitas por comerciantes – de produtos que sofreram sua incidência em operações anteriores o valor do imposto é, na verdade, parte do preço. Do ponto de vista rigorosamente jurídico não pode ser destacado deste para nenhum efeito, inclusive para considerar-se alheio à receita ou faturamento.

8.3 Respostas às questões colocadas

7. Tributação indireta e base de cálculo de contribuições sobre a receita ou o faturamento

▶

▶ *7.1 Caso se considere que os tributos indiretos são verdadeiramente pagos pelos consumidores finais dos produtos e serviços por eles onerados, poderia o ônus a eles correspondente ser considerado receita ou faturamento dos comerciantes vendedores?*

Sim, pois a transferência do ônus para o consumidor final é fenômeno econômico, e não jurídico.

7.2 Se comerciantes vendedores, quando pagam indevidamente um tributo indireto, não podem pleitear a devolução, sob o argumento de que quem teria pago tais tributos, na verdade, teria sido o consumidor final, por qual razão esse mesmo tributo, "pago" pelo consumidor final e apenas repassado ao Fisco, seria receita do comerciante?

Realmente, é incoerente sustentar que o comerciante vendedor não tem direito à restituição do tributo que pagou indevidamente ao argumento de que quem efetivamente paga é o consumidor final e, ao mesmo tempo, considerar o valor correspondente como receita do comerciante vendedor.

9. Consciência fiscal

9.1 Ausência de consciência fiscal

A Constituição Federal estabelece que "a lei determinará medidas para que os consumidores sejam esclarecidos acerca dos impostos que incidam sobre mercadorias e serviços".[14] E, ao fazê-lo, cuidando das limitações ao poder de tributar, reconhece, com razão, que a principal limitação ao poder de tributar reside na vontade popular. É preciso que os cidadãos em geral se sintam contribuintes, o que vem a cada dia se tornando mais difícil, em razão da preferência dos Governos pelos impostos indiretos.

14. CF de 1988, art. 150, § 5º.

Para que todos os cidadãos se sintam contribuintes, na verdade, falta a denominada "consciência fiscal", a consciência de que a carga tributária não pesa apenas nos ombros de quem tem o dever legal de efetuar o pagamento dos tributos, mas também sobre os ombros de quem, como comprador de mercadorias ou tomador de serviços, paga um preço no qual estão embutidos os tributos.

Há mais de meio século Aliomar Baleeiro escreveu que numa democracia essa consciência nítida da parte que incumbe a cada cidadão na distribuição das despesas indispensáveis ao funcionamento do Estado é reputada essencial a um elevado padrão cívico. E advertiu, com toda razão:

> Mas, ainda assim, é manifesta a insensibilidade fiscal: muita gente pensa que não paga impostos e muita gente nada pensa a respeito dêles. Daí resulta a indiferença da maior parte em relação aos mais importantes problemas públicos, malogrando-se o regime democrático pela falta de adesão ativa e efetiva de todos os cidadãos.
>
> Ora, na realidade, nem os mendigos escapam ao Fisco. Quando aplicam em compras as esmolas recebidas, suportam, pelo menos, o imposto de consumo e o de vendas, dissimulados no preço das mercadorias. Mais de 2/3 das receitas federais e estaduais não são "sentidos" pelos contribuintes. Os fenômenos da repercussão e amortização e difusão de impostos explicam essa insensibilidade.[15]

Tal situação – que, sem dúvida, ainda perdura – justifica plenamente o dispositivo constitucional prevendo que a lei determinará medidas para que os consumidores sejam esclarecidos acerca dos impostos que incidam sobre mercadorias e serviços.

Não é fácil determinar com exatidão o valor total dos tributos que em geral oneram as atividades de produção e comercialização de bens e de prestação de serviços, porque nosso sistema tributário é extremamente complexo. Nada impede, porém, que a lei estabeleça critérios para a determinação aproximada desse valor. E estabeleça que na publicação de preço de qualquer mercadoria ou serviço seja indicado o

15. Aliomar Baleeiro, *Uma Introdução à Ciência das Finanças*, vol. I, Rio de Janeiro, Forense, 1955, pp. 239-240.

valor dos tributos nele contidos. Desta forma, conhecendo o valor dos tributos que pagam ao comprar qualquer mercadoria ou utilizar qualquer serviço, os consumidores em geral passarão a fazer resistência sempre que os governantes pretenderem criar ou aumentar tributos.

9.2 Importância da consciência fiscal como limitação do poder de tributar

A consciência fiscal é a mais importante das limitações do poder de tributar. Mais importante porque é uma limitação substancial, e, sendo assim, sua remoção pelo governante é praticamente impossível. Enquanto as limitações formais de maior alcance – como os princípios da legalidade e da anterioridade – podem eventualmente ser removidas da Constituição, a consciência fiscal não pode ser removida, e pode chegar, mesmo, a impedir a remoção daquelas limitações formais.

A maior importância da consciência fiscal revela-se também porque ela pode atuar contra providências que, embora não digam respeito diretamente à tributação, implicam aumento do custo do Estado e, portanto, implicam a necessidade de aumento da receita tributária. É o que ocorre, por exemplo, com a criação de novos Estados e Municípios.

O estabelecimento de medidas para que os consumidores sejam esclarecidos sobre os impostos que incidem sobre mercadorias e serviços deve dar-se por meio de lei complementar, por se tratar de regramento que bem cabe no conceito de normas gerais de direito tributário, sendo aplicável também aos Estados e aos Municípios.

9.3 Possível razão da omissão legislativa

Entre as razões para a omissão legislativa que infelizmente perdura desde o advento da Constituição Federal de 1988 podem ser apontadas as dificuldades de ordem prática na definição de quais seriam as medidas cabíveis. A nosso ver, todavia, a razão mais forte da omissão legislativa em questão é mesmo o desinteresse dos governantes na aprovação de uma lei que imponha tamanha limitação ao poder de tributar.

Realmente, a lei poderia determinar simplesmente que em toda e qualquer publicação de preços de bens e serviços seja indicado o valor total dos impostos que oneram a mercadoria ou o serviço.

Para facilitar a referida indicação, a lei estabeleceria os critérios a serem utilizados no cálculo do valor desses impostos quando os mesmos não fossem incidentes diretamente na operação de venda ou prestação ao consumidor final. E o faria de tal sorte que o valor a ser indicado, embora não fosse determinado com absoluta exatidão, seria aproximado da realidade, tanto quanto possível.

E isto não é difícil de se fazer, posto que os impostos a serem considerados devem ser somente aqueles geralmente considerados como indiretos, incidentes nas operações com mercadorias e prestações de serviços.

9.4 Respostas às questões colocadas

> ***8. Tributação indireta e consciência fiscal***
>
> *8.1 Quais o sentido e o alcance do art. 150, § 5º, da CF de 1988? Estaria ali o reconhecimento de que o consumidor final é o "verdadeiro contribuinte" dos tributos que oneram as mercadorias e os serviços que consome?*

O sentido do art. 150, § 5º, da CF de 1988 é dar transparência quanto ao ônus tributário, fazendo com que o consumidor ou usuário saiba que o preço das mercadorias ou serviços está onerado pelos tributos que em razão das operações ou prestações correspondentes são cobrados do comerciante ou prestador de serviços.

Nele está o reconhecimento de que o tributo onera o preço dos bens e dos serviços. Não o reconhecimento de que o consumidor ou usuário seja o contribuinte, mas, pelo contrário, o reconhecimento de que o consumidor ou usuário não é o contribuinte, tanto assim que precisa ser informado a respeito dos tributos que oneram as mercadorias e serviços.

> *8.2 A regulamentação do aludido dispositivo deveria ocorrer por meio de lei complementar? Quais tributos deveriam ser abrangidos pelo dever de esclarecimento ao consumidor?*

Sim, porque se trata de regramento aplicável também aos Estados e Municípios; lei nacional, portanto. Os tributos abrangidos pelo dever de esclarecimento ao consumidor são os que incidem sobre operações com mercadorias e prestação de serviços.

> *8.3 Quais seriam as consequências práticas desse esclarecimento na formação da consciência fiscal?*

Esse esclarecimento tem como consequências práticas as reações das pessoas aos aumentos dos custos do Estado, que implica a necessidade de aumento de tributos, e ao próprio aumento dos tributos.

10. Desoneração das exportações

A vigente Constituição Federal estabelece que o ICMS não incidirá sobre operações que destinem mercadorias para o Exterior, nem sobre serviços prestados a destinatários no Exterior, assegurados a manutenção e o aproveitamento do montante do imposto cobrado nas operações e prestações anteriores.[16]

É inegável a existência de intensa competição nos mercados inter nacionais e a tendência dos diversos Países de estimular suas exportações, para a obtenção de superávit em suas balanças comerciais.

Ocorre que os tributos que incidem sobre a produção e a circulação de bens exportáveis e sobre a prestação de serviços a tomadores situados no Exterior encarecem os preços desses bens e serviços. Assim, excluir os tributos significa reduzir os preços. É um incentivo à competição internacional. Não significa, porém, o reconhecimento de que os tributos em referência são pagos pelos consumidores ou usuários no Exterior, embora signifique reconhecer que eles podem suportar o ônus daqueles tributos.

16. CF de 1988, art. 155, § 2º, X, "a".

10.1 Resposta à questão colocada

> ***9. Tributação indireta e desoneração das exportações***
>
> *9.1 Por qual razão a Constituição Federal estabelece a não incidência de certos tributos sobre operações de exportação? Seria um reconhecimento de que tais tributos seriam verdadeiramente pagos pelos consumidores dos produtos, situados no Exterior?*

A Constituição Federal estabelece a não incidência de certos tributos sobre operações de exportação para evitar a elevação do preço dos produtos exportáveis e, assim, dar melhor condição aos exportadores para competirem no Exterior. Não é um reconhecimento de que os tributos incidentes nas operações de exportação sejam pagos pelos consumidores de tais produtos, mas, simplesmente, de que os tributos constituem custos que implicam elevação dos preços correspondentes.

11. O princípio da legalidade e o art. 166 do CTN

11.1 Estímulo à "inconstitucionalidade útil"

Aceitar a interpretação hoje predominante na jurisprudência do STJ, que restabeleceu a regra da Súmula 71 do STF, é amesquinhar seriamente o princípio da legalidade tributária. Mesmo cobrado ilegalmente, se for o tributo indireto, não será restituído.

Isto constitui forte estímulo à "inconstitucionalidade útil". Em outras palavras, um estímulo à produção de leis tributárias inconstitucionais que seriam úteis para os governantes, no sentido de que podem elevar a arrecadação, e mesmo quanto declarada a inconstitucionalidade os valores arrecadados não serão restituídos.

Felizmente o STJ parece estar mudando sua orientação jurisprudencial quando à legitimidade daquele que paga o imposto somado ao preço do serviço por força de lei, como acontece no ICMS incidente sobre energia elétrica. É o que ficou demonstrado com o julgamento do REsp 1.299.303-SC, em cuja ementa está escrito:

> Diante do que dispõe a legislação que disciplina as concessões de serviço público e da peculiar relação envolvendo o Estado-concedente, a conces-

sionária e o consumidor, esse último tem legitimidade para propor ação declaratória c/c repetição de indébito na qual se busca afastar, no tocante ao fornecimento de energia elétrica, a incidência do ICMS sobre a demanda contratada e não utilizada.

Realmente, é inegável o interesse jurídico que tem a empresa usuária de energia elétrica na não cobrança do ICMS, que, por força de lei, é a ela repassado pela empresa fornecedora da energia. Aliás, admitir o contrário significa autorizar tal cobrança, pois a empresa fornecedora de energia não tem interesse de fato em contestá-la, visto que não suporta o ônus correspondente.

Mesmo assim, melhor será alterar a regra do Código Tributário Nacional, extirpando-se do sistema jurídico a causa desses desmandos.

11.2 Alteração do art. 166 do CTN

Considerando que o art. 166 do CTN contribuiu para a formação dessa jurisprudência, poder-se-ia preconizar sua revogação, pura e simples, ou a declaração de sua inconstitucionalidade, exatamente porque anula o princípio da legalidade, que é, certamente, uma notável garantia constitucional em matéria tributária. Preferimos, porém, preconizar sua alteração, de sorte que ele passe a afirmar exatamente o contrário do que tem entendido a jurisprudência. Preconizamos que a ele seja dada a seguinte redação:

> Art. 166. A restituição de tributo pago indevidamente será feita a quem tenha o dever jurídico de fazer o seu pagamento, como sujeito passivo da obrigação tributária correspondente, sendo irrelevante, para esse fim, a transferência do respectivo encargo financeiro.
>
> § 1º. Nos casos em que a lei autorize expressamente a transferência do encargo financeiro, a restituição, quando requerida pelo obrigado ao pagamento como sujeito passivo da obrigação tributária, dependerá: a) da prova de que a transferência não ocorreu; ou b) de estar o requerente autorizado a recebê-la, por quem suportou o encargo.
>
> § 2º. Nos casos a que se refere o parágrafo anterior, a restituição poderá ser feita diretamente a quem comprove ter suportado o encargo correspondente.

TRIBUTAÇÃO INDIRETA NO DIREITO BRASILEIRO

HUGO DE BRITO MACHADO SEGUNDO

Mestre e Doutor em Direito – Membro do Instituto Cearense de Estudos Tributários (ICET) – Professor (Graduação, Mestrado e Doutorado) da Faculdade de Direito da Universidade Federal do Ceará (UFC), de cujo Programa de Pós-Graduação (Mestrado/Doutorado) é Coordenador – *Visiting Research Scholar* da *Wirtschaftuniversität* (Viena/Áustria)

Muito relevante o tema escolhido pelo professor Hugo de Brito Machado para mais este volume de estudos tributários coeditado, sob sua coordenação, pelo Instituto Cearense de Estudos Tributários/ICET. A tributação indireta realmente suscita uma série de questionamentos, a começar pela própria identificação dos tributos assim considerados – questionamentos que nem sempre são enfrentados com coerência pela doutrina e especialmente pela jurisprudência no Brasil.[1]

De fato, os mais diversos tópicos relacionados à tributação indireta (restituição do indébito, imunidades, consequências do inadimplemento etc.) são, não raro, examinados de forma tópica e fragmentada, não parecendo haver grande preocupação, na solução de cada um deles, com as premissas usadas no equacionamento dos demais. Daí o mérito da escolha feita pela coordenação deste volume e das perguntas – que espera-se que os autores dos diversos textos enfrentem de forma coerente, consideradas as respostas em seu conjunto.

Foi por isso que, com mais razão, até, do que em trabalhos anteriores desta coleção, optou-se, aqui, por responder diretamente às questões, de forma objetiva e sucinta, exatamente na ordem em que foram formuladas, de sorte a permitir ao leitor a comparação com o

1. Cf., a esse respeito: Hugo de Brito Machado Segundo, *Repetição do Tributo Indireto: Incoerências e Contradições*, São Paulo, Malheiros Editores, 2011, *passim*.

posicionamento adotado por outros autores em relação aos mesmos temas. Com isso, atende-se ao propósito dos livros desta série, porquanto, embora não se encontrem respostas definitivas para os questionamentos – que talvez sequer existam, no conhecimento humano –, permite-se a discussão de ideias e a comparação de diferentes formas de compreender um mesmo assunto, contribuindo para o desenvolvimento de outras pesquisas a seu respeito.

1. Identificação dos tributos indiretos

1.1 Existem tributos indiretos? O que os caracteriza?

É tão antiga quanto problemática a classificação dos tributos em diretos e indiretos. Há quem simplesmente negue a classificação, em face de sua imprecisão, assim como há quem dela trate com surpreendente simplicidade, como se nenhuma controvérsia existisse ao seu redor.

Sem alongar o ponto com remissões ao pensamento de diversos autores, pode-se dizer, em síntese, que se consideram indiretos aqueles tributos cuja legislação elege como sujeito passivo pessoa diversa daquela cuja capacidade contributiva será alcançada através da tributação.[2]

Diante disso, diz-se, em geral, que são indiretos os tributos incidentes sobre a produção e a circulação de bens, pois visam a onerar o consumo, alcançando a capacidade contributiva dos consumidores, e não propriamente dos produtores e vendedores de mercadorias ou dos prestadores de serviços.

A classificação é problemática, como se disse, porque, não obstante facilmente enunciada no plano conceitual, não é fácil identificar esses tributos no plano concreto.[3] Demonstração disso são as perguntas feitas a seguir, a serem enfrentadas pelos autores desta coletânea.

Ressalte-se não ser adequado afirmar, quanto a esse ponto, que indiretos são aqueles tributos cujo ônus é "repassado" a terceiros, en-

2. José Juan Ferreiro Lapatza, *Direito Tributário – Teoria Geral do Tributo*, São Paulo, Marcial Pons/Manole, 2007, p. 165.

3. Pedro Mário Soares Martinez, *Direito Fiscal*, 10ª ed., Coimbra, Livraria Almedina, 2000, p. 49.

quanto nos tributos diretos esse repasse não aconteceria, pois nem sempre um tributo indireto tem seu ônus efetivamente repassado aos consumidores, sob a forma de um aumento de preços, assim como nem sempre o tributo direto é suportado apenas por seu contribuinte.[4] A classificação, porém, não deve ser abolida por isso, mas apenas ser calcada em outro critério,[5] como proposto parágrafos acima. Pode-se manter a classificação, considerando-se indiretos aqueles tributos calculados a partir da capacidade contributiva (ou outro critério) revelada por terceira pessoa, diversa daquela colhida como contribuinte. É o que ocorre, por exemplo, com o ICMS, cujas alíquotas variam (ou pelos menos deveriam variar) conforme a essencialidade da mercadoria ou do serviço tributados, levando-se em conta, assim, pelo menos indiretamente, a capacidade contributiva de quem consome, e não de quem produz.

1.1.1 No Direito Brasileiro o ICMS é um tributo indireto? E o IPI? Por quê? Há relação entre não cumulatividade e tributação indireta? Qual? Basta ser não cumulativo para ser considerado indireto o tributo, e vice-versa?

Sim, considerada a classificação nos termos explicados na resposta à questão anterior, ICMS e IPI são tributos indiretos, pois oneram a produção e o consumo, implicando preços mais elevados aos consumidores finais, que, assim, tendem a suportar economicamente o ônus correspondente.

É preciso deixar claro, porém, que uma coisa é reconhecer tais tributos como "indiretos"; outra, bem diferente, é saber quais consequências jurídicas podem validamente ser extraídas desse reconheci-

4. Cf. Edwin R. A. Seligman, "On the shifting and incidence of taxation", *Publications of the American Economic Association* vol. 7, n. 2/3 (março-maio/1892), pp. 7-191 (p. 148) (disponível em *http://www.jstor.org/stable/2485667*, acesso em 19.7.2012).

5. Para Maffeo Pantaleoni, por exemplo, a repercussão (ou "translação" – palavra preferida por autores italianos) é comum a todos os tributos, não podendo ser usada como critério para a distinção dos tributos em diretos e indiretos (*Teoria della Traslazione dei Tributi*, Milão, Giuffrè, 1958, p. 30). Ben Terra, porém, embora o reconheça, afirma ser possível continuar utilizando a classificação (*Sales Taxation – The Case of Value Added Tax in the European Community*, Boston, Kluwer Law and Taxation Publishers, 1988, p. 12).

mento (*v.g.*, aplicação do art. 166 do CTN). Voltar-se-á ao tema nas respostas aos questionamentos seguintes.

Quanto à não cumulatividade, não é ela o fator determinante para que se classifique um tributo como indireto, embora sua aplicação se dê, em regra, a tributos plurifásicos incidentes sobre o consumo, que são, nessa condição, indiretos. Ressalte-se, porém, que o tributo pode ser indireto, na medida em que incide sobre o consumo, onerando, economicamente, produtos e serviços a serem consumidos por terceiros, e ainda assim ser cumulativo, incidindo em cascata. Essa circunstância tornará mais difícil identificar a influência do tributo no preço do produto, mas não significará que ela não existe.

Na verdade, a não cumulatividade apenas *pressupõe* a *possibilidade* de repercussão econômica do ônus do tributo, e procura evitar que esta implique, em razão da existência de maior ou menor número de operações intermediárias, alteração no ônus tributário que recai sobre determinado produto. Procura-se, com ela, assegurar a neutralidade da tributação, evitando efeitos econômicos negativos de uma tributação cumulativa; mas ela não dá ao contribuinte vendedor o *direito* de receber do comprador de suas mercadorias, além do preço, o tributo, como algo juridicamente diverso e destacado. Não enseja uma "repercussão jurídica" do ônus tributário, portanto, pois não dá ao contribuinte o direito de repassar o ônus do tributo. Ele tem, tão somente, a oportunidade de economicamente fazê-lo, igual à que tem em relação a qualquer outro tributo, e que não é alterada pela sistemática da não cumulatividade.

> 1.1.2 Afirmativa a resposta à pergunta anterior, seriam indiretos também o PIS e a COFINS? E o IRPJ, quando incidente sobre o lucro presumido do comerciante vendedor? Por qual razão o ônus referente ao ICMS seria repassado ao consumidor, e o do IRPJ não?

Essa pergunta traz à tona os problemas inerentes à classificação de que se cuida, notadamente em relação ao IRPJ.

Sim, PIS e COFINS podem ser considerados tributos indiretos. Embora tenham como base de cálculo a "receita", é inegável que, ao onerarem a venda de mercadorias e a prestação de serviços, tornam tais mercadorias e tais serviços mais caros ao consumidor, que suporta o ônus correspondente, do ponto de vista econômico. Insista-se, porém, que admitir isso não significa admitir a aplicação, por exemplo, do art. 166 do CTN às ações de restituição que digam respeito a tais contribuições, conforme será explicado oportunamente.

Quanto ao IRPJ, tanto ele como todos os demais custos experimentados no âmbito de uma atividade econômica que visa a produzir ou comercializar bens ou prestar serviços (demais tributos, salários, aluguéis etc.) tendem a ser repassados ao consumidor. A lógica é simples. Se a atividade visa à obtenção do lucro, suas receitas devem superar suas despesas. Para isso, é preciso que os preços, cujo recebimento formará sua receita, permitam a recuperação de todos os custos, e os superem.

A razão pela qual se costuma identificar o ICMS como tributo indireto, e o IR não, é o fato de que, em relação ao primeiro, sua influência na formação do preço é mais facilmente perceptível, além de, pelo menos em tese, seu fato gerador compreender situação que revela a capacidade contributiva do comprador, e não propriamente do vendedor. Tanto que mercadorias luxuosas são mais pesadamente por ele tributadas, tendo em conta a maior riqueza (presumidamente) de quem as consome, e não de quem as produz ou vende.

Mas reconhecer tais tributos como diretos ou indiretos nada tem a ver com a aplicação, a eles, do art. 166 do CTN, como será mais adiante explicado.

> 1.1.3 Ainda em relação ao IRPJ, faria diferença o fato de ele incidir sobre o lucro presumido ou sobre o lucro real? Qual?

Depende de saber para quê. Faria alguma diferença para qual finalidade?

Se a diferença mencionada na pergunta consiste na possibilidade de se aplicar, ou não, o art. 166 do CTN à sua restituição do indébito, a resposta é não. Até porque mencionado artigo não se aplica, em nossa ótica, nem mesmo ao ICMS e ao IPI. E, mesmo que a esses dois impostos classicamente indiretos o art. 166 fosse aplicável, isso seria em virtude de características que eles ostentam e o IRPJ, seja calculado sobre o lucro presumido, seja calculado sobre o lucro real, não possui.

O IRPJ calculado sobre o lucro real tem seu ônus, como todo tributo, considerado na fixação dos preços, que podem ser majorados no caso de uma majoração desse imposto. Mas a relação entre o custo representado pelo tributo e o preço cobrado por mercadorias e serviços não é tão imediata e clara. Nos tributos que têm por fato gerador a operação que impele produtos e serviços na cadeia produtiva, até o consumidor final, e cuja base de cálculo, por imposição lógica, é o valor dessa operação é mais facilmente perceptível o fenômeno da repercussão econômica do ônus correspondente. É o que se dá nos tributos circulatórios plurifásicos e não cumulativos, como ICMS e IPI. Mas – insista-se – isso não significa que em relação a qualquer deles seja aplicável o art. 166 em caso de restituição do indébito tributário.

1.1.4 Nos serviços públicos, havendo fixação de preços e previsão de manutenção do equilíbrio econômico-financeiro dos contratos, pode-se dizer que os tributos que oneram a atividade são indiretos? Todos? Alguns? Quais?

Na verdade, na prestação de serviços públicos, havendo fixação dos preços e previsão da manutençao do equilíbrio econômico-financeiro do contrato, o que se tem é a previsão, normativa, de que os ônus tributários sejam repassados aos usuários dos serviços. Isso não torna, propriamente, os usuários "contribuintes", mas dá a estes legitimidade para se insurgir contra esse repasse, quando indevido.

A ação dos usuários pode ser movida contra o prestador do serviço público, caso este esteja a incluir, no valor cobrado pelos serviços, tributos considerados indevidos, mas nada impede que se inclua em seu polo passivo também o ente público correspondente, ou mesmo apenas este. Afinal, é ele quem impõe o ônus que, por força das normas referentes ao serviço público, é juridicamente transferido ao usuário do serviço.

Não que o consumidor final seja "contribuinte" da exação. Não é isso. Mas ele, por imposição das normas aplicáveis à concessão do serviço, é obrigado ao pagamento dessa exação (e não apenas de um preço eventualmente aumentado por conta dela), tendo, por isso, legitimidade ativa *ad causam* para discuti-la.

É preciso diferenciar, aqui, duas formas de "transferência" do ônus de um tributo: uma econômica (presente em todos os tributos, ainda que de forma mais clara nos ditos "indiretos") e outra jurídica (que pode estar presente em qualquer tributo, seja ele direto ou indireto).

Na primeira, a transferência do ônus se dá no âmbito da fixação dos preços, que, por serem livres, podem ser majorados por aquele que passa a ser obrigado ao pagamento de um novo tributo. Há, aqui, uma *oportunidade* de transferência, mas não um *direito subjetivo* de proceder a ela. Se o mercado permitir, o ônus será integralmente transferido. Aliás, pode mesmo ocorrer de o preço ser majorado em patamares que até mesmo superam o novo ônus tributário. Mas em qualquer caso o terceiro para o qual é transferido esse ônus estará pagando, juridicamente, *preço*, regido pelas normas contratuais correspondentes. Se se pactuou a venda de uma televisão por R$ 1.000,00, sem dolo, coação, erro fraude etc., os R$ 1.000,00 serão devidos pelo comprador, que aceitou pagá-los. O fato de nesses R$ 1.000,00 estarem "embutidos" R$ 200,00 referentes ao ICMS devido pelo vendedor não altera a realidade de que os R$ 1.000,00 são o *preço devido*. Isso tampouco se altera se os R$ 200,00 forem posteriormente considerados indevidos. O preço não será parcialmente indevido por isso.

Já, tratando-se de repercussão jurídica, não. Ao sujeito passivo assegura-se o direito subjetivo, e não apenas a oportunidade, de exigir de terceiro não apenas o preço, mas, junto com ele, algo que tem natureza jurídica de tributo. É o que ocorre, *v.g.*, na generalidade das situações de responsabilidade tributária por retenção.

Dois exemplos podem bem elucidar a distinção e seus reflexos no âmbito da restituição do indébito, os quais serão melhor explorados a seguir (à luz dos questionamentos subsequentes).

Imagine-se, primeiro, a situação de uma instituição financeira à época em que era devida a CPMF. A instituição, na condição de sujeito passivo, era obrigada ao seu pagamento. Poderia ser fiscalizada, executada etc. Mas tinha o *direito subjetivo* (e não só uma oportunidade, sujeita às leis do mercado) de repassar o ônus correspondente ao correntista, autor da movimentação financeira a ser tributada. Com a extinção da CPMF a instituição não poderia mais continuar retendo valores a esse título de seus correntistas. Se o fizesse, poderia ser acionada por estes. E se o fizesse por determinação do Poder Público os correntistas poderiam acionar a ambos. Afinal, tinham os correntistas o *direito subjetivo* de não se sujeitar à exação, já extinta.

Do mesmo modo, se, por hipótese, na época em que ainda existente o tributo, o banco calculasse como devidos R$ 100,00, retivesse R$ 100,00 da conta de seu correntista e esses R$ 100,00 fossem indevidos, o *correntista* teria plena legitimidade para reclamar a devolução do que indevidamente lhe havia sido exigido. Por outro lado, se o banco calculasse como devidos R$ 100,00, retivesse R$ 100,00 do correntista mas recolhesse aos cofres públicos, por erro seu, R$ 1.000,00, seria do banco a legitimidade para reclamar a correspondente devolução.

Isso porque se está diante de autêntica hipótese de repercussão jurídica, tendo o banco o direito de exigir as quantias decorrentes do contrato celebrado com o correntista (tarifas bancárias etc.) e, paralelamente a elas, os tributos que, por lei, recolhe como *responsável tributário*, em razão de fatos praticados pelo correntista.

Veja-se, agora, a diferença em relação a uma hipótese de repercussão meramente econômica. Um supermercado é obrigado ao pagamento do ICMS incidente sobre as mercadorias que comercializa. Suponha-se, portanto, que uma garrafa de determinada marca de uísque custa R$ 100,00, sendo o supermercado obrigado ao pagamento de R$ 25,00 a título de ICMS em virtude de sua venda. O preço do uísque até pode ter sido fixado levando em consideração o ICMS incidente sobre o uísque, mas não está juridicamente atrelado a ele. Tanto que, se, por exemplo, for concedida uma isenção de impostos ao uísque, os clientes não poderão exigir (como podem os correntistas do banco, quando da extinção da CPMF) uma redução no preço correspondente. O supermercado poderá até reduzir o preço, mas não estará obrigado a isso, podendo reduzi-lo em percentual inferior ao da redução tributária, mantê-lo no mesmo patamar ou, mesmo, majorá-lo. Isso porque não há o direito de exigir "tributo" do consumidor, mas "preço", o qual não é juridicamente afetado pelos tributos que sobre ele incidem. É por isso que – conforme será explicado a seguir – não é correto aplicar o art. 166 do CTN às hipóteses de restituição do indébito, mesmo tratando-se de tributos indiretos como o ICMS e o IPI.[6]

6. Ressalte-se que princípios como os da não cumulatividade, da seletividade e da neutralidade, aplicáveis ao ICMS e ao IPI, não instituem o direito à repercussão, fazendo-a repercussão jurídica. O que eles fazem é prever a possibilidade de uma repercussão econômica, impondo sua consideração para certos fins tributários. Para que

Observe-se, finalmente, que uma dessas formas de repercussão, inclusive, pode eventualmente operar-se em oposição à outra, não sendo impossível que o sujeito autorizado a repassar o ônus do tributo a um terceiro o faça juridicamente mas não economicamente.[7]

> 1.1.5 O aumento de tributo incidente sobre um serviço público, sendo imediatamente transferido ao consumidor por força de previsão contida no contrato de concessão, deve ser considerado um aumento de tarifa? Caso negativo, isso significa que o consumidor está pagando tributo? Há algum reflexo, em razão disso, na aplicação do art. 166 do CTN a tais hipóteses?

De acordo com o STJ, não.[8] O consumidor estaria a pagar, juridicamente, tarifa *e* tributo, e não uma tarifa mais elevada. E isso tem consequências práticas muito importantes para a definição da legitimidade ativa *ad causam* nas ações que visam a discutir tais exações, a reforçar a resposta dada ao questionamento anterior, pois, evidentemente, o consumidor, sofrendo a cobrança de tributo (e não de preço mais alto), tem, sim, legitimidade ativa *ad causam* para discutir a exação, não podendo ser equiparado ao comprador de feijão, sapatos ou carne, que têm, quando muito, um preço mais elevado por conta do ICMS devido pelo vendedor (mas que poderia ter sido elevado por qualquer outra causa).

> 1.1.6 Imagine-se que um consumidor final de energia elétrica questiona em juízo a cobrança do ICMS incidente sobre as faturas que paga à concessionária correspondente. Em face de medida liminar, deixa de sofrer o acréscimo do imposto nos termos impugnados. ▶

uma repercussão seja jurídica não basta que ela esteja prevista em normas jurídicas, sendo necessário que ela seja instituída por normas jurídicas. Afinal, uma norma pode prever a possibilidade de um efeito econômico e lhe atribuir algum efeito jurídico, situação bem diversa daquela em que uma norma dá a alguém o direito de exigir ou de operar esse efeito econômico.

7. É o caso de quando o beneficiário dos rendimentos exige rendimentos mais elevados para que, com isso, a fonte pagadora suporte, economicamente, o IR que, retido, estaria por ela sendo juridicamente transferido ao beneficiário.

8. STJ, 1ª Seção, REsp/ED 976.836-RS, *DJe* 26.11.2010.

▶ Essa liminar é confirmada por sentença e por acórdão do Tribunal de Justiça. Muitos anos depois, o STJ afirma a ilegitimidade ativa *ad causam* do consumidor final e extingue o processo sem exame do mérito. Pergunta-se: o Estado poderá exigir o ICMS que deixou de ser recolhido em todo o período de vigência da liminar? Ele poderá exigir esse imposto de quem? Da concessionária que estava impedida de descontá-lo? Do consumidor que teve extiguido seu processo, por não ser considerado contribuinte?

Essa pergunta, que cuida de situação vivenciada na prática, hoje, por inúmeros consumidores de energia elétrica, é demonstração eloquente do equívoco da jurisprudência que nega legitimidade ativa *ad causam* ao consumidor de energia elétrica, pois ela conduz, forçosamente, à conclusão segundo a qual tais processos não deveriam ter sido extintos sem exame de mérito.

O Estado não poderá exigir o imposto da concessionária, pois ela não pôde cobrá-lo de quem, à luz das normas aplicáveis à concessão do serviço público, deveria tê-lo pago. Exigir o tributo da concessionária, posteriormente, implicaria flagrante desrespeito a essas regras e colocaria em risco o equilíbrio econômico-financeiro do contrato.

Mas tampouco o tributo poderá ser exigido do usuário, que, paradoxalmente, teve o processo extinto sem exame de mérito justamente sob a alegativa de que não seria contribuinte do imposto nem teria qualquer relação jurídica com o Estado.

Na verdade, tais processos deveriam ter sido examinados em seu mérito, pelas razões indicadas nas respostas aos dois questionamentos anteriores. Diversamente do consumidor de mercadorias em geral, o usuário de serviços públicos, notadamente de energia elétrica, paga não apenas tarifa, ou tarifa "encarecida" por tributos, mas tarifa *e* tributos, tendo, sim, plena legitimidade para discutir a validade ou a forma de cálculo destes últimos. Será curioso ver, caso a cobrança seja dirigida aos consumidores por meio de auto de infração, qual argumento será usado pelo Estado para (tentar) legitimá-la, já que no mérito a cobrança (no caso, de ICMS sobre demanda contratada) é reconhecidamente indevida, e o aspecto processual, no caso da lavratura de auto de infração, estará evidentemente afastado.

2. Tributação indireta e repetição do indébito

2.1 O art. 166 do CTN se aplica à restituição de tributos indiretos? Ele se aplica a alguma outra hipótese de restituição do indébito tributário?

Embora se conheça a existência de jurisprudência do STF e do STJ em sentido contrário,[9] pode-se dizer que ela, com todo o respeito, é equivocada. O art. 166 do CTN não deve ser aplicado a tributos considerados "indiretos", por uma série de razões.

A aplicação do art. 166 do CTN aos tributos genericamente classificados como indiretos (*v.g.*, ICMS, IPI) consiste no que a doutrina anglo-saxã tem chamado de *passing-on defense*, e incorre em problemas que a doutrina brasileira há muito aponta, e que estudiosos de outros Países mais recentemente também denunciam e questionam, na medida em que em seus ordenamentos também se cogita da aplicação dessa "defesa" pelo Fisco.

As premissas da tese da "repercussão", como fundamento para o indeferimento da restituição, são as seguintes: (a) a restituição visa à reparação de um dano, e a transferência do ônus do tributo ao consumidor final faz com que o contribuinte vendedor não tenha dano a ser reparado, não podendo, portanto, reclamar qualquer ressarcimento; (b) tendo o usuário experimentado o "empobrecimento" causado pelo pagamento do tributo indevido, ressarcir o contribuinte vendedor levaria ao "enriquecimento sem causa deste"; (c) entre o enriquecimento sem causa de um contribuinte e o enriquecimento sem causa da Fazenda, decorrente da não devolução do tributo indevido, seria preferível este último, em razão de o interesse público sobrepor-se ao particular, em benefício de toda a coletividade; (d) o contribuinte pode provar não ter efetuado o repasse, hipótese na qual lhe assiste o direito à restituição.

Vejamos, então, se tais premissas procedem.

Quando a restituição visar à reparação de um dano, é preciso notar, primeiro, que essa é uma visão tipicamente civilista, não necessariamente aplicável a toda modalidade de restituição. Na verdade, a

9. Súmulas 71 e 546 do STF e, *v.g.*, no âmbito do STJ, EREsp 699.292-SP.

restituição visa a recompor o estado anterior ao ato indevido – que, no caso, é a cobrança do tributo em desconformidade com o ordenamento. Assim, ter-se-á a reparação se e quanto o tributo indevidamente cobrado for devolvido. A invocação dessa noção civilista era explicável no início do século XX, quando o argumento pela primeira vez surgiu na jurisprudência do STF, época na qual os estudos de direito público ainda davam seus primeiros passos – o que motivou a solução de tais problemas à luz da ciência das finanças e do direito civil.[10] No âmbito do direito público, notadamente constitucional, é temerário deixar impune uma lesão à Constituição sob o argumento de que aquele "verdadeiramente" lesionado teria transferido o ônus correspondente a terceiro. Na verdade, a maior lesão se dá em relação à integridade da ordem jurídica constitucional, e é ela, e não propriamente o patrimônio deste ou daquele contribuinte, que tem de ser reparada – o que só se dá com o efetivo desfazimento da situação de inconstitucionalidade, vale dizer, com a restituição do indébito tributário. Por outro lado, mesmo cobrando um preço mais caro, ainda assim não se pode dizer que o contribuinte não sofreu danos a serem reparados. Afinal, o preço mais elevado pode tê-lo impedido de vender mais, assim como o tributo pode tê-lo impedido de lucrar mais, caso o preço mais elevado pudesse ter sido praticado mesmo sem a majoração do tributo.[11]

No que tange ao empobrecimento do consumidor e ao enriquecimento do vendedor, ambos "sem causa", é importante recordar as respostas dadas às questões anteriores, notadamente a 1.5. Na verdade, a causa do recebimento do preço, em seu montante integral, pelo ven-

10. Brandão Machado, "Repetição do indébito no direito tributário", in Brandão Machado (coord.), *Direito Tributário. Estudos em Homenagem ao Professor Ruy Barbosa Nogueira*, São Paulo, Saraiva, 1984, p. 68.

11. Esse aspecto já foi, inclusive, ressaltado pelo Tribunal de Justiça Europeu/TJE no julgamento C-147/01, no qual se discutia precisamente a questão da "repercussão" dos tributos indiretos. Diante de disposição legal austríaca (o § 185 do *Wiener Abgabenordnung*/WAO, Código dos Impostos de Viena) que exigia a prova da não repercussão como condição para a restituição do indébito, o TJE não apenas afirmou que o ônus da prova do "enriquecimento ilícito" seria da Administração, e não do contribuinte (que não poderia ser obrigado a produzir a prova do "não repasse"), como, ainda, frisou que não necessariamente o repasse do tributo nos preços significaria a ausência de prejuízos a serem reparados por meio da repetição do indébito, pois, "ainda que o imposto tenha sido completamente integrado no preço praticado, o sujeito passivo pode sofrer prejuízos associados à diminuição do volume das suas vendas (v. acórdãos Comateb e o., n. 29, e Michaïlidis, n. 35, já referidos)" (C-147/01, item 99).

dedor é o contrato de compra e venda. Essa causa jurídica não é contaminada, ou por qualquer modo prejudicada, pelo fato de o tributo exigido do vendedor não ser devido. Assim, se, por qualquer razão, um custo que onerava o vendedor desaparece, o preço, que havia sido pactuado por meio de um acordo de vontades, não se torna indevido por isso, não se podendo dizer, por conseguinte, que o valor a ele correspondente fora recebido "indevidamente" pelo vendedor. Isso faz desaparecer, por completo, a alegativa de que a restituição ao contribuinte implicaria locupletamento sem causa deste.

Suponha-se, por exemplo, que o vendedor estipula seu preço pensando – ainda que erradamente – ser o imposto incidente sobre a mercadoria cobrado pela alíquota de 20%. Poucos dias depois, porém, seu contador o adverte de que o imposto é devido pela alíquota de 17%. Como, porém, as etiquetas com os preços já estão todas impressas, o vendedor decide não alterar seus preços. Desde que os consumidores aceitem o preço fixado e efetivamente comprem as mercadorias, a consequência disso será um maior lucro para ele – o que não é ilícito. Não há nenhuma diferença entre essa situação e aquela em que essa percepção se dá alguns anos depois, quando o tributo pela alíquota de 20% já foi recolhido durante largo período.

Do mesmo modo, se um vendedor fixa o preço de seus produtos levando em conta o elevado aluguel que terá de pagar ao *shopping center* no qual sua loja está estabelecida, e depois de alguns anos se constata que esse aluguel estava sendo exigido em patamar superior ao devido, a devolução do excesso por parte do *shopping* não implicará "locupletamento" do vendedor. Não há nenhuma diferença entre essa situação e aquela na qual se verifica a devolução do ICMS ou do IPI devidos.

Além disso, se maiores custos para o vendedor implicam maiores preços, menores custos implicarão menores preços. Assim, a devolução do indébito estimulará o vendedor a praticar menores preços no período subsequente à restituição, beneficiando, de uma forma ou de outra, os consumidores. E nem se argumente, nesse caso, com a afirmação de que o vendedor não reduziria seus preços, pois isso seria um reconhecimento explícito de que os preços são determinados pelo mercado, e não necessariamente pelos ônus maiores ou menores incidentes sobre o vendedor.

Não há, portanto, enriquecimento sem causa do contribuinte caso a ele se restitua o indébito tributário. Mas há, em qualquer hipótese de pagamento indevido, enriquecimento sem causa da Fazenda, pelo quê não se pode "ponderar" dois enriquecimentos sem causa para afirmar, ao final, que o da Fazenda seria preferível, em razão de reverter em prol da coletividade. Aliás, o maior interesse público, que justificou o próprio surgimento do Estado, é o respeito às leis, pelo quê não se pode, em hipótese alguma, invocar o interesse público para justificar a manutenção ou a não reparação de uma violação da ordem jurídica por parte do Poder Público.[12]

Finalmente, quanto à questão de se poder provar a inocorrência do repasse, reconheça-se que essa prova é, em regra, inteiramente impossível, especialmente por conta da inexistência de um tabelamento de lucros. Excepcionando-se hipóteses peculiares, como a de tributo pago em função de lançamento de ofício efetuado anos depois da ocorrência das operações tributadas (e que, por isso mesmo, não teria como ser repercutido no preço delas), a prova da não repercussão é impossível, e inviabiliza, inteiramente, a restituição do indébito tributário, não se podendo admitir que seja exigida como condição para essa restituição, sob pena de frontal ofensa ao disposto no art. 5º, XXXV, da CF de 1988.

Por outro lado, a exigência de que o autor do pedido de restituição prove a inocorrência de repasse é incoerente e incompatível com a regra geral, decorrente da teoria geral das provas, segundo a qual ao autor cabe o ônus de demonstrar a ocorrência dos fatos dos quais decorre seu direito, enquanto ao réu incumbe a demonstração de fatos impeditivos, modificativos ou extintivos desse direito. Assim, ao autor deveria incumbir a prova, tão somente, do pagamento e de sua natureza indevida. Ao réu é que cabe o ônus da prova dos fatos subjacentes às "exceções" ou "defesas" que podem ser suscitadas, a exemplo da prescrição, da prévia restituição ou, no caso de se aceitar a validade da tese da "repercussão", da ocorrência desta.

Frise-se: não é que se esteja, aqui, negando a classificação de tributos em diretos ou indiretos, ou negando sua relevância jurídica. A classificação tem sua utilidade, e pode ter consequências jurídicas vá-

12. Cf. Raquel Cavalcanti Ramos Machado, *Interesse Público e Direitos do Contribuinte*, São Paulo, Dialética, 2007, *passim*.

lidas (*v.g.*, determinação de alíquotas seletivas, adoção do princípio da não cumulatividade, imunidade concedida às exportações etc.), mas não se podem atribuir a ela consequências que impactam normas fundamentais da ordem jurídica, de hierarquia constitucional, como é o caso das garantias constitucionais tributárias em geral e da garantia à jurisdição em particular.

Tais considerações, porém, não necessariamente conduzem à inconstitucionalidade do art. 166 do CTN. Ele é válido, desde que entendido como aplicável apenas aos casos de repercussão jurídica do ônus tributário, assim entendidos aqueles nos quais há mais de um sujeito passivo definidos por lei (*v.g.*, contribuinte e responsável, nos termos do art. 128 do CTN),[13] ou nos quais a ordem jurídica confere ao sujeito passivo o direito subjetivo (e não só a oportunidade, na livre fixação de preços) de exigir o tributo (e não apenas um preço mais alto) de terceiro, como se dá no âmbito dos serviços públicos.

2.2 O art. 166 do CTN se aplica a outras ações relacionadas aos tributos indiretos, diversas da ação de restituição? Embargos à execução fiscal, por exemplo?

Diante da resposta dada à pergunta anterior, esta se torna prejudicada. Se o art. 166 não é aplicável à restituição do indébito de tributos indiretos, pela mesma razão não poderia sê-lo às demais ações que tenham por objeto discutir outros aspectos da relação jurídica referente a tais tributos.

Registre-se, porém, que o STJ, embora admita (equivocadamente, *data venia*) a aplicação do art. 166 do CTN às ações de restituição do indébito de tributos indiretos, rejeita essa mesma aplicação no que tange a outras ações.[14] Entende a Corte, acertadamente (nessa parte),

13. Nesse sentido, cf. José Artur Lima Gonçalves e Márcio Severo Marques, "Repetição do indébito e compensação no direito tributário", in Hugo de Brito Machado (coord.), *Repetição do Indébito e Compensação no Direito Tributário*, São Paulo/Fortaleza, Dialética/ICET, 1999, pp. 207 e ss.

14. "O art. 166 do CTN se aplica unicamente nos casos de repetição de indébito, não podendo ser invocado quando a discussão em torno da legalidade do crédito tributário se dá nos embargos à execução fiscal, em que o objetivo do embargante cinge-se ao não pagamento ou à redução da quantia executada. Nesse caso, é total-

que o art. 166 do CTN veicula norma restritiva, que não pode, por isso, ser interpretada ampliativamente, sendo certo que seu texto se reporta de forma expressa à restituição do indébito, e não à resistência ao pagamento de tributos ainda não recolhidos.

2.3 Há diferença entre a situação do contribuinte que paga tributo indireto e em seguida postula sua restituição e a daquele que, em vez de pagar, deposita o valor correspondente, questionando a cobrança? Por qual razão o art. 166 do CTN seria aplicável na primeira situação, e não na segunda?

O depósito deve ser levantado pelo autor da ação, que foi quem o efetuou, caso os pedidos desta sejam julgados procedentes. Não se trata de restituição do indébito, pelo quê, nos termos mencionados na resposta à pergunta anterior, não se há de aplicar o art. 166 em tais circunstâncias.

Se se estiver diante de uma daquelas situações em que o art. 166 do CTN é validamente aplicável às ações de restituição do indébito, a teor da parte final da resposta à questão 2.1, contribuinte e responsável poderão ajudar-se no plano cível caso a ação tenha sido proposta por um deles mas o ônus (jurídico) do tributo tenha recaído sobre outro, como seria o caso na hipótese de a ação ter sido proposta pela fonte retentora, diante da efetiva ocorrência de retenção.

2.4 O art. 166 confere legitimidade ao contribuinte "de fato" para postular a restituição do indébito? Caso negativo, como se poderá obter a restituição do indébito, sobretudo em situações nas quais o contribuinte de direito, que repassou o ônus financeiro do tributo ao consumidor, não tem como identificá-lo? Haveria ofensa ao art. 5º, XXXV, da CF de 1988?

mente descabida a exigência da prova do não repasse do encargo financeiro, pois não houve, ainda, pagamento do tributo executado" (STJ, 2ª Turma, REsp 698.611-SP, rela. Min. Eliana Calmon, j. 3.5.2005, *DJU* 6.6.2005, p. 288). Esse entendimento foi posteriormente ratificado pela 1ª Seção do STJ: EREsp 651.224-SP, rela. Min. Eliana Calmon, j. 10.5.2006, *DJU* 19.6.2006, p. 90.

De acordo com a mais recente jurisprudência do STJ, não. O art. 166 do CTN não confere legitimidade ativa *ad causam* ao contribuinte de fato. Trata-se, porém, de uma mudança no entendimento anteriormente pacífico naquela Corte – mudança que, aliás, parece ter criado situações como a descrita na pergunta 1.1.6, *supra*.

Nesse quadro, criou-se situação que realmente pode tornar impossível a restituição do indébito tributário, em clara ofensa ao art. 5º, XXXV, da CF de 1988. Ao contribuinte dito "de direito" será negada a restituição, ao argumento de que ele "repassou" o ônus ao contribuinte de fato, incumbindo-lhe o ônus da prova, muitas vezes impossível, de que esse repasse não aconteceu. Já, ao contribuinte "de fato" a restituição será negada sob o argumento de que ele não participa de nenhuma relação jurídica com o Fisco. Diante dessa contraditória situação – é mais que claro –, tem-se uma lesão a um direito (de não pagar tributos indevidos) inteiramente excluída da apreciação do Poder Judiciário.

É da maior evidência que uma situação assim não pode perdurar, nem deve ser tolerada por quem tem a incumbência de proteger o texto constitucional.

Merecem atenção, no caso, as soluções encontradas para problemas semelhantes na órbita do Direito Comparado.

Em alguns Países da Europa (*v.g.*, Itália, Áustria e Dinamarca) a legislação passou a condicionar a restituição do indébito à prova de não repercussão do ônus do tributo ao consumidor final, no uso da *passing-on defense*.

Provocado, o Tribunal de Justiça Europeu/TJE decidiu que, em princípio, a legitimidade para receber a restituição de um tributo indevido bem como as condições que terão de ser atendidas (*v.g.*, aspectos processuais, prazos prescricionais etc.) são aspectos de direito nacional, a serem soberanamente normatizados no âmbito de cada País. Como não há influência de tais matérias no respeito ao Direito Comunitário, o TJE não poderia se imiscuir nelas. Forte nessas premissas, a *passing-on defense* foi, em tese, aceita, assim como se afirmou a ilegitimidade do contribuinte dito "de fato" para repetir o indébito.[15] Mas

15. Acórdão do TJE (1ª Seção) de 20.10.2011 (pedido de decisão prejudicial do Vestre Landsret – Dinamarca) – Danfoss A/S, Sauer-Danfoss ApS *versus* Skatteministeriet, Processo C-94/10.

em tais julgados o TJE deixou bastante claro que: (a) o ônus de provar a repercussão do ônus financeiro, a ser usada como obstáculo à restituição, é da Administração Tributária, e não do contribuinte;[16] (b) o uso da *passing-on defense* não pode, jamais, conduzir a uma situação em que a restituição do indébito se torne impossível ou extremamente difícil.[17]

Estudiosos do tema, em face de tais julgados, têm insistido em que a *passing-on defense* nem mesmo deveria ter sido acolhida pelo TJE, pois, ao atribuir o ônus da prova à Administração, e considerando que o consumidor final tem sempre à sua disposição ação civil contra o contribuinte para pleitear eventual devolução de parte do preço, se for o caso, o TJE praticamente tornou inviável seu uso pelo Fisco. E, além disso, trata-se de argumento equivocado em sua base, pois, em princípio, o que o consumidor paga ao vendedor de mercadorias ou ao prestador de serviços é *preço*, o qual não se torna indevido por conta de se ter reconhecido como indevido um dos custos suportados por esse vendedor ou prestador e eventualmente considerado na fixação do tal preço.

No âmbito do Direito Canadense o mesmo argumento chegou a ser utilizado pelo Fisco (*passing-on defense*). E, embora o tenha aceitado em um primeiro momento, a Suprema Corte daquele País pacificou seu entendimento no sentido de rejeitar a alegativa de "repasse", partindo dos seguintes fundamentos: (a) a restituição do indébito tributário deve ser analisada à luz dos princípios constitucionais da tributação, e não sob a ótica do "enriquecimento sem causa", sob pena de se violar o próprio princípio do Estado de Direito;[18] (b) o argumento

16. Acórdão do TJE de 9.11.1983 (Amministrazione delle Finanze dello Stato *versus* S.P.A. San Giorgio, Processo C-199/82).

17. Cf. Processos C-68/79 (27.2.1980), C-61/79 e C-35/05. Nesse último, a propósito, o TJE consignou: "Os princípios da neutralidade, da efectividade e da não discriminação não se opõem a uma regulamentação nacional, como a em causa no processo principal, segundo a qual apenas o fornecedor pode requerer o reembolso dos montantes indevidamente pagos a título do IVA às autoridades fiscais e o destinatário dos serviços pode intentar uma acção cível para repetição do indevido contra este fornecedor. No entanto, se o reembolso do IVA se tornar impossível ou excessivamente difícil, os Estados-membros devem prever os instrumentos necessários para permitir ao referido destinatário recuperar o imposto indevidamente facturado, de modo a que o princípio da efectividade seja respeitado".

18. No original: "In a public law context, a rule which would, for policy considerations, immunize public authorities from restitutionary claims with respect to monies

da repercussão é economicamente equivocado, trazendo, ainda, uma série de dificuldades relativamente à "prova" desse repasse, dadas as características de uma economia de mercado.[19]

É curioso que o argumento acima resenhado em "(a)" já havia sido utilizado, no Brasil, por Carvalho de Mendonça em crítica ao (então episódico) acolhimento da tese da impossibilidade de restituição de tributos "repassados". Para ele, com isso, se "planta o absolutismo do Poder Executivo e o anima a infringir os textos expressos da Constituição, que o proíbem não só de criar impostos, como se exceder na regulamentação das leis".[20]

Por essas razões, o correto parece ser, seja o tributo direto ou indireto, reconhecer legitimidade ativa *ad causam* ao sujeito passivo legalmente definido como tal (contribuinte ou responsável), nos termos em que explicado nas respostas anteriores, ressalvando-se apenas as situações em que o repasse do ônus se dá, de forma explícita e por imposição de normas jurídicas, como é o caso dos serviços públicos, hipótese em que se deve reconhecer legitimidade *também* ao consumidor para acionar tanto a Administração como, se for o caso, a concessionária de serviços públicos.

3. Tributação indireta e imunidades subjetivas

3.1 Caso um comerciante vendedor seja titular de imunidade subjetiva, poderá ele invocá-la para se eximir da cobrança de tributo indireto incidente sobre as vendas que realiza? Poder-se-á dizer que tal imunidade não é aplicável, eis que quem "verdadeiramente" arca com o tributo é o consumidor final, não imune?

Não se trata de situação comum, pois as imunidades subjetivas geralmente dizem respeito a entidades que, por sua própria natureza,

paid under invalid legislation must be rejected. To privilege policy considerations in the case of ultra vires taxes threatens to undermine the rule of law".

19. Kingstreet Investments Ltd. *versus* New Brunswick (Finance), (2007) 1 S.C.R 3, 2007, SCC 1.

20. *Apud* Brandão Machado, "Repetição do indébito no direito tributário", cit., in Brandão Machado (coord.), *Direito Tributário. Estudos em Homenagem ao Professor Ruy Barbosa Nogueira*, p. 69.

não desenvolvem atividade empresarial. Mas, conquanto incomum, não é de impossível verificação. Pode ocorrer, por exemplo, de uma entidade sem fins lucrativos, imune nos termos do art. 150, VI, "c", da CF de 1988, prestar serviços ou vender determinadas mercadorias, até como forma de obter receitas que viabilizem a manutenção da atividade imune. É o caso de uma entidade filantrópica destinada ao cuidado de idosos carentes que vende artesanato feito por esses idosos. Pode-se citar, ainda, o exemplo concreto de entidade sem fins lucrativos que mantém sala de cinema aberta ao público.[21]

Em tais situações, se o contribuinte é imune, o tributo não pode ser dele exigido, pouco importando se o ônus seria, ou não, repassado a terceiros. Nesse sentido, inclusive, parece estar se orientando a jurisprudência do STF, embora a partir de outras premissas.

De fato, em julgados referentes à imunidade tributária e ao imposto sobre a propriedade predial e territorial urbana/IPTU o STF decidiu que a imunidade do proprietário o exime do pagamento do imposto até mesmo em relação a imóveis alugados a terceiros, pouco importando se, em tais casos, costuma-se repassar contratualmente o ônus do imposto ao inquilino. Por sua vez, em julgados referentes à aplicação da imunidade recíproca aos impostos sobre o comércio exterior o STF entendeu que a classificação dos impostos, feita à luz da legislação infraconstitucional, não pode ser invocada como fundamento para restringir o alcance de normas imunizantes que não distinguem entre espécies de impostos.

Foi com base nessas premissas que o STF entendeu que não se podem exigir impostos "indiretos" de contribuintes "de direito" imunes, mesmo sabendo-se que estes poderiam, em tese, repassar o ônus correspondente aos consumidores, que não são imunes.

21. "ISS – SESC – Cinema – Imunidade tributária (art. 19, III, 'c', da EC n. 1/1969) – Código Tributário Nacional (art. 14). Sendo o SESC instituição de assistência social, que atende aos requisites do art. 14 do CTN – o que não se pôs em dúvida nos autos –, goza da imunidade tributária prevista no art. 19, III, 'c', da EC n. 1/1969 mesmo na operação de prestação de serviços de diversão pública (cinema), mediante cobrança de ingressos aos comerciários (seus filiados) e ao público em geral" (STF, 1ª Turma, RE 116.188, rel. Min. Octávio Gallotti, rel. para o acórdão Min. Sydney Sanches, j. 20.2.1990, *DJU* 16.3.1990, p. 1.869).

3.2 Caso um consumidor final seja titular de imunidade subjetiva, poderá ele invocá-la para fazer com que sobre as mercadorias e serviços que consome não incidam tributos indiretos? Poder-se-á dizer que tal imunidade não é por ele invocável, pois o "verdadeiro" contribuinte é o vendedor, não imune?

Não. O consumidor final, que paga preço, e não tributo, não pode invocar sua imunidade para pleitear, com ela, o direito a um preço mais baixo.

Caso, porém, se trate de serviço prestado por concessão, havendo previsão normativa de que se exija do usuário, além da tarifa, o imposto correspondente, a imunidade poderá ser invocável, embora – reconheça-se – a jurisprudência não o tenha admitido.

3.3 É possível oferecer resposta coerente às duas perguntas anteriores? Essa resposta é coerente com aquelas fornecidas às perguntas do item 2?

Sim, não apenas coerente no que tange à comparação entre as questões 3.1 e 3.2, como também coerente com as respostas fornecidas ao longo do item 2. O contribuinte a ser considerado, seja para efeito de restituição, seja para efeito de imunidade, é aquele legalmente definido como tal – vale dizer, o dito "contribuinte de direito".

Incoerência – isso, sim – há na jurisprudência que nega a restituição ao contribuinte de direito sob o argumento de que este repassou o ônus do tributo ao contribuinte de fato mas, ao mesmo tempo, nega ao contribuinte de fato o direito à restituição, bem como o direito de reclamar o reconhecimento de sua imunidade tributária.[22] O contribuinte de fato, nessa incoerente posição, figura como alguém que subtrai direitos do sujeito passivo legalmente definido como tal, mas vê tais direitos evaporarem e não os pode exercer por conta própria.

22. Súmula 591 do STF: "A imunidade ou a isenção tributária do comprador não se estende ao produtor, contribuinte do imposto sobre produtos industrializados".

4. Tributação indireta e apropriação indébita

4.1 Quando o vendedor de uma mercadoria, em cujo preço supostamente está embutido o tributo indireto, recebe o pagamento desse preço mas não recolhe o tributo incidente sobre a operação, há apropriação indébita? Pode-se dizer que é o consumidor quem "verdadeiramente" paga o tributo, tendo o comerciante o papel de apenas repassá-lo aos cofres públicos, incorrendo em apropriação indébita se não o fizer?

Não, não há apropriação indébita, nem – salvo hipótese de fraude (condutas-meio previstas nos incisos do art. 1º da Lei 8.137/1990) – crime de qualquer espécie, sob pena de se instituir hipótese de prisão por dívida, o que a Constituição e os tratados de direitos humanos firmados pelo Brasil não admitem. O vendedor recebe o preço, que a ele pertence integralmente, em decorrência do contrato de compra e venda em face do qual foi entregue a mercadoria respectiva. A dívida tributária é própria, do vendedor, e o fato de ser inadimplida é naturalmente ilícito, mas evidentemente não configura apropriação indébita.[23]

Juridicamente, como já explicado, o consumidor paga preço, e não tributo, não sendo o contribuinte mero intermediário, mas o próprio devedor do tributo.

4.2 Se não há apropriação indébita, eis que não se trata de mero repasse de tributo pago pelo consumidor, qual a justificativa para se negar ao comerciante o direito à restituição quando esse tributo é por ele recolhido indevidamente, nos termos do art. 166 do CTN?

23. Nesse sentido já decidiu o STJ, para quem, "no ICMS, o contribuinte de direito recolhe o tributo por obrigação própria, embora o contribuinte de fato suporte o ônus financeiro do imposto, de modo que o inadimplemento da obrigação tributária principal não importa em apropriação indébita" (STJ, 2ª Turma, REsp 851.260-RS, *DJe* 8.10.2008). Note-se que, se há jurisprudência do STJ, isso significa que o Poder Público, em rematada incoerência com a postura assumida em outras situações (*v.g.*, definição do conceito de "receita", reconhecimento dos efeitos da imunidade do contribuinte de fato, reconhecimento da legitimidade do contribuinte de fato para postular a restituição do indébito, reconhecimento dos efeitos da inadimplência dos *consumidores finais* etc.), tentou enquadrar tal situação como "apropriação indébita", tendo a incoerência, *pelo menos nesse ponto*, sido freada pelo entendimento do STJ.

Não há justificativa plausível, como já explicado.

5. Tributação indireta e inadimplência do consumidor

5.1 Caso o consumidor final não pague pela mercadoria adquirida, ainda assim o comerciante vendedor deverá recolher o tributo incidente sobre a operação?

Sim. Como já explicado, trata-se de dívida tributária própria, de titularidade do comerciante vendedor. O que se recebe do consumidor é preço, fundado no contrato de compra e venda, que não se contamina pelo fato de o tributo, que eventualmente influi na proposta apresentada pelo vendedor (mas não necessariamente aceita pelo comprador), ser indevido. Pela mesma razão, o fato de o preço não ter sido pago, por descumprimento contratual por parte do comprador, não exime o vendedor do pagamento do imposto correspondente.[24]

Embora a jurisprudência não faça essa distinção, essa resposta, contida no parágrafo anterior, pode eventualmente ser posta em dúvida apenas no que tange às contribuições incidentes sobre a receita. Não por qualquer razão ligada à repercussão ou à identificação do "verdadeiro" contribuinte, mas por possível inocorrência do próprio fato gerador. Com feito, se não há recebimento do preço, não há, em princípio, receita a ser tributada. Mas, tratando-se de tributos que incidem sobre a operação de circulação, o não pagamento do preço não exime o vendedor do pagamento do tributo, a menos que a própria operação seja desfeita – o que, de qualquer modo, está relacionado ao desaparecimento do fato gerador, e não ao fenômeno da repercussão, objeto de estudo neste artigo.

5.2 Afirmativa a resposta à pergunta anterior, há coerência com a tese segundo a qual o comerciante não poderia pleitear a devolução do tributo pago indevidamente, a qual se funda na afirmação de que esse tributo seria pago, "na verdade", pelo consumidor final?

Não, não há qualquer coerência. Se se entende que o contribuinte deve pagar o tributo mesmo não recebendo o preço, pois se

24. STJ, 2ª Turma, REsp 1.189.924-MG, *DJe* 7.6.2010.

estaria diante de dívida própria sua, não há a menor coerência em se negar a restituição desse tributo, quando pago indevidamente, sob a justificativa de que teria sido "embutido" no preço pago pelos consumidores. De duas, uma: ou quem pagou o tributo "verdadeiramente" foi o consumidor, ou não foi, não sendo possível levar em conta essa repercussão apenas nas situações em que isso traga vantagens à Fazenda Pública.

6. Tributação indireta e regressividade

6.1 A tributação indireta conduz, sempre, à regressividade? Caso afirmativo, como evitar ou minimizar isso?

Economicamente, sim. Ao onerar produtos e serviços, tornando mais elevados seus preços, tais tributos atingem, do ponto de vista econômico, os consumidores, e toda tributação do consumo é regressiva, ou implica maneira regressiva de se tributar, indiretamente, a renda. Isso porque, quanto menor a renda, maior a porção dela aplicada no consumo e, nessa condição, indireta ou economicamente alcançada pela forma de tributação em análise.

Existem duas formas de minimizar esse efeito regressivo.

Uma delas é por meio da adoção de alíquotas seletivas, que oneram de forma mais branda produtos essenciais e de forma mais pesada produtos supérfluos. Reconheça-se que essa lógica no Brasil, sobretudo no que tange ao ICMS, parece estar invertida;[25] mas, pelo menos em tese, a ideia a ela subjacente é a de, por meio da seletividade, se poder reduzir, de algum modo, a regressividade do tributo indireto. Há, porém, muitas críticas a essa solução. Diz-se que ela torna demasiadamente complexa a administração do imposto e não conduz ao resultado almejado.[26]

25. As alíquotas desse imposto muitas vezes são elevadíssimas para produtos e serviços indiscutivelmente essenciais, como é o caso da energia elétrica, por exemplo. A propósito, cf. Hugo de Brito Machado Segundo, "A tributação da energia elétrica e a seletividade do ICMS", *Revista Dialética de Direito Tributário* 62/70-77, São Paulo, Dialética, 2000.

26. Ben Terra, *Sales Taxation – The Case of Value Added Tax in the European Community*, cit., p. 18; Sijbren Cnossen, "VATs in CEE Countries: a survey and analysis", *De Economist* 146, n. 2, 1998, p. 245.

Melhor, portanto, seria optar pela segunda forma de minimizar a regressividade, que consiste no estabelecimento de alíquota mais baixa para a tributação incidente sobre o consumo, associada a uma tributação progressiva e mais pesada do patrimônio e da renda. Afinal, um sistema tributário não se torna progressivo ou regressivo por conta apenas da progressividade ou da regressividade de um tributo, mas de todos eles em conjunto, globalmente considerados.[27] Acrescentaríamos a essas ideias, ainda, a noção de que a justiça tributária se obtém com muito maior eficiência se considerado também o gasto. Um sistema de arrecadação altamente progressivo pode ser inteiramente neutralizado se os gastos públicos favorecerem também as pessoas mais ricas. A realidade brasileira parece bem distante disso, com uma tributação sobre o consumo superior a 20% (somados ICMS, IPI, ISS, PIS e COFINS, pode-se em muitos casos passar de 30%, mesmo para produtos não supérfluos ou suntuosos), realidade bem diferente da de Países como o Japão (tributação do consumo em 5%), a Coreia (10%) ou o México (15%). A carga brasileira, se considerado não apenas o ICMS, mas também o IPI, o ISS, o PIS e a COFINS, é talvez a maior do mundo sobre o consumo, superando até mesmo a de Países como a Suécia (25%), que não apenas tributam progressivamente patrimônio e renda em patamares elevados, como oferecem à sua população serviços públicos de alta qualidade.

> *6.2 Afirmar a regressividade da tributação indireta com base no fato de que seu ônus recai sobre o consumidor final é coerente com a afirmação de que a inadimplência desse consumidor não autoriza o comerciante a deixar de pagar o tributo correspondente? E com a afirmação de que não há apropriação indébita por parte do comerciante caso o consumidor pague o preço e ele, comerciante, não pague ao Fisco o tributo respectivo?*

Sim, pois não se está dizendo que o consumidor é devedor de tributos, que integra a relação jurídica como sujeito passivo, que pode ser fiscalizado e executado, que pode pleitear a devolução de tais tributos quando pagos indevidamente, ou mesmo que pode, por ter sofrido esse

27. Ben Terra, *Sales Taxation – The Case of Value Added Tax in the European Community*, cit., p. 41.

repasse, impedir o contribuinte de pleitear a devida restituição. Mas tão somente admitindo um efeito econômico da repercussão; efeito, esse, que torna a carga tributária, considerada globalmente, regressiva.

Fazendo um paralelo, quando se afirma que um aumento no preço do petróleo leva a uma majoração do preço da carne não se está dizendo que o consumidor de carne seja o devedor do preço do petróleo. Absolutamente. O que se reconhece, apenas, é que a carne, transportada por veículos que consomem combustível derivado do petróleo, tornar-se-á mais cara, razão pela qual o aumento no preço do petróleo terá impacto na vida de quem a consome.

6.3 É a seletividade um reconhecimento constitucional (pelo menos em relação ao ICMS e ao IPI) de que tais tributos são indiretos? O que isso significa? Que são juridicamente suportados pelos consumidores finais?

É, como já afirmado, um reconhecimento de que são indiretos, mas não é um reconhecimento de que são *juridicamente* suportados pelos consumidores finais; vale dizer, não significa que os consumidores finais sejam, legalmente, devedores desses tributos. Como explicado em resposta a questionamentos anteriores, o ordenamento jurídico pode atribuir efeitos ou consequências jurídicas ao fenômeno econômico da repercussão. A seletividade é um deles. E é válido, não só porque previsto em norma veiculada pelo poder constituinte originário, mas porque não transforma em letra morta nenhuma garantia constitucional do contribuinte. Não se pode dizer o mesmo do art. 166 do CTN.

7. Tributação indireta e base de cálculo de contribuições sobre a receita ou o faturamento

7.1 Caso se considere que os tributos indiretos são verdadeiramente pagos pelos consumidores finais dos produtos e serviços por eles onerados, poderia o ônus a eles correspondente ser considerado receita ou faturamento dos comerciantes vendedores?

Na verdade, consumidores finais pagam preço, e não tributo. Esse preço, integramente, é receita do vendedor (com exceção dos casos de contrato de concessão de serviços públicos), e, portanto, deve compor a base de cálculo de PIS e COFINS, ainda que em seu cálculo tenham sido considerados custos como os referentes ao ICMS ou ao ISS.

Mas, respondendo à pergunta, caso se admita que quem paga tais tributos, "na verdade", é o consumidor final, como faz a jurisprudência para negar ao contribuinte (dito "de direito") a restituição do indébito tributário, salta aos olhos a incoerência de se considerar, por outro lado, que tais tributos, conquanto "verdadeiramente pagos" pelo consumidor, são receita do contribuinte vendedor, devendo integrar a base de cálculo do PIS e da COFINS.[28]

7.2 Se comerciantes vendedores, quando pagam indevidamente um tributo indireto, não podem pleitear a devolução, sob o argumento de que quem teria pago tais tributos, na verdade, teria sido o consumidor final, por qual razão esse mesmo tributo, "pago" pelo consumidor final e apenas repassado ao Fisco, seria receita do comerciante?

Admitidas as premissas fixadas na parte inicial da pergunta – o que apenas para argumentar aqui se leva a efeito –, não há argumento racional que o justifique. A incoerência em denegar a restituição ao argumento de que o tributo fora "pago" pelo consumidor e, ao mesmo tempo, considerar o valor referente a esse tributo, embutido no preço, como receita do vendedor é flagrante.

8. Tributação indireta e consciência fiscal

8.1 Quais o sentido e o alcance do art. 150, § 5º, da CF de 1988? Estaria ali o reconhecimento de que o consumidor final é o "verdadeiro contribuinte" dos tributos que oneram as mercadorias e os serviços que consome?

28. Frise-se que o STJ não aceita essa tese – no que decide corretamente –, mas de forma incoerente com seu posicionamento a respeito da ilegitimidade do contribuinte dito "de direito" para repetir o indébito tributário (Súmulas 68 e 94). O STF, por sua vez, está apreciando a questão, não tendo ainda concluído os julgamentos respectivos (RE 240.785 e ADC 18).

O sentido é o de conscientizar o consumidor a respeito do custo tributário suportado legalmente por quem lhe vende mercadorias ou lhe presta serviços, minimizando o "efeito anestésico" da tributação dita indireta. A ideia não é a de transformar o consumidor em contribuinte, nem a de definir que a importância paga por ele pelos produtos e serviços que consome tem natureza tributária; mas apenas a de alertá-lo de que existem tributos sendo pagos aos governantes além daqueles incidentes diretamente sobre seu patrimônio e renda (dos quais muitos, das classes mais pobres, sequer são contribuintes).

Como a principal finalidade deste estudo é buscar alguma coerência no trato da tributação indireta, faz-se importante insistir em que isso não implica o reconhecimento de que o consumidor é o devedor legalmente definido de tais tributos, nem é contraditório com a afirmação de que é ao devedor legalmente definido que cabem os direitos e as obrigações próprios de um devedor legalmente definido. Implica, em verdade, o reconhecimento de que tais tributos são ônus, impostos pelo Poder Público, que de uma forma ou de outra tornam mais oneroso produzir e comercializar aqueles bens e serviços adquiridos pelo consumidor, que precisa ser conscientizado disso.

Quando alguém vai a um *shopping center* de luxo, situado em área nobre da cidade, rica e luxuosamente decorado, refrigerado, dotado de música ambiente etc., sabe que, de uma forma ou de outra, tais itens de conforto poderão repercutir no preço das mercadorias ali adquiridas. Seria mais barato comprá-las em uma loja popular, situada no centro da cidade, sem refrigeração, sem vendedores atenciosos, sem elevadores, sem estacionamento... Cabe ao consumidor escolher, sendo certo que isso não o transforma, legalmente, no "devedor" de tais obrigações que têm por sujeito passivo as lojas do aludido *shopping*. E nem retira de tais lojas o direito de reclamar eventuais pagamentos indevidos que tenham em nome próprio feito a seus empregados, a seus fornecedores ou a quem quer que seja. Do mesmo modo, o consumidor deve ser conscientizado do ônus tributário incidente sobre quem lhe vende produtos ou lhe presta serviços, para que saiba o quanto *economicamente* a carga tributária pesa sobre a sociedade.

8.2 A regulamentação do aludido dispositivo deveria ocorrer por meio de lei complementar? Quais tributos deveriam ser abrangidos pelo dever de esclarecimento ao consumidor?

Embora topograficamente localizado na Seção II do Capítulo I do Título VI da Constituição Federal de 1988, dedicada justamente às limitações constitucionais ao poder de tributar, não é de uma limitação desse tipo que cuida o art. 150, § 5º, da CF de 1988. Embora se possa, indiretamente, com o incremento da consciência fiscal, conter a criação de novos tributos, isso não será consequência de um limite ao poder de tributar, mas efeito de uma conscientização do próprio titular último desse poder, que é o povo, que não desejará exercê-lo, por meio de seus representantes, de forma excessiva. Sua regulamentação, portanto, pode ocorrer por meio de lei ordinária.

Naturalmente, lei complementar poderia disciplinar o assunto em nível nacional, dispondo, de forma unificada, como em cada Estado-membro o ônus referente ao ICMS e em cada Município o ônus relativo ao ISS deveriam ser explicitados ao consumidor. Mas isso não significa que, enquanto não for editada essa lei, União, Estados e Municípios não possam fazê-lo por meio de lei ordinária, cada um relativamente aos tributos que lhe competem.

A complexidade do sistema tributário brasileiro, notadamente no que tange à tributação indireta, torna difícil a delimitação dos tributos que deveriam ser abrangidos pelo dever de transparência. Em nome de uma maior praticidade, e até por conta do que dispõe a literalidade do dispositivo, deveriam ser objeto da explicitação todos aqueles que incidem diretamente sobre o produto (ou, mais propriamente, sobre a operação que o impele da produção ao consumo) – a saber: ICMS, IPI, ISS, PIS, COFINS e CIDEs.

8.3 Quais seriam as consequências práticas desse esclarecimento na formação da consciência fiscal?

A tributação indireta, sobretudo da forma como praticada no Brasil, conduz a uma espécie de "anestesia fiscal".[29] Os contribuintes de direito, além de terem muitos de seus direitos alijados por conta de uma alegada repercussão, têm a ilusão de que não suportam o ônus dos tributos, apenas transferido aos consumidores finais. Estes, por

29. Trata-se de fenômeno já identificado por Stuart Mill, conhecido deste então por *Mill's hipothesys* (cf. J. Stuart Mill (1848/1994), *Principles of Political Economy*, Oxford, Oxford University Press, p. 237).

sua vez, não têm, em geral, a menor consciência desse ônus que suportam sobre mercadorias e serviços que consomem.

Nessa ordem de ideias, a principal consequência prática desse esclarecimento na formação da consciência fiscal seria o despertar da população não só para o tamanho da carga tributária suportada pela sociedade, mas para a precariedade dos serviços públicos oferecidos em troca. Tal esclarecimento, em uma sociedade democrática, teria reflexos inegáveis na escolha de governantes e na reinvindicação de direitos perante o Poder Público, principalmente por parte da população mais pobre, que no Brasil é bastante expressiva numericamente.

E nem se diga que essa consciência não teria maior relevância e que a apontada "anestesia" seria, em verdade, positiva. Na verdade, quando alguém está ciente de que paga por alguma coisa, há uma maior tendência a que essa pessoa procure a razão de ser daquele pagamento. Uma conta de restaurante elevada faz com que o cliente, antes de pagá-la, confira se o valor cobrado corresponde ao que foi consumido; e se, mesmo estando correta a conta, o preço não parecer condizente com a qualidade do que foi servido, o cliente certamente não voltará àquele estabelecimento. Isso dificilmente aconteceria se o cliente tivesse a ilusão de estar almoçando de graça.

No caso da carga tributária se dá o mesmo. Uma população consciente do peso suportado terá maior estímulo para reclamar da qualidade dos serviços públicos – o que seguramente não é o caso das pessoas que, iludidas ou "anestesiadas" por uma tributação indireta que pensam repassar (no caso dos comerciantes) ou que não percebem economicamente suportar (no caso dos consumidores), não se sentem à vontade para reclamar do que pensam estar recebendo a título de cortesia, como um favor.[30]

9. Tributação indireta e desoneração das exportações

9.1 Por qual razão a Constituição Federal estabelece a não incidência de certos tributos sobre operações de exportação? Seria um reconhecimento de que tais tributos seriam verdadeiramente pagos pelos consumidores dos produtos, situados no Exterior?

30. Paul Krugman registra que, quando as pessoas sabem o tanto que pagam a título de tributo, "têm mais raiva do Governo" (*A Desintegração Americana*, trad. de Renato Bittencourt, Rio de Janeiro, Record, 2006, p. 257).

É preciso cautela com a palavra "verdadeiramente". Tudo depende do critério utilizado para definir o que é o "verdadeiro pagamento de um tributo", no caso.

Do ponto de vista jurídico, o que o consumidor de um produto ou de um serviço paga, pelo menos em relação aos tributos brasileiros (ICMS, IPI, PIS, COFINS, ISS, CIDE etc.), não tem natureza tributária. Chama-se "preço", servindo – isso, sim –, de forma direta ou indireta, como *base de cálculo* a diversos tributos. Esse preço é definido por um acordo de vontades e, em princípio, não se transforma em *tributo* em virtude de um dos fatores considerados pelo vendedor, na sua fixação, ser seu custo tributário.

É verdade que, do ponto de vista econômico, esse tributo, como todo custo, tende a encarecer o produto, tornando seu preço mais elevado. Embora essa elevação nem sempre aconteça e nem sempre corresponda ao valor do tributo incidente sobre a operação, pode-se dizer que ela tende a acontecer, o que justifica a regra imunizante em questão. Sua finalidade é permitir uma redução no preço do produto brasileiro no Exterior, não sendo correto considerá-la, do ponto de vista jurídico, como uma "isenção tributária" ao "verdadeiro contribuinte" de tributos incidentes sobre o consumo. Trata-se, por outras palavras, apenas de um efeito jurídico (porque expressamente previsto em norma jurídica) atribuído ao fenômeno (econômico) da repercussão. Como respondido em questões anteriores, o Direito pode atribuir efeitos ou consequências à repercussão; a questão reside em saber quais desses efeitos e consequências são válidos à luz de normas de superior hierarquia.

A TRIBUTAÇÃO INDIRETA

José Eduardo Soares de Melo
Doutor e Livre-Docente em Direito – Professor Associado e Coordenador do Curso de Pós-Graduação em Processo Tributário da Pontifícia Universidade Católica de São Paulo (PUC/SP) – *Visiting Scholar* da U. C. Berkeley – Consultor Tributário

1. Identificação dos tributos indiretos

1.1 Existem tributos indiretos? O que os caracteriza?

A classificação de tributos "diretos" e "indiretos" não possui fundamento jurídico básico, na medida em que o tributo é sempre devido pelo contribuinte (pessoa que realiza o fato gerador), inexistindo relação jurídico-tributária (direta) do Poder Público com terceiro, sendo despiciendo o fato de o respectivo valor encontrar-se mencionado (ou não) em documentação fiscal.

Entretanto, no que concerne à restituição de tributo pago indevidamente esta distinção tem sido acolhida, porque o Código Tributário Nacional (art. 166) refere-se à possibilidade da transferência (a terceiro) do respectivo encargo financeiro, ocorrendo efeito oblíquo oneroso do valor tributário.

Nesta ótica jurídica concebe-se a existência de tributos indiretos no ordenamento pátrio, uma vez que o valor concernente ao negócio jurídico compreende o valor do tributo incidente.

Tributo indireto caracteriza-se pela inclusão do respectivo valor no negócio jurídico, que pode estar expressa no documento fiscal; e que, por consequência, implica o repasse do valor financeiro ao destinatário.

1.1.1 No Direito Brasileiro o ICMS é um tributo indireto? E o IPI? Por quê? Há relação entre não cumulatividade e tributação indireta? Qual? Basta ser não cumulativo para ser considerado indireto o tributo, e vice-versa?

O ICMS é tributo que incide sobre operações mercantis; prestação de serviços de transporte interestadual e intermunicipal e de comunicação; e importação de bens, mercadorias e serviços do Exterior. Trata-se de tributo indireto, porque o montante do próprio imposto integra sua base de cálculo, ocorrendo o consequente repasse ao destinatário do bem, mercadoria ou serviço, especialmente quando mencionado no documento fiscal.

O IPI é um tributo indireto porque, na realização de operações com produtos industrializados, o industrial destaca o valor do próprio imposto que é acrescido ao preço devido pelo respectivo adquirente.

Estas espécies tributárias envolvem duas pessoas: o sujeito passivo (impulsionador da riqueza) e o terceiro que efetua a operação ou negócio jurídico que ensejou a ocorrência do fato gerador do tributo. Na dualidade de sujeitos plasmada em determinadas operações o valor do tributo insere-se no próprio valor da operação, vislumbrando-se, concomitantemente, a relação tributária (sujeito ativo/sujeito passivo) e a relação de natureza comercial (sujeito passivo/terceiro).

A não cumulatividade consiste na compensação do IPI e do ICMS incidentes nas aquisições de bens, mercadorias e serviços com o IPI e o ICMS decorrentes das operações realizadas com produtos industrializados, mercadorias e prestações de serviços de transporte (interestadual e intermunicipal e de comunicação).

Não há plena vinculação da não cumulatividade com a tributação indireta, porquanto a não cumulatividade tem operacionalidade em etapa posterior ao lançamento dos referidos impostos ocorrido no momento da realização de negócios jurídicos.

Mesmo que se pudesse conceber a existência de certa relação entre não cumulatividade e tributo indireto, nem todos os tributos não cumulativos seriam qualificados como indiretos. É o caso do PIS e da COFINS (não cumulativos), que possuem natureza direta porque não integram o faturamento (ou receita), além do quê referidos valores não são repassados aos adquirentes de bens, mercadoria, serviços.

1.1.2 Afirmativa a resposta à pergunta anterior, seriam indiretos também o PIS e a COFINS? E o IRPJ, quando incidente sobre o lucro presumido do comerciante vendedor? Por qual razão o ônus referente ao ICMS seria repassado ao consumidor, e o do IRPJ não?

PIS e COFINS não são tributos diretos (resposta ao item 1.1.1).

O IRPJ não pode ser qualificado como tributo indireto pela circunstância de somente ser devido pelo contribuinte no momento estipulado legalmente para apuração do lucro presumido, que ocorre em etapa posterior em que as atividades operacionais do período são efetuadas, não tendo condição de ser repassado a terceiros.

O ônus referente ao ICMS é repassado naturalmente ao consumidor, uma vez que integra o preço das mercadorias ou serviços devido pelo respectivo destinatário; enquanto o IRPJ não mantém atinência e nem vinculação direta com o valor dos bens, mercadorias, serviços.

1.1.3 Ainda em relação ao IRPJ, faria diferença o fato de ele incidir sobre o lucro presumido ou sobre o lucro real? Qual?

O lucro presumido (aplicação de percentuais sobre base de cálculo reduzida) e o lucro real (lucro líquido do exercício ajustado pelas adições, exclusões ou compensações) são apurados e quantificados sem pertinência específica aos valores cobrados ao consumidor (adquirente de bens e serviços), não revestindo a natureza de tributo indireto.

O resultado das atividades operacionais em determinado período de tempo (trimestral etc.) em que se apura resultado positivo (lucro) não guarda nenhuma pertinência com os consumidores finais.

1.1.4 Nos serviços públicos, havendo fixação de preços e previsão de manutenção do equilíbrio econômico-financeiro dos contratos, pode-se dizer que os tributos que oneram a atividade são indiretos? Todos? Alguns? Quais?

Considerando que os serviços públicos são imunes, entende-se que a questão circunscreve-se à concessão ou permissão dos serviços a terceiros, objeto de contratos específicos, em que se fixa determinado valor como forma de remuneração à concessionária.

Os tributos que podem onerar a atividade da concessionária constituem elementos formadores da tarifa estipulada, como é o caso do valor do IPVA incidente sobre a propriedade dos veículos ou do IPTU que onera os imóveis da empresa.

Entretanto, referidos tributos não têm identificação e vinculação com os consumidores, razão pela qual não podem ser considerados como tributos indiretos.

> 1.1.5 O aumento de tributo incidente sobre um serviço público, sendo imediatamente transferido ao consumidor por força de previsão contida no contrato de concessão, deve ser considerado um aumento de tarifa? Caso negativo, isso significa que o consumidor está pagando tributo? Há algum reflexo, em razão disso, na aplicação do art. 166 do CTN a tais hipóteses?

Na medida em que o contrato de concessão estipule a majoração de tarifa em decorrência de diversos motivos e situações que venham a ocorrer (inclusive majorações tributárias), poderá haver o aumento de tarifa, ocasionando ônus para os tomadores dos serviços públicos.

Todavia, o consumidor não estará pagando o tributo majorado, mas nova tarifa (decorrente do aumento do tributo). Esta circunstância somente poderá implicar repetição de indébito no caso de a tarifa não se revestir de autêntica legitimidade e ser destacada no documento que identifica o consumidor.

> 1.1.6 Imagine-se que um consumidor final de energia elétrica questiona em juízo a cobrança do ICMS incidente sobre as faturas que paga à concessionária correspondente. Em face de medida liminar, deixa de sofrer o acréscimo do imposto nos termos impugnados. Essa liminar é confirmada por sentença e por acórdão do Tribunal de Justiça. Muitos anos depois, o STJ afirma a ilegitimidade ativa ad causam do consumidor final e extingue o processo sem exame do mérito. Pergunta-se: o Estado poderá exigir o ICMS que deixou de ser recolhido em todo o período de vigência da liminar?

▶

► Ele poderá exigir esse imposto de quem? Da concessionária que estava impedida de descontá-la? Do consumidor que teve extinguido seu processo, por não ser considerado contribuinte?

A suspensão da exigibilidade do ICMS fica prejudicada pela caracterização da coisa julgada, em razão do quê o crédito tributário remanesce plenamente válido, conferindo ao seu titular (Estado) o direito de cobrar o ICMS, em relação ao qual se encontrava impossibilitado em face das decisões judiciais (liminar, sentença, acórdão do Tribunal de Justiça).

Embora a coisa julgada tenha vinculado o Estado e o consumidor, o ICMS somente poderá ser exigido da concessionária do serviço público de energia elétrica, na qualidade de contribuinte de direito (pessoa que realiza o fato gerador do tributo). Como decorrência, e em razão do contrato de fornecimento de energia, a concessionária poderá cobrar o tributo do consumidor.

2. Tributação indireta e repetição de indébito

2.1 O art. 166 do CTN se aplica à restituição de tributos indiretos? Ele se aplica a alguma outra hipótese de restituição do indébito tributário?

A repetição de indébito tem assento no enriquecimento sem causa, instituto com raízes na Teoria Geral do Direito, consistente em restituir valores indevidamente recolhidos aos cofres públicos.

Os preceitos do Código Tributário Nacional concernentes à repetição do indébito revelam natureza financeira, porque têm como finalidade básica o retorno de valores ao patrimônio dos contribuintes.

O art. 166 do CTN aplica-se à restituição de tributos indiretos porque implicam transferência do respectivo encargo financeiro que é suportado pelo adquirente dos bens, mercadorias e serviços.

Têm direito à restituição do pagamento do tributo indevido: (a) a pessoa que assumiu o encargo financeiro do tributo (adquirente de mercadorias, produtos; tomador de serviços de transporte interestadual e intermunicipal e de comunicação), efetuando o pagamento do preço dos referidos bens; ou (b) o contribuinte (alienante dos bens, prestador de serviços), no caso de estar autorizado para tanto.

O preceito legal também pode ser considerado no caso de pagamento de demais valores tributários que não são devidos (lançamentos em duplicidade), porque não seria indispensável a prova de que o consumidor não suportou o ônus financeiro.

Não pode ser considerado, por exemplo, no caso de recolhimento de multa (descabimento de sanção tributária), porque seria estranho cogitar de transferência do seu valor a terceiros.

2.2 O art. 166 do CTN se aplica a outras ações relacionadas aos tributos indiretos diversas da ação de restituição? Embargos à execução fiscal, por exemplo?

O preceito legal é categórico ao impor condição (prova da assunção do ônus financeiro, ou autorização para postular a repetição) no caso de tributos recolhidos indevidamente, razão pela qual não vislumbro fundamento para considerá-lo em situações de distinta natureza.

O art. 166 do CTN não se aplica às demais ações tributárias (declaratória, anulatória, consignação em pagamento, mandado de segurança), uma vez que somente se positiva a relação contribuinte (sujeito passivo) e Poder Público (sujeito ativo).

Nos "embargos à execução fiscal" é possível levar em conta os lineamentos da norma (art. 166) no caso de a legitimidade passiva não ser atribuída ao devedor-contribuinte, mas a terceiro (fiador, responsável ou sucessores a qualquer título).

2.3 Há diferença entre a situação do contribuinte que paga tributo indireto e em seguida postula sua restituição e a daquele que, em vez de pagar, deposita o valor correspondente, questionando a cobrança? Por qual razão o art. 166 do CTN seria aplicável na primeira situação, e não na segunda?

A restituição pressupõe anterior pagamento (recolhimento) do tributo, como modalidade de liquidação do crédito tributário. Nesta situação ocorre o efetivo ingresso do valor tributário no patrimônio da pessoa de direito público, obrigando-se à aplicação das condicionantes do art. 166 do CTN, em face de expressa previsão.

O depósito na repartição fazendária na pendência de processo administrativo apenas tem o efeito de cessar a incidência de quaisquer acréscimos, pois normalmente não paralisa o processo.

O depósito judicial constitui medida preparatória de ação principal (declaratória ou anulatória de ato administrativo), de modo a permitir ao sujeito passivo questionar a pretensão fazendária (iminente ou acontecida) sem que, simultaneamente, sofra cobrança judicial da Fazenda.

O depósito do valor questionado (pressuposto como indevido) significa procedimento facultativo do contribuinte, tendo como objetivo a garantia de valores tributários, com a finalidade de suspender a exigibilidade do respectivo crédito (CTN, art. 151, II).

Em princípio, o art. 166 do CTN somente seria aplicável aos casos de "restituição" (recolhimento), e não de "pagamento" (depósito), porque nesta última situação não se estaria cogitando de ônus transferido a terceiro. Todavia, caso tenha ocorrido o depósito mas, ao mesmo tempo, tenha sido lançado o tributo (em documento fiscal) e este tenha sido suportado por terceiro, seria o caso de cogitar de aplicação do art. 166 do CTN.

2.4 O art. 166 confere legitimidade ao contribuinte "de fato" para postular a restituição do indébito? Caso negativo, como se poderá obter a restituição do indébito, sobretudo em situações nas quais o contribuinte de direito, que repassou o ônus financeiro do tributo ao consumidor, não tem como identificá-lo? Haveria ofensa ao art. 5º, XXXV, da CF de 1988?

O fato de o valor tributário também corresponder a um encargo financeiro que, a seu turno, possa ser transferido a terceiros não significa que estes devam participar da repetição do indébito. A repercussão a terceiros só ocorre em relação a sujeitos passivos que impulsionam suas riquezas de forma a afetar o patrimônio desses terceiros, como é o caso do ICMS e do IPI.

O art. 166 do CTN deveria ser interpretado de modo a possibilitar ao contribuinte "de fato" (adquirente de bens ou tomador de serviços) pleitear a restituição do indébito, uma vez que, na realidade, teria suportado o encargo financeiro relativo ao tributo. O contribuinte "de direito", na realidade, apenas efetuara o recolhimento, mas não sofrera o ônus financeiro, não tendo suportado efetivo prejuízo.

Possibilitar ao contribuinte "de direito" a repetição do indébito no caso de haver recebido os valores do consumidor poderá acarretar o recebimento do indébito em duplicidade, o que não encontra fundamento no ordenamento jurídico (locupletamento de valores de terceiros).

Em determinadas situações não há como identificar o consumidor que assumiu o ônus financeiro, o que acontece nas vendas de mercadorias amparadas por cupons de máquina registradora, notas a consumidor.

Nesta situação impõe-se a restituição ao contribuinte "de direito", porque não pode prevalecer o enriquecimento sem causa por parte do Poder Público, tendo plena aplicação o direito de acesso ao Judiciário para apreciação de lesão a direito (art. 5º, XXXV, da CF).

3. Tributação indireta e imunidades subjetivas

3.1 Caso um comerciante vendedor seja titular de imunidade subjetiva, poderá ele invocá-la para se eximir da cobrança de tributo indireto incidente sobre as vendas que realiza? Poder-se-á dizer que tal imunidade não é aplicável, eis que quem "verdadeiramente" arca com o tributo é o consumidor final, não imune?

A imunidade significa a exclusão de competência constitucional de tributação, como medida de preservação de valores considerados de superior interesse nacional, como a manutenção das entidades federadas, o exercício de atividades religiosas, da democracia, das instituições educacionais, assistenciais e de filantropia e o acesso às informações.

A imunidade subjetiva significa a vedação para instituir tributo (imposto de renda, por exemplo) em relação a uma determinada pessoa, em razão de condição especialíssima, que não pode ser estendida a situações de distinta natureza (operações mercantis, por exemplo).

Não pode o comerciante vendedor invocar a imunidade "subjetiva" (caráter personalíssimo) para situação "objetiva", pela absoluta ausência de nexo causal. As vendas submetem-se à incidência do

ICMS (mercadorias) e do IPI (produtos), constituindo negócios jurídicos mercantis de natureza distinta da imunidade subjetiva.

O comerciante vendedor não pode invocar a imunidade subjetiva para desonerar-se de imposto incidente sobre a venda de mercadorias, o que caracterizaria absoluta irracionalidade jurídica.

3.2 Caso um consumidor final seja titular de imunidade subjetiva, poderá ele invocá-la para fazer com que sobre as mercadorias e serviços que consome não incidam tributos indiretos? Poder-se-á dizer que tal imunidade não por ele invocável, pois o "verdadeiro" contribuinte é o vendedor, não imune?

O direito à imunidade subjetiva não implica necessariamente o direito à imunidade objetiva, que pudesse ser invocada pelo consumidor final, além do quê "a imunidade tributária do comprador não se estende ao produtor contribuinte do IPI" (Súmula 591 do STF).

Referida diretriz jurisprudencial reforça o argumento de que o verdadeiro contribuinte é quem pratica o fato gerador (comerciante), que não se encontra contemplado pela imunidade relativa aos bens comercializados.

3.3 É possível oferecer resposta coerente às duas perguntas anteriores? Essa resposta é coerente com aquelas fornecidas às perguntas do item 2?

Embora as indagações formuladas envolvam uma diversidade de questões, creio que a coerência nas soluções aventadas esteja pautada pela desvinculação da imunidade "subjetiva" com a "objetiva" e pela distinção das partes integrantes da venda (comerciante a consumidor), com os decorrentes efeitos tributários.

4. Tributação indireta e apropriação indébita

4.1 Quando o vendedor de uma mercadoria em cujo preço supostamente está embutido o tributo indireto recebe o pagamento desse preço mas não recolhe o tributo incidente sobre a operação, há ►

> *apropriação indébita? Pode-se dizer que é o consumidor quem "verdadeiramente" paga o tributo, tendo o comerciante o papel de apenas repassá-lo aos cofres públicos, incorrendo em apropriação indébita se não o fizer?*

Para elucidar a questão é necessário considerar o procedimento do contribuinte relativamente à falta de recolhimento de tributo, qual seja: (a) recebimento do preço da mercadoria que contenha o valor do imposto (ICMS) sem que haja o pagamento do tributo; *ou* (b) retenção na fonte de valor tributário (IR, contribuição previdenciária) sem o consequente recolhimento ao Poder Público.

Na primeira situação (alínea "a") trata-se de simples falta de pagamento de tributo, que não implica responsabilidade pessoal de pessoa física (sócio, administrador), em razão do quê não se configura ilícito penal.

Na segunda situação (alínea "b") encontra-se tipificado o crime tributário que se caracteriza por "deixar de recolher, no prazo legal, valor de tributo ou contribuição social, descontado ou cobrado, na qualidade de sujeito passivo de obrigação e que deveria recolher aos cofres públicos" (Lei federal 8.137/1990, art. 2º); e "deixar de repassar à previdência social as contribuições recolhidas dos contribuintes, no prazo e na forma legal ou convencional" (art. 168-A do CP).

Como não é consumidor a pessoa que recolhe o ICMS incidente nas vendas, mas o comerciante na qualidade de contribuinte, daí resulta o entendimento de que não está ocorrendo apropriação indébita do tributo.

> *4.2 Se não há apropriação indébita, eis que não se trata de mero repasse de tributo pago pelo consumidor, qual a justificativa para se negar ao comerciante o direito à restituição quando esse tributo é por ele recolhido indevidamente, nos termos do art. 166 do CTN?*

A negativa ao comerciante do direito de restituição de tributo que teria sido indevidamente pago pode justificar-se pelo fato de (a) não comprovar que não teria ocorrido o repasse financeiro, ou porque (b) não teria autorização do consumidor, de conformidade com o art. 166 do CTN.

5. Tributação indireta e inadimplência do consumidor

5.1 Caso o consumidor final não pague pela mercadoria adquirida, ainda assim o comerciante vendedor deverá recolher o tributo incidente sobre a operação?

A falta de pagamento do preço da mercadoria pelo consumidor final constitui inadimplemento de obrigação de natureza privada (ilícito contratual), que se resolve mediante cobrança, rescisão do negócio jurídico, imposição de penalidade etc.

A inadimplência do consumidor não tem qualquer interferência no tocante aos efeitos tributários decorrentes da operação mercantil realizada.

O tributo deverá ser recolhido pelo comerciante pelo simples fato de já ter ocorrido o fato gerador típico ("operações relativas à circulação de mercadorias"), com o imediato nascimento da obrigação tributária (art. 116 do CTN), que independe das questões peculiares aos negócios de natureza privada.

Ademais, mediante a aplicação do princípio da não cumulatividade, é possível que o valor tributário lançado de forma indevida seja absorvido pelos créditos do contribuinte e que não venha a ser apurado saldo devedor.

5.2 Afirmativa a resposta à pergunta anterior, há coerência com a tese segundo a qual o comerciante não poderia pleitear a devolução do tributo pago indevidamente, a qual se funda na afirmação de que esse tributo seria pago, "na verdade", pelo consumidor final?

A devolução do tributo pago indevidamente, para concretizar-se favoravelmente, deve atender ao requisito previsto no art. 166 do CTN referente à prova de que o ônus financeiro não foi suportado pelo consumidor.

6. Tributação indireta e regressividade

6.1 A tributação indireta conduz, sempre, à regressividade? Caso afirmativo, como evitar ou minimizar isso?

A regressividade consiste na minoração das alíquotas à medida que a base de cálculo é diminuída. Vincula-se aos princípios da capacidade contributiva e da isonomia, de modo que a carga tributária seja menos expressiva para os contribuintes que revelem pobreza. Tem aplicação implícita ao IR e aos impostos sobre o patrimônio (ITR, IPTU, IPVA), de natureza direta.

É possível que a seletividade no caso de produtos e mercadorias (no caso de minoração de alíquotas) possa manter atinência ao IPI e ao ISS, tendo pertinência a consideração dos esclarecimentos à questão 6.3.

6.2 Afirmar a regressividade da tributação indireta com base no fato de que seu ônus recai sobre o consumidor final é coerente com a afirmação de que a inadimplência desse consumidor não autoriza o comerciante a deixar de pagar o tributo correspondente? E com a afirmação de que não há apropriação indébita por parte do comerciante caso o consumidor pague o preço e ele, comerciante, não pague ao Fisco o tributo respectivo?

A inadimplência do consumidor não autoriza o comerciante a deixar de pagar o tributo respectivo, porque a falta de pagamento do preço concerne a descumprimento de obrigação de natureza privada, que não interfere no cumprimento da obrigação tributária (resposta à questão 6.3).

O entendimento relativo à inexistência de apropriação indébita no caso de o comerciante não quitar o Fisco foi objeto de manifestação anterior (resposta ao quesito 4.1).

6.3 É a seletividade um reconhecimento constitucional (pelo menos em relação ao ICMS e ao IPI) de que tais tributos são indiretos? O que isso significa? Que são juridicamente suportados pelos consumidores finais?

A seletividade significa a discriminação ou sistema de alíquotas diferenciadas por espécies de mercadorias, produtos e serviços sujeitos à incidência do ICMS e do IPI.

Os bens essenciais à população somente devem ser tributados com valores insignificantes, ao passo que as alíquotas mais elevadas devem ser reservadas aos bens supérfluos.

O contexto da Constituição Federal oferece os fundamentos para dimensionar os impostos, prestigiando valores como o salário-mínimo, que leva em conta as necessidades vitais básicas, moradia, alimentação, educação, lazer, vestuário, higiene, transporte e previdência (art. 7º, IV).

Considerando que a seletividade acarreta diminuição (ou elevação) de ônus tributário, que beneficiará (ou onerará) o consumidor, pode-se entender que o ICMS e o IPI enquadram-se como tributos indiretos.

A repercussão da intensidade dos ônus tributário afeta naturalmente os consumidores finais, que devem suportar os respectivos encargos financeiros.

7. Tributação indireta e base de cálculo de contribuições sobre a receita ou o faturamento

7.1 Caso se considere que os tributos indiretos são verdadeiramente pagos pelos consumidores finais dos produtos e serviços por eles onerados, poderia o ônus a eles correspondente ser considerado receita ou faturamento dos comerciantes vendedores?

A questão demanda a fixação dos conceitos de "faturamento" e "receita" para fins de incidência das contribuições (ao PIS e à COFINS), no suposto de que os tributos são pagos pelos consumidores finais dos produtos e serviços.

"Faturamento" não identifica apenas o ato de faturar ("extração de documento comercial"), mas representa o somatório do produto de vendas, ou de atividades, concluídas em determinado período.

"Receita" é qualificada pelo ingresso de recursos no patrimônio da pessoa jurídica, em caráter definitivo, proveniente dos negócios jurídicos que envolvam o exercício da atividade empresarial, que correspondam à contraprestação pela venda de mercadorias e pela prestação de serviços, assim como pela remuneração de investimentos ou pela cessão onerosa e temporária de bens e direitos a terceiros, aferidos instantaneamente pela contrapartida que remunera cada um desses eventos (José Antônio Minatel, *Conteúdo do Conceito de Receita e Regime Jurídico para sua Tributação*, São Paulo, MP/APET, 2005, p. 124).

Para fins de incidência das contribuições ao PIS e à COFINS as receitas compreendem a receita bruta da venda de bens e serviços nas operações em conta própria ou alheia e todas as demais receitas auferidas pelas pessoas jurídicas (Lei federal 10.637/2002, art. 1º, § 1º; e Lei federal 10.833/2003, art. 1º, § 1º).

Embora a legislação federal não tenha disposto que os tributos indiretos (caso do ICMS e do IPI) sejam excluídos da base de cálculo das contribuições, não podem ser considerados como receita ou faturamento, pelos fundamentos seguintes: (a) inconstitucional a inclusão do ICMS e do IPI na base de cálculo das contribuições ao PIS e à COFINS, porque os referidos impostos não significam receita do contribuinte, mas receita de terceiros (Estados, Distrito Federal e União); (b) os impostos não constituem custo do produto (conceito contábil) e nem integram o patrimônio do contribuinte, porque representam meros ingressos de valores que apenas transitam pela sua contabilidade ou caixa; (c) inexiste previsão constitucional para a inclusão dos impostos na base de cálculo do PIS e da COFINS, mas apenas a inclusão (em caráter excepcional) do ICMS na própria base do ICMS ou do IPI, com distinta conotação jurídica; (d) a circunstância de o ICMS ser calculado "por dentro" e o IPI "por fora" do produto/mercadoria representa mera técnica de arrecadação, que não interfere na estrutura desses impostos.

7.2 Se comerciantes vendedores, quando pagam indevidamente um tributo indireto, não podem pleitear a devolução, sob o argumento de que quem teria pago tais tributos, na verdade, teria sido o consumidor final, por qual razão esse mesmo tributo, "pago" pelo consumidor final e apenas repassado ao Fisco, seria receita do comerciante?

Não vislumbro a hipótese de os tributos pagos serem caracterizados como receita do comerciante, uma vez que a verba relativa aos impostos constitui receita da pessoa de direito público, independentemente de o pagamento (ou ônus financeiro) ser efetuado pelo consumidor final.

8. Tributação indireta e consciência fiscal

8.1 Quais o sentido e o alcance do art. 150, § 5º, da CF de 1988? Estaria ali o reconhecimento de que o consumidor final é o "verdadeiro contribuinte" dos tributos que oneram as mercadorias e os serviços que consome?

O preceito constitucional estabelece que "a lei determinará medidas para que os consumidores sejam esclarecidos acerca dos impostos que incidam sobre mercadorias e serviços".

Trata-se de norma programática de caráter utilitário, tendo por objetivo a proteção da defesa do consumidor (art. 170, V), constituindo princípio da atividade econômica.

Não se pode cogitar de inovação na ordem jurídica, nem operacionalização de encargos tributários, uma vez que a matéria relativa a impostos incidentes sobre mercadorias e serviços (basicamente, o ICMS e o ISS) já se encontra delineada na Constituição Federal (art. 155, II a XII; art. 156, III, e § 3º) e regulada pelas Leis Complementares 87, de 13.9.1996 (ICMS), e 116, de 31.7.2003 (ISS).

Não se pode entender que a norma constitucional reconheça o consumidor final como contribuinte, porque a pauta de competências constitucionais atinentes às incidências de impostos que oneram as mercadorias e os serviços compreende, de modo implícito, as figuras dos contribuintes, ou seja, as pessoas que realizam as "operações relativas à circulação de mercadorias", as "prestações de serviços de transporte interestadual e intermunicipal, e de comunicação" (ICMS) e "as prestações de serviços de qualquer natureza" (ISS).

O singelo preceito constitucional não poderia consubstanciar natureza antinômica ao princípio de competência dos Estados, Distrito Federal e Municípios para modificar o elenco de contribuintes do

ICMS (de vendedores e prestadores de serviços para consumidores) e do ISS (de prestadores de serviços para tomadores dos serviços).

8.2 A regulamentação do aludido dispositivo deveria ocorrer por meio de lei complementar? Quais tributos deveriam ser abrangidos pelo dever de esclarecimento ao consumidor?

Trata-se de norma de eficácia limitada declaratória de princípio programático; sua implementação deve dar-se necessariamente pelo instrumento da lei complementar, na medida em que completa o texto constitucional.

O diploma jurídico competente é a lei complementar porque traçará as normas gerais aplicáveis de modo generalizado, e indistintamente, a diversas pessoas de direito público (Estados, Distrito Federal e Municípios) e consumidores de mercadorias e serviços.

Inconcebível a edição de leis ordinárias por parte de cada Estado, Distrito Federal e Municípios, porque certamente veiculariam normas diferenciadas entre os consumidores de cada unidade federativa e municipal, o que representaria violação aos princípios da isonomia, do pacto federativo, da autonomia municipal, da livre concorrência, da uniformidade de desonerações tributárias etc.

A lei complementar deverá abranger o ICMS e ISS, porque tratará de normas afetas a mercadorias e serviços, de competência estadual, distrital e municipal.

8.3 Quais seriam as consequências práticas desse esclarecimento na formação da consciência fiscal?

Os esclarecimentos a serem prestados em lei complementar possibilitariam aos consumidores finais (adquirentes de mercadorias e tomadores de serviços) ter conhecimento pleno, adequado e didático de todas as suas obrigações e seus direitos com relação à tributação de mercadorias e serviços.

Nesse sentido, poderiam compelir os contribuintes (vendedores de mercadorias e prestadores de serviços) à informação relativa ao cumprimento dos ônus tributários (base jurídica, cálculos etc.), desonerações fiscais (isenções etc.), emissão de documentos fiscais e meios para as reclamações perante as autoridades fazendárias, Ministério Público, Justiça etc.

Referidas normas e procedimentos permitiriam o amplo exercício da cidadania e, sobretudo, o cumprimento das obrigações tributárias, para que pudessem ocorrer o devido e integral recolhimento dos impostos e o consequente atendimento das necessidades da coletividade.

9. *Tributação indireta e desoneração das exportações*

9.1 Por qual razão a Constituição Federal estabelece a não incidência de certos tributos sobre operações de exportação? Seria um reconhecimento de que tais tributos seriam verdadeiramente pagos pelos consumidores dos produtos, situados no Exterior?

A Constituição Federal estabelece a não incidência sobre certos tributos na exportação com o objetivo de desonerar a carga tributária incidente sobre produtos, mercadorias e serviços, possibilitando o incremento do comércio exterior.

A imunidade tributária possibilita ao exportador competir no cenário internacional, mediante o oferecimento de preços mais reduzidos, considerando-se que o País exporta bens e não exporta tributos.

Não entendo que a ausência de imposição de ônus fiscal aos exportadores possa implicar atribuição (ainda que indireta) de ônus aos adquirentes estrangeiros. Não vislumbro relação de causa (desoneração) com o eventual efeito (oneração ao destinatário).

A FIGURA DOS TRIBUTOS INDIRETOS E A APLICABILIDADE DO ART. 166 DO CTN

José Maria Arruda de Andrade

Professor-Doutor da Faculdade de Direito da Universidade de São Paulo (USP) – Foi Pesquisador Visitante no *Max Planck Institute for Intellectual Property and Competition Law* (Munique/Alemanha) – Doutor em Direito Econômico e Financeiro pela USP – Advogado

Maurício Barros

Doutorando em Direito Econômico, Financeiro e Tributário pela Universidade de São Paulo (USP) – Mestre em Direito Tributário pela Pontifícia Universidade Católica de São Paulo (PUC/SP) – Advogado

1. Introdução. 2. As classificações dos tributos em "diretos" e "indiretos". 3. A recepção da classificação dos tributos na jurisprudência "clássica" do STF (fase anterior ao Código Tributário Nacional). 4. Da não "recepção" da classificação em tributos diretos e indiretos no direito tributário brasileiro e a extensão do art. 166 do CTN. 5. Hipótese de aplicabilidade do art. 166 do CTN: tributos não cumulativos pelo critério físico (ICMS e IPI). 6. A jurisprudência do STJ sobre o art. 166 do CTN. 7. Conclusões – Respostas aos questionamentos.

> E pior do que isto: premiamos a rebeldia do Estado à lei, à política fiscal da União, às decisões do STF, encorajando-o a fazer por arbítrio aquilo que ele não pode fazer por direito. Encorajamo-lo a violar as disposições constitucionais ao poder fiscal e às regras de competência tributária, sempre que se livre da restituição do indébito. *Data venia*, não podemos continuar a tolerar que as autoridades fiscais subalternas continuem a rasgar impunemente a Constituição, que instituiu o STF para a missão de conservá-la e defendê-la. (Aliomar Baleeiro[1])

1. *RTJ* 52/400, cit. em A. Theodoro Nascimento, "A. Baleeiro e a construção jurisprudencial do princípio da restituição do indébito tributário. A revogação da Súmula 71, sua substituição pela de n. 546, do Supremo. A consagração da tese de

1. Introdução

O presente artigo tem o objetivo de investigar o reconhecimento, pelo sistema jurídico brasileiro, dos chamados "tributos indiretos",[2] bem como a aplicabilidade do art. 166 do CTN na restituição de tributos recolhidos indevidamente.

2. As classificações dos tributos em "diretos" e "indiretos"

A classificação dos tributos em "diretos" e "indiretos" sempre causou bastante polêmica na doutrina e na jurisprudência, tanto pelas bases dos critérios classificatórios adotados quanto pela utilidade, em si, de adotar essa classificação. Além disso, a citada proposta classificatória encontra distintas acepções, de acordo com a corrente e o momento histórico em que foi adotada – o que torna dificultosas sua aceitação e sua aplicação de forma acrítica e sem a devida contextualização.

Com efeito, a classificação dos tributos em "diretos" e "indiretos" tem origem no século XVIII, com os fisiocratas[3] – pensamento econômico que sustentava que a terra era o único fator produtivo a ser considerado, razão pela qual todas as riquezas produzidas e circuladas na economia deveriam tê-la como origem. Segundo a visão fisiocrata dos tributos, os impostos sempre seriam suportados pela terra, de forma *direta* ou *indireta*: seriam *diretos* os impostos que visam a tributar a posse do solo ou o produto líquido da agricultura, e *indiretos* os restantes, que tributavam outras realidades e, indiretamente e via repercussão, por fim recaiam sobre a terra.[4]

Baleeiro pelo art. 166 do CTN", in Roberto Rosas, Lafayette Pondé e Paulo Gustavo Gonet Branco (orgs.), *Aliomar Baleeiro no Supremo Tribunal Federal (1965-1975)*, Rio de Janeiro, Forense, 1987, pp. 125.

2. Para um histórico da chamara "tributação indireta", v. Edwin Robert Anderson Seligman, *Essays in Taxation*, reimpr., Nova York, Macmillan, 1895, pp. 7 e ss.

3. Cf.: Fernando Sainz de Bujanda, "Impuestos directos e impuestos indirectos – Análisis jurídico de una vieja distinción", in *Hacienda y Derecho*, vol. II, Madri, Instituto de Estudios Políticos, 1962, p. 436; J. Albano Santos, *Teoria Fiscal*, Lisboa, Instituto Superior de Ciências Sociais e Políticas, 2003, p. 239.

4. Sobre a explicação de por que os fisiocratas (François Quesnay) consideravam somente a agricultura como atividade produtiva, v.: Cláudio Napoleoni, *Smith, Ricardo, Marx*, 8ª ed., São Paulo, Paz e Terra, 2000, pp. 19-34; e António José Avelãs Nunes, *Uma Introdução à Economia Política*, São Paulo, Quartier Latin, 2008, pp. 346-354.

Com a crítica posterior por parte da Escola Clássica da Economia Política,[5] a importância da classificação dos tributos em "diretos" e "indiretos", ao menos nesse sentido, foi relativizada, como reflexo da superação da ideia fisiocrata de centralização dos estudos econômicos na figura da terra (como o valor econômico por excelência).[6]

No entanto, embora a classificação tenha perdido força pelo aspecto substancial, ela chegou a ser retomada por alguns autores sob o prisma formal. Dessa forma, expoentes da Escola Clássica passaram a apontar como impostos *diretos* aqueles calculados pela Administração Pública diretamente em função da renda do contribuinte, ao passo que como impostos *indiretos* as exações cuja medição se produzia em função de outras manifestações da vida econômica, e que apenas de forma mediata informavam a renda que se queria ter gravada.[7] Sendo assim, de um enfoque material ou substancial na visão dos fisiocratas, a classificação passou a ter uma noção formal ou procedimental para a Escola Clássica.[8]

A classificação encontra novas formulações no seio dos estudos financistas no século XIX. Augusto Graziani[9] discorre sobre algumas correntes que adotavam a classificação em análise à época, destacando – e criticando – as manifestações dos seguintes autores, entre outros:

Sobre a defesa de um imposto único (e direto) sobre a produção da terra, v.: François Quesnay, "Quadro econômico dos fisiocratas", in *Os Economistas*, São Paulo, Nova Cultural, 1988, pp. 99-111; e António José Avelãs Nunes, *Uma Introdução à Economia Política*, cit., p. 361.

5. Notadamente em Adam Smith. Nesse sentido o Capítulo IX de sua *A Riqueza das Nações*, vol. 2, São Paulo, Nova Cultural, 1996, pp. 149-170, sobretudo a partir da p. 159.

6. Deslocamento da pesquisa sobre o *excedente físico* da produção para a pesquisa sobre o *excedente com valor* (excedente da produção), roteiro seguido por Adam Smith, David Ricardo e Karl Marx.

7. Cf. Fernando Sainz de Bujanda, "Impuestos directos e impuestos indirectos – Análisis jurídico de una vieja distinción", cit., in *Hacienda y Derecho*, vol. II, pp. 437-438. Sobre as distintas formas de tributação, v. David Ricardo, *Princípios de Economia Politica e de Tributação*, 3ª ed., Lisboa, Fundação Calouste Gulbenkian, 1983, pp. 169-303.

8. Sem prejuízo de uma mudança transitória no pensamento de Ricardo, que, segundo Sainz de Bujanda ("Impuestos directos e impuestos indirectos – Análisis jurídico de una vieja distinción", cit., in *Hacienda y Derecho*, vol. II, pp. 438-439), chegou a retomar o elemento substantivo, ao reconhecer a translação como dado principal na classificação dos tributos em diretos e indiretos.

9. Augusto Graziani, *Istituzioni di Scienze delle Finanze*, 3ª ed., Turim, UTET, 1929, pp. 345-349.

• *Tese de De Parieu* – distinção com base no modo de determinação do sujeito passivo. No imposto direto o contribuinte sujeito à incidência desse imposto está inscrito em um rol nominativo de contribuintes, hipótese em que o Fisco o conhece e espera a incidência de forma antecipada. Caso não haja um rol nominativo de contribuintes e o Fisco desconheça sua incidência antecipadamente, o imposto é considerado indireto.[10] Graziani critica essa corrente, porque o conhecimento prévio da incidência do tributo é extrínseco à sua natureza, bem como porque tributos absolutamente distintos poderiam ser agrupados na mesma classe.

• *Tese da repercussão* – essa corrente, na qual se incluiriam as ideias de Stuart Mill, chama de "diretos" os tributos que incidem sobre a riqueza do próprio contribuinte que efetua o recolhimento, ao passo que os "indiretos" recaem sobre pessoa diversa, eis que o agente responsável pelo recolhimento é reembolsado pela outra. Graziani também desfere críticas a essa corrente, pois entende que um mesmo tributo pode repercutir ou não, em função de diversas condições externas ao sistema tributário em si.

• *Tese de Lorenz von Stein* – essa tese aponta que os tributos diretos são aqueles concernentes ao capital, ao passo que os indiretos se voltam ao trabalho. Nesse caso, destaca Graziani que o próprio Stein afirma que, enquanto o capital pode ser medido diretamente em suas manifestações, já, a mensuração do trabalho é de difícil obtenção, pois não pode ele ser simplesmente apartado dos materiais e do próprio capital. Portanto, a tese é de difícil aplicação prática.

• *Tese de Schaeffle* – para esse autor os tributos diretos alcançam a força tributária média dos contribuintes, sua potencialidade econômica, ao passo que os tributos indiretos, quando bem ordenados, atingem melhor a capacidade individual tributária. Graziani aponta que essa ideia não define ou aponta quais seriam os tributos diretos e indiretos, mas apenas perfila suas funções, o que a despe de utilidade.

Com as críticas apontadas acima, Graziani adota como critério a manifestação da capacidade contributiva dos contribuintes, apontando que os impostos diretos devem ser aqueles que se referem às mani-

10. No Brasil podemos considerar partidária dessa classificação a obra de João Pedro Veiga Filho, *Manual da Sciencia das Finanças*, 4ª ed., São Paulo, Off. Graph. Monteiro Lobato, 1928, p. 111.

festações imediatas de capacidade contributiva, enquanto os indiretos se referem às manifestações mediatas da capacidade contributiva. Dessa forma, aponta no primeiro grupo os impostos que incidem sobre o patrimônio, as atividades e as profissões, atingindo diretamente as fontes, os rendimentos e a riqueza disponível, enquanto os indiretos gravam certas despesas privadas, o consumo, a transferência de propriedade e manifestações similares.

De forma semelhante, Oreste Ranelletti[11] trabalha com proposta classificatória de acordo com o fato que desencadeia a cobrança do imposto pelo Estado: se tal cobrança atinge a riqueza do contribuinte de forma direta, trata-se de imposto direto; já, se objeto da cobrança é a riqueza indireta do contribuinte, manifestada por um ato ou um fato que é apenas um *indício* da riqueza, o imposto é indireto. Por outro lado, Ranelletti rejeita o critério classificatório segundo o modo de cobrança do tributo efetuado pelo Estado (ciência prévia e inscrição regular do contribuinte), pois entende que há tributos que atingem indiretamente a riqueza do contribuinte e são cobrados diretamente, mediante inscrições específicas do contribuinte previamente à incidência do tributo em si (exemplos: impostos sobre pianos, cavalos, veículos e cachorros, que são cobrados regular e periodicamente de seus proprietários).

Já, Adolph Wagner adota postura distinta, ao defender que o tributo indireto é aquele que o legislador concebe de tal modo que deve ser suportado definitivamente não pelo sujeito que primeiramente o pagou (o "contribuinte de direito"), mas por outra pessoa que assume o ônus financeiro do tributo, a quem será transladado o tributo (o "contribuinte de fato"). A posição de Wagner, embora tenha demonstrado um avanço com relação à posição formalista, torna obscura a forma de aferição de quem seria o "contribuinte de fato" e em que hipóteses haveria essa figura, tendo sofrido diversas críticas por ter misturado figuras econômicas e figuras jurídicas em uma mesma definição,[12] sobretudo pela inexistência, para o Direito, da figura do "contribuinte de fato".[13]

11. Oreste Ranelletti, *Lezioni di Diritto Finanziario*, Pádua, CEDAM, 2009, pp. 143-151.

12. Cf. Fernando Sainz de Bujanda, "Impuestos directos e impuestos indirectos – Análisis jurídico de una vieja distinción", cit., in *Hacienda y Derecho*, vol. II, pp. 439-440.

13. Embora critique a velha e surrada classificação dos impostos em diretos e indiretos, declarando-a de pouco préstimo científico, Amílcar Falcão apresenta curioso

Vale lembrar que àquela época a capacidade contributiva já despertava os interesses dos principais estudiosos da matéria tributária, e, como visto, servia como critério de classificação dos tributos. Entretanto, não era ainda considerada um dado *jurídico* por excelência, ante a ausência de sua previsão expressa nos ordenamentos jurídicos e pelo fato de o estudo da tributação, à época, ser empenhado majoritariamente por financistas, que não conduziam seus estudos com base em dados jurídicos, mas também – e principalmente – econômicos.

Na primeira metade do século XX, ante o descolamento doutrinário do direito tributário da ciência das finanças, capitaneado na Itália, principalmente, por Achille Donato Giannini (e no Brasil ferrenhamente defendido mais tarde por Alfredo Augusto Becker), a classificação em comento foi perdendo fôlego pelos estudiosos do direito tributário, que cada vez mais rejeitavam as influências dos financistas nos estudos de direito tributário,[14] por influência do Positivismo dominante.[15] Entretanto, com a "juridicização" de alguns conceitos oriundos da ciência das finanças, tal como a inclusão do princípio da capacidade contributiva em algumas Constituições, alguns autores passaram a adotar a classificação dos tributos em "diretos" e "indiretos" de acordo com a capacidade contributiva, que já vinha sendo trabalhada pelos financistas do final do século XIX, o que passou a aproximá-la de critérios não mais econômicos, mas jurídicos.

Com isso, percebe-se a importância da classificação mesmo nos trabalhos de autores formalistas, como é o do citado Achille Donato Giannini, por outra importante simples razão: a classificação dos impostos em "diretos" e "indiretos" fora acolhida pelo sistema tributário

critério de distinção, baseado em aspecto temporal: "– no imposto direto o fato gerador é um fato, estado de fato ou situação jurídica de caráter permanente, continuado ou, pelo menos, durável no tempo; – no imposto indireto o fato gerador é um fato, estado de fato ou situação jurídica de caráter intermitente, isolado no tempo ou instantâneo" (*Fato Gerador da Obrigação Tributária*, 6ª ed., Rio de Janeiro, Forense, 1997, p. 78).

14. Essa total separação chegou a causar alguns excessos por parte da doutrina brasileira, como o desprezo que perdura até os dias atuais à influência da destinação do produto da arrecadação na conformação constitucional dos tributos (como é o caso das contribuições), o que já não tem qualquer guarida a partir da promulgação da Constituição de 1988.

15. Cf. Ricardo Lobo Torres, *Tratado de Direito Constitucional, Financeiro e Tributário*, vol. IV ("Os Tributos na Constituição"), Rio de Janeiro, Renovar, 2007, pp. 79-80.

italiano,[16] razão pela qual ela é um dado jurídico por excelência, diferentemente do que ocorre no Brasil, em que tal classificação, em que pese a vozes contrárias, não encontrou positivação, sendo tratada na doutrina de forma crítica e na jurisprudência como forma de concretização do art. 166 do CTN, de inspiração também jurisprudencial (STF) – o que será abordado posteriormente.

Nessa toada, o critério da capacidade contributiva encontrou guarida em diversos trabalhos da doutrina italiana, tais como o citado Giannini, Benvenuto Griziotti,[17] Emanuelle Morselli,[18] Marco Fanno,[19] embora houvesse alguma discórdia na adoção do próprio critério, como bem observa Fritz Neumark,[20] ele mesmo adepto do critério da capacidade contributiva em conjunção com a classificação dos tributos em reais e pessoais.[21]

Interessante posição sobre o tema apresenta Fernando Sainz de Bujanda, que rechaça todos os tipos de classificação dos tributos em "diretos" e "indiretos" com base nos argumentos concernentes à aproximação de tal classificação de estudos de ciência das finanças, não do direito tributário propriamente dito. Entretanto, o trabalho do eminente jurista espanhol demonstra uma inovação na matéria ao propor, com base exclusivamente jurídica, uma classificação de acordo com a possibilidade de ressarcimento legal do tributo por parte daquele que o tenha recolhido aos cofres públicos. No caso, esclarece Sainz de Bujanda que tributos diretos são aqueles que a legislação não permite que o contribuinte seja ressarcido por outra pessoa, ao passo que nos indi-

16. Cf. Achille Donato Giannini, *Istituzioni di Diritto Tributário*, 9ª ed. (reed.), Milão, Giuffrè, 1972, pp. 157-158.

17. Benvenuto Griziotti, *Primi Elementi di Scienza delle Finanze (Nuova Edizione Ampliata e Aggiornata a Cura di Giannino Parravicini)*, Milão, Giuffrè, 1962, pp. 111-112.

18. Emanuelle Morselli, *Compendio di Scienza delle Finanze*, 40ª ed., Pádua, CEDAM, 1967, pp. 77-78. Embora não se refira expressamente à capacidade contributiva como critério de classificação dos tributos, Morselli claramente aparta os tributos em diretos e indiretos de acordo com a relação entre a riqueza afetada e a incidência tributária (direta e indireta).

19. Marco Fanno, *Elementi di Scienza delle Finanze*, 15ª ed., Turim, Lattes, 1963, p. 76.

20. Fritz Neumark, *Problemas Económicos y Financieros del Estado Intervencionista*, trad. para o Espanhol de José María Martín Oviedo, Madri, Editorial de Derecho Financiero, 1964, pp. 406-414.

21. Idem, pp. 415 e ss.

retos a norma jurídica tributária concede ao contribuinte um mecanismo de ressarcimento do tributo recolhido. Mas adverte: não é qualquer ressarcimento pactuado contratualmente que permitirá que o tributo seja considerado "indireto". Esse ressarcimento deverá ser previsto pela *lei tributária*, já que ao direito tributário – sustenta ele – são indiferentes os pactos de natureza civil.[22]

Essa proposta classificatória, como se verá, apresenta uma "fórmula" que mais se aproxima da legislação brasileira atualmente vigente, ainda que nossa lei não faça qualquer "classificação" dos tributos ou adote alguma das correntes aqui expostas.

Em suma, a classificação dos tributos em "diretos" e "indiretos", como visto, não é uniforme dentre as variadas correntes que a adotam, porquanto distintos são os critérios adotados por cada uma. As principais correntes podem ser sumarizadas e agrupadas de acordo com três critérios, quais sejam: (a) técnico-administrativo, (b) econômico ou financeiro e (c) capacidade contributiva.[23]

Conforme o critério técnico-administrativo (semelhante ao critério formal da Escola Clássica), os tributos serão diretos ou indiretos de acordo com sua forma de cobrança pela Administração Pública. Essa classificação ainda tem certa utilidade pragmática e institucional, na medida em que alguns Fiscos têm suas estruturas internas divididas de acordo com ela. Já, o critério econômico ou financeiro, de origem na classificação criada pelos fisiocratas, adota como critério classificatório a possibilidade, ou não, de translação do gravame para terceiros, considerando como tributos "diretos" aqueles suportados direta e definitivamente pelo contribuinte de direito e "indiretos" aqueles que são transladados a terceiros. Essa corrente trabalha com a dualidade "contribuinte de fato" e "contribuinte de direito", o que deixa bastante visível sua influência pelos estudos da ciência das finanças. Por fim, o critério da capacidade contributiva aponta a relação entre a incidência tributária e a riqueza do contribuinte por ela atingida: se a expropria-

22. Fernando Sainz de Bujanda, "Impuestos directos e impuestos indirectos – Análisis jurídico de una vieja distinción", cit., in *Hacienda y Derecho*, vol. II, pp. 448-451. No CTN, art. 126, III.

23. Bernardo Ribeiro de Moraes também identifica as três principais correntes (cf. *Compêndio de Direito Tributário*, 2ª ed., 1º vol., Rio de Janeiro, Forense, 1993, pp. 434-437). No mesmo sentido: Carlos M. Giuliani Fonrouge, *Derecho Financiero*, 2ª ed., vol. I, Buenos Aires, Depalma, 1973, pp. 274-275.

ção se dá *diretamente*, o tributo é direto (exemplos: patrimônio, renda); caso a riqueza seja atingida de forma apenas *indireta*, o tributo é considerado "indireto" (exemplos: consumo, transferência de bens).

Em que pese às inúmeras polêmicas que circundam a aludida classificação, fato é que ainda hoje ela é mencionada na doutrina tributária brasileira, inclusive com reflexos nas decisões judiciais das mais altas Cortes de nosso País.

3. A recepção da classificação dos tributos na jurisprudência "clássica" do STF (fase anterior ao Código Tributário Nacional)

Embora de inegável origem eminentemente financeira, como já apontado, a classificação dos tributos em "diretos" e "indiretos" chegou a ser o norte para a análise dos tributos passíveis de restituição em caso de pagamento indevido, chegando a matéria a ser sumulada no STF, nos termos da Súmula 71 da Corte:

> Súmula 71. Embora pago indevidamente, não cabe restituição de tributo indireto. (Aprovada na Sessão Plenária de 13.12.1963)

As decisões que serviram de suporte para a adoção da súmula acima[24] já adotavam como premissa a divisão dos tributos em "diretos" e "indiretos", entendendo que dos segundos não cabia qualquer ressarcimento, eis que o encargo financeiro não era suportado por aquele que os recolheu, mas por terceiros a quem o encargo fora repassado. Trata-se da adoção, pelo STF, da teoria da repercussão, segundo a qual a translação do tributo a terceiro tira do contribuinte a possibilidade de repetir o pagamento efetuado, ainda que indevido.[25]

24. STF, 2ª Turma, RE 46.450-RS, rel. Min. Vilas Bôas, j. 10.1.1961; STF, Tribunal Pleno, ERE 47.069-SP, rel. Min. Ary Azevedo Franco, j. 27.4.1962; STF, Tribunal Pleno, ERE 45.678-SP, rel. Min. Vilas Bôas, j. 27.4.1962.

25. Nesse sentido, leiam-se trechos do voto do Min. Vilas Bôas no julgamento do RE 46.450-RS: "A regra é que é o *solvens* quem pode agir em repetição do indébito. Mas, no caso, não foi possível deferir-lhe o pedido, porque ficou apurado que, se sofreu a *percussão* do tributo inconstitucional, obteve imediata reparação, fazendo-o *repercutir* sobre os compradores das mercadorias. (...). Vale dizer: se alguém tem o seu patrimônio enriquecido com o detrimento de outrem, este não terá mais interesse de acionar, à base da equidade, quando se verifica que está plenamente compensado. O

Evidentemente, o contexto em que se travaram tais discussões na Corte Suprema era totalmente diverso do dos dias atuais. À época ainda não havia sido criado o Código Tributário Nacional, sendo que as ações de repetição do indébito se baseavam no locupletamento ilícito do Estado, na equidade, na ausência de causa para o pagamento e no art. 964 do CC de 1916, cláusula geral de reparação por pagamento indevido em âmbito privado. O cerne da discussão, portanto, encontrava-se no efetivo prejuízo causado ao contribuinte pela cobrança indevida de tributo, chegando alguns casos a ser decididos com base em perícia para averiguar a ocorrência, ou não, de tal prejuízo.[26]

Dos mencionados argumentos para inviabilizar a repetição do indébito, um dos principais utilizados pelo STF foi o de que a situação teria o potencial de criar dois possíveis enriquecimentos indevidos: ou o do Estado, caso não fosse deferida a repetição, ou o do contribuinte de direito, que teria o valor devolvido, muito embora o tivesse repassado ao adquirente do bem (contribuinte de fato).

Nesses termos, mais justificável seria o enriquecimento indevido por parte do Estado, que teria condições de revertê-lo ao interesse coletivo. O argumento, baseado na ideia de interesse público, seduz em um primeiro momento, utilizando-se, justamente, dessa oposição entre coletivo *versus* individual.

Há de se refletir, contudo, sobre alguns pontos de tensão dessa argumentação, sobretudo porque ela ainda poderia ser utilizada até mesmo no contexto atual.

O primeiro ponto seria: muito embora haja apelo ao argumento do interesse público, há de se mencionar que quem deu origem ao

argumento de que a repetição tem, na espécie, caráter indenizatório, isto é, visa à integração do preço desfalcado com o pagamento do imposto, é notoriamente irrelevante e inaceitável nesta emergência de lucros imensuráveis. Serve, ao contrário, para reforçar a conclusão da decisão recorrida, porque demonstra que a autora não tem a intenção de ressarcir os fregueses que, efetivamente, foram lesados".

26. Essa questão restou clara em voto do eminente Min. Victor Nunes Leal no julgamento do RE 46.450-RS: "É essencial, portanto, que o autor, que reclama a restituição da quantia paga indevidamente, tenha sofrido prejuízo correspondente, isto é, tenha suportado equivalente desfalque em seu patrimônio. Isto, evidentemente, não ocorreu no caso dos autos. Perícia realizada na primeira instância comprovou que os impostos pagos pelo recorrente, e que este pretende reaver, foram carregados no preço das mercadorias vendidas a terceiros".

dado antijurídico (pagamento indevido, sobretudo nos casos de inconstitucionalidade ou ilegalidade) foi o próprio Estado, ou seja, o agente causador do pagamento indevido seria o próprio beneficiário do abuso. Em uma situação como essa, deveria ser lembrado o brocardo: "Ninguém deve se valer da própria torpeza".

Outro ponto: o manto da impossibilidade de repetição de tributos repassados ao adquirente possibilita uma blindagem que incentiva e até mesmo induz o comportamento de se criar e exigir tributos ilegais e inconstitucionais, o que será ainda mais grave se se tratar não de texto normativo ilegal ou inconstitucional, mas de mera aplicação declarada ilegal ou inconstitucional pelos tribunais (ou seja, questão sobre a definição da devida interpretação e aplicação da legislação tributária).[27]

As duas situações demonstram como não é tão simples contrapor interesses individuais e públicos, sem se mencionar aqui a própria possível distinção entre interesse público primário e secundário.

A posição do STF nos anos seguintes encontrou novo caminho, com a relativização da aplicação da Súmula 71, fortemente influenciada por Aliomar Baleeiro[28] no seio da Corte, que desde sempre demonstrou restrições à divisão dos tributos em "diretos" e "indiretos",

27. Sobre essa situação, não à toa, lembrava Fábio Fanucchi: "(...). Acontecerá, então, que o locupletamento, condenado pelo direito positivo e pela jurisprudência, será da Fazenda Pública. Contudo, diz-se bem mais aceitável a situação assim posta desde que a entidade pública pode ser favorecida com menor reação que a provocada pelo locupletamento de particulares. O reconhecimento do império da coletividade sobre o indivíduo acaba por justificar até mesmo essa situação anômala: *resultado tributário numa relação extratributária* (conclusão com que não concordamos)" (*Curso de Direito Tributário Brasileiro*, 4ª ed., 3ª tir., vol. 1, São Paulo, Ed. RT/IBAT, 1977, p. 395).

28. Exposição detalhada do papel de Aliomar Baleeiro na revisão da antiga jurisprudência da Súmula 71 e da nova formulação pode ser lida no importante texto de A. Theodoro Nascimento, "A. Baleeiro e a construção jurisprudencial do princípio da restituição do indébito tributário. A revogação da Súmula 71, sua substituição pela de n. 546, do Supremo. A consagração da tese de Baleeiro pelo art. 166 do CTN", cit., in Roberto Rosas, Lafayette Pondé e Paulo Gustavo Gonet Branco (orgs.), *Aliomar Baleeiro no Supremo Tribunal Federal (1965-1975)*, pp. 113-131. Para uma visão ampla da influência direta ou indireta de Baleeiro na formação da jurisprudência pátria em matéria tributária, v. o texto de Celso Cordeiro Machado, "A participação do Min. Aliomar Baleeiro na elaboração da jurisprudência do STF sobre matéria de direito tributário", in Roberto Rosas, Lafayette Pondé e Paulo Gustavo Gonet Branco (orgs.), *Aliomar Baleeiro no Supremo Tribunal Federal (1965-1975)*, Rio de Janeiro, Forense, 1987, pp. 169-184.

pela ausência de uniformidade nos fundamentos que embasavam essa classificação. Essa posição do eminente jurista restou assentada em voto lavrado no julgamento do RE 45.977-ES,[29] de sua relatoria:

> Resta a controvérsia sobre a impossibilidade jurídica da repetição de tributos indiretos, tese que tem o amparo da Súmula n. 71.
>
> Entendo que essa diretriz não pode ser generalizada. Há de ser apreciada em cada caso concreto, porque, de começo, do ponto de vista científico, os financistas ainda não conseguiram, depois de 200 anos de discussão, desde os fisiocratas do século XVIII, um critério seguro para distinguir o imposto direto do indireto.
>
> O mesmo tributo poderá ser direto ou indireto, conforme a técnica de incidência e até conforme as oscilantes e variáveis circunstâncias do mercado, ou a natureza da mercadoria ou a do ato tributado. (...).
>
> À falta de um conceito legal, que seria obrigatório ainda que oposto à evidência da realidade dos fatos, o STF inclina-se a conceitos econômico-financeiros baseados no fenômeno da incidência e da repercussão dos tributos indiretos, no pressuposto errôneo, data venia, de que, sempre, eles comportam transferência do ônus do contribuinte de jure para o contribuinte de facto. Então, haveria locupletamento indébito daquele às expensas deste, motivo pelo qual deveria ser recusada a repetição. É o suporte pretendidamente lógico da Súmula n. 71.

A opinião de Baleeiro contrariamente à Súmula 71 se deveu não apenas à incorreção da adoção, *a priori*, da divisão dos tributos em "diretos" e "indiretos", como visto. Além disso, entendia o eminente jurista que cada caso deveria ser analisado em suas especificidades, o que igualmente impediria a aplicação automática da Súmula 71 aos casos concretos. A matéria de fundo do caso analisado acima tratava

29. O aludido acórdão recebeu a seguinte ementa:

"Repetição de impôsto inconstitucional. Em princípio, não se concede a do tributo indireto no pressuposto de que ocasionaria o locupletamento indébito do contribuinte *de jure*.

"Mas essa regra, consagrada pela Súmula n. 71, deve ser entendida em caso concreto, pois nem sempre há critério científico para diagnosticar-se esse locupletamento.

"Financistas e juristas ainda não assentaram um *standard* seguro para distinguir impostos diretos e indiretos, de sorte que a transferência do ônus, às vezes, é matéria de fato, apreciável em caso concreto" (STF, 2ª Turma, rel. Min. Aliomar Baleeiro, j. 27.9.1966).

de taxa incidente sobre a venda de café do Espírito Santo para outros Estados, cujo preço (do café) era cotado em Bolsa e não dependia direta ou indiretamente da cobrança da malfadada taxa (que já havia sido declarada inconstitucional pelo STF). Diante disso, Baleeiro declarou a inaplicabilidade da aludida Súmula, desferindo, ainda, pesadas críticas a seu conteúdo, que claramente optava, em sua análise, por impedir a restituição de tributos aos contribuintes, eternizando certa "impunidade" do Estado no manejo de questões fiscais.

Outros acórdãos do STF prestigiaram a nova corrente inaugurada por Baleeiro na Corte,[30] o que culminou na edição da Súmula 546, em superação à Súmula 71, nos seguintes termos:

> Súmula 546. Cabe a restituição do tributo pago indevidamente quando reconhecido, por decisão, que o contribuinte de jure não recuperou do contribuinte de facto o quantum respectivo. (Aprovada na Sessão Plenária de 3.12.1969)

Em parêntesis, vale lembrar que a Súmula 546, embora tenha sido editada posteriormente à publicação do Código Tributário Nacional, foi adotada com base em casos concretos que ainda não consideravam o CTN e seu inovador art. 166, que certamente optou por conduzir a discussão para outra direção.[31]

Como visto, a Súmula 546 afastou a aplicação *a priori* da classificação dos tributos em "diretos" e "indiretos", pelos desacertos percebidos nessa adoção. Nem poderia ter sido diferente, eis que a divisão entre "tributos diretos" e "tributos indiretos" demonstrava-se desprovida de qualquer fundamento jurídico, pois fruto de reflexões importadas da ciência das finanças não acatadas pelo direito positivo e de impossível aplicação no direito tributário brasileiro, o que mereceu veementes críticas de Alfredo Augusto Becker[32] nesse sentido.

30. "Restituição de tributo indireto (Súmula n. 71). Se ficou provado que o contribuinte não incluiu no preço dos seus produtos a parcela do tributo que indevidamente pagou, tem direito à restituição – Inaplicação do enunciado da Súmula – Divergência com o acórdão no RE n. 45.977 – Embargos conhecidos e providos" (STF, Tribunal Pleno, ERE 58.660-SP, rel. Min. Amaral Santos, j. 10.4.1969).

31. Sobre a Súmula 546, v. Hugo de Brito Machado Segundo, *Direito Tributário nas Súmulas do STF e do STJ*, São Paulo, Atlas, 2010, pp. 95-98.

32. Alfredo Augusto Becker, *Teoria Geral do Direito Tributário*, 2ª ed., São Paulo, Saraiva, 1972, pp. 489 e 491: "A erronia das decisões dos tribunais em matéria tributá-

Não obstante a evidente superação da Súmula 71 do STF pelo advento do Código Tributário Nacional em 1966, que não acolheu a classificação dos tributos em "diretos" e "indiretos" (como se verá no próximo tópico), e da própria Súmula 546,[33] algumas decisões do STF[34] ainda adotavam a dicotomia "tributos diretos" e "tributos indiretos" na análise dos pedidos de repetição de indébito tributário, perpetuando um erro da doutrina formada nos albores do direito tributário, construída ainda sob a influência da ciência das finanças. Também no STJ, mais recentemente, pode-se observar a adoção da indevida classificação, embora a classificação combatida não seja tomada como dado absoluto e determinante na decisão de deferir, ou não, o pleito de restituição, porquanto a Corte tem analisado, efetivamente, a circunstância de ter, ou não, havido a repercussão do tributo.

ria e a irracionalidade das leis tributárias são devidas, em grande parte, à classificação dos tributos em diretos e indiretos segundo o critério da repercussão econômica. Hoje, praticamente a totalidade da doutrina condena o critério da repercussão, considerando-o absolutamente artificial e sem qualquer fundamento científico. A ciência das finanças e a política fiscal têm demonstrado que aquele critério repousa na simplicidade da ignorância. (...). A verdade é que não existe nenhum critério científico para justificar a classificação dos tributos em diretos e indiretos e, além disto, esta classificação é impraticável".

33. Nesse sentido: Luís Eduardo Schoueri, *Direito Tributário*, São Paulo, Saraiva, 2011, p. 559.

34. "Repetição de indébito – Imposto de transação. Se o valor do imposto indevido foi cobrado à Prefeitura do Município de São Paulo e ao Estado de São Paulo, e deles recebido, ante o ajustado nos contratos realizados entre a recorrente e tais pessoas de direito público, não pode aquela pretender a devolução dos valores correspondentes aos mesmos impostos, que veio a recolher aos cofres estaduais, já que, de fato, não foi ela que os desembolsou. Embora não se tratasse de imposto indireto, caberia a restituição do tributo se a recorrente o tivesse recolhido aos cofres públicos e suportado o ônus de tal recolhimento, mas segundo o v. acórdão não ficou ela assim onerada" (STF, 2ª Turma, RE 77.566, rel. Min. Aldir Passarinho, j. 23.11.1984, *DJU* 22.2.1985, p. 1.591).

"ICM – Restituição de tributo pago indevidamente. Se a carga tributária resultante de imposto indireto é absorvida na margem de lucro bruto do comerciante, por não haver integrado a formação do custo sobre o qual foi calculado o lucro, recai ela sobre o contribuinte *de jure* – Súmula n. 546 – Recurso extraordinário não conhecido" (STF, 2ª Turma, RE 87.055, rel. Min. Moreira Alves, j. 3.5.1977, *DJU* 13.6.1977, p. 3.901).

"Repetição de indébito fiscal. Embora pago indevidamente, não cabe restituição de tributo indireto (Súmula n. 71). O ônus de provar a não repercussão, para tornar cabível a restituição, é do contribuinte que a reclama (art. 166 do CTN) – Recurso extraordinário conhecido e provido" (STF, 2ª Turma, RE 74.631, rel. Min. Xavier de Albuquerque, j. 7.12.1973, *DJU* 13.2.1974).

4. *Da não "recepção" da classificação em tributos diretos e indiretos no direito tributário brasileiro e a extensão do art. 166 do CTN*

O ponto central do presente artigo é a análise do alcance do art. 166 do CTN, cuja redação é:

> Art. 166. A restituição de tributos que comportem, por sua natureza, transferência do respectivo encargo financeiro somente será feita a quem prove haver assumido o referido encargo, ou, no caso de tê-lo transferido a terceiro, estar por este expressamente autorizado a recebê-la.

Gilberto de Ulhôa Canto,[35] um dos membros da Comissão que elaborou o Projeto do Código Tributário Nacional, asseverava que, "ao elaborar o art. 166 do CTN, a Comissão Especial rejeitou a primeira orientação do STF (Súmula n. 71), que repelia em todos os casos a repetição de tributos indiretos, mas condicionou-a à prova da inexistência de recuperação do valor do tributo pelo contribuinte *de jure* do contribuinte de fato, como admitido na segunda versão da Corte Suprema (Súmula n. 546); mitigou, entretanto, essa publicação, prevendo a alternativa da autorização expressa do contribuinte". Dessa forma, não há dúvidas que a finalidade do art. 166 do CTN não era a de corroborar em toda a sua extensão a aplicação da Súmula 71 do STF aos casos de repetição de indébito tributário, mas delimitá-la, impondo limites à aplicação da Súmula 546. Além disso, rechaçou a positivação da dicotomia dos tributos em "diretos" e "indiretos", em que pese às vozes que insistem em enxergar no aludido dispositivo uma recepção a essa classificação.

A propósito, há mais de quatro décadas Alfredo Augusto Becker já apregoava a imprecisão de tais discussões, não condizentes com uma análise *jurídica* do fenômeno da tributação. Nesse prisma, a partir da efetiva separação de critérios da teoria econômica dos critérios da teo-

35. Gilberto de Ulhôa Canto, "Repetição de indébito", in *Caderno de Pesquisas Tributárias* 8/5, São Paulo, Resenha Tributária, 1983, *apud* STJ, 1ª Seção, REsp 903.394-AL, rel. Min. Luiz Fux, *DJe* 26.4.2010. No mesmo sentido: Aliomar Baleeiro, *Direito Tributário Brasileiro*, 11ª ed., 4ª tir., atualizada por Misabel Abreu Machado Derzi, Rio de Janeiro, Forense, 1999, p. 883.

ria jurídica, Becker[36] apresenta profundas distinções entre os fenômenos da incidência e da repercussão, sob os prismas econômico e jurídico, bem como das próprias figuras do "contribuinte de fato" e do "contribuinte de direito", sempre estremando os conceitos jurídicos dos conceitos econômicos. Assim, a repercussão jurídica não seria qualquer repercussão no preço, de natureza econômica, mas a situação na qual a lei autoriza o repasse do ônus econômico do tributo, por meio jurídico (segundo Becker, por reembolso ou retenção na fonte).[37] Somente esses seriam instrumentos aplicáveis na análise da legitimidade ativa do contribuinte para pleitear a restituição de pagamentos indevidos, porquanto baseada em dado jurídico.[38]

36. Alfredo Augusto Becker, *Teoria Geral do Direito Tributário*, cit., 2ª ed., pp. 485-487.

37. "Desde logo, cumpre advertir que esta repercussão jurídica do tributo de modo algum significa a realização da repercussão econômica do mesmo. Esta repercussão econômica pode ocorrer apenas parcialmente ou até não se realizar; embora no plano jurídico tenha se efetivado. A repercussão jurídica do tributo realiza-se por dois sistemas: ou por reembolso ou por retenção na fonte" (Alfredo Augusto Becker, *Teoria Geral do Direito Tributário*, cit., 2ª ed., p. 487). Mais adiante:

"A intenção do legislador, que se concretiza na outorga ao contribuinte *de jure* do direito de reembolso ou de retenção na fonte, prova a repercussão jurídica do tributo, mas não a econômica. Recorde-se que toda regra jurídica impõe às relações sociais um determinismo artificial, e a regra jurídica que outorga ao contribuinte *de jure* o direito de reembolso ou retenção estabelece a certeza jurídica do tributo, mas tudo isso unicamente no plano jurídico para efeitos jurídicos.

"Noutras palavras, para o deslinde de possíveis direitos e deveres entre o Estado, o contribuinte *de jure* e a pessoa que sofreu a retenção na fonte ou foi obrigada a satisfazer o direito de reembolso, houve a repercussão do tributo, e de nada valerá provar-se que, no caso concreto singular, a repercussão econômica não correspondeu à repercussão jurídica. No plano jurídico, houve a repercussão jurídica do tributo para qualquer efeito jurídico, e é inadmissível apresentar prova de a repercussão econômica não ter ocorrido, pois isto significa a inversão de toda a fenomenologia jurídica" (Alfredo Augusto Becker, ob. cit., 2ª ed., pp. 494 e 499-500).

38. No primeiro caso, assim o jurista define a repercussão:

"*Repercussão jurídica por reembolso* – A lei outorga ao contribuinte *de jure* o direito de receber de uma outra determinada pessoa o reembolso do montante do tributo por ele pago. Exemplo: a lei outorga ao fabricante (contribuinte *de jure*) o direito de, por ocasião de celebrar o contrato de compra e venda do produto, acrescentar ao direito de crédito do preço mais o direito de crédito de reembolso do valor do imposto de consumo pago por ele, fabricante. Noutras palavras, e com mais precisão científica: o legislador cria duas regras jurídicas.

"A primeira regra jurídica tem por hipótese de incidência a realização de determinados fatos que, uma vez acontecidos, desencadeiam a incidência da regra jurídica tributária, e o efeito jurídico desta incidência é o nascimento da relação jurídica tri-

Portanto, não admitiremos na análise da aplicabilidade do art. 166 do CTN quaisquer considerações quanto à repercussão dos tributos que não seja *jurídica*, ou seja, que não se manifeste mediante exigência de uma regra jurídica – o que afasta por completo quaisquer investigações na formação dos preços praticados pelos contribuintes no intuito de averiguar eventual translação. Além disso, não será qualquer regra jurídica a informar a repercussão, pois essa somente se dará nos casos em que o sistema exija a adoção de forma jurídica que confira a terceiro algum direito sobre o tributo recolhido (e repercutido), tal como o direito de crédito ou de ressarcimento perante o Fisco. O mero destaque de tributo recolhido, em função de exigência meramente formal (obrigação instrumental ou acessória), não surtirá quaisquer efeitos quanto ao direito de repetir o indébito, pois uma exigência de natureza meramente formal não pode inviabilizar direito de índole material, como o é a restituição de tributo recolhido indevidamente.

Dessa forma, acreditamos que, ante a impossibilidade de se verificar a repercussão econômica do tributo – até mesmo porque todos os tributos, de uma forma ou de outra, são repassados em uma cadeia mercantil normal –, a melhor aplicação para o art. 166 do CTN seria a da consideração da *repercussão jurídica*, nos moldes indicados por Becker em sua obra. Qualquer outra posição no tocante à repercussão dos tributos se demonstra tecnicamente imprecisa e terá consequências práticas indesejáveis, mormente o estímulo aos entes da Federação para que obtenham receitas fiscais com majorações de tributos inconstitucionais e ilegais, podendo contar com a impossibilidade técni-

butária, vinculando o contribuinte *de jure* ao sujeito ativo, impondo-lhe o dever de uma prestação jurídico-tributária.

"A segunda regra jurídica tem como hipótese de incidência a realização da prestação jurídico-tributária que se tornará juridicamente devida após a incidência da primeira regra jurídica. A realização daquela prestação jurídico-tributária realiza a hipótese de incidência desta segunda regra jurídica e, em consequência, desencadeia sua incidência. O efeito jurídico desta incidência é o nascimento de uma segunda relação jurídica que tem: em seu polo positivo, aquela pessoa que fora o contribuinte *de jure* no primeiro momento; e em seu polo negativo uma outra determinada pessoa na condição de sujeito passivo. O conteúdo jurídico desta segunda relação jurídica consiste num direito de crédito do sujeito ativo (o contribuinte *de jure*) contra o sujeito passivo, tradicionalmente denominado contribuinte de fato, mas, cientificamente, somente será contribuinte de fato na medida em que não puder repercutir o ônus econômico do tributo sobre uma terceira pessoa" (Alfredo Augusto Becker, *Teoria Geral do Direito Tributário*, cit., 2ª ed., pp. 487-488).

ca de terem de devolver os recursos obtidos indevidamente, numa clara afronta ao interesse público primário.[39]

Por conta disso, mesmo os autores que à época simpatizavam com a classificação ora combatida – como era o caso de Aliomar Baleeiro[40] – reconheceram que o art. 166 do CTN superou o texto da antiga Súmula 71 do STF, em si inaplicável *a priori*, pelo erro de se adotar a dicotomia "tributos diretos" e "tributos indiretos".[41]

É claro que a repercussão econômico-financeira dos tributos não é de todo irrelevante no sistema tributário brasileiro, pois, como bem ressalta Ricardo Lobo Torres,[42] a averiguação de quem assume efetivamente o encargo tributário é determinante na aplicação das imunidades tributárias e da própria valoração do sistema tributário, sob pena – entende ele – de se comprometer o princípio da capacidade contributiva. De fato, se voltarmos a olhar para o ICMS e o IPI, em que a seletividade é princípio a ser observado, de nada adiantaria uma

39. Lúcidas as palavras presentes em vários julgados de Baleeiro anteriores à reforma do entendimento do STF de aplicabilidade irrestrita da Súmula 71, tais como: "Mas não se pode negar a nocividade, do ponto de vista ético e pragmático, duma interpretação que encoraja o Estado mantenedor do Direito a praticar, sistematicamente, inconstitucionalidades e ilegalidades, na certeza de que não será obrigado a restituir o proveito da torpitude de seus agentes e órgãos. Nada pode haver de mais contrário ao progresso do Direito e à realização da ideia-força da Justiça" (*RTJ* 49/788). V. o relato de vários votos em A. Theodoro Nascimento, "A. Baleeiro e a construção jurisprudencial do princípio da restituição do indébito tributário. A revogação da Súmula 71, sua substituição pela de n. 546, do Supremo. A consagração da tese de Baleeiro pelo art. 166 do CTN", cit., in Roberto Rosas, Lafayette Pondé e Paulo Gustavo Gonet Blanco (orgs.), *Aliomar Baleeiro no Supremo Tribunal Federal (1965-1975)*, pp. 113-131.

40. Aliomar Baleeiro, *Uma Introdução à Ciência das Finanças*, 14ª ed., 6ª tir., revista e atualizada por Flávio Bauer Novelli, Rio de Janeiro, Forense, 1994, pp. 262-264.

41. "O Código Tributário Nacional, consciente da dificuldade de caracterizar-se o imposto indireto em certos casos e, também, de que a repercussão, embora provável nos impostos de produtos industrializados, ICMS e outros que assentam nas trocas econômicas, inclusive a compra e venda, afastou-se da Súmula 71, admitiu a restituição se o interessado nela provar ter assumido o encargo, sem transferência para outrem, ou, tendo realizado tal transferência, se por este for autorizado a recebê-lo.

"Destarte, em caso concreto, o contribuinte *de iure* provará por seus livros e arquivos etc. que não agregou o tributo ao preço, ou, se o agregou, está autorizado a receber a restituição pelo contribuinte *de facto*. Ou demonstrará a impossibilidade prática da transferência nas circunstâncias especiais do caso concreto" (cf. Aliomar Baleeiro, *Direito Tributário Brasileiro*, cit., 11ª ed., 4ª tir., p. 883).

42. Ricardo Lobo Torres, *Tratado de Direito Constitucional, Financeiro e Tributário*, cit., vol. IV, pp. 81-82.

tributação pesada ao longo da cadeia mercantil para, ao final, alcançar consumidores de pouquíssimo poder aquisitivo, sobretudo quando se trata de bens de consumo essencial, ligados ao mínimo existencial.

Essa consideração, entretanto, deve ser exclusivamente pré-legislativa, no momento em que o legislador (Parlamento), discorrendo sobre as hipóteses de incidência e sujeitos abrangidos em certo tributo, adotará medidas de equalização com o fito de não agravar a situação de sujeitos e situações que não devem ser alcançados pela exação, em função da aplicação de princípios (capacidade contributiva) e regras (imunidades) constitucionais. Dessa forma, essa consideração será relevante apenas na "aplicação" da Constituição Federal, pelo legislador, na construção das normas gerais e abstratas de tributação, nunca pelo agente estatal responsável pela arrecadação (Poder Executivo).

Postas estas considerações, concluímos que o art. 166 do CTN só deve ser aplicado no caso de tributos que apresentam uma transferência jurídica do encargo, ou seja, naquelas situações em que o valor repassado o é de forma jurídica, a partir de lei, como a transferência gráfica na nota fiscal do tributo recolhido, nos casos em que se dá direito ao crédito ou ao ressarcimento ao adquirente. Daí o acerto da jurisprudência do STJ ao rechaçar a tese de que haveria aplicação do art. 166 do CTN na tributação das contribuições previdenciárias patronais.[43]

Recentemente, contudo, o STJ tem estendido o entendimento até então restrito ao IPI e ao ICMS na situação do ISS. Trata-se, à primeira vista, de paralelismo atraente, pois o ISS fecha a tributação por impostos sobre a atividade econômica (indústria, comércio e prestação de serviços).

A inaplicabilidade, todavia, do art. 166 do CTN ao ISS reside justamente na distinção, que estamos trabalhando aqui, entre repasse econômico e jurídico. A essa altura já está clara nossa posição sobre a dificuldade em se apurar o grau de repasse econômico dos tributos como custos sobre os preços, razão pela qual a mera referência a repasse econômico se torna indesejável. Com relação ao ISS, contudo, a situação é mais tênue que com relação às contribuições previdenciárias, sobretudo porque o ISS incide especificamente sobre a operação que

43. STJ, EREsp 133.154-RS, por exemplo.

estará sendo cobrada do contratante ("adquirente"); e, para piorar, há dever instrumental de destaque do valor tributado na nota fiscal (obrigação acessória, tão somente, e infralegal). Em outros termos, as situações parecem ser extremamente semelhantes, dando a entender que a afirmação anterior de que somente seriam "indiretos" o IPI e o ICMS seria um erro doutrinário.

Defendemos, ainda assim, que o art. 166 do CTN não deve ser aplicado ao ISS, mesmo levando-se em conta o destaque de seu valor na nota (ou seja, o repasse não seria somente econômico, mas também formal). Para isso, necessária a consideração de que o repasse do valor é mais gráfico-formal acessório (fato inegável) e econômico (no todo ou em parte, como em todos os tributos) que jurídico, no sentido da transferência defendida nesse artigo. Isso porque o valor destacado e repassado não gera outra consequência além da formação de preço, ou seja, não dá direito ao crédito nas operações seguintes – o que representaria um óbice à repetição (o Estado perderia duas vezes, uma na repetição e outra no direito ao crédito).

Uma demonstração dessa situação acontece no Município de São Paulo. Ainda que o contribuinte decida depositar judicialmente o imposto devido e ainda que negocie com seu contratante que não incluirá no preço o referido imposto, o sistema eletrônico que gerará a nota determina, obrigatoriamente, o destaque do valor do imposto. Em outros termos: quando mencionamos que se trata de destaque meramente gráfico-formal acessório é justamente nesse sentido, que, muitas vezes, não acompanha o jurídico e sequer o econômico.[44]

Nesse sentido, existirá somente uma aplicação possível ao art. 166 do CTN, qual seja: a restituição de tributos não cumulativos pelo critério físico, como o são o ICMS e o IPI (o PIS e a COFINS não estão abrangidos, pois adotam critério financeiro e presumido de não cumulatividade). Quanto aos tributos cobrados pelo regime de fonte, embora concordemos com a posição de Becker quanto à repercussão jurídica de tais tributos, quer-nos parecer que a relação estabelecida entre agente de retenção e sujeito retido não é a mesma alcançada pelo art.

44. Aliás, a legislação paulistana (Lei municipal 13.701/2003) prescreve, em seu art. 14, § 4º: "O montante do imposto é considerado parte integrante e indissociável do preço referido neste artigo, constituindo o respectivo destaque nos documentos fiscais mera indicação de controle".

166 do CTN, pois, no caso, não é a "natureza" do tributo que acarreta a repercussão, mas uma obrigação legal de retenção imposta ao agente. No mais, entendemos que esse poderá ressarcir-se de eventual montante retido a maior, caso não tenha retido o excedente do sujeito passivo retido, ao passo que, caso o tributo em si tenha sido indevidamente recolhido e retido, tocará ao segundo o direito de pleitear sua restituição.

5. Hipótese de aplicabilidade do art. 166 do CTN: tributos não cumulativos pelo critério físico (ICMS e IPI)

Na regra geral do ICMS e do IPI existe repercussão jurídica do tributo na medida em que o sujeito passivo é obrigado a destacar na nota fiscal o montante do imposto por ele pago (*rectius*, debitado, na medida em que o recolhimento dependerá da quantidade de créditos), que é juridicamente repassado ao adquirente, que terá o direito de aproveitar aquele montante contra o Fisco, seja por crédito ou ressarcimento. Trata-se da aplicação do princípio da não cumulatividade, que, no caso do ICMS e do IPI, vincula o recolhimento do imposto na etapa anterior à possibilidade de crédito contra o imposto a ser recolhido na etapa seguinte – o que se denomina "abatimento".[45]

Mas não é qualquer não cumulatividade que abrirá a possibilidade de incidência do art. 166 do CTN, como é o caso do PIS/COFINS. Isso porque em tais contribuições, diferentemente do ICMS e do IPI – cujo

45. O abatimento traduz-se na concretização da não cumulatividade, pois somente com a efetiva compensação do tributo incidente nas operações anteriores se poderá atingir a desejada neutralidade na tributação sobre o consumo, de maneira que o ônus fiscal seja inteiramente repassado ao destinatário final dos produtos. Assim, sempre que o contribuinte não puder aproveitar os créditos da operação anterior, arcará sozinho com (a) a integralidade do tributo incidente na operação anterior (embutido no preço) e (b) a integralidade do tributo incidente na operação de saída de seu estabelecimento (pois não poderá subtrair 'a' de 'b'), tornando-o cumulativo e retirando-lhe a neutralidade, pois faz com que seja cobrado, no mínimo, duas vezes dentro da cadeia produtiva, com o repasse integral das duas incidências ao consumidor. Preserva, também, a seletividade, pois sem ele ocorreria aumento indevido no preço final de produtos essenciais, bem como garante as finalidades das imunidades constitucionais (v. comentário ao § 1º), o que o alça à "categoria jurídica de hierarquia constitucional", nas palavras de Geraldo Ataliba e Cléber Giardino ("ICM – Abatimento constitucional – Princípio da não cumulatividade", in *RDTributário* 29-30/116, São Paulo, Ed. RT).

sistema é o de "crédito do imposto" –, o crédito não fica atrelado ao efetivo montante recolhido na etapa anterior da cadeia produtiva, pois se trata de créditos *presumidos* por outorga legal, ou seja, não há vinculação entre o tributo recolhido na etapa anterior ou destacado na nota fiscal (que não existe no caso do PIS/COFINS) e o crédito a ser aproveitado pelo adquirente do produto (ou serviço). Prova disso é que o crédito apropriado será sempre de 9,25%, ainda que o fornecedor esteja sujeito ao regime cumulativo, hipótese em que é tributado a 3,65%. A semelhança com o ICMS e o IPI, contudo, reside na exigência de que haja incidência das contribuições na etapa anterior da cadeia produtiva, à exceção dos bens ou serviços isentos, quando revendidos ou utilizados como insumo em produtos ou serviços tributados (v. art. 3º, § 2º, II, das Leis 10.637/2002 e 10.833/2003). Dessa forma, caso o contribuinte tenha recolhido indevidamente o PIS/COFINS em situação de alíquota zero, em tese o adquirente do produto (ou serviço) não poderia ter aproveitado o crédito, ante a não incidência (*lato sensu*) das contribuições na etapa anterior. Contudo, essa situação nada tem com o direito de restituição a que alude o art. 166 do CTN, pois não houve qualquer *repercussão jurídica* de tributos, resolvendo se a questão na necessidade de glosa de créditos por parte do adquirente.

Sendo assim, o destaque do ICMS e do IPI nas notas fiscais, nos casos em que o IPI seja creditável ou ressarcível pelo adquirente,[46] consiste na repercussão jurídica por excelência: o contribuinte responsável pelo recolhimento destaca o valor do imposto devido na nota fiscal, recolhendo-o, e repassa seu ônus financeiro ao adquirente da mercadoria, que financeiramente arcará com o custo daquele imposto, podendo ou não creditar o valor correspondente, dependendo do caso. Trata-se de repercussão revestida de forma jurídica, o que a caracteriza como vera *repercussão jurídica*, de acordo com as premissas de Becker. Na mesma linha é a lição de Luís Eduardo Schoueri:

> *A falta de base econômica para o argumento da translação, entretanto, exige que se tome o art. 166 do CTN com toda cautela. No lugar de se buscar o fenômeno da translação, age com acerto aquele que investiga se há uma transferência jurídica (isto é: prestigiada por lei) do montante do*

46. Fazemos essa ressalva porque no caso de aquisição de produtos por não contribuintes do IPI não ocorrerá qualquer crédito do imposto. Também nesse caso não se aplica o art. 166 do CTN.

> *tributo. Esta será a situação do adquirente do produto sujeito a tributação não cumulativa que o revende, tomando o crédito do montante pago na etapa anterior. Se há um direito àquele crédito é porque ele lhe foi transferido por quem o pagou na etapa anterior.*
>
> É esse o caso do IPI e do ICMS. Quando a Constituição prevê a não cumulatividade na sistemática imposto a imposto, acaba por prestigiar, juridicamente, a transferência do encargo ao adquirente do produto, que passa a ter um direito de crédito perante o Estado. Nesse caso, é este adquirente quem, como novo credor, pode exigir que o Estado devolva o tributo indevido; o sujeito passivo originário somente o pode exigir se autorizado pelo adquirente. Este, por sua vez, ao autorizar que o primeiro promova a repetição, abre mão, simultaneamente, de seu direito de crédito.
>
> Assim, se um fabricante de um produto tributado pelo ICMS vende-o ao supermercado, é este quem passa a ter um direito de crédito contra a Fazenda Estadual. Em princípio, este crédito será utilizado pelo supermercado para abater do imposto que lhe incumbe, na revenda dos produtos. Se o imposto pago pelo fabricante era indevido, não cabe ao fabricante, mas ao supermercado, repetir o tributo, já que, afinal, dele era o crédito. Se, entretanto, o supermercado autoriza o fabricante a promover a repetição do indébito, então, o supermercado terá aberto mão do crédito, devendo igualmente estorná-lo de sua escrita fiscal.
>
> *Mantendo o mesmo exemplo, se o fabricante recolheu, além do ICMS, o IPI, este não transfere, juridicamente, ao supermercado, já que o último, não sendo contribuinte do imposto, não tem crédito contra o Fisco Federal. Afastada a questão da translação econômica, porque descabida, o direito de repetir há de ficar com o fabricante, que, afinal, foi o sujeito passivo da relação tributária.*[47] (Grifos nossos)

Outro aspecto importante a mencionar é o "cálculo por dentro" a que se submete o ICMS, que integra sua própria base de cálculo. Nessa forma de cálculo toma-se o custo da mercadoria e se aplica a alíquota do ICMS mediante um *gross-up*, de modo que o imposto incida sobre ele mesmo. Ocorre que essa circunstância, por si, não autoriza a conclusão de que sempre haverá a repercussão jurídica do imposto, pela sua "natureza". Muito pelo contrário, a inclusão do ICMS no valor

47. Luís Eduardo Schoueri, *Direito Tributário*, cit., pp. 558-559.

da nota fiscal se dará sempre que o ICMS for nela destacado, porquanto *não é a regra do cálculo por dentro que impõe o dever de destaque do valor do imposto devido*, mas o próprio sistema não cumulativo, que impõe o conhecimento do adquirente do montante debitado na etapa anterior. De igual maneira, o fato de o IPI ser cobrado "por fora" não faz com que ele deixe de ser destacado na nota fiscal, o que torna o argumento absolutamente inútil.[48]

Dessa forma, nos casos em que o ICMS *não* é destacado na nota fiscal, situações em que não ocorre qualquer repercussão jurídica, mas possível repercussão econômica ("possível", porque impossível de ser aferida, como sustentava Becker), a circunstância de ter ocorrido cálculo por dentro em algum momento da cadeia mercantil é irrelevante.

Já, no caso de ICMS recolhido pela sistemática de substituição tributária, em que o substituto é responsável pelo recolhimento do ICMS devido nas etapas seguintes da circulação mercantil, tendo em vista que não há qualquer direito de crédito por parte do substituído, tal como ocorre com o IPI nas aquisições por não contribuintes do imposto (v. a lição de Schoueri, acima), em tese o substituto poderia pleitear a restituição do tributo recolhido independentemente de autorização do substituído. Entretanto, devem ser feitas algumas ponderações com relação a esse ponto.

Isso porque a inclusão do valor do ICMS-ST em campo próprio da nota fiscal reveste também o substituído de direitos sobre aquele valor. É o caso, por exemplo, de hipótese de posterior revenda do bem para contribuinte do ICMS estabelecido em outro Estado, situação em que o substituído, e não o substituto, terá direito a ser ressarcido pelo ICMS-ST indevidamente recolhido pelo substituto. Tal se dá porque, como a legislação parte de uma *presunção* de operações hipotetica-

48. Há, inclusive, doutrina que entende que o fato de haver cálculo por dentro do ICMS ressalta a ausência de repercussão jurídica do imposto, pois não haveria o repasse do tributo pago, mas sua simples inclusão no preço (repercussão meramente econômica). Nesse sentido é a lição de Roque Antônio Carrazza, *ICMS*, 15ª ed., São Paulo, Malheiros Editores, 2011, p. 510:

"Estamos convencidos de que, *por sua natureza* (CTN, art. 166), *o ICMS, em rigor, não repercute.*

"Ao contrário do que ocorre, por exemplo, com o IPI, o valor do ICMS em determinada operação ou prestação não é a ela *acrescido*, mas, pelo contrário, vê-se 'embutido', por assim dizer, no preço da mercadoria ou serviço."

mente tributáveis até o elo final da cadeia mercantil, presume-se que o último elo estará no mesmo Estado para o qual o ICMS-ST foi recolhido. Caso o destinatário final da mercadoria não esteja no mesmo Estado e seja contribuinte do ICMS, na venda interestadual ocorrerá, regularmente, a incidência do ICMS devido em tais operações (7% ou 12%, dependendo do destino).

Essa é uma das formas de retomada da incidência do ICMS na cadeia mercantil, que termina por "frustrar" o recolhimento do ICMS-ST original. Para tanto, as legislações dos Estados preveem formas de ressarcimento aos contribuintes pelo recolhimento "indevido" do ICMS-ST, como forma de evitar que os contribuintes sofram prejuízos pela sistemática da substituição tributária. O ressarcimento, no caso, será sempre devido ao contribuinte substituído, como determina o art. 269 do RICMS/SP,[49] por exemplo.

Por outro lado, nas hipóteses em que o substituído efetue a venda das mercadorias para contribuinte dentro do Estado ou para não contribuinte do imposto (tanto dentro quanto fora do Estado), ele (substituído) já não terá qualquer direito sobre o imposto recolhido por substituição, razão pela qual o direito de pleitear a restituição do pagamento indevido (a maior) será exclusivamente do substituto, quando este provar tal circunstância.[50]

49. RICMS/SP: "Art. 269. Nas situações adiante indicadas, o estabelecimento do contribuinte substituído que tiver recebido mercadoria ou serviço com retenção do imposto, observada a disciplina estabelecida pela Secretaria da Fazenda, poderá ressarcir-se (Lei n. 6.374, art. 66-B, na redação da Lei n. 9.176, art. 3º, e Convênio n. ICMS-81/1993, Cláusula Terceira, § 2º, na redação do Convênio n. ICMS-56/1997, Cláusula Primeira, I): I – do valor do imposto retido a maior, correspondente à diferença entre o valor que serviu de base à retenção e o valor da operação ou prestação realizada com consumidor ou usuário final; (*essa hipótese foi restringida pela Lei 13.291/2008*) II – do valor do imposto retido ou da parcela do imposto retido relativo ao fato gerador presumido não realizado; III – do valor do imposto retido ou da parcela do imposto retido relativo ao valor acrescido, referente à saída que promover ou à saída subsequente amparada por isenção ou não incidência; *(redação dada ao inciso pelo Decreto 52.104, de 29.8.2007; DOE 30.8.2007)* IV – do valor do imposto retido ou da parcela do imposto retido em favor deste Estado, referente a operação subsequente, quando promover saída para estabelecimento de contribuinte situado em outro Estado".

50. Essa questão pode ser um grande problema tanto para o substituto quanto para o substituído, pois de uma mesma *venda* de produtos do substituto (*A*) (mesma nota fiscal) para o substituído (*B*) poderá haver uma revenda de *B* tanto para adquirentes dentro do Estado quanto para contribuintes estabelecidos em outros Estados.

Sendo assim, somente haverá repercussão jurídica caso o contribuinte seja obrigado a destacar na nota fiscal o montante de imposto recolhido, com a possibilidade de recuperação desse imposto pelo substituído. Nesse caso, o substituto somente terá legitimidade para pleitear a restituição do indébito caso tenha sido autorizado a tanto pelo substituído, para quem houve a repercussão jurídica do tributo. Não se trata, aqui, de pedido de autorização de todas as etapas seguintes da cadeia produtiva, até mesmo dos consumidores finais, pois a visão que prega a legitimidade destes na recuperação do ICMS indevidamente recolhido, na condição de "contribuintes de fato", baseia-se em uma falácia despida de critério jurídico-científico, como demonstrado pelo próprio Becker. Caso o substituto tributário não seja obrigado a destacar em campo próprio da nota fiscal de venda o valor do ICMS recolhido, não ocorre a *repercussão jurídica* do tributo indevidamente recolhido, o que o tornaria apto a pleitear a restituição do indébito independentemente de qualquer autorização.

Por outro lado, nos casos em que o ICMS-ST se torne indevido não em função de recolhimento a maior do substituto, mas em função de operação subsequente do substituído não sujeita ao recolhimento do ICMS (em condições normais) ou que desencadeie novo recolhimento (exemplo: venda interestadual a contribuinte do imposto), entendemos que a restituição do ICMS-ST corretamente recolhido tocará ao substituto, mediante emissão de nota fiscal de transferência do crédito ao substituído,[51] ou ao próprio substituído, conforme a legislação paulista que trata do imposto.[52]

Em casos tais, o Governo do Estado de São Paulo determina que o substituído (*B*) deverá calcular o ressarcimento do imposto a que tem direito pela aplicação dos tortuosos métodos dispostos na Portaria CAT-17/1999. Por outro lado, no caso do substituto, sequer um procedimento tortuoso existe para a apuração do recolhimento indevido em tais casos, razão pela qual, em um caso de recolhimento a maior pelo substituto, entendemos que somente esse valor recolhido a maior poderá ser por ele pleiteado perante o Estado, tocando ao substituído somente a parcela do ICMS-ST corretamente recolhido.

51. Conforme a Cláusula Terceira do Convênio ICMS-81/1993: "Cláusula terceira. Nas operações interestaduais, entre contribuintes, com mercadorias já alcançadas pela substituição tributária, o ressarcimento do imposto retido na operação anterior deverá ser efetuado mediante emissão de nota fiscal, exclusiva para esse fim, em nome do estabelecimento fornecedor que tenha retido originalmente o imposto".

52. Nos termos do art. 270 do RICMS/SP: "Art. 270. O ressarcimento de que trata o artigo anterior poderá ser efetuado, alternativamente, observada a disciplina

De semelhante forma ocorre com o ICMS-ST recolhido antecipadamente na entrada das mercadorias no Estado.

Em breve resumo, o ICMS-Antecipação é aplicado nos casos em que o Estado adota o regime de substituição tributária para determinada mercadoria mas não possui protocolo firmado com os demais Estados da Federação. Em casos tais, no intuito de equiparar a aquisição de produtos de empresas domiciliadas em seu território e empresas não domiciliadas, o Estado opta por submeter a aquisição das últimas ao mesmo regime a que se submeteria uma aquisição interna, em que presente o ICMS-ST.[53]

Por conta disso, o adquirente pode revestir-se da dupla condição de substituto e substituído. Caso promova revenda para não contribuinte do imposto, não ocorrerá repercussão, porquanto o não contribuinte não terá qualquer direito de crédito contra o Fisco. Já, no caso de revenda a contribuinte, deverá ele destacar o ICMS-ST na nota fiscal, valendo, nesse caso, todas as ponderações que efetuamos com relação ao ICMS-ST ordinariamente recolhido.

Ante o exposto, resulta evidente que o repasse *jurídico* do tributo pago pelo substituto revela-se dado crucial para determinar sua legitimidade para pleitear a restituição de imposto que tenha sido recolhido a maior ou indevidamente, ou, ainda, a necessidade de se obter autorização para tanto.

Postas estas considerações e nossa opinião sobre o tema, convém examinar a jurisprudência que se formou ao longo dos anos quanto ao assunto, notadamente com relação ao ICMS e ao ICMS recolhido por substituição.

estabelecida pela Secretaria da Fazenda, nas seguintes modalidades: I – compensação escritural: conjuntamente com a apuração relativa às operações submetidas ao regime comum de tributação, mediante lançamento no livro Registro de Apuração do ICMS; II – nota fiscal de ressarcimento: quando a mercadoria tiver sido recebida diretamente do estabelecimento do sujeito passivo por substituição, mediante emissão de documento fiscal, que deverá ser previamente visado pela repartição fiscal, indicando como destinatário o referido estabelecimento e como valor da operação aquele a ser ressarcido; III – pedido de ressarcimento: mediante requerimento à Secretaria da Fazenda".

53. É o que prescreve o art. 426-A do RICMS/SP: "Art. 426-A. Na entrada no território deste Estado de mercadoria indicada no § 1º, procedente de outra unidade da Federação, o contribuinte paulista que conste como destinatário no documento fiscal relativo à operação deverá efetuar antecipadamente o recolhimento: I – do imposto devido pela própria operação de saída da mercadoria; II – em sendo o caso, do imposto devido pelas operações subsequentes, na condição de sujeito passivo por substituição".

6. A jurisprudência do STJ sobre o art. 166 do CTN

No STJ podem ser observados lampejos da adoção da indevida classificação dos tributos entre "diretos" e "indiretos", embora a classificação combatida não seja tomada como dado absoluto e determinante na decisão de deferir, ou não, o pleito de restituição, eis que a Corte tem analisado, efetivamente, a circunstância de ter, ou não, havido a repercussão do tributo. Nesse prisma, a jurisprudência do STJ, conquanto todavia vacile quanto à adoção do critério do "tributo indireto" na restituição de tributos,[54] sufraga o critério da "repercussão jurídica" na análise da aplicabilidade do art. 166 do CTN aos casos concretos. Prova disso é a manifestação, em voto vencedor no acórdão do REsp 765.245-MG, do Min. Luiz Fux:

> *In casu*, o direito de crédito do contribuinte decorre do pagamento espontâneo de tributo indevido (ICMS sobre operações isentas), hipótese que se subsume ao art. 165 do CTN, que trata da restituição de indébitos tributários, a qual se impõe a observância do requisito contido no art. 166, em se tratando de tributos indiretos.

No mesmo sentido é a orientação da 1ª Seção do STJ ao decidir que o art. 166 deve ser aplicado ao ICMS, de acordo com um critério de *repercussão jurídica* do tributo, nos seguintes termos:

> Tributário – Embargos de divergência – ICMS – Repetição de indébito – Tributo indireto – Transferência de encargo financeiro ao consumidor final – Art. 166 do CTN.
>
> (...).
>
> 2. Apenas em tais casos se aplica a regra do art. 166 do CTN, pois a natureza a que se reporta tal dispositivo legal só pode ser a jurídica, que é determinada pela lei correspondente, e não por meras circunstâncias econômicas que podem estar, ou não, presentes, sem que se disponha de um critério seguro para saber quando se deu, e quando não se deu, a aludida transferência.

54. V.: STJ, 1ª Turma, RMS 33.026-ES, rel. Min. Teori Albino Zavascki, j. 4.10.2011, *DJe* 4.11.2011; STJ, 1ª Seção, REsp 903.394-AL, rel. Min. Luiz Fux, j. 24.3.2010, *DJe* 26.4.2010.

3. O art. 166 do CTN é claro ao afirmar o fato de que deve sempre haver pelo intérprete, em casos de repetição de indébito, identificação se o tributo, por sua natureza, comporta a transferência do respectivo encargo financeiro para terceiro ou não, quando a lei, expressamente, não determina que o pagamento da exação é feito por terceiro, como é o caso do ICMS e do IPI. A prova a ser exigida na primeira situação deve ser aquela possível e que se apresente bem clara, a fim de não se colaborar para o enriquecimento ilícito do poder tributante. Nos casos em que a lei expressamente determina que o terceiro assumiu o encargo, necessidade há, de modo absoluto, de que o terceiro autorize a repetição de indébito.

4. O tributo examinado (ICMS) é de natureza indireta. Apresenta-se com essa característica porque o contribuinte real é o consumidor da mercadoria objeto da operação (contribuinte de fato) e a empresa (contribuinte de direito) repassa, no preço da mercadoria, o imposto devido, recolhendo, após, aos cofres públicos o imposto já pago pelo consumidor de seus produtos. Não assume, portanto, a carga tributária resultante dessa incidência.

5. Em consequência, o fenômeno da substituição legal no cumprimento da obrigação, do contribuinte de fato pelo contribuinte de direito, ocorre na exigência do pagamento do imposto do ICMS. A repetição do indébito e a compensação do tributo questionado não podem ser deferidas sem a exigência da repercussão. (STJ, REsp/EDv 664.374-SP, rel. Min. José Delgado, j. 13.9.2006)

Nesse prisma, a *repercussão jurídica* somente poderá ser aquela que, *juridicamente*, transfere o encargo do tributo à etapa seguinte da operação. Não se trata – frise-se – de qualquer possibilidade de repasse de custo de tributos a terceiros, o que é absolutamente comum no universo dos negócios, eis que o objetivo de todo empresário é auferir lucros. A mera repercussão econômica não tem qualquer relevância para o fenômeno jurídico.

Logo, a restituição do ICMS indevidamente recolhido, no sistema normal de apuração e recolhimento do imposto estadual, uma vez que transfere ao adquirente o direito de crédito do imposto recolhido, devidamente destacado na nota fiscal, deverá observar os limites do art. 166 do CTN, que exige a prova da assunção do encargo pelo contribuinte ou a autorização daquele que o tenha assumido. A aplicação do mencionado artigo claramente se justifica no caso do ICMS, imposto plurifásico cujo recolhimento (débito) em uma etapa da cadeia mercantil é suportado pela etapa seguinte, que estará apta, ainda, a creditar o mesmo montante (se for o caso). Trata-se de critério de eleição de quem poderá pleitear a restituição do indevido, tanto que o art. 166 refere que a restituição "somente será feita a quem prove haver assumido o referido encargo".

Com relação ao ICMS-ST a jurisprudência do STJ também tem caminhado para reconhecer a aplicabilidade do art. 166 do CTN nos pedidos de restituição formulados pelo contribuinte substituto.[55]

As decisões do STJ sobre o assunto no mais das vezes foram proferidas em contexto de discussão do direito de restituição de valores recolhidos a maior a título de ICMS-ST, pela diferença entre os valores de pauta (base de cálculo presumida – valores superiores) e os valores de venda efetiva (inferiores). Nesse contexto, toda a argumentação dos contribuintes adotava como premissa que a sistemática do ICMS-ST acarretava mera antecipação de pagamento de imposto de terceiros (os substituídos), hipótese em que, claramente, são estes que arcam com a repercussão tributária. Os julgados do STJ, portanto, embora tenham rechaçado o direito de restituição com base em precedente do STF (ADI 1.851-AL), pautaram-se nas premissas lançadas pelos contribuintes, que resultaram equivocadas após o paradigma adotado pela Corte Constitucional, de que *o ICMS-ST nada mais é que tributação definitiva na figura do contribuinte substituto*. Esse tema (definitividade do recolhimento do ICMS-ST) será melhor estudado adiante.

Por outro lado, partindo da premissa de que o substituto deverá lançar o valor recolhido a título de ICMS-ST na nota fiscal de venda das mercadorias (conforme a Cláusula Décima Segunda do Convênio ICMS-81/1993[56]), não é de todo equivocado sustentar que há repercussão jurídica do ICMS-ST na venda do substituto para o substi-

55. STJ, 2ª Turma, REsp 1.209.607-SP, rel. Min. Mauro Campbell Marques, j. 4.11.2010, *DJe* 12.11.2010; STJ, 2ª Turma, REsp/AgR 401.428-MT, rel. Min. Herman Benjamin, *DJe* 19.12.2008; STJ, 2ª Turma, REsp 840.045-RJ, rel. Min. Castro Meira, *DJU* 31.8.2007; STJ, 2ª Turma, REsp 443.766-MG, rel. Min. João Otávio de Noronha, *DJU* 18.8.2006.

56. Convênio ICMS-81/1993: "Cláusula Décima Segunda. A nota fiscal emitida pelo sujeito passivo por substituição conterá, além das indicações exigidas pela legislação, o valor que serviu de base de cálculo para a retenção e o valor do imposto retido".

tuído – o que tem levado o STJ a entender que o primeiro deverá ser autorizado pelo segundo caso deseje pleitear a restituição por pagamento indevido.

Por sua vez, em julgamento realizado em 2009 o STJ levantou outro argumento para a verificação da efetiva repercussão jurídica para efeito de aplicação do art. 166 do CTN, qual seja: o repasse (cobrança) do valor do imposto na nota fiscal que ampara a operação. Vejamos a ementa da aludida decisão:

> Tributário – Processo civil – ISS – Ação declaratória cumulada com repetição de indébito – Apreciação apenas da legitimidade para a ação de repetição de indébito – Omissão – Nulidade – Repercussão jurídica do tributo – Inexistência – Legitimidade do contribuinte de direito.
>
> 1. É omisso o acórdão que deixa de se pronunciar sobre questão jurídica relevante, a exemplo da legitimidade ativa da recorrente para a declaração de inexistência de relação jurídico-tributária.
>
> 2. O ISS pode ser classificado como tributo sujeito a imposição direta ou indireta, a depender das circunstâncias fáticas – Precedentes.
>
> 3. Na hipótese, restou comprovada por prova pericial a ausência de destaque do tributo na nota fiscal da prestação de serviço, de modo que se afasta a restrição contida no art. 166 do CTN quando o prestador não repassou o tributo no preço do serviço, assumindo o seu encargo financeiro.
>
> 4. Recurso especial provido para anular o acórdão dos embargos de declaração e determinar à Corte de origem que aprecie a pretensão declaratória de inexistência de relação jurídico-tributária. (STJ, 2ª Turma, REsp 1.009.518-RS, rela. Min. Eliana Calmon, j. 6.8.2009, *DJe* de 21.8.2009)

O entendimento do STJ é esmiuçado no voto da Ministra-Relatora do caso, que deixa claro que não existe um critério *a priori* para definir a aplicação, ou não, do art. 166 do CTN a determinado tributo, devendo ser perquirido, sempre, se no caso concreto ocorreu a repercussão jurídica do imposto, materializada no repasse do valor recolhido pelo contribuinte via nota fiscal.

Entretanto, tal como já reportado em outro tópico deste trabalho, o mero destaque do tributo na nota fiscal *não* é condição suficiente para se afirmar ter ocorrido a repercussão jurídica, pois tal poderá refletir apenas o cumprimento de uma obrigação acessória, muitas vezes exigida por norma infralegal. A condição para tanto será não apenas o destaque, mas a transmissão de direitos ao adquirente do produto ou serviço sobre aquele montante que é apontado no documento fiscal, que poderá ser tanto um direito de crédito como de ressarcimento do tributo ali apontado. Todas as demais assertivas com relação ao âmbito de aplicação do artigo em comento encontram-se despidas do devido critério *jurídico*, eis que se baseiam em balizas *econômicas* para a interpretação da lei, o que não admitimos.

Por tudo isso, entendemos que a jurisprudência do STJ ainda não encontrou uma posição segura e correta com relação ao tema, eis que há a adoção de critérios díspares em distintas decisões daquela Corte.

7. Conclusões – Respostas aos questionamentos

1. Identificação dos tributos indiretos *1.1 Existem tributos indiretos? O que os caracteriza?*

Em nossa opinião, trata-se de classificação extremamente questionável e até mesmo de difícil precisão quanto ao que se entende por "repercussão" (financeiro-econômica ou jurídica, nos termos expostos acima).

Além de difícil definição, historicamente, seu uso também pode ser questionado, seja na forma direta de sua utilização, na Súmula 71 do STF, seja em sua não utilização explícita, mas que permite dúvidas quanto aos resultados práticos, no art. 166 do CTN.

Avançando-se no questionamento sobre a distinção entre tributação indireta ou direta, a mera existência de situações legais e fáticas que não permitem a repetição do indébito quando há repercussão do tributo a um adquirente, nos termos do art. 166 do CTN, traz graves problemas de consequencialismo jurídico.

Deve-se privilegiar – como de fato se fez na primeira jurisprudência do STF e, depois, no Código Tributário Nacional – o enriquecimento indevido do Estado que se vale da própria torpeza para auferir receita pública, em nome do interesse público (secundário ou primário, questiona-se), ou deve-se proteger a garantia de devolução do valor que foi recolhido indevidamente, mormente nos casos de invalidade do texto normativo legal ou de sua aplicação e interpretação fazendária?

Pode-se afirmar, ainda que sem dados estatísticos e econômicos, que forte é a tentação e o incentivo para a criação de leis ou para a aplicação delas que resvalem na ilegalidade e/ou inconstitucionalidade – o que, se é que não justifica uma reforma do art. 166 do CTN, certamente não deveria autorizar uma leitura sua ampliativa.

De forma conclusiva, ainda que se questione a adoção da classificação acima mencionada, há uma consequência prática na positivação da regra de que a repetição de indébito somente será autorizada quando não houver transferência do encargo financeiro, restando ao intérprete definir o alcance da expressão "repercussão econômica". Em nosso texto afastamos a aplicação do art. 166 do CTN em toda e qualquer repercussão de custo tributário (no caso da jurisprudência acerca das contribuições previdenciárias, por exemplo); a jurisprudência do STJ, contudo, hoje, adota um critério gráfico-formal, ao reconhecer o ICMS e o IPI como impostos indiretos e ao estender esse entendimento ao ISS.

Doutrinariamente, contudo, essa última equiparação poderia ser questionada, pois a repercussão no preço e o destaque gráfico na nota não são seguidos do direito ao crédito por parte do "contribuinte de fato", ou seja, não se trata de tributo que adote a técnica da não cumulatividade; além disso, sequer pode ser afirmado que, juridicamente, há repasse do valor, pois o preço é base sobre a qual recai a alíquota do IR de 5%. Nesse sentido, quando há retenção na fonte do ISS, o valor a ser pago é justamente o líquido (subtraído do imposto devido).

1.1.1 No Direito Brasileiro o ICMS é um tributo indireto? E o IPI? Por quê? Há relação entre não cumulatividade e tributação indireta? Qual? Basta ser não cumulativo para ser considerado indireto o tributo, e vice-versa?

Se adotarmos uma definição mais operacional de "tributo indireto" – ou seja, questionável do ponto de vista científico mas utilizável como explicação do Código Tributário Nacional ou da jurisprudência prática –, e se essa definição mais operacional for, justamente, aquela que se convencionou, alhures, como jurídica, não bastaria a adoção da técnica da não cumulatividade para caracterizar a tributação indireta, seja porque não se pode alegar a existência de uma única não cumulatividade (sobretudo a partir da criação da sistemática do PIS e da COFINS), seja porque o direito ao crédito nem sempre é seguido do direito a um crédito baseado em preço do produto. Em outros termos, o PIS e a COFINS adotam um critério financeiro e presumido de não cumulatividade.

Nesse sentido, aceitamos a definição do IPI e do ICMS como "impostos indiretos" no contexto de uma definição operacional para a compreensão do art. 166 do CTN, ressalvadas as situações em que a tributação é definitiva na figura do substituto, no caso do ICMS-ST sem direito a crédito, bem como no caso do IPI que não é creditável (aquisição por não contribuinte do imposto). Nesses dois casos entendemos que não há qualquer assunção (jurídica) do encargo, pois não haverá qualquer direito a crédito.

> 1.1.6 Imagine-se que um consumidor final de energia elétrica questiona em juízo a cobrança do ICMS incidente sobre as faturas que paga à concessionária correspondente. Em face de medida liminar, deixa de sofrer o acréscimo do imposto nos termos impugnados. Essa liminar é confirmada por sentença e por acórdão do Tribunal de Justiça. Muitos anos depois, o STJ afirma a ilegitimidade ativa ad causam do consumidor final e extingue o processo sem exame do mérito. Pergunta-se: o Estado poderá exigir o ICMS que deixou de ser recolhido em todo o período de vigência da liminar? Ele poderá exigir esse imposto de quem? Da concessionária que estava impedida de descontá-lo? Do consumidor que teve extinguido seu processo, por não ser considerado contribuinte?

Trata-se, sem dúvida, de importante questão, também aplicável a situações como a da retenção no pagamento (INSS sobre cessão de mão de obra, por exemplo). Essas declarações de ausência de interesse de agir ou de ilegitimidade ativa devem ser duramente questionadas. Na mesma linha do questionamento sobre o pretenso interesse público no enriquecimento ilícito do Estado na criação ou aplicação de tributos ilegais e inconstitucionais, aqui se pode questionar esse esvaziamento da função jurisdicional e do acesso *material* à Justiça; ou seja, o revendedor da energia elétrica não poderia requerer a repetição do indébito, por conta do art. 166, e, por seu turno, o adquirente final do produto também estaria impedido de questionar judicialmente a inclusão na conta, desta vez por razões processuais.

Quanto ao questionamento, a existência da decisão anterior não bloqueou a fiscalização, que poderia constituir o crédito com exigibilidade suspensa. Porém, a liminar, ao impedir o repasse econômico do tributo, criaria situação indesejável, razão pela qual a jurisprudência, nesse caso, acertadamente, reconheceu que, se houve decisão judicial anterior, dessa vez o sujeito a ser fiscalizado deverá ser o beneficiário da decisão.

Esse tipo de arranjo no caso da retenção do INSS ou do IR/Fonte será bem menos problemático que a tentativa de cobrança de consumidores de energia elétrica no caso do ICMS, mormente dos adquirentes no varejo.

2. *Tributação indireta e repetição do indébito*

2.1 O art. 166 do CTN se aplica à restituição de tributos indiretos? Ele se aplica a alguma outra hipótese de restituição do indébito tributário?

Entendemos que a aplicabilidade do art. 166 do CTN não está vinculada à condição de os tributos serem, ou não, "indiretos", pois, como dito, inexiste tal figura no direito tributário brasileiro. No entanto, entendemos que o art. 166 se aplica às hipóteses de recolhimento indevido do ICMS e do IPI, tendo em vista que esses tributos, quando recolhidos pelo contribuinte, são efetivamente aproveitados pelos sujeitos seguintes das cadeias produtivas caso sejam, também eles, contribuintes desses tributos. Com relação ao IPI (a) e ao ICMS-ST (b), entendemos que somente quando a operação atribuir direito de crédito ao adquirente será aplicável o art. 166 do CTN. Tais hipóteses serão, respectivamente, (a) venda a industrial ou equiparado ou, ainda, a exportador que puder obter o ressarcimento do imposto e (b) se o recolhimento tiver sido definitivo.

2.2 O art. 166 do CTN se aplica a outras ações relacionadas aos tributos indiretos, diversas da ação de restituição? Embargos à execução fiscal, por exemplo?

Além da ação condenatória, de repetição de indébito, o artigo poderia ser aplicado no caso do mandado de segurança preventivo que tivesse função semelhante (com pedido de compensação, caso essa seja possível). Ou seja: a questão, aqui, é mais sobre a existência, ou não, do direito de compensação no pagamento indevido. Afora essa situação, sua aplicação será indevida. No caso específico dos embargos à execução a jurisprudência do STJ reconhece a inaplicabilidade do artigo, com toda razão.[57]

2.3 Há diferença entre a situação do contribuinte que paga tributo indireto e em seguida postula sua restituição e a daquele que, em vez de pagar, deposita o valor correspondente, questionando a cobrança? Por qual razão o art. 166 do CTN seria aplicável na primeira situação, e não na segunda?

Se o contribuinte deposita judicialmente a quantia e demonstra não ter repassado o valor do tributo, no caso de êxito na demanda, o art. 166 não deve impedir o levantamento dos valores depositados pelo autor (contribuinte). A dificuldade e a sutileza, aqui, serão de natureza probatória, sobretudo se a intenção for o questionamento judicial de cobranças possivelmente ilegais ou inconstitucionais do ISS, onde a real repercussão no preço é sempre mais questionável.

57. "Embargos de divergência – ICMS – Direito decorrente da inconstitucional majoração de alíquota de 17% para 18% pela Lei n. 6.556/1989 – Embargos à execução fiscal – Art. 166 do CTN – Prova da não repercussão – Descabimento.

"1. O art. 166 do CTN se aplica unicamente nos casos de repetição de indébito, não podendo ser invocado quando a discussão em torno da legalidade do crédito tributário se dá nos embargos à execução fiscal, em que o objetivo do embargante cinge-se ao não pagamento ou à redução da quantia executada. Nesse caso, é totalmente descabida a exigência da prova do não repasse do encargo financeiro, pois não houve, ainda, pagamento do tributo executado.

"2. Embargos de divergência improvidos" (STJ, 1ª Seção, EREsp 651.224-SP, *DJU* 19.6.2006, p. 92).

Há de se mencionar, ainda, que alguns Municípios, no bojo dos sistemas eletrônicos que geram notas fiscais eletrônicas e deveres instrumentais acessórios, impedem o destaque do valor do imposto na nota (exemplo do Município de São Paulo). Nesse caso, maior deverá ser o cuidado do contribuinte que decidir pelo depósito judicial em demonstrar nos autos a ausência de repasse no preço. Por fim, a decisão do depósito judicial não afasta o risco do contribuinte que resolver adotá-la, pois se, de fato, não houver repercussão econômica no preço, a aposta sobre a recuperação da margem de lucro original será absolutamente contingente, ou seja: se a ação for improcedente, o contribuinte não terá repassado o valor do imposto ao adquirente. Trata-se de uma aposta (contingente, portanto) em torno da parcela do lucro que se esperava. Agora, se o contrato e o preço definido não estiverem, de fato, excluindo o ISS do preço final (ou seja, se a exclusão for apenas nominal), a aposta passa a ser uma maior margem de lucro.

2.4 O art. 166 confere legitimidade ao contribuinte "de fato" para postular a restituição do indébito? Caso negativo, como se poderá obter a restituição do indébito, sobretudo em situações nas quais o contribuinte de direito, que repassou o ônus financeiro do tributo ao consumidor, não tem como identificá-lo? Haveria ofensa ao art. 5º, XXXV, da CF de 1988?

Do ponto de vista absolutamente processual, acreditamos no interesse processual do adquirente (contribuinte de fato) em requerer a não inclusão do imposto no preço. Mencionamos interesse processual por se tratar de noção que alcança vários tipos de interesses em uma ação, e o interesse no valor do preço é um deles. Mas, para requerer a repetição, acreditamos que o pedido deva ser atendido desde que atendido o pressuposto legal do art. 166 do CTN, ou seja, o contribuinte de fato deve ter assumido o valor tributário – o que é facilmente demonstrável no caso de consumidor de energia elétrica, por exemplo.

3. *Tributação indireta e imunidades subjetivas*

3.1 Caso um comerciante vendedor seja titular de imunidade subjetiva, poderá ele invocá-la para se eximir da cobrança de tributo ▶

> *indireto incidente sobre as vendas que realiza? Poder-se-á dizer que tal imunidade não é aplicável, eis que quem "verdadeiramente" arca com o tributo é o consumidor final, não imune?*

Mais um exemplo da distorção causada por essa classificação e por essa análise das consequências econômicas dos tributos. A imunidade subjetiva está restrita às operações ou à incidência sobre o patrimônio, renda ou serviço do seu titular. Cumprido o requisito do texto constitucional, a imunidade deve ser considerada nesses termos, sem se atentar aos parceiros econômicos que não são imunes. Exemplo clássico, com jurisprudência antiga e vacilante do STF, é o do comerciante imune que vende seu produto (alcançado pela imunidade) e adquire produtos (sem direito a essa imunidade).[58] Em termos mais diretos, novamente aqui o enfoque sobre a apreciação da imunidade subjetiva deve ser o limite de sua aplicação nas situações onde o sujeito imune é o contribuinte (de direito), e não pessoa relacionada economicamente ao fato gerador (contribuinte de fato, por exemplo).

> 3.2 *Caso um consumidor final seja titular de imunidade subjetiva, poderá ele invocá-la para fazer com que sobre as mercadorias e serviços que consome não incidam tributos indiretos? Poder-se-á dizer que tal imunidade não é por ele invocável, pois o "verdadeiro" contribuinte é o vendedor, não imune?*

Resposta acima.

> 3.3 *É possível oferecer resposta coerente às duas perguntas anteriores? Essa resposta é coerente com aquelas fornecidas às perguntas do item 2?*

Sim, é possível, desde que se utilize o mesmo critério para as duas respostas – ou seja: imunidade subjetiva contra imposto sobre circulação somente pode ser aplicada na venda.

58. Levamos em conta nessa resposta uma imunidade subjetiva de um contribuinte, e não situações de imunidade objetiva.

TAX COLLECTION, COMPLIANCE, REFUNDS AND ABUSE

The future of indirect taxation: recent trends in VAT and GST systems around the world – A global comparison

[Rust, Austria, 9-11 September 2010]

LUIZ DIAS-MARTINS FILHO[1]

Head-Attorney for Brazilian National Treasury at the State of Ceará – LL.M University of Cambridge – United Kingdom – LL.M in Public Law – Federal University of Ceará (UFC) – Associated to International Fiscal Association (IFA) – Member of Instituto Cearense de Estudos Tributários (ICET) – Lecturer at Faculty of Law Sete de Setembro in Fortaleza-CE

I – Introduction

Since the return of democracy in 1985 and the new Constitution, enacted in 1988, Brazil's tax system is constantly evolving following the country's political and economic dynamics. Critical issues faced by Brazil's current tax system to adjust to new global demands and the difficulties in reconciling these demands with:

1. E-mail: *luizdiasmf@uol.com.br*.

(a) commitments to a more decentralized fiscal system;

(b) claims for reducing the amount of taxes paid by taxpayers; and

(c) the need to invest more public resources to tackle poverty, social and regional inequality and to overcome the deficiencies of economic infrastructure.

A complex and constitutionalized tax system of a federal country like Brazil depends on the design of the institutions and on the existence of a consensus in support of economic reforms.

Public investments still low, budget surpluses have been stable for the last years, despite the international crises in 2008. The tax burden in 2008 was 34.41% of GDP and in 2009 was 33.58% of GDP.[2] See the comparison of years 2008 and 2009:

Brazilian Tax Burden/GDP

(Source: Agência Brasil, 2 September, 2010)

	2008	2009	% 2008-2009
Total of tax burden/GDP	34.41% of GDP	33.58% of GDP	- 0.97%
Federal Union Taxes/GDP	24.12% of GDP	23.45% of GDP	- 0.67 %
Federal-member-state-taxes/GDP	8.75% of GDP	8.59% of GDP	- 0.16 %
Municipalities taxes/GDP	1.54% of GDP	1.54% of GDP	0 %
Brazilian/GDP	R$ 3.143 trillions of reais*	R$ 3.044 trillions of reais*	- 0.97 %

* 1 US$ ≅ R$ 1.75 Brazilian Real (in September 2010).

1 Euro ≅ R$ 2.32 Brazilian Reals (in September 2010).

2. Gross Domestic Product-GDP; *e.g.:* (i) GDP (or PIB) is the total value of goods and services produced by a country in one year; (ii) GDP is the value of total output actually produced in the whole economy over some period, usually a year, although quarterly data are also available.

Brazilian tax burden is considered high when compared to other emerging economies like China and India. However the 1988 Constitution of Federative Republic of Brazil made a very clear option to social and economic welfare state model.

According to article 6 of Brazilian Federal Constitution "education, health, work, housing, leisure, security, social security, protection of motherhood and childhood, and assistance to the destitute, are social rights, as set forth by this Constitution". To implement this provisions the Brazilian citizens elected in October 2002 the social oriented government elected to actually deliver these social and economic ambitious of the Brazilian society.

Besides that the 1988 Brazilian Federal Constitution appointed the sources to fund this social and economic welfare state model, for instance its article 195:

> Social welfare shall be financed by all of society, either directly or indirectly, as provided by law, with funds coming from the budgets of the Union, the states, the Federal District and the municipalities and from the following welfare contributions:
>
> I – of employers, companies and entities defined by law as being comparable to companies as determined by law, levied on:
>
> a) the payroll and other labour earnings paid or credited, on any account, to individuals who render service to them, even when there is no employment bond;
>
> b) revenues or turnover;
>
> c) profits;
>
> II – of workers and of all other beneficiaries of the social security, the contribution not being levied on retirement payments and pensions granted by the general regime of social security established by article 201;
>
> III – on the revenues of lotteries;
>
> IV – of the importers of goods or services from abroad, or of those comparable to them, as set forth by law.

However, the Brazilian government have been trying to pass in the National Congress a Proposition of Constitutional Amendment since 2008 (PEC n. 233 of 2008) to correct main tax distortions and to simplify federal, state and municipal taxes.

Summing up, promoting equity goals is doubled constrained. On the one hand, the design of the tax system affects the poor more by collecting the lion share of revenue from indirect taxes. On the other hand, public resources are concentrated in a few functions which have no or little influence on addressing equity goals. If adapting the country to new economic paradigms has been preceded by a broad consensus, leading to several changes in the tax system, consensus has not yet been reached towards tacking regional and social inequality.[3]

Driven by a new cycle of vibrant and balanced economic expansion, Brazil has achieved an ongoing process of sustained growth. The foundations of this growth cycle can be described as increasingly greater consolidation of macroeconomic stability, coupled with a *fiscal policy* that guarantees consistent reductions in the overall public debt, low and stable inflation and solid current accounts, powered by a burgeoning export sector and record international reserves.

Many segments of Brazilian society are keenly aware of the need for a review of our very complex tax system. It is necessary redesign a system to eliminate obstacles to more efficient and less costly production, reduce the fiscal burden imposed on both producers and consumers, stimulate formalization of economic activity, making it possible to achieve more balanced development of states and municipalities.

Various reasons can be listed showing why a less complex tax system contributes significantly to accelerating the nation's growth potential:

• simplification and administrative streamlining of the tax system will reduce the number of taxes and the costs incurred by businesses in their efforts to comply with accessory tax liabilities;

• increased economic formality will result in more equitable distribution of the tax burden: those who pay taxes will pay less, while those who do not comply with their tax obligations will begin contributing;

• elimination of distortions in the tax structure will reduce the cost of investments and exports;

3. Celina Souza, *Brazil's Tax System: The Dilemmas of Policy Reform*, The Canadian Foundation for the Americas – FOCAL (*www.focal.ca*) and Department of Foreign Affairs and International Trade and the Canadian International Development Agency, 2005.

• the end of fiscal war among the federal-member-states can result in increased investments and enhanced economic efficiency;

• significant progress in the policy of reducing taxation may result in lesser tax costs for legally established businesses and consumers, while improving the nation's competitiveness;

• improvements in regional development policy, introducing more efficient development mechanisms that will benefit the poorer regions of the country.

Brazil is now immersed in a period of vibrant economic growth that has clearly impacted tax inflows. Such an environment tends to attenuate resistance to the necessary reforms to improving tax system, allowing the federal government to reduce the tax burden and even offset possible losses at the state and municipal levels without throwing public accounts out of kilter.

I.1 Indirect taxes – Also reducing inequality

In some circumstances, it is not inconceivable that indirect taxes such as a VAT and especially certain excises in "higher-income" consumption goods such as motor vehicles may be more progressive than a personal income tax that in reality falls largely on a limited group of wage earners.[4] In short, it is important in thinking about taxation and equity to focus not on preconceived notions about labels – for example, that anything called a *personal income tax* is, by definition, *progressive*, while anything called a VAT-Value Added Tax or GST-Goods and Services Tax is, by definition, *regressive* – but rather on the reality of how taxes work in practice.

Such arguments do not mean that corporate and personal income taxes do not serve an important role in developing, transitional and

4. A tax is considered progressive when the tax burden as a percent of income is greater for higher income households than for lower income households, proportional if the percentage of income paid in taxes stays constant as income rises, and regressive if the percentage paid in taxes falls as income rises. A higher income taxpayer will normally bear a larger absolute tax liability than a lower income taxpayer, regardless of whether the tax is progressive, proportional or regressive, so the difference between the three concepts is how rapidly taxes rise with income, not whether taxes rise with income.

emerging countries. Such taxes are often the largest tax source for high-income countries, and the same may become true in other countries as their economies develop, more businesses and individuals become part of the formal economy, and information and tax administration improves. Currently, however, particularly in the least developed countries, revenue systems rely heavily on *consumption taxes* (indirect taxation) and are likely to continue to do so for some years to come.

Taxes may not make the poor richer, but they can certainly make them poorer.[5] Fiscal attempts at poverty alleviation in developing countries must therefore be undertaken primarily on the expenditure side of the budget. Nonetheless, the poor should not be made even poorer through taxes. It may therefore be desirable to exempt certain "basic needs" items from even the broadest-based consumption tax. Certainly, heavy taxes on items that constitute major consumption expenditures for poor people should generally be avoided.[6]

Taxation is one of the few ways in which the wealthy may be made less wealthy, short of outright confiscation. But taxes have likely had only moderate success in reducing income inequality in developed countries and appear to have had even less success in *reducing income inequality* in developing countries. The major tax instruments for achieving progressivity are the individual income tax and various wealth taxes (such as taxes on real property, taxes on personal assets, and inheritance taxes). However, none of these taxes has been particularly effective in developing countries in reducing income inequality.[7]

5. Some developed countries, such as Canada and the United States, use their income tax systems to provide income support to certain low-income people. Using the tax system to make such transfers requires both that the tax administration is efficient and that most people file tax returns. Neither condition is satisfied in most developing countries, Richard M. Bird and Eric M. Zolt, *An Introduction to the Design and Development of Tax Policy in Developing and Transitional Countries.* A version of this paper was originally prepared for a course on Practical Issues of Tax Policy in Developing Countries, World Bank, April 28-May 1, 2003; this version was revised in April 2006.

6. Richard M. Bird and Eric M. Zolt, *An Introduction to the Design and Development of Tax Policy in Developing and Transitional Countries.* A version of this paper was originally prepared for a course on Practical Issues of Tax Policy in Developing Countries, World Bank, April 28-May 1, 2003; this version was revised in April 2006.

7. Richard M. Bird and Eric M. Zolt, *An Introduction to the Design and Development of Tax Policy in Developing and Transitional Countries.* A version of this paper was originally prepared for a course on Practical Issues of Tax Policy in Developing Countries, World Bank, April 28-May 1, 2003; this version was revised in April 2006.

Although attempts to redistribute income through taxation have generally not been effective in most developing and transitional countries[8] (Chu, Davoodi, and Gupta, 2000), it may often be politically necessary and desirable to tax those who gain the most from economic development, bearing in mind the need at the same time to minimize the efficiency costs of unduly high tax rates. Sustainable tax policy needs to be accepted as fair by those affected. Even in the poorest countries, automobiles and other luxury products are more visible than income, so that it should be feasible to collect progressive indirect taxes on these items.[9] As a result it is clear that indirect taxation (VAT-type or GST-Type) plays an extremely important role in developing, transitional and emerging economies.

Now we are broadly talking about the Brazilian six indirect taxes, as follows,

(i) IPI – Tax on industrial products;

(ii) ICMS – Tax on operations on the circulation of goods and services;

(iii) ISS – Municipal tax on services;

(iv) PIS – contribution tax to finance the Social Integration Program;

(v) COFINS – contribution tax for Social Security Financing;

(vi) CIDE-Fuel – contribution tax regarding intervention in the economic order levied on imports and marketing of oil, natural gas and petroleum derivatives.

II – Tax on Industrialized Products – IPI

[Article 153, IV, Brazilian Federal Constitution of 1988]

IPI is a federal-level single-stage indirect tax (GST-Type) levied on the manufacture of goods in Brazil and the imports of goods.

8. Ke-young Chu, Hamid Davoodi and Sanjeeys Gupta, 2000, "Income Distribution and Tax and Government Spending Policies in Developing Countries", *IMF Working Paper* 00/62.

9. As Hughes (1987) notes, taxing fuel correctly can be especially difficult in countries like Indonesia in which petroleum products (in this case, kerosene) are an essential consumption item for the poorest people. Bosnia seeks to impose differential rates on fuel for home heating versus for other purposes (such as transportation), but this has proven to be very difficult to enforce and is subject to significant evasion.

The IPI is a federal tax charged on industrial products at selective rates varying according to the class of products.[10]

An industrialized product is considered as being a product resulting from any process which is classified as industrialization, such as an operation which modifies the nature, function, finish or appearance of a product. The rate varies and depends on the classification of the goods as specified by the law.

IPI (Imposto sobre Produtos Industrializados-IPI in Portuguese) is known as an excise tax as well. The tax is payable at the point of importation or production. In the event of the goods or products being transformed or processed, an additional excise tax is payable on the finish products, but credit is allowed for the tax paid on the raw materials or component parts used for production. "The difference in the in the incidence of excise tax must also be paid if the goods or products are: (1) imported and later sold at a higher price by the importer; (2) repacked or re-presented for sale at a higher price."[11]

This excise and indirect tax (GST) is "passed on to the purchaser as an addition to the sales price of each item shown in the delivery note (nota fiscal) and related invoice (fatura)".[12]

According to art. 153, paragraph 3, of 1988 Brazilian Federal Constitution, IPI:

(i) shall be *selective*, based on the essentiality of the product;

(ii) shall be *non-cumulative*, and the tax due in each transaction shall be compensated by the amount charged in previous transactions;

(iii) shall not be levied on industrialized products intended for export;

(iv) shall have its impact deducted on the acquisition of productive assets by the taxpayer, in the manner determined by law.

10. The classification in the table included in the IPI tax law (Laws n. 4.502, 1964 and n. 34, 1966).

11. Price Waterhouse, *Doing Business in Brazil, Information Guide*, Brazil, 1986, p. 110.

12. Ibid., p. 110

III – ICMS – Tax on transactions relating to the circulation of goods and to the rendering of interstate and intermunicipal transportation services and services of communication, even when such transactions and renderings begin abroad

[Article 155, II, Brazilian Federal Constitution of 1988]

ICMS is an indirect tax (GST-Type) levied by the Brazilian federal-member-states on the circulation of goods and the provision of interstate and inter-municipal transportation and communications services. The tax applies even when a transaction and the provision of services start in another country. Actually the ICMS is levied at rates ranging from 7% to 25%.

The ICMS is a member-state tax (Brazil is a Federal Union) charged on all products. This tax has some similarities to the European Value Added Tax, however it is an indirect tax type a *goods and services taxation*-GST. The most common rate is 17% of the value of the merchandise or services However, for some services as telecommunications the rate is 25%. When materials are purchased, the ICMS tax is already included in the price.

ICMS as a federal-member-state tax is payable on an added-value basis on all physical movement of merchandise. Each location of a business operation is considered as a separate tax-paying unit. The total sales tax assessed must be shown separately in the delivery note (nota fiscal), but it is considered as an integral part of the sales or transfer value of each item listed in the delivery note. The regulations contain many requirements for documenting and recording the movement of merchandise for the purpose of controlling the sales tax payable each month. This tax is also payable on imports.[13]

Besides the above mentioned turnover/value-added taxes the Brazilian Tax System also encompasses, among other "contributions" and "social contributions", the following major cascade taxes, the so-called "social contributions".

According to art. 155, paragraph 2, IX, of 1988 Brazilian Federal Constitution, ICMS shall also be levied:

13. Ibid., p. 109.

(i) on the entry of goods imported from abroad by *an individual* or *a corporation*, even if those are not usual taxpayers of such tax, whatever the finality of the goods, as well as on services rendered abroad, and the tax shall be attributed to the state where the establishment receiving the goods or services is located;

(ii) on the total value of the transaction, when goods are supplied with services not included in the power to tax of the municipalities.

III.1 E-Invoicing (ICMS – A Federal-Member-State indirect tax)

Implementation of the Electronic Invoice (NF-E), coupled with integration of the activities of fiscal authorities at the different levels of government (federal, federal-member-states and municipals), is not only sharply reduce tax evasion, but will make it possible to introduce technical alterations unfeasible in the past, including:

- levying of the ICMS predominately in the state of destination, without increasing tax evasion;
- implementation of a system of compensation among businesses designed to resolve the problem of cumulative tax credits;
- precise calibration of gains and losses at the state level, making it possible to rationally debate the offsetting of possible losses.

IV – ISS – Municipal tax on services

The tax on services is a municipal tax imposed on the supply of services, other than services subject to ICMS.

The rates of Municipal Service Tax – ISS, on service rendering activities, vary according to the municipality of the headquarters of the service provider.

The Municipal Tax on Services – ISS is assessed on the services provided by a company or independent contractor or professional, in accordance with a list of services attached to a federal supplementary law. This tax is generally figured at a rate of 2% to 5% on the service value.

The list of eligible services is attached to Supplementary Law 116, of 31 July, 2003, which innovated by levying ISS on:

(i) services imports, meaning the services fully rendered outside of the Brazilian territory for a person established in Brazil;

(ii) services initiated abroad, meaning the services that could be divided into stages, some of them being performed within the Brazilian territory for a beneficiary established in Brazil.

In these cases, if ISS cannot be charged directly to the foreign service provider, the service recipient will be responsible for payment of such tax.

Supplementary Law 116 of 2003 does not create a tax liability for taxpayers, in that it merely provides municipalities with power to legislate on ISS issues. Accordingly, each municipality may only levy ISS on service imports after providing its own rules to regulate said federal law.

V – PIS/COFINS

Although not corporate income taxes, the PIS (Social Integration Program) and COFINS (Tax for Social Security Financing) are federal indirect taxes imposed on gross revenue at the rates of 0.65% (PIS) and 3% (COFINS), where a Brazilian entity pays corporate income tax under the deemed taxable income regime. When a Brazilian entity pays corporate income tax based on actual income, the PIS and COFINS rates are 1.65% and 7.6%, respectively. In the latter case the Brazilian entity may use input PIS and COFINS credits to offset its PIS and COFINS liabilities. Eligible export companies are exempt as long as funds actually entered the country. The importation of goods and services is subject to PIS and COFINS at a combined rate of 9.25%.

V.1 Social Contribution on Invoicing – COFINS

The Supplementary Law 70, 30 December, 1991, instituted the social contribution on invoicing to help finance the Social Security Program. This "social contribution" is charged monthly at a rate of 3% on the gross receipts from sales of merchandise and the rendering of services. The taxpayers are all types of legal entities, including partnerships, associations and charities institutions. This contribution is a real cascade turnover tax.

For this reason, trying to mitigate the cascade/cumulation tax problem, the Constitutional Amendment 42, of 19 December, 2003, added paragraph 12 to article 195 of 1988 Brazilian Federal Constitution giving a special system of PIS/COFINS when a Brazilian entity pays corporate income tax based on actual income, the PIS and COFINS rates are 1.65% and 7.6%, respectively. In the latter case the Brazilian entity may use input PIS and COFINS credits to offset its PIS and COFINS liabilities.

V.2 Contribution to the PIS

Contribution to the Social Integration Program (PIS) was instituted in 1970, according to Supplementary Law 7, of 7 September, 1970.

All private commercial undertakings which are classified as such by the income tax statutes are liable for this tax. This contribution is charged at 0.65% percent of monthly gross receipts from sales. Banks and financial institutions are also taxpayers of this social contribution (Supplementary Law n. 7 of 7 September 1970, and Federal Laws 9.718, of 27 November, 1998, 10.522, of 19 July, 2002, and Law n. 10.865, of 30 April, 2004.

As well as Cofins, PIS legislation trying to mitigate the cascade/cumulation tax problem, the Constitutional Amendment 42, of 19 December, 2003, added paragraph 12 to article 195 of 1988 Brazilian Federal Constitution, giving a special system of PIS/COFINS when a Brazilian entity pays corporate income tax based on actual income, the PIS and COFINS rates are 1.65% and 7.6%, respectively. In the latter case the Brazilian entity may use input PIS and COFINS credits to offset its PIS and COFINS liabilities.

According to article 149, paragraph 3, of 1988, Brazilian Federal Constitution, PIS/COFINS shall also be levied on individuals, for this reason, "a *natural person* who is the recipient in an import transaction may be held as equivalent to a corporate body, under the terms of the law".

V.3 Cascade taxation – Definition – PIS/COFINS

For analyze accurately this question, it is important to have a look at the definitions of cascade tax:

Cascade –"sales tax imposed on traders at most levels of economic activity and at most stages in the chain of distribution of goods and services (i.e. from manufacturer to retailer), without any off set for tax paid at an earlier stage (multi-stage cumulative turnover tax). Unless the goods are specifically exempt or excluded from taxation, the tax 'cascades' on most traders, and repeatedly on goods which must pass through more than one stage of distribution, so the more stages in the chain of distribution the more tax imposed. As a result, the ultimate price paid for the goods by the costumer is inflated. The disadvantages of the tax have led to its replacement in many countries by VAT".[14]

Also, the two mentioned contribution, PIS/COFINS, are multi-stage taxes, that is defined as: *multi-stage tax system* – "indirect tax charged on the same goods at successive stages of production and distribution. A distinction must be made between *cascade* taxes under which traders do not receive a credit for taxes paid on their own purchases, and VAT where traders who subsequently resell the products are entitled to a credit or refund for tax paid on purchases".[15]

V.4 – Principles of taxation – PIS/COFINS

Adam Smith set out four classical canons of taxation, that in a modified form still influence the official thinking today. The four Adam Smith's axioms of taxation are:

(1) people should contribute taxes in proportion to their incomes and wealth;

(2) taxes should be certain, not arbitrary;

(3) taxes should be levied in the most convenient way;

(4) the cost of imposing and collecting taxes should be kept minimal.

However, at this time a modern canon must be added: "taxes should be both convenient and competitive internationally".[16] In a

14. *International Tax Glossary*, revised 3rd ed., Editor: Susan M. Lyons, International Bureau of Fiscal Documentation-IBFD Publications, 1996, p. 50.

15. *International Tax Glossary*, revised 3rd ed., Editor: Susan M. Lyons, International Bureau of Fiscal Documentation-IBFD Publications, 1996, p. 204.

16. David D. Williams and Geoffrey Morse, *Principles of Tax Law*, 4th ed., 2000, *Published by Sweet & Maxwell*, London, pp. 5-6.

globalized world with an intensive international trade based in comparative advantages the last canon is extremely significant/relevant.

Also, it is a point to that when a national government examines its national and international tax rules "it wants to achieve three things: (1) to get a reasonable share of tax from international, *i.e.* transnational, business; (2) to maintain horizontal equity between its people; and (3) to encourage its own business or at least see that they are not unfairly discriminated against. In resolving these problems, tax systems use different concepts and techniques. Thus, the connecting factors for the taxpayer may be *citizenship* or *residence* or *domicile* and the connecting factor for a particular receipt will be that of *source*, however determined".[17]

It is clear that the two Brazilian cascade "social contributions" PIS and COFINS in many situations fail in ensuring a competitive economy, in maintaining horizontal equity between its local and foreign industry/producers, and discriminating unfairly against national business. Moreover, these mentioned "social contributions" discriminate against Brazilian producers/industries/business not only when they carry out transactions abroad, but also when they have to compete in the domestic market with cheaper import products/merchandise, not inflated by cascade taxes. In other words, the comparative disadvantages of these contributions, actually indirect taxes, seem devastating, despite the problem mitigation brought by Constitutional Amendment 42, of 19 December, 2003, that added paragraph 12 to article 195 of 1988 Brazilian Federal Constitution, giving a special system of PIS/COFINS, when a Brazilian entity pays corporate income tax based on actual income, the PIS and COFINS rates are 1.65% and 7.6%, respectively, not cumulative. In the latter case the Brazilian entity may use input PIS and COFINS credits to offset its PIS and COFINS liabilities.

As a matter of fact, the most sophisticated is the Brazilian final product/merchandise the most damaged it is probably by the tax "cascades". These Brazilian cascades taxes levied on all traders, and repeatedly on component goods which pass through more than one stage of distribution, so the more stages in the chain of distribution the more

17. John Tiley, *Revenue Law*, 4th ed., Oxford, England, Hart Publishing Ltd, 2000, p. 992.

tax imposed. Again, as a result, the ultimate price paid for the national goods by the Brazilian domestic costumer is inflated.

V.5 The Brazilian Law 9.363 of 1996

To alleviate the situation of the Brazilian business related to these cascade taxes in focus, it was passed the Law 9363, of 16 December, 1996, which allowed only the producing and export companies[18] to set off a matching/lump-sum[19] tax credit[20] related to the amount paid as PIS/COFINS (the cascade "social contributions") against IPI[21] tax liability.

This tax credit, allowed to set off against IPI tax liability, refers to the amounts paid as COFINS and PIS in previous and successive stages of production of the goods or products, for instance, cascade taxes levied and paid on the raw materials, component parts used for production and the necessary packing material.[22]

Despite of the Law 9.363 of 1996, it remained the horizontal inequity between local and foreign industry/producers, the unfairly discrimination against national business/products and the discrimination against Brazilian producers/industries/business when they have to compete in the domestic market with cheaper import products/merchandise, not inflated by cascade taxes. In effect, remained a comparative disadvantage to the Brazilian domestic products/goods and production.

However, since the Provisional Measure n. 1.807-2 (art. 12), 25 March 1999,[23] issued by the Brazilian Government, the effects of the

18. Article 1 of the Law n. 9363, 16 December 1996.

19. Matching Credit – Lump-Sum Taxation: "the laws of some countries allow the tax authorities to levy taxes on income in certain circumstances on a lump-sum basis which deviates from the normal method of ascertaining taxable income. The rationale underlying lump-sum taxation differs: it may serve to simplify the administration of tax laws where the *facts are difficult to establish*; ... or it may, if it produces a lighter tax burden than the normal rules would produce, act as an incentive to the taxpayer to do something approved by the authorities" (in *International Tax Glossary*, 3rd ed., IBDF, 1996, p. 192).

20. Articles 2 and 3 of the Law n. 9363, 16 December 1996, give the many details how to calculate this tax credit.

21. IPI is the federal excise and federal value-added tax.

22. Art. 1, Law n. 9363, 16 December 1996.

23. This provisional measure is most recently issued/published as Provisional Measure n. 2.113-30 of 26 April 2001.

Law 9.363, 1996, are suspended. In other words, the Law n. 9.363, 1996, has not been enforced since 25 March 1999. As a consequence, the tax comparative disadvantage came back to the Brazilian producing and export companies.

It should be reminded that despite the problem mitigation brought by Constitutional Amendment 42, of 19 December, 2003, that added paragraph 12 to article 195 of 1988 Brazilian Federal Constitution, giving a special system of PIS/COFINS, when a Brazilian entity pays corporate income tax based on actual income, the PIS and COFINS rates are 1.65% and 7.6%, respectively, not cumulative. In the latter case the Brazilian entity may use input PIS and COFINS credits to offset its PIS and COFINS liabilities. However, to part of taxpayers, the problematic situation still the same.

As a conclusion, it could be said that that the Brazilian Government could use the border adjustment provisions of GATT (Article III, paragraphs 1, 2 and 4) as a way to minimize the comparative disadvantages suffered by the Brazilian business/industries and products/goods/merchandise by the charge of the cascade "social contributions" (PIS/COFINS) on the same goods/products at successive stages of production and distribution, in other words, unfair cascade taxes levied and paid on the raw materials, necessary packing material and component parts used for production. This was partially done by Law 10.865, of 30 April, 2004, based on Constitutional Amendment 42, of 19 December, 2003, that added paragraph 12 to article 195 of 1988 Brazilian Federal Constitution, giving a special system of PIS/COFINS to some legal entities.

VI – Major problems of the Brazilian indirect tax systems

VI.1 Complexity

Brazil has an extremely complex tax structure, in which many different taxes are levied on the same base. This problem is particularly acute in the case of indirect taxes on goods and services. While most countries have just one or two indirect taxes, *Brazil has six,* with highly diverse and constantly changing legislation.

At the federal level alone there are *four taxes* and three tax systems. The ICMS, which is a Federal-state tax, has 27 different bodies of legislation and an enormous variety of rates and calculation criteria. Besides these indirect taxes, there are two distinct taxes on business profits: the income tax (IR) and the social contribution on net income (CSLL).

Brazilian Indirect Taxes on Goods and Services

Tax	Jurisdiction	System	Base
1. IPI	Federal	Noncumulative	Imports and production of industrialized goods
2. COFINS	Federal	Mixed	Imports, production and marketing of goods and services
3. PIS	Federal	Mixed	Imports, production and marketing of goods and services
4. CIDE – Fuels	Federal	Cumulative (*)	Imports and marketing of oil and natural gas and derivatives
5. ICMS	State	Noncumulative	Circulation of merchandise and rendering of interstate and inter-municipal transportation services and communications
6. ISS	Municipal	Cumulative	Rendering of services of any nature, not covered by the ICMS base, and defined in supplementary legislation

(*)The CIDE-Fuels generates credits in the fuel production chain, but does not generate credits for companies that consume fuels. It is for this reason that levying of this tax is considered cumulative.

Application of this model subjects businesses to high bureaucratic costs in their efforts to calculate and pay their taxes, together with an enormous number of disputes with tax authorities. Besides Brazilian Federal Union, each federal-member-state and municipality has a different administrative tax litigation statute with some procedure peculiarities.

This is just one of the reasons why a World Bank study named Brazil as holder of the world record in terms of the time spent by businesses in complying with their tax obligations.[24]

VI.2 Cumulativity

Cumulative levying of a tax, in which the tax paid at one stage of the productive chain does not generate a credit in the following stages, results in a series of economic distortions:

(I) inefficient organization of the productive structure;

(II) increased investment and export costs;

(III) favoring of imports.

Notwithstanding recent advances, the Brazilian tax system still has a series of cumulative taxes, including the CIDE-Fuels (Federal Tax) and the ISS (Municipal Tax). Even in the case of noncumulative taxes (ICMS, PIS/COFINS[25]), part of the goods and services used by companies do not generate credits, thus creating an added burden on investments and exports.

24. *Tax Reform*, Ministry of Finance, Brasília-DF, February 28, 2008 – see *www.fazenda.gov.br*.

25. Although not corporate income taxes, the PIS (Social Integration Program) and COFINS (Tax for Social Security Financing) are federal indirect taxes imposed on gross revenue at the rates of 0.65% (PIS) and 3% (COFINS), where a Brazilian entity pays corporate income tax under the deemed taxable income regime. When a Brazilian entity pays corporate income tax based on actual income, the PIS and COFINS rates are 1.65% and 7.6%, respectively. In the latter case the Brazilian entity may use input PIS and COFINS credits to offset its PIS and COFINS liabilities. Eligible export companies are exempt as long as funds actually entered the country. The importation of goods and services is subject to PIS and COFINS at a combined rate of 9,25%.

There is an estimation of the cumulative levying of taxes that still exist in the Brazilian economy, with an overall level of almost 2% of GDP. The truth is that the problem is even greater, since, in some business sectors and categories, the PIS/COFINS is still levied according to the cumulative system, though it is impossible to calculate the impact of this distortion.

However, part of the levying of the ISS[26] (Municipal Tax) and CIDE-Fuels (Federal Tax) affects only final consumers and is not therefore considered as cumulative.

VI.3 Increased investment costs

Aside from the question of cumulativity, the cost of investments is high because of the long period involved in recovering credits for taxes paid on capital goods. A company takes 48 months to offset the ICMS (a federal-member-state tax) paid in the purchase of a machine (at the rate of 1/48 per month) and 24 months to offset the PIS/COFINS (Federal Union taxes).

The effective cost of this deferral depends on the financial situation of the company. For a liquid company, it corresponds to what it does not receive since it is unable to invest the resources in the financial market. For an illiquid company, it corresponds to the interest paid on the loan it is forced to take out in order to finance recovery of the tax over the long-term.

VI.4 Problems with the ICMS

Many of the ICMS-related problems have to do with the system of charging this tax in interstate operations. In these transactions, part of the ICMS is due to the state in which the merchandise originated (corresponding normally to a rate of 12%) and part to the state of destination. In sales made to other states by Southern and Southeastern Brazilian states (except Espírito Santo), the rate belonging to the state of origin is 7%.

26. ISS – The tax on services is a municipal tax imposed on the supply of services, other than services subject to ICMS.

One of the problems that this structure generates is that, based on the argument that they would have to refund a tax debt paid in a different state, many states resist refunding cumulative ICMS credits to exporter companies. Accumulation of credits is one of the major concerns of Brazilian exporters and, on several occasions, has resulted in losses of investments to other countries.

An even more serious problem, however, is fiscal war, through which one Brazilian-federal-member-state reduces the ICMS in order to attract investments to its territory.

Initially, the fiscal war was viewed as an option taken by poorer states to attract investments and offset the lack of a more effective regional development policy. With time, however, the wealthier states also adopted this practice. As a result, the so-called fiscal war lost its character as a regional development instrument and began generating a series of distortions that were highly detrimental to the Brazilian nation's growth.

VI.5 Fiscal war

In a situation in which states have granted fiscal benefits on a case-by-case basis, without any coordination whatsoever, the situation of fiscal war has generated a chaotic tax environment, with high degree of investor uncertainty.

The truth is that, on making an investment, a company does not know whether its competitors will receive benefits that could jeopardize the investor's capacity to compete and survive on the market. This uncertainty has led entrepreneurs to invest less or to demand higher returns on their investments, in detriment to consumer interests.

Today, this uncertainty even impacts companies that have received incentives but do not know whether they will manage to maintain them:

- as a result of judicial decisions that recognize the unconstitutional nature of the benefits granted, even requiring retroactive charging of unpaid taxes; or
- because various states do not accept ICMS credits on products that received incentives in other states.

There are still other problems that result from the fiscal war, including granting of benefits that favor imports in detriment to local-national production. When a country imports a product, the entire value of the ICMS is due to the state in which the company is located and the benefit can reach 100% of the tax. However when the same product is purchased from a different state, a share of the ICMS remains in the state of origin and the benefit only reduces part of the tax.

Finally, the fiscal war results in economic inefficiency and unproductive shifting of merchandise from one state to another. In many cases – mainly in such predatory modalities as fiscal war in the wholesale trade – the benefit depends only on transiting of the merchandise through the state that grants the incentive, thus generating congestion on highway network.

VI.6 Excessive payroll taxation

One of the characteristics of the Brazilian tax system is a very high level of payroll taxes,[27] resulting not only from the Social Security and FGTS[28] contributions, but also the financing of programs that have no relationship what so ever to worker wages, such as the "S" System and basic education (financed through a contribution known as the "education wage").

High payroll taxes generate a series of negative impacts on the Brazilian economy:

- loss of competitiveness by national companies;
- incentive to economic informality;
- lower level of Social Security coverage (about 50% of employed persons in Brazil do not contribute to the Social Security system).

27. Payroll Tax – tax charged on an employer's payroll (*i.e.*: gross salaries, wages and other remuneration) paid to his employees without regard to their domicile, family status or other individual circumstances. The tax may be levied at progressive or flat rates.

28. FGTS – employers are required to make a contribution of 8,5% of wages to each worker's deferred salary account to the Length of service Guarantee Fund (FGTS).

This situation results in a vicious circle in which high levels of taxation provoke increased informality and high levels of informality require that those operating in the formal sector of the economy pay higher tax rates.

In Brazil, the payroll taxes in relation to the percentage of salaries is between 42.3% and 50.8%, minimum and maximum, respectively, of the total salary paid to the employee. This situation corresponding to the system in effect for a commercial or industrial company that does not pay taxes according to the National SIMPLES system. These amounts in effect as of January 2009.

VII – Key words related to this workpaper

VII.1 – Tax collection (key word)

In general, collection of tax can be instituted through one or more of the following methods:

– with holding of tax by the payer or income and subsequent payment of the amount with held to the government;

– provisional (advance) payment by a taxpayer during a tax year in which an estimated income tax payment based on annual income or tax paid in the previous year must be made to the government;

– **self-assessment** payment by the taxpayer on the due date, after or with the filling of a tax **return**; under a self assessment system, the taxpayer calculates the tax due after deduction of with holding tax and advance payments or, in the case of VAT, the input tax paid, and transfers the amount of tax due to the government;

– additional payments of tax based on a **final tax** assessment by the **tax authorities** after investigation or **examination** of the filed tax **return;**

– payment of tax after a notice of **assessment.**

See also: Collection lag; Distraint; Estimated tax; Garnishee order; Recovery of tax; Statute of limitations; Tax farming; Tax form.

VII.2 – Compliance (key word)

COMPLIANCE – (*n.*) **1.** conformidade; **2.** cumprimento; **3.** atendimento; **4.** adimplemento; **5.** obediência; **6.** observância; *e.g.:* The company said that it had always acted in **compliance** with tax laws; **7.** no mercado de capitais e no sistema financeiro, *compliance* consiste num conjunto de regras e instruções de controles internos e certificações de qualidade e ética profissional a que estão obrigadas as empresas e instituições financeiras, para garantir o cumprimento das exigências legais e regulamentares relacionadas às suas atividades. No Brasil, por exemplo, a obrigatoriedade de procedimentos, é muitas vezes determinada pela Comissão de Valores Mobiliários-CVM e pelo Banco Central do Brasil-BCB; **8.** regras de conduta; **9.** COMPLIANCE DEPARTMENT – departamento de verificação de cumprimento das normas de mercado e do sistema financeiro, geralmente mantido em bolsas de valores e em instituições financeiras. **10.** IN COMPLIANCE WITH (= according to) de acordo com. **11.** TAX COMPLIANCE – conformidade tributária, proceder em observância às normas tributárias, em cumprimento às normas tributárias, em observância às obrigações tributárias.

– CUMPRIMENTO DE NORMAS TRIBUTÁRIAS (CUMPRIMENTO DE OBRIGAÇÕES TRIBUTÁRIAS) – (OBSERVÂNCIA ÀS NORMAS TRIBUTÁRIAS) – **1.** compliance; **2.** tax compliance. PROCEDER CONFORME AS NORMAS TRIBUTÁRIAS – 1. compliance; 2. tax compliance.

COMPLY – (*v.*) to obey an order, rule or request, *e.g.*: The company's director says he will comply with the judge's ruling (*Cambridge Dictionary of American English for Speakers of Portuguese*, São Paulo: Martins Fontes, 2005). Utilizado em inglês escrito e especializado e no discurso formal, mas não em inglês comum. ACATAR (*v.*) to comply (formal), to obey an order, rule or request.

VII.3 – Refunds (key word)

Tax repaid to a taxpayer. Such a repayment often arises as a consequence of tax being withheld (and accounted for to the income tax agent) by the payer of income at a certain rate of tax, where the recipient of such income is exempt or liable to tax to tax at a lower rate.

A refund of VAT arises where there is an excess of **input tax** over **output tax.** Such a situation may arise in the case of zero-rated (exemption with credit) export sales.

INPUT TAX – term used in connection with VAT to denote the tax embodied in purchases made by a trader or entrepreneur who will usually be able to obtain a credit for the tax that his suppliers have paid on the goods supplied to him which form his "inputs".

OUTPUT TAX – term used in connection with VAT to denote the tax payable on the sales of goods or services by those who are subject to the tax and in contrast to the input tax for which a credit will be available.

VII.4 – Abuse (key word)

ABUSE OF LAW DOCTRINE – Doctrine used in a number of Western European civil law countries, which is broadly equivalent to the *substance over form doctrine* found in Anglo-Saxon systems. In essence, the *abuse of law doctrine* allows the tax authorities to disregard a civil law form used by the tax payer which has no commercial basis. The authorities may then substitute a construction which reflects the true situation which the statute intends to tax. Invariably, the doctrine is only applied where a degree of tax avoidance or evasion is involved. Other criteria for the application of *abuse of law doctrine* vary considerably, but typically involve abnormal or artificial structures and presence of other non-tax purposes. The *abuse of law doctrine* is sometimes referred to as *abuse of legal form.*

ANTI-AVOIDANCE MEASURES – Measures to combat the legal avoidance of tax occupy an increasingly prominent place in tax laws and may also be found in the provisions of double tax treaties. Anti-avoidance provisions may be of general application or refer to specific tax havens or tax avoidance devices. The most common type of measures operates by ignoring or interpreting transactions in such a way that the taxpayer does not obtain the desired tax reduction. In the case of transactions between associated persons, the *arm's length principle* may be applied for prices determined without relation to market values etc.

ANTI-EVASION MEASURES – Measures to combat tax evasion. Anti-evasion measures take the form of statutory provisions and administrative action. The tax law may provide for withholding of tax (on dividends, interest, royalties, salary payments); estimation of taxable income in the absence of a (correct) declaration; obligation to supply information; reversal of the burden of proof; imposition of stiff penalties, among other statutory provisions. Administrative action includes critical examination of information received; spot checks by trained "fraud squads" among other actions

TRIBUTAÇÃO INDIRETA NO DIREITO TRIBUTÁRIO BRASILEIRO

NATERCIA SAMPAIO SIQUEIRA

Mestre em Direito Tributário pela Universidade Federal de Minas Gerais (UFMG) – Doutora em Direito Constitucional pela Universidade de Fortaleza (UNIFOR) – Professora dos Cursos de Graduação, Mestrado e Doutorado da UNIFOR – Procuradora do Município de Fortaleza

Uma vez mais, o Instituto Cearense de Estudos Tributários/ICET dá provas de sua importância no direito tributário brasileiro nesta iniciativa de enfrentar um dos temas mais espinhosos, intrigantes e, ao mesmo tempo, fascinantes da tributação: o dos tributos indiretos.

O caminho da conceituação aos inúmeros problemas práticos envolvendo a tributação indireta leva o estudioso e aplicador do Direito a situações conflitantes, que por vezes desanimam na construção de uma tese coerente sobre a tributação do consumo.

O ICET apercebeu-se destas dificuldades, colhendo as situações mais desafiadoras sobre os tributos indiretos e reunindo-as em um mesmo questionário. Como resultado: o convite e a instigação a uma reflexão responsável, coerente e sistêmica sobre tributação indireta no Direito Brasileiro, na qual a cada novo questionamento o autor é chamado a debater-se com os conceitos mais elementares que detém sobre direito tributário e tributos indiretos.

Nesta empreitada, o presente trabalho segue a ordem das questões que lhe foram formuladas, no intuito de construir respostas objetivas e coerentes, com respaldo na doutrina e com enfoque na jurisprudência.

Adverte-se, entretanto, que não se adotará um posicionamento meramente descritivo das decisões dos Tribunais Superiores sobre as questões a serem enfrentadas; o esforço ao qual se propõe neste trabalho é de uma abordagem eminentemente crítica sobre a problemática da tributação indireta.

1. Identificação dos tributos indiretos

1.1 Existem tributos indiretos? O que os caracteriza?

A classificação dos tributos em diretos e indiretos apresenta relevância no ordenamento jurídico brasileiro à medida que o tributo seja juridicamente estruturado sob o pressuposto de que um terceiro – que não a pessoa chamada ao pagamento do tributo – assume o ônus econômico do tributo.

É fato que o ônus econômico dos tributos que incidem sobre a atividade produtiva revela-se passível de ser transferido ao consumidor, mediante o preço. Mas esta é uma realidade econômica que não corresponde – necessariamente – à realidade jurídica.

O decisivo consiste em saber qual a capacidade contributiva que o tributo, conforme normatizado, busca atingir. Caso o tributo seja juridicamente estruturado para onerar a capacidade contributiva de pessoa estranha à relação jurídica tributária, mediante a adoção, pelo ordenamento jurídico, dos instrumentos necessários à transferência do ônus econômico do tributo a terceiro, tem-se por caracterizada a tributação indireta.

1.1.1 No Direito Brasileiro o ICMS é um tributo indireto? Por quê? Há relação entre não cumulatividade e tributação indireta? Qual? Basta ser não cumulativo para ser considerado indireto o tributo, e vice-versa?

No Direito Brasileiro o regime jurídico de alguns tributos é elaborado não apenas sob o pressuposto da transferência do ônus econômico do tributo da empresa ao consumidor, mas com o intuito de assegurar sua efetiva ocorrência. Um desses mecanismos – por que não ressaltar? –, o principal, consiste no princípio da não cumulatividade.

Em especial quando a não cumulatividade é realizada mediante a técnica do imposto contra imposto, ao invés da técnica da base contra base. Ora, se a técnica da base contra base apresenta como propósito a tributação do que for acrescido de valor ao serviço ou mercadoria em cada operação, de forma a evitar carga tributária confiscatória, posto que incidente em cascata, já, a técnica do imposto contra imposto revela por finalidade a desoneração da atividade produtiva.

Veja-se: à medida que o empresário adquire bens onerados pelo tributo, pode ele creditar-se do respectivo ônus econômico; mas o mesmo não se permite ao consumidor. A adoção, portanto, do princípio da não cumulatividade pela técnica do imposto contra imposto é medida cuja finalidade consiste na transferência do ônus econômico tributário do vendedor ao adquirente – o que revela a intenção do ordenamento jurídico de onerar a capacidade contributiva consistente no consumo.[1]

Ainda importa considerar que o princípio da seletividade é outro dado a revelar a intenção do constituinte de onerar a capacidade contributiva consubstanciada no consumo. Isto porque a fixação da carga tributária com parâmetro na essencialidade do produto consiste em técnica de medição da capacidade contributiva do consumidor final, uma vez que apenas a ele importa a relevância do produto às necessidades vitais. À atividade da indústria, serviços e comércio importam a renda ou o faturamento, mas não a essencialidade do que está sendo produzido e comercializado.[2]

1. Sob referido entendimento, Misabel Derzi, em atualização à obra de Aliomar Baleeiro *Direito Tributário Brasileiro*, defende que o ICMS e o IPI não podem onerar o contribuinte de direito: "É que a Constituição brasileira assegura, como de resto fazem os Países europeus e latino-americanos, que o contribuinte, nas operações de venda que promova, transfira ao adquirente o ônus do imposto que adiantará ao Estado e, ao mesmo tempo, possa ele creditar-se do imposto que suportou em suas aquisições (embora na posição de adquirente apenas tenha sofrido a transferência e nada tenha pessoalmente recolhido aos cofres públicos). Tal tributo não onera, assim, a força econômica do consumidor, segundo ensina Herting. A rigor, quer do ponto de vista jurídico – pois há expressa licença constitucional para isso –, quer do ponto de vista econômico, o imposto foi modelado para ser suportado pelo consumidor, jamais pelo contribuinte-comerciante (...)" (Aliomar Baleeiro, *Direito Tributário Brasileiro*, 11ª ed., atualizada por Misabel Abreu Machado Derzi, Rio de Janeiro, Forense, 2006, pp. 370-371).

2. Referido fato não escapou a Hugo de Brito Machado: "Realmente, pouco importa se o produtor de automóveis é uma grande empresa com capacidade contributiva muito elevada. Os automóveis que ela produz, se são destinados a adquirentes de menor capacidade contributiva, devem sofrer a incidência tanto do IPI como do ICMS, com alíquotas menores que as aplicáveis no cálculo do imposto incidente sobre automóveis

Daí a compreensão de que o ordenamento jurídico constitucional brasileiro, ao adotar o princípio da não cumulatividade pela técnica do imposto contra imposto e o princípio da seletividade no ICMS e IPI, não apenas pressupõe a transferência do ônus econômico do tributo, como adota mecanismos para efetivá-la. Por conclusão: o IPI e o ICMS manifestam-se, por vontade constitucional, como tributos indiretos.

> 1.1.2 Afirmativa a resposta à pergunta anterior, seriam indiretos também o PIS e a COFINS? E o IRPJ, quando incidente sobre o lucro presumido do comerciante vendedor? Por qual razão o ônus referente ao ICMS seria repassado ao consumidor, e o do IRPJ não?

Em relação ao PIS e à COFINS, considerações específicas são fundamentais.

De primeiro, importa ressaltar que a Constituição Federal não adota o princípio da seletividade nesses tributos. E o silêncio do constituinte sobre a adoção do princípio da seletividade em matéria do PIS e da COFINS pode significar: (a) que a seletividade não se aplica a esses tributos; (b) que é livre o legislador para adotá-la. A alínea "b" guarda a melhor compreensão do Direito, conforme se verá adiante.

Por outro lado, o constituinte permitiu que o legislador adotasse o princípio da não cumulatividade para a COFINS e o PIS, sem, entretanto, definir a técnica de não cumulatividade que deva ser adotada pela lei, ao contrário do que fez no IPI e no ICMS – da leitura do inciso II do § 3º do art. 153 e do inciso I do § 2º do art. 155 ressai a opção constitucional pela técnica do imposto contra imposto.

Ou seja: em relação ao PIS e à COFINS cabe ao legislador a discricionariedade para estruturá-los como tributos diretos ou indiretos, uma vez que é livre para adotar a seletividade e a não cumulatividade.

É chegado, neste momento, o estágio em que se deve justificar a afirmativa anteriormente feita no sentido de que o silêncio constitucional acerca da seletividade significa discricionariedade ao legislador para adotá-la.

de luxo, destinados a adquirentes de elevada capacidade contributiva" (*Direitos Fundamentais do Contribuinte e a Efetividade da Jurisdição*, São Paulo, Atlas, 2009, p. 91).

O fato é que seria contraditório por parte do ordenamento jurídico constitucional permitir a adoção da não cumulatividade ao mesmo passo em que vedasse a seletividade. Lembra-se: a seletividade em função da essencialidade dos produtos e a não cumulatividade são institutos complementares na estruturação do regime jurídico dos tributos indiretos: ao passo que a primeira pressupõe a transferência econômica do ônus tributário, consubstanciando técnica de medição da capacidade contributiva manifesta no consumo, a segunda atua na efetivação da transferência do ônus do tributo ao consumidor.

Desta feita, a resposta sobre se o PIS e a COFINS apresentam natureza de tributos indiretos carece do exame da legislação sob os parâmetros da seletividade e da não cumulatividade. É claro que mencionada afirmação encontra questionamento de força superior, referente à possibilidade de o legislador, livremente, atribuir a natureza de tributos diretos ou indiretos ao PIS e à COFINS, que, por consequência, apresentariam a natureza de tributos diretos quando incidentes sobre algumas atividades, mas de tributos indiretos quando incidentes sobre outras.

A ser as coisas deste modo: em algumas atividades a riqueza tributada seria o consumo, e em outras o faturamento. Ou seja: o mesmo tributo oneraria diferentes riquezas – o que gera problemas referentes à livre concorrência, que demanda que um mesmo tributo utilize um mesmo parâmetro de comparação entre os contribuintes, de forma a que as atividades sejam equitativamente tributadas. Mas esta é uma questão em relação à qual não se tem espaço para tratar no presente trabalho. Por hora, retorna-se à afirmação inicial: para verificar se o PIS e a COFINS são tributos diretos ou indiretos deve-se examinar a respectiva legislação com parâmetro na seletividade e na não cumulatividade.

E, em relação à seletividade, não é ela adotada. O PIS e a COFINS não cumulativos incidem mediante uma mesma alíquota, que não varia em função da essencialidade do produto.

Já, quanto à não cumulatividade, interessa notar que ela mais se aproxima da técnica do cálculo da renda – que deduz dos rendimentos despesas e custos necessários ao exercício da atividade profissional – que da técnica do imposto contra imposto – que apresenta como propósito elementar a desoneração empresarial do ônus econômico do tributo.

No cálculo da não cumulatividade do PIS e da COFINS a ênfase dá-se na aquisição de bens e serviços utilizados como insumos na atividade empresarial, o que consubstancia regime de dedução semelhante ao do IR. Ademais, despesas e custos que, não necessariamente, sofrem a incidência das respectivas contribuições são passíveis de dedução, tais como: edificações e benfeitorias de imóveis próprios e de terceiros; máquinas, aparelhos ou bens incorporados ao ativo permanente. Observe-se que, ao conceder crédito aos referidos dispêndios, as Leis 10.8333/2003 e 10.637/2002 não o limitaram à aquisição de bens e serviços prestados por pessoa jurídica que seja contribuinte do PIS e da COFINS.

Mesmo que sob o risco da redundância, não custa repetir: a não cumulatividade no PIS e na COFINS foi elaborada nos moldes em que calculada a renda, com ênfase na dedução de despesas e custos necessários à atividade empresarial. Tal observação permite a conclusão de que a técnica da não cumulatividade adotada em referidas contribuições não é a que apresenta por propósito a transferência do ônus econômico do tributo para o consumidor, mas a que altera o parâmetro da riqueza mediante a qual se auferirá a capacidade contributiva do empresário. Compreende-se, portanto, que o PIS e a COFINS, mesmo os que apresentam perfil não cumulativo, continuam a revestir a natureza de tributos diretos. Mas a questão proposta à análise não se encontra encerrada; resta o exame do IRPJ.

Em relação ao IRPJ a análise deve ser realizada pelos mesmos parâmetros utilizados no exame do PIS e da COFINS: seletividade e não cumulatividade. Sob estas premissas, a conclusão é a de que o IRPJ não é tributo indireto: a ele não se aplica a (a) seletividade da alíquota em função da essencialidade do produto e nem (b) a técnica da não cumulatividade.

Ademais, o conceito de "renda" – a diferença entre os rendimentos percebidos e os gastos realizados em determinado período de tempo – não se confunde com a não cumulatividade, que tem por propósito a extinção da incidência em cascata – realidade afeita aos tributos plurifásicos – e a desoneração econômica do empresariado.

Em suma: o IRPJ é estruturado para medir a capacidade contributiva da empresa. Nele não há a adoção de técnica que meça capacidade contributiva estranha à empresa e nem o emprego de meios que atuem na transferência do ônus econômico do tributo ao consumidor. Mesmo que seja o desejo do contribuinte a transferência do ônus econômico do tributo, é esta uma realidade econômica estranha à realidade jurídica, revelando-se inapta para atribuir ao IRPJ a natureza de tributo indireto.

> 1.1.3 Ainda em relação ao IRPJ, faria diferença o fato de ele incidir sobre o lucro presumido ou sobre o lucro real? Qual?

Referida conclusão, por sua vez, não se altera ao tratar-se do IRPJ sobre o lucro presumido.

É verdade que o IRPJ sobre o lucro presumido tem por base de cálculo percentual, legalmente fixado, do faturamento. Mas referido dado não se mostra apto a assemelhar o IRPJ aos tributos que incidem sobre o consumo.

Tanto o IRPJ sobre o lucro presumido como o IRPJ sobre o lucro real são, constitucional e legalmente, estruturados para atingir a capacidade contributiva da empresa, e não do consumidor, de forma que a eventual transferência do ônus tributário do IRPJ ao consumidor é realidade econômica inapta a conferir ao imposto federal a natureza de tributo indireto, que onera o consumo.

Por outras palavras: a renda e o consumo são manifestações diversas de capacidade contributiva, uma não se transmudando na outra pela eventualidade econômica da transferência da carga tributária ao consumidor.

> 1.1.4 Nos serviços públicos, havendo fixação de preços e previsão de manutenção do equilíbrio econômico-financeiro dos contratos, pode-se dizer que os tributos que oneram a atividade são indiretos? Todos? Alguns? Quais?

O disposto no § 5º do art. 65 da Lei 8.666/1993 no sentido de o aumento da carga tributária ser fato do príncipe apto a legitimar a revisão da equação econômico-financeira compreende o tributo como custo operacional que compõe a equação econômico-financeira. Mas disto não se pode concluir que é intenção da Lei de Licitações e Contratos Administrativos conferir a todas as exações tributárias que incidam sobre as concessionárias e permissionárias de serviço público a natureza de tributação indireta, cujo propósito é o de onerar o consumo. Tal interpretação seria absurda, uma vez que atribuiria aos contratos de concessão e permissão administrativa o efeito de isenção tributária à empresa, já que os tributos que lhe fossem incidentes passariam a ter por finalidade a oneração da capacidade contributiva consubstanciada no consumo.

Aqui, mantém-se o entendimento de que a natureza indireta do tributo decorre da vontade do ordenamento jurídico de alcançar capacidade contributiva manifesta no consumo, e não da eventualidade econômica da transferência do ônus financeiro do tributo ao consumidor. E, para tanto, a seletividade da alíquota e a não cumulatividade mostram-se como principais parâmetros a revelar a intenção do direito tributário de onerar o consumo ao invés da renda ou faturamento da empresa.

Não seria, portanto, todo tributo que onera a concessionária e permissionária de serviço público de natureza indireta pelo só conteúdo do § 5º do art. 65 da Lei 8.666. Apenas os estruturados sob a seletividade da alíquota em função da essencialidade do produto e sob a não cumulatividade, em especial pela técnica do imposto contra imposto, revelariam a natureza de tributos indiretos, uma vez que o respectivo regime jurídico tributário estaria a operar mediante o objetivo de atingir a capacidade contributiva consubstanciada no consumo.

1.1.5 O aumento de tributo incidente sobre um serviço público, sendo imediatamente transferido ao consumidor por força de previsão contida no contrato de concessão, deve ser considerado um aumento de tarifa? Caso negativo, isso significa que o consumidor está pagando tributo? Há algum reflexo, em razão disso, na aplicação do art. 166 do CTN a tais hipóteses?

Na hipótese prevista nesta questão não se pode olvidar que a previsão contratual de transferência do ônus tributário ao consumidor teria força de convenção privada, de que trata o art. 123 do CTN, que não apresenta aptidão para alterar o contribuinte ou o aspecto pessoal da hipótese de incidência.

A ser desta forma, mesmo o mais pessoal dos impostos, como o de renda, teria sua natureza transmudada para tributo indireto – o que se mostra inadmissível diante dos princípios constitucionais aplicáveis ao IR: pessoalidade, universalidade e generalidade.

Uma vez mais repete-se a conclusão anteriormente exposta: a seletividade em função da essencialidade do produto e a não cumulatividade são os instrumentos que revelam a intenção normativa de onerar o consumo ao invés da renda ou do faturamento empresarial. Desta feita, apenas os tributos estruturados em consideração à essencialidade do produto e pela técnica da não cumulatividade apresentam a natureza de tributos indiretos, aos quais se deve aplicar o art. 166 do CTN.

> 1.1.6 Imagine-se que um consumidor final de energia elétrica questiona em juízo a cobrança do ICMS incidente sobre as faturas que paga à concessionária correspondente. Em face de medida liminar, deixa de sofrer o acréscimo do imposto nos termos impugnados. Essa liminar é confirmada por sentença e por acórdão do Tribunal de Justiça. Muitos anos depois, o STJ afirma a ilegitimidade ativa ad causam do consumidor final e extingue o processo sem exame do mérito. Pergunta-se: o Estado poderá exigir o ICMS que deixou de ser recolhido em todo o período de vigência da liminar? Ele poderá exigir esse imposto de quem? Da concessionária que estava impedida de descontá-lo? Do consumidor que teve extinguido seu processo, por não ser considerado contribuinte?

A concessão de tutelas de urgência – liminares e tutelas antecipadas – implica execução provisória da sentença, que se dá sob a responsabilidade do exequente. Cassada, que seja, a tutela de urgência, mesmo que por decisão de Tribunal Superior, deve a exequente responder pelos danos causados à parte contrária em razão da execução provisória.

No caso de que trata a questão, por coerência às premissas até o momento desenvolvidas, compreende-se que o tributo indireto incide sobre a capacidade contributiva do consumidor. Por consequência, a sujeição passiva referente ao pagamento de tributo que deixou de ser recolhido enquanto vigente a tutela de urgência deve caber ao contribuinte de fato ou de direito; neste último caso, desde que lhe seja permitido transferir, previamente, ao contribuinte de fato o ônus econômico do tributo.

Aqui, importa frisar – por razões a serem explicitadas na resposta à questão 5.1 – que o contribuinte de direito apenas pode ser compelido ao pagamento do crédito tributário não recolhido, em razão da concessão de tutela de urgência, se lhe for permitido o ressarcimento prévio e econômico do tributo, observando-se o princípio da capacidade contributiva e o disposto no art. 128 do CTN.

2. Tributação indireta e repetição do indébito

2.1 O art. 166 do CTN se aplica à restituição de tributos indiretos? Ele se aplica a alguma outra hipótese de restituição do indébito tributário?

Compreende-se – por razões que serão melhor expostas adiante – que o art. 166 do CTN aplica-se ao tributo indireto, uma vez que nele a capacidade contributiva que se pretende onerada é a do contribuinte de fato, e não a do contribuinte de direito.

Mas não apenas nos tributos indiretos, como nos casos em que o terceiro responsável pelo pagamento utiliza-se de mecanismos para ressarcir-se do ônus econômico. Exemplo do que se disse ocorre nas situações em que o terceiro cobra, junto ao preço do negócio jurídico, o valor do tributo – como nos casos das taxas de turismo, que são acrescidas às diárias de hotel e cobradas pelo estabelecimento hoteleiro do hóspede. Neste caso, como é o turista que arca com o ônus econômico da taxa, a ele cabe a respectiva restituição.

2.2 O art. 166 do CTN se aplica a outras ações relacionadas aos tributos indiretos, diversas da ação de restituição? Embargos à execução fiscal, por exemplo?

A razão ou fundamento do art. 166 do CTN integra a operacionalidade do tributo de fato gerador não vinculado, cujo princípio motriz é a capacidade contributiva: ao titular da riqueza que seja o objeto da tributação deve ser assegurada a blindagem ou a recomposição da capacidade contributiva em caso de vícios no regime jurídico tributário.

A lógica é irrefutável: o interesse em proteger e recompor a capacidade contributiva é do seu titular. Caso contrário seria permitido a um terceiro, sem justa causa, reter as divisas tributárias, uma vez que não foi sua capacidade contributiva a desfalcada pela tributação.

Diante, portanto, das razões que fundamentam o art. 166 do CTN, compreende-se que sua aplicação não se limita às ações de repetição do indébito. Antes, ele serve de parâmetro para determinar quem possui legitimidade e interesse nas ações que tenham por objeto a restituição do tributo, seja mediante repetição ou compensação, ou mesmo nas ações que tenham por propósito a anulação e o impedimento da cobrança tributária.[3]

> *2.3 Há diferença entre a situação do contribuinte que paga tributo indireto e em seguida postula sua restituição e a daquele que, em vez de pagar, deposita o valor correspondente, questionando a cobrança? Por qual razão o art. 166 do CTN seria aplicável na primeira situação, e não na segunda?*

Compreende-se que o titular da riqueza onerada pelo tributo – contribuinte – possui legitimidade para a interposição da ação que tenha por objeto a realização do depósito e o impedimento da cobrança tributária.

Aqui, vale ressaltar: a regra da legitimidade é orientada pelo princípio da capacidade contributiva, que consiste na causa jurídica dos tributos com fato gerador não vinculado. Referidos tributos – não

3. Deve-se ressaltar que a 1ª Turma do STJ, em recurso repetitivo, adotou tese contrária à defendida neste trabalho: "A 1ª Seção, ao julgar o REsp 903.394-AL (rel. Min. Luiz Fux, *DJe* 26.4.2010), sob o regime do art. 543-C do CPC, decidiu no sentido de que tão somente o contribuinte de direito tem legitimidade para figurar no polo ativo de ações judiciais envolvendo discussão a respeito de tributos indiretos, sendo, portanto, ilegítima a empresa consumidora final de energia elétrica para pleitear a declaração de ilegitimidade da cobrança de ICMS" (AgR 1.233.799-RS, rel. Min. Arnaldo Esteves de Lima, *DJe* 21.3.2011). Entretanto, essa mesma 1ª Turma, em decisão proferida no Ag/AgR 1.365.535, compreendeu que o contribuinte de fato é que tem legitimidade para levantar depósito administrativo realizado pelo contribuinte de direito, uma vez que o depósito não teria diminuído o patrimônio deste último, mas do primeiro, de maneira que seu levantamento pela empresa de telefonia consistiria em enriquecimento ilícito.

custa repisar – possuem o propósito de direcionar parcela da capacidade contributiva do contribuinte – manifesta na renda, no faturamento, no patrimônio ou no consumo – aos cofres públicos.

Se razões de praticidade justificam o chamamento de terceiro ao pagamento do tributo, tal já não modifica a causa jurídica do imposto ou da contribuição de fato gerador não vinculado: manifestação de capacidade contributiva titularizada pelo contribuinte, que é a riqueza que integra o fato gerador do tributo. A circunstância de o contribuinte não participar da relação jurídica tributária não altera o fato de que parcela da sua riqueza é que está sendo transferida aos cofres estatais mediante o pagamento do tributo.

E referida relação de custeio, ao contrário do que se possa inferir da leitura da decisão proferida pelo STJ no REsp 1.191.860-SC,[4] não é meramente econômica e sem relevância ao Direito. A realidade tributária não se esgota na legalidade da obrigação tributária. Antes, alcança a capacidade contributiva efetivamente onerada, por vontade constitucional e legal.

A praticidade, por consequência, compatibiliza-se com a capacidade contributiva, que é o principal mecanismo de operacionalização do regime jurídico do tributo com fato gerador não vinculado, razão pela qual: (a) a capacidade contributiva, revelada no fato gerador, é que deve ser efetivamente onerada pelo tributo, independentemente de um terceiro vir a ser chamado para ocupar o polo passivo da relação jurídica tributária; (b) ao titular da riqueza efetivamente onerada pelo tributo devem ser possibilitados os meios eficazes de recomposição da capacidade contributiva nos casos de vício na tributação, independentemente de um terceiro ocupar o polo passivo da relação jurídica tributária.

4. Consta da ementa do REsp 1.191.860-SC: "Destarte, revela-se ultrapassado o entendimento jurisprudencial no sentido de que o consumidor final de energia elétrica é o sujeito passivo da obrigação tributária atinente ao ICMS, sobressaindo sua ilegitimidade ativa *ad causam* na ação de repetição do indébito, em razão da estrita legalidade inerente à tributação". A fundamentar tal entendimento encontra-se a tese de que apenas quem participa da relação jurídica tributária teria legitimidade para requerer a repetição do indébito, em razão da estrita legalidade inerente à tributação. Poderia, entretanto, o contribuinte de fato requerer a devolução do indébito ao contribuinte de direito – o detentor da legitimidade para a interposição da ação de repetição junto ao Fisco – com fundamento em norma do direito privado.

O que não se pode é retirar do contribuinte os meios eficazes para recompor a normalidade tributária por razões de um terceiro tornar-se o responsável pelo pagamento do tributo. Uma vez mais adverte-se: a responsabilidade do terceiro não afasta o fato de que a riqueza do contribuinte é que se encontra tributariamente onerada – o que revela a legitimidade deste último para recompor ou proteger sua capacidade contributiva desfalcada ou ameaçada pela tributação viciada.

Eis a série de razões pelas quais se entende que a regra insculpida no art. 166 do CTN não se restringe à ação de repetição do indébito. Antes, ela deve ser compreendida como parâmetro para definir a legitimidade nas mais variadas espécies de ações, possibilitando ao titular da capacidade contributiva efetivamente onerada os meios eficazes ao pronto restabelecimento da normalidade tributária.

2.4 O art. 166 confere legitimidade ao contribuinte "de fato" para postular a restituição do indébito? Caso negativo, como se poderá obter a restituição do indébito, sobretudo em situações nas quais o contribuinte de direito, que repassou o ônus financeiro do tributo ao consumidor, não tem como identificá-lo? Haveria ofensa ao art. 5º, XXXV, da CF de 1988?

Ao contrário de entendimentos que vêm sendo adotados pelo STJ, compreende-se que o critério para determinar quem tem legitimidade para requerer a repetição do indébito é o titular da capacidade contributiva efetivamente onerada pelo tributo. E nos impostos ou tributos de natureza indireta o contribuinte de fato ou consumidor é quem apresenta interesse e legitimidade para requerer a repetição, uma vez que, por vontade constitucional e legal, sua capacidade contributiva é a que sofre a incidência da exação tributária.

Não seria suficiente ao pronto restabelecimento da normalidade tributária uma ação de natureza civil entre o contribuinte de direito e o de fato. Isto porque a repetição ficaria na dependência de o contribuinte de direito interpor a ação de repetição do indébito contra a Fazenda Pública, o que significa não apenas (a) a privação ao contribuinte de fato dos meios necessários à recondução da normalidade tributária, como (b) a oneração, sobremaneira, do contribuinte de direito, que terá de ser autor em uma ação mesmo que o resultado econômico não lhe seja aproveitável.

O mais relevante, entretanto, é que tal situação obsta ao contribuinte a disponibilidade dos meios juridicamente necessários para proteger-se de uma tributação viciada com potencial de reduzir sua riqueza. Com isto, prejudicada encontra-se a garantia do acesso ao Judiciário, que é fundamental à dignidade humana e, consequentemente, ao ordenamento jurídico de um Estado Democrático de Direito. É esta a razão maior pela qual se compreende que o art. 166 do CTN aplica-se aos tributos indiretos.

3. Tributação indireta e imunidades subjetivas

3.1 Caso um comerciante vendedor seja titular de imunidade subjetiva, poderá ele invocá-la para se eximir da cobrança de tributo indireto incidente sobre as vendas que realiza? Poder-se-á dizer que tal imunidade não é aplicável, eis que quem "verdadeiramente" arca com o tributo é o consumidor final, não imune?

3.2 Caso um consumidor final seja titular de imunidade subjetiva, poderá ele invocá-la para fazer com que sobre as mercadorias e serviços que consome não incidam tributos indiretos? Poder-se-á dizer que tal imunidade não é por ele invocável, pois o "verdadeiro" contribuinte é o vendedor, não imune?

3.3 É possível oferecer resposta coerente às duas perguntas anteriores? Essa resposta é coerente com aquelas fornecidas às perguntas do item 2?

As respostas às perguntas realizadas nos itens 3.1, 3.2 e 3.3 demandam igual raciocínio, razão pela qual serão respondidas em conjunto.

Em um primeiro momento, vale ressaltar a tradição do STF[5] em compreender que a imunidade recíproca alcança os casos em que a

5. Cita-se, por exemplo, o constante no *Informativo* 553, que noticia as considerações tecidas pelo Ministro-Relator Joaquim Barbosa no RE 202.987-SP no sentido de que a determinação de quem seja o contribuinte de fato é indiferente para se estabelecer o âmbito de aplicação da imunidade recíproca: "Afirmou-se não se tratar, também, de investigar quem suportaria a carga tributária para estabelecer o alcance da imunidade, pois, no quadro ora examinado, a busca pelo contribuinte de fato seria irrelevante, na medida em que existiria um contribuinte de direito, que seria o produtor-vendedor, descabendo estender-lhe o benefício, se ele não gozar da imunidade".

entidade agraciada pela imunidade encontra-se na posição de vendedora ou prestadora de serviços, e não de consumidora. Mas contra referido posicionamento há tempos manifesta-se Aliomar Baleeiro, mediante coerente argumentação que se fixa na finalidade da imunidade recíproca assim como na natureza de tributos indiretos dos impostos que incidem sobre a compra e venda.

A finalidade da imunidade, segundo o tributarista mineiro, que foi Ministro do STF, seria obstar a que recursos necessários a um ente federado para exercer suas funções constitucionais fossem vertidos a outros entes federados.[6] Nada mais exato: se recursos de um ente federado necessários ao exercício de suas funções constitucionais no interesse da coletividade forem desviados para os cofres de outros entes federados, ele estará prejudicado não apenas na sua autonomia administrativa e financeira, como na sua própria razão de ser.

Mais recentemente destacam-se decisões por demais esclarecedoras do STF no sentido de que a imunidade recíproca não é mero favor fiscal aos entes federados, que poderiam explorar, economicamente, seu patrimônio em concorrência com a iniciativa privada, mas sem sujeição aos impostos. Antes, a imunidade recíproca explica-se no desempenho dos objetivos institucionais do ente federado.[7]

6. Explica Baleeiro: "A finalidade do constituinte ao lavrar o art. 19, III, 'a', da CF de 1969 foi a de impedir esse desfalque, de modo que os recursos coletados, por exemplo, pelo Estado para serviços e investimentos especificamente estaduais não sejam diminuídos e desviados, por exemplo, pelo Fisco da União, para aplicação em obras e serviços federais. A imunidade preserva a Federação numa República que, já adulta, foi batizada 'Federativa'" (*Limitações Constitucionais ao Poder de Tributar*, Rio de Janeiro, Forense Jurídica, p. 287). Prossegue na mesma página o tributarista mineiro: "Mas, em se tratando do caso especial das imunidades constitucionais, importa saber quem efetivamente vai ter o patrimônio mutilado pelo imposto, ou seja, o *contribuinte de facto*, e, nesse caso, a realidade econômica – salvo a cautela constitucional – prevalece sobre a forma jurídica".

7. O *Informativo* 597 do STF noticia os condicionamentos à imunidade recíproca, enumerados por ocasião do julgamento do RE 253.472-SP: "(1) A imunidade seria subjetiva, ou seja, se aplicaria à propriedade, bens e serviços utilizados na satisfação dos objetivos institucionais imanentes do ente federado, cuja tributação poderia colocar em risco a respectiva autonomia política. Em consequência, seria incorreto ler a cláusula de imunização de modo a reduzi-la a mero instrumento destinado a dar ao ente federado condições de contratar em circunstâncias mais vantajosas, independente do contexto; (2) atividades de exploração econômica, destinadas primordialmente a aumentar o patrimônio do Estado ou de particulares, deveriam ser submetidas a tributação, por apresentarem-se como manifestações de riqueza e deixarem a salvo

Estas considerações, por sua vez, devem ser contextualizadas na realidade da tributação indireta, estruturada para incidir sobre a capacidade contributiva consubstanciada no consumo. Nestes casos, é parcela da riqueza revelada no consumo que o ordenamento jurídico pretende direcionar aos cofres públicos; não parcela da riqueza consubstanciada no faturamento.

Nada mais lógico, portanto, do que a imunidade recíproca alcançar a pessoa jurídica de direito público interno enquanto consumidora. Veja-se bem: quando na posição de vendedora ou prestadora de serviços, não é a riqueza da entidade imune, manifesta no faturamento, que se encontra onerada pela incidência de tributos indiretos, mas a riqueza do consumidor. De forma que a imunidade, nestas condições, não beneficiaria a pessoa jurídica imune na qualidade de vendedora ou prestadora de serviços, mas o consumidor, que é quem responde pelo ônus econômico do tributo.

Mas, se a imunidade alcança a pessoa imune no ato do consumo, é sua riqueza que está preservada. Daí a conclusão de Aliomar Baleeiro no sentido de que a imunidade recíproca protege o ente federado enquanto consumidor, mas não enquanto vendedor ou prestador de serviço; apenas na primeira situação a imunidade atinge seu desiderato de obstar a que recursos do ente federado sejam vertidos a outro ente federado, prejudicando a autonomia característica da Federação.

Veja-se, ademais, que a Constituição federal prevê a incidência de imposto sobre serviços públicos, tais como: fornecimento de energia elétrica, radiodifusão sonora ou de sons e imagens de recepção não gratuita, serviço de comunicação... Ora, se a intenção da imunidade recíproca fosse desonerar a entidade imune enquanto vendedora ou prestadora de serviços, ela estaria em confronto com os vários dispositivos constitucionais que enumeram serviços públicos como fato gerador de imposto.

Mas não há qualquer contradição, uma vez que a imunidade atua quando a entidade se encontra na posição de consumidor. Apenas desta forma – não custa repisar – alcança-se a finalidade da imunidade, que é a de obstar a que riqueza do ente federado – renda consumi-

a autonomia política; (3) a desoneração não deveria ter como efeito colateral relevante a quebra dos princípios da livre concorrência e do exercício da atividade profissional ou econômica livre".

da – seja desviada das suas finalidades precípuas para o custeio de outro ente federado.

E referido argumento é passível de ser aplicado às outras imunidades. Também aqui a imunidade subjetiva da entidade, enquanto contribuinte de direito, não atingiria a finalidade de reservar sua riqueza ao custeio de suas atividades essenciais, já que os tributos indiretos recaem sobre a capacidade contributiva consistente no consumo. Por outras palavras: a imunidade, na situação de a entidade imune encontrar-se na posição de vendedora ou prestadora de serviços, estaria a desonerar o consumidor, mas não a entidade imune.

Também o raciocínio inverso é verdadeiro. Se a imunidade não alcança a entidade enquanto contribuinte de fato, sua finalidade, de reservar a riqueza da entidade imune ao exercício de suas finalidades essenciais, não se encontra assegurada. Isto porque a entidade, enquanto consumidora, arcará com o ônus econômico do tributo indireto, de forma que sua riqueza será desviada do custeio de suas atividades essenciais ao custeio dos gastos públicos.

Mas ainda aqui questões interessantes remanescem. De primeiro, é importante que se questione sobre a finalidade da imunidade: ela se limitaria a reservar, integralmente, a riqueza da entidade imune ao custeio de suas atividades essenciais, ou também teria por propósito imunizar o consumo de bens e serviços produzidos e prestados pela entidade imune, que seria intangível à tributação, em função de princípios fundamentais ao ordenamento jurídico?

Exemplificando: a imunidade dos templos teria como função, apenas e tão somente, preservar a riqueza da entidade religiosa ou obstar a que os serviços essenciais por ela prestados fossem tributados, mesmo que o imposto apresentasse a natureza de tributo indireto? Neste caso específico, não há dúvida de que a imunidade alcança as atividades enquanto oneradas por impostos indiretos, preservando a capacidade contributiva dos fiéis enquanto estejam a custear as cerimônias religiosas. O batizado, o culto e o casamento implicam o exercício da liberdade religiosa, que deve ser preservado da tributação.

Mas referido caso é diferente dos serviços públicos. Não obstante a concessão da imunidade recíproca, o ordenamento jurídico constitucional manteve a incidência de tributo sobre a riqueza manifesta no consumo de serviços públicos; é o caso do ICMS que apresenta por fato gerador o fornecimento de energia elétrica. Daí a necessidade de se fazer a distinção entre imunidade à pessoa e a imunidade ao consumo de atividades prestadas pelas entidades imunes. Em alguns dos casos previstos no art. 150, VI, da CF a imunidade alcança tanto a riqueza da entidade como o consumo de serviços por ela prestados; mas em outros, não.

Em suma, pode-se concluir: nos casos de tributação indireta (a) a regra é que a imunidade alcance a entidade enquanto consumidora, e não enquanto prestadora de serviços ou comerciante, uma vez que a intangibilidade da sua capacidade contributiva apenas é assegurada na primeira situação; (b) nos casos, entretanto, em que a imunidade visa a preservar tanto a capacidade econômica da entidade como dos que consomem os bens e serviços por ela produzidos e prestados, o tributo indireto não incide mesmo quando terceiro se encontre na posição de contribuinte de fato.

4. Tributação indireta e apropriação indébita

4.1 Quando o vendedor de uma mercadoria em cujo preço supostamente está embutido o tributo indireto recebe o pagamento desse preço mas não recolhe o tributo incidente sobre a operação, há apropriação indébita? Pode-se dizer que é o consumidor quem "verdadeiramente" paga o tributo, tendo o comerciante o papel de apenas repassá-lo aos cofres públicos, incorrendo em apropriação indébita se não o fizer?

Por todas as considerações realizadas até o presente momento, a impressão é de que não se pode fugir à caracterização da apropriação indébita no caso ilustrado no enunciado.

Conforme o já assinalado: nos tributos indiretos o ordenamento jurídico pressupõe a transferência do ônus econômico do tributo, tanto que determina a medição da capacidade contributiva do consumidor – não do vendedor ou prestador de serviços – como adota mecanismos com a finalidade de assegurar a transferência do ônus econômico do tributo da empresa ao consumidor.

Mas é forçoso reconhecer que o mecanismo da não cumulatividade não se revela 100% preciso no desempenho da função de transferir o ônus econômico do tributo ao consumidor. Ao contrário dos casos em que o terceiro desconta da remuneração que deve ao contribuinte o tributo incidente; aqui, o mecanismo de transferência do ônus econômico é, absolutamente, eficaz.

As situações, portanto, são distintas. Não se pode esquecer: a não cumulatividade, como mecanismo de transferência do ônus econômico do tributo indireto, não se revela 100% eficaz. Ainda mais no Brasil, em que a sistemática do crédito financeiro não é plenamente adotada, de forma a não se poder assegurar que a tributação indireta atinge seu objetivo de onerar exclusivamente o consumo. Neste contexto, a conclusão inevitável é no sentido de que o inadimplemento do contribuinte de direito não pode ser caracterizado como apropriação indébita.

4.2 Se não há apropriação indébita, eis que não se trata de mero repasse de tributo pago pelo consumidor, qual a justificativa para se negar ao comerciante o direito à restituição quando esse tributo é por ele recolhido indevidamente, nos termos do art. 166 do CTN?

Uma vez mais repita-se: a descaracterização do inadimplemento de tributo indireto pelo contribuinte de direito como apropriação indébita se justifica na incerteza quanto à eficácia da não cumulatividade em transferir o ônus econômico tributário da empresa ao consumidor. Mas tal já não significa que o tributo indireto não tenha por propósito alcançar a capacidade contributiva consubstanciada no consumo.

A conclusão é a mesma esboçada nas questões anteriores, no sentido de que nos tributos indiretos o ordenamento jurídico estrutura-se sob o propósito de alcançar a capacidade contributiva do consumidor, adotando não apenas (a) técnica de medição da capacidade contributiva manifesta no consumo, (b) como instrumento de transferência do ônus econômico tributário da empresa ao adquirente.

Referidas técnicas, conforme o ressaltado, não possuem eficácia absoluta na transferência do ônus econômico, mas revelam o propósito do ordenamento de onerar o consumo. Razão pela qual se mantém a conclusão de que o art. 166 do CTN é aplicado aos tributos indiretos.

5. *Tributação indireta e inadimplência do consumidor*

5.1 Caso o consumidor final não pague pela mercadoria adquirida, ainda assim o comerciante vendedor deverá recolher o tributo incidente sobre a operação?

Há entendimento do STJ[8] no sentido de que a inadimplência tributária é fato indiferente à incidência do ICMS. Mas esta não é a melhor forma de vislumbrar o problema.

Mantém-se, uma vez mais, o posicionamento de que o ICMS é tributo indireto, uma vez que: a técnica de medição da capacidade contributiva tem por objeto a riqueza manifesta no consumo; o ordenamento jurídico constitucional adota mecanismo de transferência do ônus econômico tributário da empresa ao consumidor.

O que significa que a riqueza do empresário, que é o contribuinte de direito, não consubstancia a capacidade contributiva que o tributo busca onerar. Antes, o tributo indireto é estruturado para atingir a capacidade contributiva manifesta no consumo.

Daí a conclusão: o contribuinte de fato é o real contribuinte nos tributos de natureza indireta, ao passo que o contribuinte de direito é mero sujeito passivo – terceiro responsável pelo pagamento do tributo. Mas o chamamento de terceiro para realizar o pagamento do tributo não é livre ao legislador, que deve observar os condicionamentos estipulados pelo ordenamento jurídico.

Isto porque em matéria de tributos com fato gerador não vinculado a causa jurídica da incidência tributária explica-se na capacidade contributiva titularizada pelo contribuinte. Por outras palavras, o tributo consiste na transferência de parcela da riqueza do contribuinte

8. É a ementa do Ag/AgR 1.340.862-SP:

"Processual civil e tributário – Ofensa ao art. 535 do CPC não configurada – Exclusão do valor referente às vendas inadimplidas da base de cálculo do ICMS – Impossibilidade.

"1. A solução integral da controvérsia, com fundamento suficiente, não caracteriza ofensa ao art. 535 do CPC.

"2. O STJ sedimentou o entendimento no sentido da impossibilidade de dedução da base de cálculo do ICMS de valores referentes a fortuitos inadimplementos contratuais.

"3. Agravo não provido."

– não de outra pessoa – aos cofres públicos, razão pela qual o art. 128 do CTN demanda que o terceiro responsável tenha vínculo com o fato gerador, de forma a que possa ressarcir-se, econômica e previamente, da carga tributária, antes de realizar o pagamento do tributo.[9]

O Código Tributário Nacional regula a responsabilidade de terceiros em absoluta coerência com a capacidade contributiva: caso não se possibilitem ao terceiro os meios necessários ao ressarcimento prévio e econômico do ônus tributário, sua capacidade contributiva, que é diversa da capacidade contributiva titularizada pelo contribuinte, é que será onerada, descaracterizando-se a causa jurídica do imposto.

Desta feita, o inadimplemento do negócio privado pelo contribuinte de fato, ao frustrar o ressarcimento prévio e econômico do ônus tributário ao contribuinte de direito, obsta à cobrança do tributo, uma vez que prejudica os condicionamentos legais à responsabilidade de terceiros. Entender que o inadimplemento é matéria estranha ao direito tributário e que apenas importa ao direito privado, nos termos do art. 118 do CTN, revela-se raciocínio absolutamente equivocado.

A inadimplência no pagamento do preço pactuado nos negócios jurídicos de compra e venda vai além do debate referente: (a) à existência de capacidade contributiva quando ausente a disponibilidade financeira; (b) à necessária previsão legal sobre a exclusão dos valores dos contratos inadimplidos da base de cálculo do tributo.[10] Nos casos

9. Não de outra forma manifesta-se Sacha Calmon ao tecer comentários sobre o art. 128 do CTN: "Ora, com exigir a vinculação do 'responsável' ao fato gerador, Gilberto de Ulhôa Canto, bem interpretando a cultura justributária – a sua sugestão foi aceita e aprovada com unanimidade –, quis assegurar ao responsável a possibilidade econômica ou jurídica de recuperar-se do ônus tributário que lhe foi imposto pela lei em benefício do Fisco" (*Curso de Direito Tributário Brasileiro*, 9ª ed., Rio de Janeiro, Forense, 2006, p. 695). Após ressaltar que o art. 128 do CTN é restrição ao poder de tributar, conclui, ainda na mesma página, Sacha Calmon: "A 'capacidade contributiva' que deve ser atingida é a da pessoa que pratica o fato gerador, e não a do 'substituto'".

10. Referido debate deu-se no RE 586.482-RS, quando o STF foi chamado a pronunciar-se quanto à incidência do PIS e da COFINS sobre as compras e vendas e prestações de serviços inadimplidas pelo consumidor. Consta do *Informativo* 649 do STF: "(...) o fato gerador da obrigação ocorreria com o aperfeiçoamento do contrato de compra e venda, e não com o recebimento do preço acordado, isto é, com a disponibilidade jurídica da receita, que passaria a compor o aspecto material da hipótese de incidência das contribuições em questão. Salientou-se, nesse aspecto, que o STF teria firmado orientação no sentido de que a disponibilidade jurídica é presumida por força de lei, que definiria como fato gerador do imposto a aquisição virtual, e não

em que o vendedor ou prestador de serviços esteja no polo passivo da relação jurídica de tributo indireto a inadimplência é realidade inerente à tributação, uma vez que impossibilita ao terceiro responsável pelo pagamento do tributo o ressarcimento econômico. Neste contexto, sua capacidade contributiva é que será onerada, em franco descompasso com a causa jurídica do tributo de fato gerador não vinculado.

> 5.2 *Afirmativa a resposta à pergunta anterior, há coerência com a tese segundo a qual o comerciante não poderia pleitear a devolução do tributo pago indevidamente, a qual se funda na afirmação de que esse tributo seria pago, "na verdade", pelo consumidor final?*

De fato, caso afirmativa a resposta ao item 5.1, não se poderia sustentar a tese de que ao comerciante encontra-se vedada a repetição do indébito, uma vez que o tributo oneraria a capacidade contributiva do consumidor. Conforme o considerado na questão anterior: a inoponibilidade da inadimplência contratual ao direito tributário vedaria ao contribuinte de direito – terceiro responsável pelo pagamento do tributo – o ressarcimento prévio e econômico do tributo, de forma que seria sua riqueza a onerada pelo imposto. Desta feita, a legitimidade e o interesse na repetição do indébito seriam seus.

efetiva, do poder de dispor. Além disso, a disponibilidade jurídica ou econômica da receita, para as pessoas jurídicas, não poderia ser limitada pelo efetivo recebimento da moeda ou dinheiro, diferenciando-se a disponibilidade econômica – patrimônio economicamente acrescido de um direito ou de um elemento material identificável como receita – da disponibilidade financeira – efetiva existência de recursos financeiros. Assim, a primeira não pressuporia o repasse físico dos recursos para a pessoa jurídica". Ainda consta do *Informativo* 649 do STF: "Sublinhou-se inexistir disposição legislativa a permitir a exclusão das chamadas vendas inadimplidas da base de cálculo das contribuições em discussão". Neste sentido, inclusive, já tinha se manifestado o STJ, constando da ementa do REsp 1.029.434-CE: "Os pactos privados não influem na relação tributária, pela sua finalidade plurissubjetiva de satisfação das necessidades coletivas, não sendo lícito ao contribuinte repassar o ônus da inadimplência de outrem ao Fisco". Em outro trecho, consta da ementa o argumento de que a inexistência de previsão legal específica sobre a exclusão da base de cálculo de vendas inadimplidas não é passível de ser superada por argumentos de equidade, com respaldo na capacidade contributiva: "Destarte, a opção legislativa em não inserir as 'vendas inadimplidas' entre as hipóteses de exclusão do crédito tributário atinente ao PIS e à COFINS não pode ser dirimida pelo intérprete, mesmo que a pretexto de aplicação do princípio da capacidade contributiva, notadamente em virtude da ausência de perfeita similaridade entre os eventos econômicos confrontados".

6. *Tributação indireta e regressividade*

6.1 A tributação indireta conduz, sempre, à regressividade? Caso afirmativo, como evitar ou minimizar isso?

O tributo indireto tende a apresentar caráter regressivo, em face do desconhecimento das condições pessoais do contribuinte de fato, que é quem arca com o ônus econômico do tributo.

O problema é que o mecanismo de funcionamento dos impostos plurifásicos sobre a circulação de mercadorias e serviços não se compactua com a sistemática da pessoalidade, inerente aos tributos diretos. Ao passo que nos tributos diretos é possível aquilatar as características pessoais do contribuinte, o mesmo não é possível nos tributos indiretos.

No entanto, o caráter regressivo é passível de ser superado – ao menos parcialmente – pela seletividade[11] da alíquota em função da essencialidade do produto, que possibilita a variação da alíquota com parâmetro na relevância do produto ou serviço à dignidade humana. Ou seja: quanto mais supérfluos o produto ou serviço, maior a alíquota a ser aplicada; quanto mais relevantes às necessidades elementares da existência humana, menor a carga tributária incidente.

Desta feita, o consumo relacionado ao mínimo vital não é tributado, ou o é de forma menos elevada que o consumo de bens supérfluos e de luxo – o que concilia a tributação sobre o consumo com a capacidade contributiva, que está a demandar maior carga tributária aos mais ricos.

11. Misabel Derzi, em atualização ao livro de Aliomar Baleeiro *Direito Tributário Brasileiro*, trata da seletividade da alíquota como instrumento, ainda que não absolutamente eficaz, de compatibilização dos tributos indiretos com a capacidade contributiva: "Não podendo conhecer os consumidores, em escala de milhões, o legislador, olhos postos no princípio da capacidade contributiva, ao utilizar o princípio da seletividade, grava menos com o IPI os artigos essenciais. Justiça imperfeita, mas ainda justiça, pois José compra açúcar tanto quanto Simonsen, pelo mesmo preço, pagando o mesmo IPI agregado ao preço. Em compensação, José não compra caviar mais tributado. Em suma, açúcar é essencial para todos em todo território nacional. Para os pobres, principalmente para eles, em qualquer região do País, o preço do açúcar é essencial. Para que o preço seja menor, o IPI deve ter alíquota zero (isenção). Aí a serventia da seletividade" (ob. cit., 11ª ed., p. 349).

6.2 Afirmar a regressividade da tributação indireta com base no fato de que seu ônus recai sobre o consumidor final é coerente com a afirmação de que a inadimplência desse consumidor não autoriza o comerciante a deixar de pagar o tributo correspondente? E com a afirmação de que não há apropriação indébita por parte do comerciante caso o consumidor pague o preço e ele, comerciante, não pague ao Fisco o tributo respectivo?

As questões enfrentadas nos tópicos 5.1 e 6.1 são, em absoluto, coerentes. De certo que a compreensão no sentido de o tributo de natureza indireta onerar a capacidade contributiva manifesta no consumo guarda tese incompatível com o entendimento de que o contribuinte de direito ou comerciante deve efetuar o recolhimento do tributo, ainda que o contribuinte de fato esteja inadimplente com o pagamento do preço do negócio jurídico de compra e venda ou de prestação de serviços.

Conforme o já considerado: a capacidade contributiva onerada é a do contribuinte de fato. O contribuinte de direito qualifica-se como terceiro responsável pelo pagamento da obrigação tributária, a ele devendo ser possibilitado o ressarcimento prévio e econômico do tributo de natureza indireta.

O inadimplemento do negócio jurídico privado é, desta forma, oponível ao direito tributário, uma vez que obsta ao prévio ressarcimento econômico do tributo ao contribuinte de direito, prejudicando as condições necessárias para que ele se veja obrigado ao pagamento do tributo. Ainda que sob o risco da redundância, volta-se a ressaltar: a sujeição passiva não é incondicionada ao legislador, tanto que o Código Tributário Nacional, observando os ditames da capacidade contributiva, demanda que o terceiro tenha relação com o fato gerador, de forma a que possa ressarcir-se prévia e economicamente do tributo. A inexistência dos instrumentos que possibilitem o prévio ressarcimento econômico da tributação indireta – no caso, o preço do negócio jurídico de compra e venda ou de prestação de serviços – prejudica as condições minimamente necessárias à sujeição passiva do terceiro responsável.

Por outro lado, o entendimento de que o contribuinte de fato é o real contribuinte nos tributos de natureza indireta não implica apropriação indébita nos casos em que o comerciante ou prestador de serviços deixa de cumprir com a obrigação tributária. Isto porque a não cumulatividade não se revela 100% eficaz no seu propósito de transferir o ônus econômico do tributo ao consumidor.

6.3 É a seletividade um reconhecimento constitucional (pelo menos em relação ao ICMS e ao IPI) de que tais tributos são indiretos? O que isso significa? Que são juridicamente suportados pelos consumidores finais?

Conforme o que já foi considerado em muitas outras questões anteriormente tratadas, o entendimento que se adota é de que a seletividade, junto à não cumulatividade, revela a intenção do ordenamento jurídico de onerar a capacidade contributiva manifesta no consumo. Ao passo que a seletividade pressupõe a transferência do ônus econômico do tributo, mediante a medição da capacidade contributiva titularizada pelo contribuinte de fato, a não cumulatividade opera no propósito de efetivar a transferência do ônus econômico do tributo da empresa ao consumidor.

Daí já se ter concluído que o IPI e o ICMS são, constitucionalmente, estruturados mediante o propósito de onerar a capacidade contributiva do consumidor, e não da empresa, já que em relação a estes impostos o constituinte adotou tanto a não cumulatividade pela técnica do imposto contra imposto como a seletividade em função da essencialidade do produto.

7. Tributação indireta e base de cálculo de contribuições sobre a receita ou o faturamento

7.1 Caso se considere que os tributos indiretos são verdadeiramente pagos pelos consumidores finais dos produtos e serviços por eles onerados, poderia o ônus a eles correspondente ser considerado receita ou faturamento dos comerciantes vendedores?

Não são novos os argumentos no sentido de que tributos não devem compor a base de cálculo de outros tributos, uma vez que não revelam capacidade contributiva. A questão quanto à exclusão do valor do ICMS da base de cálculo da COFINS ainda está pendente de julgamento no STF, seja no RE 240.785-2 ou na ADC 18. Entretanto, no STJ sedimentou-se a tese jurídica de que o ICMS integra a base de cálculo da COFINS.

A esta velha problemática, o argumento constante do enunciado consubstancia importante fundamento a reforçar a tese de que o ônus correspondente ao valor do ICMS não deve integrar o faturamento ou receita da empresa. Se a Constituição Federal e a lei estruturam tributos mediante o pressuposto da transferência do ônus econômico, tanto que adotam técnica de medição da capacidade contributiva manifesta no consumo, assim como instrumentos que efetivem a translação da carga tributária ao contribuinte de fato, é razoável a conclusão de que o tributo indireto não integra o faturamento, a renda ou a receita da empresa.

O pressuposto constitucional é de que os recursos utilizados para o pagamento do tributo foram vertidos pelo contribuinte de fato com o propósito específico de adimplemento da exação que onera sua capacidade contributiva manifesta no consumo. Referidos recursos não integram a receita ou faturamento decorrente da exploração do objeto societário; antes, são parcela da riqueza – consumo – do contribuinte de fato transferida ao contribuinte de direito pelo mecanismo do preço, com o específico propósito de pagamento do tributo indireto.

É isto, repita-se, o pressuposto pela Constituição. Conforme o já mencionado: a adoção do princípio da seletividade em função da essencialidade do produto revela que o constituinte traça o regime jurídico do ICMS e do IPI sob a suposição da transferência do ônus econômico tributário da produção ao consumo, uma vez que a seletividade é técnica de medição da capacidade contributiva do consumidor final.

> *7.2 Se comerciantes vendedores, quando pagam indevidamente um tributo indireto, não podem pleitear a devolução, sob o argumento de que quem teria pago tais tributos, na verdade, teria sido o consumidor final, por qual razão esse mesmo tributo, "pago" pelo consumidor final e apenas repassado ao Fisco, seria receita do comerciante?*

Efetivamente, o argumento de que a capacidade contributiva onerada pelos tributos indiretos é a do consumidor final não se revela compatível com o argumento de que os tributos indiretos integram a base de cálculo dos tributos diretos. Razão pela qual na questão anterior adotou-se o entendimento de que não se devem considerar os tributos indiretos como integrantes da renda, receita ou faturamento da empresa.

> ***8. Tributação indireta e consciência fiscal***
>
> *8.1 Quais o sentido e o alcance do art. 150, § 5º, da CF de 1988? Estaria ali o reconhecimento de que o consumidor final é o "verdadeiro contribuinte" dos tributos que oneram as mercadorias e os serviços que consome?*

Referido dispositivo constitucional é mais um que revela a suposição pela Constituição Federal de que o ônus econômico do ICMS e do IPI é repassado ao consumidor final, tanto que adota como direito fundamental do contribuinte a informação de por quanto sua renda consumida foi onerada.

O fato é que em relação aos tributos diretos o contribuinte detém os dados acerca de por quanto sua capacidade contributiva está sendo tributariamente onerada, já que o lançamento é a ele notificado ou por ele realizado. Entretanto, em relação aos tributos indiretos, cujo cálculo e recolhimento – na maioria das vezes – cabem a terceiros, o contribuinte de fato não tem dados que lhe permitam conhecer a grandeza da tributação sobre sua renda consumida.

O § 5º do art. 150 da CF veio, desta forma, a reforçar a certeza que em direito tributário é demandada pela segurança jurídica e estrita legalidade: ao consumidor, que é o real contribuinte, se deve assegurar o conhecimento da carga tributária incidente sobre o consumo de mercadorias e serviços que onera sua capacidade contributiva.

> *8.2 A regulamentação do aludido dispositivo deveria ocorrer por meio de lei complementar? Quais tributos deveriam ser abrangidos pelo dever de esclarecimento ao consumidor?*

Referido dispositivo está, topograficamente, inserido nas "limitações ao poder de tributar", uma vez que ele consubstancia o direito elementar de o contribuinte ter conhecimento de por quanto sua capacidade contributiva está sendo onerada.

Sendo, por consequência, limitação ao poder de tributar, deve o § 5º do art. 150 da CF ser regulado por lei complementar. A conclusão não parece suscitar maiores dúvidas, uma vez que a Constituição federal atribui à lei complementar a competência para regular as limitações constitucionais ao poder de tributar (art. 146, II).

Compreende-se, ainda, que o dever de informação constante do § 5º do art. 150 da CF abarca os tributos que incidem sobre o consumo, uma vez que sua função é esclarecer os consumidores sobre a real carga tributária que onera a aquisição de mercadorias e serviços.

Conforme o considerado na questão anterior: o contribuinte de direito tem ciência da carga tributária, uma vez que é ele quem calcula e recolhe o tributo. Mas referida ciência escapa ao contribuinte de fato, cuja capacidade contributiva revelada no consumo é a efetivamente onerada. Daí o previsto no § 5º do art. 150 da CF, cuja finalidade é possibilitar ao contribuinte o conhecimento sobre a carga tributária que está a onerar sua capacidade contributiva.

Resta, ainda, esclarecer quais seriam os tributos sobre o consumo. Conforme o entendimento que se tem adotado no decorrer deste trabalho, a adoção dos princípios da não cumulatividade e da seletividade da alíquota em função da essencialidade do produto mostra que a intenção do ordenamento jurídico é a de onerar o consumo. Veja-se bem: a não cumulatividade como a seletividade revelam que o ordenamento jurídico não apenas conhece a realidade econômica de transferência do ônus tributário, como estrutura o tributo mediante o pressuposto da transferência.

Daí a conclusão de que o IPI e o ICMS são constitucionalmente estruturados para onerar a capacidade contributiva do consumidor final. Mas em relação ao ISS o constituinte esquivou-se de adotar a seletividade da alíquota em função da essencialidade do produto, assim como a não cumulatividade. Por sua vez, o silêncio constitucional pode ser interpretado de várias formas: (a) a transferência econômica do ônus tributário é indiferente ao direito tributário, que trabalha mediante o pressuposto de que o ISS onera o faturamento da empresa;

(b) a Constituição possibilita à legislação infraconstitucional a liberdade para estruturar o ISS de forma que ele incida sobre o consumo ou o faturamento; (c) o silêncio constitucional é mera omissão, que deve ser suprida pela consideração sistêmica aos demais dispositivos normativos.

O fato é que causa estranhamento a perspectiva de que a tributação sobre o consumo se limita à aquisição de produtos e mercadorias, não alcançando os serviços. A incidência tributária sobre a prestação de serviços oneraria o faturamento da empresa, concomitante à COFINS, mas não a capacidade contributiva manifesta no consumo.

É bem verdade, por outro lado, que a não cumulatividade tende a ter um campo de aplicação mais restrito quando se trata de serviços. Como também não causa estranhamento a afirmação de que a precária estrutura logística característica de boa parte dos Municípios brasileiros não se encontra preparada para fiscalizar tributos não cumulativos. Talvez estas sejam algumas das razões do silêncio normativo. Seja como for, permanece a questão referente à capacidade contributiva que a Constituição Federal intenta atingir mediante o ISS: a da empresa ou a do consumidor?

Neste quesito, mesmo diante do silêncio constitucional sobre a adoção da seletividade e da não cumulatividade, compreende-se, por razões sistêmicas, que o ISS é um imposto sobre consumo. Veja-se que todo consumo foi considerado tributável pelo constituinte: o de produtos industrializados, pela União; o de mercadorias e de alguns serviços, pelos Estados; os dos demais serviços, pelos Municípios. Por consequência, está o ISS, igualmente ao ICMS e ao IPI, englobado pelo disposto no § 5º do art. 150 da CF.

8.3 Quais seriam as consequências práticas desse esclarecimento na formação da consciência fiscal?

As consequências práticas seriam das mais bem-vindas, em razão, principalmente, de técnicas desleais, que camuflam o montante da verdadeira carga tributária, como o cálculo por dentro do ICMS.

À medida, entretanto, que o contribuinte seja efetivamente esclarecido do quanto paga de tributo, torna-se consciente não apenas do dever de pagar imposto, mas do direito de que o imposto seja efetivamente vertido no cumprimento das funções públicas.

Ademais, a informação favorece um debate democrático sobre políticas econômicas, na sua acepção mais basilar: quanto se deve deixar nas mãos da iniciativa privada e quanto se deve transferir aos cofres públicos. A estranheza de referido debate entre os meios que não trabalham com tributos e política econômica é estimulada pela ignorância. Mas, à medida que a ignorância for superada pela informação acerca da real carga tributária que onera o consumo, o brasileiro, ciente de quanto da sua riqueza é direcionada ao Estado, passa a ser atraído pelo debate acerca das possibilidades, conveniência e eficiência da tributação.

9. Tributação indireta e desoneração das exportações

9.1 Por qual razão a Constituição Federal estabelece a não incidência de certos tributos sobre operações de exportação? Seria um reconhecimento de que tais tributos seriam verdadeiramente pagos pelos consumidores dos produtos, situados no Exterior?

O Estado Brasileiro vem seguindo a política de onerar as importações de forma semelhante à produção interna, com o propósito de que o produto estrangeiro concorra em condições tributárias similares ao produto nacional. Também tem adotado a política de desoneração do produto nacional destinado à exportação, de forma que ele chegue em condições de concorrer com o produto estrangeiro.

Referidas escolhas não são, propriamente, principiológicas, mas de política do comércio exterior.

O conhecimento, portanto, da realidade econômica da transferência do ônus tributário ao consumidor final levou o constituinte não apenas a estruturar, internamente, os impostos sobre produtos e serviços como impostos sobre consumo, como a desonerar as exportações da incidência desses impostos, no propósito de que o produto nacional tenha competitividade junto aos produtos estrangeiros no mercado exterior.

TRIBUTOS INDIRETOS

PAULO ROBERTO LYRIO PIMENTA

Pós-Doutorado na *Ludwig-Maximilians-Universität* (Universidade de Munique) – Doutor em Direito Tributário pela Pontifícia Universidade Católica de São Paulo (PUC/SP) – Mestre em Direito pela Universidade Federal da Bahia, onde atua como Professor Adjunto IV nos Cursos de Graduação e de Pós-Graduação – Juiz Federal na Bahia

I – Delimitação do tema. II – Critérios para identificação dos impostos indiretos. III – A separação entre tributação direta e indireta no Direito Brasileiro. IV – Tributos indiretos e não cumulatividade. V – Tributação indireta e repetição do indébito. VI – Tributação indireta e imunidades subjetivas. VII – Conclusões: respostas às questões formuladas.

I – Delimitação do tema

O presente estudo ocupa-se com o tema dos tributos indiretos, que tantas controvérsias ainda despertam na doutrina do direito tributário, por muitos motivos, principalmente por se tratar de figura cujo perfil tem sido estabelecido com base em teorias oriundas das ciências econômicas. Essa influência tem dificultado uma análise dos problemas a partir de elementos situados no interior do ordenamento jurídico. No caso brasileiro os problemas ainda são maiores, devido à disciplina dada à matéria pelo art. 166 do CTN.

Partindo-se de uma identificação dos critérios necessários ao reconhecimento dos tributos indiretos, analisar-se-á a influência do princípio da não cumulatividade sobre tais exações bem como as questões relacionadas à repetição do indébito tributário e às imunidades tributárias.

II – Critérios para identificação dos impostos indiretos

A origem da dicotomia entre tributos diretos e indiretos é atribuída às ciências das finanças, especificamente aos fisiocratas, que no século XVIII traçaram essa separação baseando-se no critério da repercussão econômica.[1] Para eles, toda a riqueza era oriunda da terra, sendo tributos diretos aqueles suportados pelo proprietário rural, enquanto os indiretos correspondiam às demais incidências fiscais.[2] Nessa linha de posicionamento, os tributos indiretos eram os que admitiam o repasse do ônus econômico, o que não ocorria com os diretos. Tal diferenciação motivou, posteriormente, o aparecimento das figuras dos contribuintes de direito e de fato.

Hodiernamente essa dicotomia tem sido estabelecida com base em critérios econômico-financeiros ou jurídicos.[3] No primeiro grupo localizam-se as teorias que utilizam os critérios financeiro, econômico *stricto sensu* ou da repercussão econômica.[4] Por meio do critério financeiro leva-se em consideração o objeto do imposto, sustentando-se que os impostos diretos são aqueles que alcançam manifestações imediatas da capacidade contributiva, tendo como pressuposto a própria existência de uma pessoa, de um patrimônio ou do rendimento; enquanto os impostos indiretos são aqueles que, por atingirem uma manifestação mediata de capacidade contributiva, tributam a despesa, a transferência de bens ou outras manifestações. Nesta senda, os tributos diretos seriam aqueles que gravam a riqueza estática ou o acréscimo patrimonial, enquanto os indiretos incidiriam sobre a riqueza consumida ou transferida.

Já, o critério econômico em sentido estrito, também denominado de teoria da contabilidade nacional, considera a integração do imposto aos custos de produção das empresas. Sendo assim, são impostos diretos os que não representam custos de produção das empresas; e indiretos os que se enquadram na situação inversa.[5] Por fim, existe o

1. Cf. André Mendes Moreira, *A Não Cumulatividade dos Tributos*, São Paulo, Noeses, 2010, pp. 6-10.

2. Como observa André Mendes Moreira, os tributos indiretos correspondiam a três tipos de tributos: os adimplidos pelos não proprietários, os incidentes sobre os lucros obtidos com o capital e a indústria e os tributos sobre os produtos vendidos ou consumidos (*A Não Cumulatividade dos Tributos*, cit., p. 11).

3. José Casalta Nabais, *Direito Fiscal*, 6ª ed., Coimbra, Livraria Almedina, 2010, p. 42.

4. Idem, pp. 42-44.

5. André Mendes Moreira esclarece que a teoria é denominada de "contabilidade nacional" pelo fato de a ciência contábil calcular o produto nacional dos Países, acrescendo ao montante dos bens produzidos o valor dos tributos indiretos, os quais são incorporados aos preços (*A Não Cumulatividade dos Tributos*, cit., pp. 12-13).

critério da repercussão econômica do imposto, traçado pelos fisiocratas, acima mencionado.[6]

De outro lado, existem as seguintes teorias que trabalham com o referencial jurídico para realizar a distinção em estudo: do lançamento, do rol nominativo (critério administrativo) e do tipo de relação jurídica base do imposto (teoria da natureza do fato tributável).[7] Para o primeiro grupo os impostos diretos são os sujeitos ao lançamento, enquanto os indiretos não estariam submetidos à exigência da prática do ato de imposição tributária. Sendo assim, os tributos diretos seriam os incidentes sobre a propriedade e a renda, enquanto os indiretos alcançariam os atos e negócios jurídicos, os quais envolveriam a circulação e o consumo da riqueza. Para as teorias do critério do rol nominativo seriam diretos os impostos lançados com base na existência de um rol constante dos cadastros públicos, perante a Administração Tributária, o que não existiria em face dos impostos indiretos. Segundo o último grupo das teorias, o critério de diferenciação é o aspecto (critério) material da hipótese de incidência tributária. Caso o tributo incida sobre um ato isolado, ou seja, sem continuidade, o tributo será indireto. De outro lado, se a incidência alcançar fatos que se prolongam no tempo o tributo será direto.[8] Existe, aqui, uma coincidência, como nota Casalta Nabais, entre essa teoria e a distinção entre impostos periódicos e instantâneos.[9]

Nenhum dos critérios propostos é suficiente para separar os tributos diretos dos indiretos. As teorias econômicas baseiam-se em premissas econômicas, apresentando problemas de difícil solução. A teoria elaborada pelos fisiocratas é falha, pois o ônus econômico equivalente ao valor de um tributo é sempre incorporado ao valor do bem produzido ou do serviço prestado. Essa repercussão econômica, portanto, por atingir todos os tributos, de um modo geral, não interessa ao Direito. De igual modo, o critério da capacidade contributiva é falho, pois não se apoia em qualquer dado jurídico para traçar uma diferenciação entre as espécies de tributos. Os problemas dessa abordagem serão ainda maiores nos Países que não consagram o princípio da ca-

6. Cf. José Casalta Nabais, *Direito Fiscal*, cit., 6ª ed., pp. 42-43.
7. Idem, pp. 44-49.
8. Idem, ibidem.
9. Idem, pp. 46-47.

pacidade contributiva, deixando, com isso, uma lacuna no oferecimento de um parâmetro de diferenciação entre as figuras tributárias em estudo. Por fim, a teoria da contabilidade nacional é de aplicabilidade limitada ao campo da ciência contábil, não tendo qualquer utilidade para o Direito.

No que se refere às teorias que utilizam critérios jurídicos, nenhuma delas consegue explicar de modo satisfatório a diferenciação entre os impostos diretos e os indiretos. Por óbvio que essa separação nada tem a ver com o lançamento tributário. Há vários impostos sem lançamento, submetidos ao *lançamento por homologação*, que podem ser qualificados como diretos, como o imposto sobre a renda/IR, por exemplo. Com relação ao rol nominativo, é critério totalmente impreciso e que também não guarda qualquer relação com a separação entre os impostos diretos e os indiretos. A estrutura existente na organização da Administração Pública para exigir o tributo é um problema administrativo, que não se refere à natureza do tributo. O critério, portanto, é falho, não podendo ser acolhido. Finalmente, a separação entre impostos periódicos e instantâneos, que também pode ser criticada,[10] não fornece nenhum parâmetro seguro para estabelecer uma distinção entre os impostos diretos e indiretos.

III – A separação entre tributação direta e indireta no Direito Brasileiro

Na doutrina brasileira uma abalizada corrente sustenta que a diferenciação em estudo é pautada por critérios econômicos, não devendo, por isso, ser acolhida na teoria do Direito.[11] Recusa-se, portanto, qualquer juridicidade à separação em exame.

De outro lado, outra parcela da nossa doutrina admite ser possível encontrar no ordenamento jurídico pátrio um critério para diferenciar as duas modalidades de tributos em epígrafe. Defende-se que o art. 166 do CTN é o dispositivo legal que fornece um parâmetro para

10. Para uma crítica à separação entre impostos periódicos e instantâneos, cf., por todos, Paulo de Barros Carvalho, *Curso de Direito Tributário*, 17ª ed., São Paulo, Saraiva, 2005, pp. 268-273.

11. Nesse sentido: Alfredo Augusto Becker, *Teoria Geral do Direito Tributário*, 3ª ed., São Paulo, Lejus, 1998, pp. 536-539.

identificação dos impostos indiretos, ao prescrever que "a restituição de tributos que comportem, por sua natureza, transferência do respectivo encargo financeiro somente será feita a quem prove haver assumido referido encargo, ou, no caso de tê-lo transferido a terceiro, estar por este expressamente autorizado a recebê-la".

Filiando-se a esse grupo de doutrinadores, Marco Aurélio Greco defende que a referência à "transferência" traz em si a necessidade de existência de uma dualidade de sujeitos. Caso contrário não haveria transferência, e sim uma liberação ou exoneração do encargo financeiro.[12] A transferência não decorre da vontade das partes, e sim da natureza do tributo, que, segundo o art. 4º do CTN, é determinada pelo respectivo fato gerador. Com base nessas premissas, conclui o citado doutrinador que "é forçoso concluir que o art. 166 do CTN contempla hipóteses de tributos cujo fato gerador, pelas suas peculiaridades, vincula duas pessoas que nele encontram o elemento de aproximação".[13] Por esse motivo, defende Greco que o aspecto material da hipótese de incidência dos tributos indiretos consiste em uma operação.[14] Logo, ao seu sentir, no ordenamento brasileiro, à luz do art. 166 do CTN, comportam transferência os tributos cujo fato gerador envolva uma dualidade de sujeitos e cujo contribuinte é o sujeito que impulsiona o ciclo econômico, podendo transferir o encargo financeiro para o outro partícipe do mesmo fato jurídico.[15]

A análise de Marco Aurélio Greco é interessante para desvendar o sentido do art. 166 do CTN. No entanto, o conceito adotado acerca da tributação indireta é bastante extenso, alcançando um leque grande de tributos.

Para complementar o significado da repercussão jurídica há que se buscar na Constituição Federal algum dado esclarecedor sobre o assunto. Como as materialidades possíveis dos impostos foram previstas pela Carta (arts. 153,155 e 156), o exame de tais pressupostos de fato não esclarece de forma precisa o que significa a "repercussão jurídica", pois há vários impostos que incidem sobre operações (exemplos:

12. Marco Aurélio Greco, "Repetição do indébito", in *Caderno de Pesquisas Tributárias* 8/277-291, São Paulo, Resenha Tributária, 1983 (pp. 280-281).

13. Idem, p. 282.

14. Idem, p. 284.

15. Idem, p. 286.

IOF, IPI, ICMS etc.). Em outras palavras: o exame dessas regras sobre competência tributária é pouco esclarecedor para solucionar o problema em pauta.

Em verdade, é com o exame do perfil constitucional dos impostos, e não apenas da sua materialidade, que se consegue esclarecer o sentido da repercussão em estudo. Com efeito, quando se estuda o regime jurídico-constitucional dos impostos verifica-se que a Carta previu para dois deles a adoção da técnica da não cumulatividade (CF, arts. 153, § 3º, II, e 155, § 2º, I). A aplicação dessa técnica parte de um pressuposto: o fenômeno da translação. Ou seja: a não cumulatividade parte da existência da repercussão do ônus financeiro, que representa o tributo, visando com isso a evitar que o consumidor seja onerado, assegurando-se, ainda, a neutralidade da tributação. Vale dizer: assegura-se o direito de abatimento do imposto devido para que o valor da mercadoria ou do serviço não seja onerado com o repasse desse ônus, incidente sobre a operação. Logo, pode-se concluir que a repercussão jurídica é aquela que atinge os dois impostos submetidos pela Constituição Federal à aplicação da não cumulatividade: IPI e ICMS. Em outras palavras: a repercussão jurídica é aquela positivada por um elemento normativo – no caso brasileiro, por uma norma constitucional. É a lei que deverá positivar essa repercussão.

A posição de Misabel Derzi segue trilha semelhante ao afirmar que a repercussão do imposto é uma presunção inerente à técnica não cumulativa aplicável ao ICMS ou ao IPI.[16] E arremata: "Por isso, a consideração da repercussão deixa de ser critério 'ajurídico' ou meramente 'econômico' no caso do ICMS ou do IPI. Ela é presunção constitucional, fundamento do direito à compensação dos créditos, incondicionalmente estabelecido, na técnica do princípio da não cumulatividade".[17] Concluindo sua análise sobre o tema, a Professora Titular da Universidade Federal de Minas Gerais/UFMG assevera que a repercussão jurídica não corresponde à econômica.[18] Em relação aos demais tributos,

16. Misabel Derzi, *Notas de Atualização* ao *Direito Tributário Brasileiro*, Aliomar Baleeiro, 11ª ed., Rio de Janeiro, Forense, 1999, p. 887.

17. Idem, ibidem.

18. A autora diz o seguinte: "Tributos que, por sua natureza jurídica, sujeitam-se à transferência ou translação são apenas o IPI e o ICMS. É de se presumir, de sua natureza, a repercussão" (Misabel Derzi, *Notas de Atualização* ao *Direito Tributário Brasileiro*, Aliomar Baleeiro, cit., 11ª ed., p. 890).

que incidem sobre operação, a autora rejeita a qualificação de indiretos, eis que em relação a estes não se aplica a presunção constitucional.[19]

A nosso ver, a ligação estabelecida por Misabel Derzi entre tributos indiretos e não cumulatividade é importante para se identificar um critério jurídico-positivo para caracterizar essa figura tributária. De fato, o pressuposto da não cumulatividade é a plurifasia, que se caracteriza pela incidência de um mesmo tributo sobre as diversas etapas de um ciclo econômico. Essa técnica surgiu no Direito Europeu para atuar justamente sobre os tributos plurifásicos, e foi com esse perfil que foi adotada pelo ordenamento nacional. Logo, são os tributos plurifásicos, sujeitos à não cumulatividade, que podem ser qualificados como indiretos. Em tais situações, porém, o caráter indireto é um pressuposto para aplicação da não cumulatividade, e não uma presunção, como defende a mencionada doutrinadora. É possível, portanto, sustentar que a não cumulatividade é também um critério necessário à caracterização dos tributos indiretos.

Sendo assim, pode-se extrair, em nosso entendimento, do ordenamento jurídico brasileiro o seguinte conceito sobre os tributos indiretos: são todos os tributos plurifásicos, incidentes sobre negócios jurídicos bilaterais, em relação aos quais se aplica a técnica da não cumulatividade. Trata-se de conceito pressuposto pela Constituição Federal ao regular o regime jurídico-constitucional do ICMS e do IPI.[20]

Logo, são notas características do conceito: (a) incidência do tributo sobre etapas de um ciclo econômico; (b) a materialidade é uma operação; (c) sujeição do tributo à aplicação da não cumulatividade.

19. Misabel Derzi, *Notas de Atualização* ao *Direito Tributário Brasileiro*, Aliomar Baleeiro, 11ª ed., pp. 890-891.

20. Ao analisar o assunto, André Mendes Moreira defende que os tributos indiretos são caracterizados pelas seguintes notas: (a) a hipótese de incidência deverá consistir em um negócio jurídico bilateral; (b) o contribuinte de fato deve ser passível de identificação; (c) o destaque do valor arrecadado pelo contribuinte de direito em documento fiscal (*A Não Cumulatividade dos Tributos*, cit., pp. 52-53). A nosso sentir, nem a identificação do contribuinte de fato nem o destaque do valor da exação são notas características dos tributos indiretos. A figura do contribuinte de fato é construção das ciências econômicas, não podendo ser utilizado para a busca de um critério jurídico. Ademais, não tem qualquer importância para a identificação da natureza de uma exação, pois não integra a norma jurídico-tributária. Quanto ao destaque, diz respeito ao modo de recolhimento do tributo, dado que não pode ser utilizado para a definição da sua natureza, pois se encontra fora da estrutura da exação. Por tais motivos, respeitamos esse posicionamento, mas com ele não concordamos.

IV – Tributos indiretos e não cumulatividade

A não cumulatividade é uma técnica de tributação que consiste na possibilidade de o contribuinte abater o valor do imposto incidente sobre as operações anteriores com o débito decorrente das operações que vier a realizar. Desta forma, o sujeito passivo recolhe o valor do imposto incidente sobre suas operações depois de compensar o montante total que arcou com suas aquisições, embora, na condição de adquirente, tenha tão somente suportado a transferência do ônus financeiro, sem ter recolhido qualquer valor aos cofres do Estado.

O escopo da não cumulatividade é o de evitar o acréscimo de tributos, onerando excessivamente o preço do produto final. Objetiva-se, destarte, onerar o preço do produto uma única vez. Atuando sobre tributos incidentes sobre circulação de mercadorias, configura um modelo de tributação ideal,[21] pelas seguintes razões: torna o tributo neutro, sob o ponto de vista da concorrência e competitividade, onera o consumo, e não a produção; apresenta maiores vantagens ao Fisco no que se refere à arrecadação e à fiscalização do tributo. Convém observar, contudo – consoante recorda Hugo de Brito Machado –, que há algumas desvantagens decorrentes do emprego dessa técnica de tributação, tais como: (a) torna complexa a administração do imposto; (b) possibilita a prática de fraudes; (c) exige normatização detalhista; (d) impede a outorga de isenções – dentre outras.[22]

A Medida Provisória 66, de 29.8.2002, posteriormente convertida na Lei 10.637/2002, introduziu a não cumulatividade para apuração da base de cálculo da contribuição para o PIS. Posteriormente, a Medida Provisória 135, de 30.10.2003, adotou sistemática semelhante para a COFINS, sendo convertida na Lei 10.833/2003, alterada pela Lei 10.865/2004.

À época em que tais documentos normativos foram editados inexistia qualquer previsão constitucional para a adoção da aludida técnica de apuração do valor do tributo em relação às contribuições sociais. Com a promulgação da Emenda Constitucional 42/2003 foi inserido o § 12 ao art. 195, que admitiu essa possibilidade.

21. Misabel de Abreu Derzi, *Notas de Atualização* ao *Direito Tributário Brasileiro*, de Aliomar Baleeiro, cit., 11ª ed., p. 419.

22. Hugo de Brito Machado, *Curso de Direito Tributário*, 33ª ed., São Paulo, Malheiros Editores, 2012, p. 388.

Do exposto se infere que a não cumulatividade prevista para tais contribuições é criação legal, não se tratando de desdobramento de qualquer regra constitucional. Em outras palavras: foi o legislador infraconstitucional quem gizou o perfil dessa modalidade, a qual não decorre de mandamento constitucional. É possível, pois, defender a existência em nosso ordenamento de uma "não cumulatividade constitucional", absoluta, prevista para o ICMS e o IPI, e uma "não cumulatividade legal", relativa, admitida para o PIS e a COFINS.

Outrossim, no caso da contribuição para o PIS e da COFINS, que incidem sobre a receita, inexiste um ciclo econômico a ser considerado, posto ser tal base de cálculo um fenômeno relacionado a uma única pessoa. Consoante observa, a propósito, Marco Aurélio Greco, "uma incidência sobre receita/faturamento, quando plurifásica, será necessariamente cumulativa, pois receita é fenômeno apurado pontualmente em relação a determinada pessoa, não tendo caráter abrangente que se desdobre em etapas sucessivas das quais participem distintos sujeitos. Receita é auferida por alguém. Nisto se esgota a figura".[23] Por conseguinte, os critérios relacionados ao mecanismo de abatimento, por serem ligados a tal base de cálculo (receita), devem estar relacionados ao contribuinte, individualmente considerado.[24]

Por tais motivos, há distinções entre a figura da não cumulatividade prevista na Constituição Federal para o ICMS e o IPI e o perfil que lhe foi conferido em relação à contribuição para o PIS e a COFINS: (a) a primeira tem sede constitucional, não comportando restrições pelo legislador ordinário; (b) a figura constitucional incide sobre um ciclo econômico (tributo plurifásico); (c) os critérios previstos para o abatimento constitucional levam em conta o conjunto das operações de entrada e saída promovidas pelo contribuinte, enquanto a não cumulatividade das mencionadas contribuições tem como referência a receita; (d) o regime da primeira é aquele previsto pela Carta Magna; (e) a não cumulatividade das contribuições sobre as receitas não consiste no abatimento de imposto contra imposto, e sim na exclusão de determinados itens do cálculo das exações.

23. Marco Aurélio Greco, "Não cumulatividade no PIS e na COFINS", in Leandro Paulsen (coord.), *Não Cumulatividade do PIS/PASEP e da COFINS*, São Paulo, IOB-Thomson, 2004, pp. 101-122 (p. 101).

24. Idem, p. 103.

Disso decorre que não é possível afirmar que todo tributo não cumulativo é tributo indireto. Depende do tipo de não cumulatividade. Em relação àquela que alcança os impostos plurifásicos a resposta é positiva. Caso esteja relacionado aos monofásicos, tratar-se-á de tributo direto.

Embora a não cumulatividade possa vir a representar um elemento normativo de reconhecimento do caráter indireto do tributo, tal ocorrerá apenas quando o tributo não incidir sobre um ciclo econômico, como exposto anteriormente.

V – Tributação indireta e repetição do indébito

A regra geral sobre a legitimação processual para a repetição do indébito tributário está implicitamente prevista no art. 165 do CTN, que confere essa possibilidade ao sujeito passivo da relação jurídico-tributária. Já, no art. 166 o legislador a excepcionou, condicionando essa legitimidade processual à observância dos requisitos ali indicados, na linha prevista pala Súmula 546 do STF.[25] Além disso, esse dispositivo também fornece um critério jurídico-normativo para separar os tributos diretos dos indiretos: a repercussão jurídica.

Essa regra deve ser aplicada às ações de repetição de indébito que tenham por objeto a restituição de tributos indiretos indevidamente recolhidos aos cofres públicos, baseadas nas hipóteses autorizativas do art. 165 do CTN.

Além disso, nas hipóteses de repetição de indébito por motivo (causa) superveniente – nas quais o tributo devidamente recolhido ao Poder Público se torna indevido em virtude de um acontecimento posterior à extinção da obrigação tributária – que não se encontram reguladas pela legislação complementar[26] é possível também aplicar o

25. A Súmula 546 do STF estabelece o seguinte: "Cabe a restituição do tributo pago indevidamente quando reconhecido, por decisão, que o contribuinte *de jure* não recuperou do contribuinte de *facto* o *quantum* respectivo".

26. Há vários motivos que autorizam a repetição do indébito por motivo superveniente, dentre os quais podem ser destacados a decisão de inconstitucionalidade da norma impositiva tributária, a invalidação do negócio jurídico que constitui o aspecto material da hipótese de incidência tributária, a revogação da lei instituidora do tributo, a superveniência de uma lei interpretativa etc.

art. 166 do CTN, a fim de evitar o enriquecimento sem causa daquele que recolheu indevidamente o tributo, contudo transferiu o ônus econômico para o consumidor final.

É possível, ainda, utilizar o dispositivo em epígrafe nas ações ordinárias em que se postula a certificação do direito à compensação do tributo indevido, por se tratar de um modo de repetir o indébito.[27]

No entanto, na hipótese de embargos à execução que tenham por objeto um tributo indireto parece-nos não ser aplicável o art. 166, pois em tais situações o pressuposto para a aplicação dessa regra procedimental não se faz presente – a saber: o pagamento indevido. A ação incidental de embargos é condicionada à garantia do juízo, que não se confunde com o pagamento.

Ainda sobre o dispositivo em epígrafe, outro aspecto que deve ser analisado, dentro dos limites propostos para o presente estudo, é a impossibilidade de sua aplicação para assegurar ao denominado impropriamente de "contribuinte de fato" a repetição do indébito tributário. Ora, essa figura é estranha à relação jurídico-tributária, como salientado anteriormente. Sendo assim, não pode ser autorizado a repetir tributo algum, pois não detém a qualidade de sujeito passivo da relação impositiva. Sobre o assunto a jurisprudência iterativa dos tribunais posiciona-se nessa direção, rechaçando a possibilidade de o consumidor final postular a repetição do indébito.[28]

Por fim, cabe observar que nas hipóteses em que o contribuinte recolhe indevidamente um tributo indireto porém não tem como identificar o sujeito que arcou com o ônus econômico que lhe foi repassado a repetição ficará impossibilitada, em face da aplicação do art. 166 do CTN. Não há que se falar, na hipótese, em burla ao princípio da inafastabilidade do controle jurisdicional, veiculado pelo art. 5º, XXXV da Carta Magna, pois este – como todo princípio jurídico – não

27. A jurisprudência predominante no STJ posiciona-se nessa direção (1ª Turma, Ag/AgR 754.081, rela. Min. Denise Arruda, *DJU* 14.12.2006; 1ª Turma, REsp/AgR 396.580, rel. Min. Luiz Fux, *DJU* 9.12.2002).

28. A partir do julgamento do REsp 903.394, realizado sob o rito do art. 543-C do CPC, o STJ pacificou sua jurisprudência no sentido de que apenas o contribuinte de direito tem legitimidade para postular a repetição do indébito. Em julgados posteriores esse posicionamento foi reafirmado: STJ, 2ª Turma, AREsp/ED 31.020, rel. Min. Humberto Martins, *DJU* 25.11.2011; 1ª Turma, REsp 1.191.860, rel. Min. Luiz Fux, *DJU* 14.4.2011.

tem caráter absoluto. Ademais, para evitar essa restrição ao direito de demandar, cabe ao contribuinte, no momento de transferir o ônus econômico, adotar todas as cautelas necessárias à identificação do consumidor. Se permanece omisso, deve arcar com as consequências da sua inércia.

VI – Tributação indireta e imunidades subjetivas

O alcance das imunidades tributárias em relação aos tributos indiretos tem sido analisado pela doutrina nacional, que aborda o tema ao examinar a imunidade recíproca veiculada pelo art. 150, VI, "a", da CF.

Basicamente, duas teorias se formaram sobre o assunto. A primeira apoia-se no que se denomina de interpretação de "caráter substancial", sustentando que a realidade econômica subjacente à forma jurídica não deve ser desprezada.[29] Sendo assim, se o ente federado for contribuinte de fato, será alcançado com a regra imunizante. Isso significa que em relação aos tributos indiretos a imunidade em estudo atingirá a figura do adquirente do produto, e não do comerciante. De outro lado, uma segunda corrente doutrinária defende que apenas o contribuinte de direito é alcançado com a imunidade, pois a figura do contribuinte de fato é estranha à relação jurídico-tributária.[30]

A jurisprudência do STJ perfilha o primeiro entendimento, não admitindo que a imunidade alcance o contribuinte de fato.[31]

Realmente, a figura do contribuinte "de fato" é uma criação de teorias econômicas, não podendo ser utilizada no campo da teoria do Direito. Para o Direito o que interessa é a repercussão jurídica, e não a econômica – vale reafirmar. Outrossim, o mencionado sujeito não integra a estrutura do tributo, não podendo exercer qualquer influência para fins de definição do alcance das imunidades tributárias de caráter subjetivo.

29. Neste sentido Aliomar Baleeiro (*Limitações Constitucionais ao Poder de Tributar*, 7ª ed., Rio de Janeiro, Forense, 2001, p. 285) e Regina Helena Costa (*Imunidades Tributárias*, 2ª ed., São Paulo, Malheiros Editores, 2006, p. 150).

30. Defende este posicionamento, dentre outros, Hugo de Brito Machado (*Curso de Direito Tributário*, cit., 33ª ed., p. 290).

31. STJ, 2ª Turma, RMS 19.711, rel. Min. Humberto Martins, *DJU* 9.3.2007.

Por conseguinte, nos tributos indiretos as imunidades devem atingir apenas o contribuinte, ou seja, o sujeito posto pela norma jurídica tributária como o devedor da exação, e não terceiro estranho à relação impositiva tributária.

VII – Conclusões: respostas às questões formuladas

Com base nas razões expostas, podem-se apresentar as seguintes respostas às questões formuladas:

> ***1. Identificação dos tributos indiretos***
>
> *1.1 Existem tributos indiretos? O que os caracteriza?*

Há tributos indiretos. Três traços são necessários à sua caracterização: (a) incidência sobre negócios jurídicos; (b) plurifasia; (c) não cumulatividade.

> 1.1.1 No Direito Brasileiro o ICMS é um tributo indireto? E o IPI? Por quê? Há relação entre a não cumulatividade e a tributação indireta? Qual? Basta ser não cumulativo para ser considerado indireto o tributo, e vice-versa?

O ICMS e o IPI são tributos indiretos, pois satisfazem todos os requisitos necessários à identificação dessa figura jurídica.

Em relação à não cumulatividade, trata-se de elemento normativo necessário para que o ordenamento reconheça o caráter indireto do tributo, desde que este seja plurifásico.

Assim, todo tributo indireto é não cumulativo, porém a recíproca não é verdadeira, pois há no Direito Brasileiro tributos não cumulativos (exemplos: PIS, COFINS) que não são indiretos, por não incidirem sobre as fases de um ciclo econômico.

> 1.1.2 Afirmativa a resposta à pergunta anterior, seriam indiretos também o PIS e a COFINS? E o IRPJ, quando incidente sobre o lucro presumido do comerciante vendedor?

O PIS, a COFINS e o IRPJ não são tributos indiretos, pois não preenchem os requisitos necessários à caracterização dessa figura tributária.

1.1.3 Ainda em relação ao IRPJ, faria diferença ele incidir sobre o lucro presumido ou sobre o lucro real? Qual?

Não faz diferença a forma de apuração do tributo para sua configuração como tributo direto ou indireto. Assim, o IRPJ, em qualquer das suas modalidades de apuração, não pode ser caracterizado como um tributo indireto.

2. Tributação indireta e repetição do indébito

2.1 O art. 166 do CTN se aplica à restituição de tributos indiretos? Ele se aplica a alguma outra hipótese de restituição do indébito tributário?

O art. 166 aplica-se à restituição dos tributos indiretos, inclusive se for determinada por motivo superveniente, como, por exemplo, a decisão de inconstitucionalidade da norma impositivo-tributária.

2.2 O art. 166 do CTN se aplica a outras ações relacionadas aos tributos indiretos, diversas da ação de restituição? Embargos à execução fiscal, por exemplo?

O art. 166 pode também ser aplicado às ações ordinárias em que se postula a certificação do direito à compensação tributária, porém não incide na hipótese de embargos à execução, pois em tal situação a garantia do juízo não pode ser equiparada ao pagamento indevido.

2.3 Há diferença entre a situação do contribuinte que paga o tributo indireto e em seguida postula sua restituição e a daquele que, em vez de pagar, deposita o valor correspondente, questionando a cobrança? Por que razão o art. 166 do CTN seria aplicável na primeira situação, e não na segunda?

O art. 166 do CTN, como salientado anteriormente, é aplicável à restituição do tributo indireto, não alcançando a hipótese de depósito da quantia devida, pois esta figura não configura pagamento indevido.

2.4 O art. 166 confere legitimidade ao contribuinte "de fato" para postular a restituição do indébito? Caso negativo, como se poderá obter a restituição do indébito, sobretudo em situações nas quais o contribuinte de direito, que repassou o ônus financeiro ao consumidor, não tem como identificá-lo? Haveria ofensa ao art. 5º, XXXV, da CF de 1988?

Nas hipóteses em que o contribuinte recolhe indevidamente um tributo indireto, porém não tem como identificar o sujeito que arcou com o ônus econômico que lhe foi repassado, a repetição ficará impossibilitada, em face da aplicação do art. 166 do CTN. Não há que se falar, na hipótese, em burla ao princípio da inafastabilidade do contro le jurisdicional, veiculado pelo art. 5º, XXXV, da Carta Magna, pois este – como todo princípio jurídico – não tem caráter absoluto. Ademais, para evitar essa restrição ao direito de demandar, cabe ao contribuinte, no momento de transferir o ônus econômico, adotar todas as cautelas necessárias à identificação do consumidor. Se permanece omisso, deve arcar com as consequências da sua inércia.

3. Tributação indireta e imunidades subjetivas

3.1 Caso um comerciante vendedor seja titular de imunidade subjetiva, poderá ele invocá-la para se eximir da cobrança de tributo indireto incidente sobre as vendas que realiza? Poder-se-á dizer que tal imunidade não é aplicável, eis que quem "verdadeiramente" arca com o tributo é o consumidor final, não imune?

A resposta é afirmativa. O comerciante vendedor, por ser o sujeito passivo da relação jurídico-tributária, será o destinatário da imunidade, sendo por ela alcançado.

3.2 Caso um consumidor final seja titular de imunidade subjetiva, poderá ele invocá-la para fazer com que sobre as mercadorias e serviços que consome não incidam sobre tributos indiretos? Poder-se-á afirmar que tal imunidade não é por ele invocável, pois o verdadeiro contribuinte é o vendedor, não imune?

Em consonância com a resposta anterior, pode-se responder negativamente a esta indagação, pois a imunidade atinge apenas o contribuinte, e não terceiros estranhos à relação jurídico-tributária.

O MITO DA JURIDICIZAÇÃO DA REPERCUSSÃO ECONÔMICA NA TRIBUTAÇÃO INDIRETA

RICARDO LODI RIBEIRO
Professor Adjunto de Direito Financeiro da Universidade do Estado do Rio de Janeiro (UERJ) – Coordenador do Programa de Pós-Graduação em Direito da UERJ – Doutor em Direito e Economia pela Universidade Gama Filho (UGF) – Mestre em Direito Tributário pela Universidade Cândido Mendes (UCAM) – Ex-Procurador da Fazenda Nacional – Ex-Procurador do Estado/SP – Sócio de Lodi & Lobo Advogados

I – Os chamados tributos indiretos. II – A capacidade contributiva na tributação indireta. III – A repetição de indébito nos tributos indiretos. IV – Tributos indiretos e imunidades. V – Conclusão: resposta ao questionário.

I – Os chamados tributos indiretos

A classificação doutrinária entre tributos diretos e indiretos é bastante conhecida desde a Idade Média, tendo sido defendida pelos fisiocratas e por economistas liberais como Adam Smith e Stuart Mill.[1] Na fase de transição entre o Antigo Regime e o Estado Liberal a tributação indireta foi utilizada para minorar os efeitos das imunidades da Nobreza e do Clero a partir da tributação sobre o consumo das classes privilegiadas.

Vários autores – como Gastón Jèze[2] – questionaram seu caráter científico e sua utilidade prática. Outros – como Musgrave[3] – ressal-

1. Ricardo Lobo Torres, *Tratado de Direito Constitucional Financeiro e Tributário*, vol. IV ("Os Tributos na Constituição"), Rio de Janeiro, Renovar, 2007, p. 79.

2. Gastón Jèze, *Cours Élémentaire de Sciences des Finances et de Législation Finacière Française*, 5ª ed., Paris, M. Giardi & Brière, 1912, p. 399.

3. Richard Musgrave, *Teoria das Finanças Públicas*, vol. 1, São Paulo, Altas, 1976, p. 2, *apud* Ricardo Lobo Torres, *Tratado de Direito Constitucional Financeiro e Tributário*, cit., vol. IV, p. 79.

tam sua importância como mecanismo utilizado na busca da tributação justa e adequada ao desenvolvimento econômico e à distribuição de renda.

Embora já tenha sido utilizada em outros sentidos, relacionando os impostos diretos ao fato gerador continuado e os indiretos à incidência instantânea, ou, ainda, associando os tributos diretos ao seu lançamento pela Fazenda Pública e os indiretos ao lançamento pelo contribuinte, a classificação que até hoje é mais utilizada é a que leva em consideração a repercussão econômica do ônus representado pela tributação.[4]

Neste último sentido, são *impostos diretos* aqueles em que o contribuinte suporta o encargo financeiro, não o transferindo a um terceiro. *Impostos indiretos* são os em que a carga tributária é suportada por outra pessoa que não pratica o fato gerador, o chamado *contribuinte de fato*. Quando o *contribuinte de direito* arca com o ônus econômico da incidência tributária ocorre o fenômeno da percussão. Porém, quando este embute o valor do tributo por ele pago no preço do produto ou serviço vendido, fazendo com que o encargo econômico deste seja transferido ao contribuinte de fato, dá-se a repercussão econômica.[5] Por isso, de modo geral, o fenômeno da repercussão ou translação está relacionado com a tributação sobre a circulação de bens e serviços, embora possa ser encontrada em outros tributos.

Como se revela pelo seu critério distintivo, tal classificação é econômica, podendo o fenômeno da repercussão verificar-se ou não em um mesmo imposto, de acordo com as regras de mercado.[6] O comerciante que trabalha com produtos perecíveis depois de algum tempo venderá sua mercadoria prestes a estragar por qualquer preço, nem sempre conseguindo repassar ao consumidor o ônus financeiro da tributação. Porém, em condições normais este mesmo comerciante logrará êxito no repasse do imposto ao consumidor final.

Por outro lado, sob esse viés econômico, encontramos o fenômeno da repercussão em qualquer imposto devido pela pessoa jurídica,

4. Ricardo Lobo Torres, *Tratado de Direito Constitucional Financeiro e Tributário*, cit., vol. IV, p. 79.

5. Aliomar Baleeiro, *Uma Introdução à Ciência das Finanças*, 14ª ed., revista e atualizada por Flávio Bauer Novelli, Rio de Janeiro, Forense, 1987, p. 154.

6. Aliomar Baleeiro, *Direito Tributário Brasileiro*, 11ª ed., atualizada por Misabel Abreu Machado Derzi, Rio de Janeiro, Forense, 1999, pp. 884-885.

inclusive nos chamados *diretos*, como o imposto de renda/IR, por exemplo.[7] Em condições normais de mercado uma pessoa jurídica repassa ao consumidor de seus produtos toda a carga tributária incidente sobre sua empresa, pois todas as despesas integram seu preço. Tal fenômeno ainda é mais acentuado nos regimes do lucro presumido e do SIMPLES, onde o IR incide diretamente sobre a receita bruta da venda dos produtos. Como se vê, a repercussão é fenômeno econômico encontrado seja nos chamados tributos diretos, seja nos denominados indiretos.

Diante do seu caráter eminentemente econômico e da dificuldade de estabelecer uma distinção jurídica, a classificação sempre esteve mais inserida no âmbito das ciências das finanças que no direito tributário. Aqui[8] e alhures[9] vários autores ressaltaram sua maior importância econômica que jurídica, tendo as tentativas – quase sempre frustradas – de juridicizar tal categorização partido de outras premissas, distantes da repercussão econômica.[10]

Portanto, a doutrina que inseria a classificação em estudo no âmbito da ciência das finanças foi majoritária entre nós até a edição do Código Tributário Nacional, sendo paradigmática desta corrente a posição de Aliomar Baleeiro, que, embora reconhecesse inexistir critério seguro para a distinção jurídica, sendo o fenômeno restrito ao plano econômico[11] – o que o levava a admitir a repetição do tributo

7. Bernardo Ribeiro de Moraes, *Compêndio de Direito Tributário*, 5ª ed., vol. I, Rio de Janeiro, Forense, 1996, p. 433; Rubens Gomes de Souza, "Comentário", *RDA* 21/25; Hugo de Brito Machado Segundo, *Processo Tributário*, São Paulo, Atlas, 2004, pp. 224-226.

8. Hugo de Brito Machado, *Curso de Direito Tributário*, 33ª ed., São Paulo, Malheiros Editores, 2012, p. 211; Bernardo Ribeiro de Moraes, *Compêndio de Direito Tributário*, cit., 5ª ed., vol. I, p. 433; Aliomar Baleeiro, *Direito Tributário Brasileiro*, cit., 11ª ed., pp. 884-885; Alfredo Augusto Becker, *Teoria Geral do Tributo*, 2ª ed., São Paulo, Saraiva, 1972, p. 490.

9. Fernando Sainz de Bujanda, *Hacienda y Derecho*, t. II, Madri, Instituto de Estudios Políticos, 1962, p. 429; Louis Trotabas, *Précis de Science et Technique Fiscales*, Paris, Dalloz, 1958, p. 55; Soares Martínez, *Direito Fiscal*, Coimbra, Livraria Almedina, 1997, p. 49; Carlos M. Giuliani Fonrouge, *Derecho Financiero*, 7ª ed., atualizada por Susana Camila Navarrine e Rubén Oscar Asorey, Buenos Aires, Depalma, 2001, p. 912; Gian Antonio Micheli, *Curso de Direito Tributário*, trad. de Marco Aurélio Greco e Pedro Luciano Marrey Jr., São Paulo, Ed. RT, 1978, pp. 76-77.

10. Alfredo Augusto Becker, *Teoria Geral do Tributo*, cit., 2ª ed., p. 490.

11. Aliomar Baleeiro, *Direito Tributário Brasileiro*, cit., 11ª ed., pp. 884-885.

indireto quando pago indevidamente (a despeito da Súmula 71 do STF, que negava tal direito) –, por outro lado, não comungava da posição daqueles que não viam utilidade na distinção, identificando na classificação entre impostos diretos e indiretos instrumento útil de comparação e análise no campo das finanças públicas.[12]

Com a edição do nosso Código Tributário a matéria volta a apresentar-se tormentosa, em virtude da introdução do art. 166, que prevê a restituição do tributo indireto condicionada à prova de que não houve repercussão econômica ou à existência de autorização por quem suportou o encargo financeiro da tributação.[13]

Diante disso, foi preciso pesquisar quando o Direito emprestava relevância a essa distinção meramente econômica. Ou seja: quando a lei conferiu relevância à repercussão econômica. Na Espanha, Sainz de Bujanda[14] identificou a distinção jurídica entre impostos diretos e indiretos a partir da possibilidade legal de o contribuinte poder obter de terceiro o ressarcimento do que foi pago. Na esteira desse pensamento, a doutrina espanhola passou a identificar o imposto sobre valor adicionado como tributo juridicamente indireto, uma vez que a lei determina sua inclusão na fatura de venda do bem para o terceiro.[15]

No Brasil, seguindo a mesma lógica de identificar as consequências jurídicas da repercussão econômica, o fenômeno é incorporado ao Direito com a introdução da tributação sobre o valor agregado pela Emenda Constitucional 18/1965. Todavia, ao contrário do que ocorre na maioria dos Países que adotaram a sistemática da tributação multifásica por meio de um imposto que incide sobre a diferença entre a base de cálculo de cada uma das operações da cadeia (*base por base*), em nosso País a tributação sobre o valor agregado é viabilizada por meio do princípio da não cumulatividade, com o imposto incidindo

12. Aliomar Baleeiro, *Uma Introdução à Ciência das Finanças*, cit., 14ª ed., p. 154.

13. CTN: "Art. 166. A restituição de tributos que comportem, por sua natureza, transferência do respectivo encargo financeiro somente será feita a quem prove haver assumido o referido encargo, ou, no caso de tê-lo transferido a terceiro, estar por este expressamente autorizado a recebê-la".

14. Fernando Sainz de Bujanda, *Hacienda y Derecho*, cit., t. II, p. 448. No mesmo sentido: Francisco José Carrera Raya, *Manual de Derecho Financiero*, vol. I, Madri, Tecnos, 1993, p. 201.

15. José Luis Perez de Ayala e Miguel Perez de Ayala Becerril, *Fundamentos de Derecho Tributario*, 6ª ed., Madri, Editoriales de Derecho Reunidas, 2004, p. 268.

sobre toda a base de cálculo da operação tributada, permitindo-se o direito de crédito do imposto pago nas etapas anteriores da cadeia (*imposto por imposto*).

Deste modo, a juridicização da repercussão econômica é inaugurada pela introdução do princípio da não cumulatividade no ICMS e no IPI.[16] É a referida regra constitucional que revestiu de importância jurídica a repercussão econômica, autorizando que o contribuinte de fato se credite do imposto por ele suportado a partir da sua inserção no preço do bem que ele adquiriu, descontando tal parcela do valor relativo à operação posterior, cujo fato gerador foi por ele praticado. É bem verdade que este contribuinte de fato que sofreu a primeira repercussão econômica – a que Aliomar Baleeiro chamava de "translação" – não é aquele que vai suportar definitivamente a carga tributária, uma vez que este também promove uma segunda repercussão econômica quando embute o tributo no preço do produto. Quem realmente vai suportar a integralidade da carga fiscal é o consumidor final, que, não tendo a quem transferi-la, por não praticar o fato gerador do tributo e não ser contribuinte do imposto, sofre aquilo que Baleeiro chamava de "incidência", em uma acepção econômica, e não legal.[17]

Assim, somente os impostos submetidos ao princípio da não cumulatividade – hoje, o IPI e o ICMS – são juridicamente indiretos.[18] Nesse sentido já se manifestou a jurisprudência do STJ.[19]

Vale registrar que a não cumulatividade do PIS e da COFINS não gera o mesmo efeito,[20] uma vez que não há uma associação automática entre a adoção legal dessa sistemática e a tributação indireta. É que o princípio da não cumulatividade é vazio de conteúdo. Afinal, o que não será cumulativo? Somente o exame de cada fato gerador poderá oferecer uma resposta. A juridicização da repercussão econômica é

16. Luís Eduardo Schoueri, *Direito Tributário*, São Paulo, Saraiva, 2011, p. 559.

17. Aliomar Baleeiro, *Uma Introdução à Ciência das Finanças*, cit., 14ª ed., p. 154.

18. Misabel Abreu Machado Derzi, *Notas de Atualização* do *Direito Tributário Brasileiro*, de Aliomar Baleeiro, cit., 11ª ed., p. 890; Luís Eduardo Schoueri, *Direito Tributário*, cit., p. 559. *Contra*: Hugo de Brito Machado, *Comentários ao Código Tributário Nacional*, vol. III (arts. 139 a 218), São Paulo, Atlas, 2005, p. 398 – para quem, em geral, IPI e ICMS só são impostos indiretos do ponto de vista econômico.

19. STJ, 1ª Turma, REsp/AgR 436.894-PR, rel. Min. José Delgado, *DJU* 17.2.2003, p. 230.

20. Luís Eduardo Schoueri, *Direito Tributário*, cit., p. 559.

fenômeno umbilicalmente vinculado aos tributos incidentes sobre a circulação de bens e serviços na cadeia produtiva, vez que apenas nessas operações é possível pesquisar se o vendedor de bens e serviços inseriu o tributo no preço pago pelo adquirente. Portanto, a pergunta sobre se determinada exação é direita ou indireta só tem sentido nos tributos multifásicos.

Por sua vez, a chamada não cumulatividade do PIS e da COFINS não guarda – senão por uma apreensão do fenômeno tendo por estudo a legislação infraconstitucional desconectada com o Texto Maior – qualquer identidade com a sistemática do ICMS e do IPI, posto que as contribuições (ou impostos afetados) em questão são tributos incidentes sobre o faturamento ou receita bruta, mensurados a partir de uma apreciação que não tem causalidade com a origem da operação que gerou receita. É que a formação desse signo presuntivo de riqueza que a Constituição denominou de "faturamento" é integrada por ingressos que não são oriundos necessariamente da venda de bens e serviços, mas de todas as atividades habituais da empresa,[21] especialmente a partir da Emenda Constitucional 20/1998, que passou a admitir a tributação da *receita*, ainda que não relacionada com as atividades operacionais da pessoa jurídica.

Portanto, juridicamente, não há que se falar em repercussão econômica na tributação sobre o faturamento. Deste modo, o PIS e a COFINS são contribuições diretas mesmo no regime não cumulativo, pois estas não seguem a mesma lógica aplicável ao ICMS e ao IPI, uma vez que, ao contrário destes últimos, não se traduzem em tributos multifásicos a incidir sobre a circulação de bens e serviços pelas etapas da cadeia econômica, mas sobre a receita bruta das pessoas jurídicas, independentemente de sua origem ser associada à venda de bens

21. STF, 2ª Turma, RE/AgR 400.479-RJ, rel. Min. Cézar Peluso, *DJU* 6.11.2006, p. 45. Com a interposição de embargos declaratórios pelo contribuinte a questão foi afetada ao Pleno, onde o Relator reiterou seu posicionamento no sentido de que o conceito constitucional de "faturamento" anterior à Emenda Constitucional 20/1998 é aquilo que decorre do exercício das atividades próprias e típicas da empresa, estando fora deste as receitas não operacionais em geral, as receitas financeiras atípicas e outras do mesmo gênero, desde que não constituíssem elemento principal da atividade. Por outro lado, estariam abrangidas na noção de faturamento as receitas tipicamente empresariais colhidas por bancos, seguradoras e demais empresas que não se dediquem à venda de mercadorias e serviços. Em 4.5.2012, o o Min. Marco Aurélio, que havia pedido vista do processo, o devolveu para julgamento.

e serviços. Por isso, na tributação sobre o faturamento não há repercussão econômica juridicamente relevante. Na verdade, a não cumulatividade mais aproxima as referidas contribuições sociais da incidência direta do IRPJ e da CSLL que da tributação indireta verificada no IPI e no ICMS.

Em outro giro, alguns autores consideram o ISS um imposto indireto.[22] Tal conclusão baseia-se na natureza multifásica do ISS, a incidir sobre as etapas da cadeia de prestação de serviços. Contudo, como a incidência é cumulativa, não ocorre a juridicização da repercussão econômica – salvo, por exceção, na construção civil, onde o construtor tem o direito de deduzir o ISS pago nas operações anteriores do que será por ele recolhido (art. 9º, § 2º, "b", do Decreto-lei 406/1968, cuja vigência se mantém, de acordo com o art. 10 da Lei Complementar 116/2003).

Deste modo, são tributos indiretos, no plano jurídico, apenas o IPI e o ICMS, além do ISS da construção civil.

No entanto, confundindo a repercussão econômica juridicamente relevante com a técnica do destaque do imposto na nota fiscal, a jurisprudência do STJ foi pacificada no sentido de que em outras incidências o ISS pode ser indireto, de acordo com o caso concreto.[23]

Vale destacar que a conclusão de que o IPI, o ICMS e o ISS na construção civil são tributos juridicamente indiretos não leva ao entendimento de que não há repetição de indébito ao contribuinte de direito nos casos em que ocorre a repercussão econômica – fenômeno normalmente verificado e legislativamente desejado na tributação sobre o consumo, como se verificará ao longo deste estudo.

II – A capacidade contributiva na tributação indireta

Embora tenhamos visto que a repercussão econômica guarda pouca relevância para o direito tributário, uma vez que é quase impossível estabelecer a distinção segura entre impostos diretos ou indiretos, a classificação ainda é útil – como salientava Aliomar Baleeiro –

22. Luiz Emydgio Rosa Jr., *Manual de Direito Financeiro e Tributário*, 17ª ed., Rio de Janeiro, Renovar, 2003, p. 1.123.

23. STJ, 1ª Seção, REsp 1.131.476-RS, rel. Min. Luiz Fux, *DJe* 1.2.2010.

como instrumento de comparação e análise no campo da ciência das finanças,[24] destinado a identificar a capacidade contributiva que o legislador pretende tributar.

Ocorre que esta é revelada também pela renda consumida, por meio dos impostos incidentes sobre o consumo. Nesta seara, o atendimento da capacidade contributiva leva em conta o fenômeno da repercussão, com a identificação da manifestação de riqueza do consumidor.[25]

Deste modo, nos impostos diretos o legislador busca atingir a capacidade contributiva direta do contribuinte, enquanto nos impostos indiretos visa a tributar a manifestação de riqueza de um terceiro, o chamado *contribuinte de fato*,[26] que nos impostos circulatórios é identificado na figura do consumidor. Em geral há uma associação entre os tributos circulatórios e a tributação sobre o consumo.

Nesse sentido, no plano da legitimação do ordenamento jurídico, há casos em que o legislador considera que a tributação não será repassada a terceiro, seja porque não há possibilidades fáticas de fazê-lo – como se dá em relação à tributação do IPVA de uma pessoa física –, seja porque o tributo é mensurado a partir de elementos que levam em conta a produtividade do contribuinte, como o lucro no caso do IRPJ e da CSLL calculados com base no lucro real, onde a tributação, embora impactando no preço do produto, não poderá ser repassada com precisão, pois o cálculo do imposto depende de outros dados relacionados aos custos e às despesas incorridas pelo contribuinte. Esses tributos são chamados de tributos diretos.

Porém, há outras situações em que a tributação não sofrerá modificações relacionadas com o desempenho subjetivo de cada empresa, podendo ser precisamente repassada para os preços, como ocorre na tributação sobre o consumo, de que são exemplos o IPI e o ICMS.

Por isso, não deve o legislador utilizar mecanismos como a proporcionalidade e a progressividade nos impostos sobre consumo, pois

24. Aliomar Baleeiro, *Uma Introdução à Ciência das Finanças*, cit., 14ª ed., p. 254.

25. Pedro M. Herrera Molina, *Capacidad Económica y Sistema Fiscal – Análisis del Ordenamiento Español a la Luz del Derecho Aléman*, Madrid, Marcial Pons, 1998, p. 458; José Juan Ferreiro Lapatza, *Curso de Derecho Financiero Español*, 21ª ed., vol. I, Madrid, Marcial Pons, 1999, p. 200.

26. Maurício Alfredo Plaza Vegas, "La clasificación de los impuestos y el derecho tributario comunitario", in Victor Uckmar (coord.), *Curso de Derecho Tributario Internacional*, t. II, Bogotá, Temis, 2003, p. 428.

estas técnicas são aptas a identificar a capacidade contributiva do contribuinte de direito. Tal utilização, para alguns,[27] geraria o efeito regressivo, pois a aplicação da proporcionalidade nos impostos incidentes sobre os bens de consumo popular – como gêneros alimentícios de primeira necessidade – acaba retirando das classes menos aquinhoadas relativamente mais do que é suportado pelos abastados, não se resguardando o mínimo existencial.

Situação parecida ocorreria na aplicação da progressividade aos impostos sobre o consumo, uma vez que, não suportando o sujeito passivo a carga tributária, a tributação de acordo com sua riqueza teria o condão de transferir para o consumidor, contribuinte de fato, um encargo não necessariamente adequado à sua capacidade contributiva.[28]

Apesar de entendermos que a regressividade somente ocorre quando há uma elevação da alíquota em função da diminuição da base de cálculo (como antônimo de progressividade) ou, ainda, em razão da maior essencialidade do produto (em oposição à seletividade), não havendo que se falar em regressividade senão nestes casos patológicos, é forçoso reconhecer que a aplicação das técnicas da progressividade e da proporcionalidade nos impostos sobre o consumo, em geral, provoca violações ao princípio da capacidade contributiva, por não considerarem a manifestação de riqueza do consumidor, o que na fase da legitimação do ordenamento jurídico apresenta-se como fundamento desta tributação.

Por essas razões, defendemos que o instrumento mais adequado para atingir a capacidade contributiva do consumidor nos impostos indiretos é o princípio da seletividade, que se materializa pela variação de alíquotas em função da essencialidade do produto ou da mercadoria, pois afere o índice de riqueza do contribuinte de fato a partir do grau de indispensabilidade do bem consumido. Dentro dessa lógica, o consumo de bens populares é gravado com alíquotas menores, como ocorre com os produtos da cesta básica. Já, os bens supérfluos são tributados a partir de alíquotas maiores, como se dá com cigarros, bebidas e perfumes. Por isso, são técnicas constitucionalmente utilizadas no IPI e no ICMS.

27. Aliomar Baleeiro, *Uma Introdução à Ciência das Finanças*, cit., 14ª ed., p. 211.

28. Ramón Valdés Costa, *Instituciones de Derecho Tributario*, Buenos Aires, Depalma, 1996, p. 455.

Como se vê, na fase de legitimação do ordenamento jurídico, especialmente por ocasião da conformação legislativa dos impostos sobre o consumo, os traços econômicos que informam a distinção entre os tributos diretos e indiretos ainda guardam grande importância. Porém, na aplicação do direito tributário posto tal distinção não apresenta grande relevância.

No entanto, o ordenamento jurídico brasileiro acabou por juridicizar a distinção no plano da aplicação do direito tributário, retirando-a das ciências das finanças a partir previsão de requisitos especiais para a repetição dos tributos indiretos – como a seguir se verificará –, dando novas consequências que vão além das preconizadas pelos financistas.

III – A repetição de indébito nos tributos indiretos

Antes da promulgação da Emenda Constitucional 18/1965 e do Código Tributário Nacional o STF, bastante impressionado com o fenômeno da repercussão econômica, no afã de buscar traços jurídicos até então inexistentes na distinção entre impostos diretos e indiretos – já que ainda não existia a não cumulatividade –, procurou extrair consequências dessa classificação que não eram previstas no ordenamento jurídico. Neste contexto, passou a negar a repetição de indébito nos tributos indiretos mesmo nos casos em que sua cobrança se revelasse ilegal, com base na *teoria do enriquecimento sem causa* do contribuinte de direito que recebesse a restituição do indébito, uma vez que o encargo financeiro da tributação fora transferido ao consumidor final. Assim, a Corte negava o direito à restituição – o que, na verdade, acabava gerando enriquecimento sem causa para o Estado, que, na visão do Tribunal, por representar a coletividade, seria maior merecedor deste que o particular, em peculiar e intuitiva antecipação da *teoria da supremacia do interesse público* em relação aos direitos fundamentais, que foi desenvolvida mais tarde em nosso País. Esse posicionamento, que acabou cristalizado na Súmula 71,[29] constituiu original construção no Direito Comparado, uma vez que em outros Países a classificação

29. STF: "Súmula 71. Embora pago indevidamente, não cabe restituição de tributo indireto".

entre impostos diretos e indiretos não acarretou a negação do direito de restituição do tributo pago indevidamente.[30]

Como o posicionamento pretoriano da Súmula 71 era draconiano, acabou por sofrer uma correção legislativa, em proposta que surgiu já durante os trabalhos da Comissão Especial que elaborou o Anteprojeto do Código Tributário Nacional,[31] com a criação da regra que deu origem ao art. 166, admitindo a restituição do indébito dos tributos indiretos para aquele que comprovasse ter suportado o encargo financeiro da tributação, ou, no caso de tê-lo transferido a terceiro, fosse por este autorizado. No âmbito da referida Comissão a redação que prevaleceu foi fruto de solução compromissória entre os que queriam restringir a restituição dos tributos indiretos nos termos da jurisprudência do STF e os que desejavam a admissão da sua devolução. Entre estes últimos registre-se a posição do professor Gilberto de Ulhôa Canto entendendo ser a repercussão econômica estranha ao Direito e, por isso, capaz de gerar, quando muito, a prerrogativa do contribuinte de fato de pleitear junto ao contribuinte *de jure* o direito de regresso em relação ao indébito caso este tivesse obtido a restituição perante o Fisco. A proposta não foi vitoriosa sequer no âmbito daquele Colegiado.[32]

Diante do novo regramento legal, o STF, acolhendo a correção legislativa da jurisprudência, temperou o rigor da Súmula 71, editando a Súmula 546, que admitiu a restituição ao contribuinte de direito que comprovasse que suportou o encargo financeiro da tributação.[33] Negava o STF a restituição de indébito ao contribuinte de fato sob a argumentação de que este, não praticando o fato gerador, não possuía relação jurídica com a Fazenda Pública, embora existissem

30. Ricardo Lobo Torres, *Curso de Direito Financeiro e Tributário*, 18ª ed., Rio de Janeiro, Renovar, 2011, p. 296; Brandão Machado, "Restituição do indébito no direito tributário", in Brandão Machado (coord.), *Estudos em Homenagem ao Professor Ruy Barbosa Nogueira*, São Paulo, Saraiva, 1984, pp. 91-97.

31. Gilberto de Ulhôa Canto, "Repetição de indébito tributário – O IOF sobre operações de câmbio ou importação de bens", in *Caderno de Pesquisas Tributarias* 8/2-5, São Paulo, Resenha Tributária, 1983.

32. Idem, ibidem.

33. STF: "Súmula 546. Cabe a restituição do tributo pago indevidamente quando reconhecido, por decisão, que o contribuinte *de jure* não recuperou do contribuinte *de facto* o *quantum* respectivo".

abalizados posicionamentos doutrinários reconhecendo o direito ao contribuinte de fato.[34]

Contudo, a partir anos 2000 o STJ, por meio das suas duas Turmas de Direito Público, passou a admitir a legitimidade ativa do contribuinte de fato para pleitear a repetição de indébito.[35]

Hoje a Corte Federal volta a negar a legitimidade do contribuinte de fato, a partir da restauração do argumento de que somente o contribuinte de direito teria relação jurídica com o Fisco.[36]

Entretanto, se é correto o entendimento de que o contribuinte de fato não é parte legítima para pleitear a restituição do indébito, uma vez que a repercussão econômica, ainda que juridicizada, não tem o condão de alterar o sujeito passivo da obrigação tributária, sendo o consumidor estranho à relação jurídico-tributária,[37] coerentemente deve ser reconhecida a legitimidade do contribuinte de direito que promoveu a translação do imposto, independentemente de autorização. Aliás, a expressão "contribuinte de fato" é um excesso de linguagem advindo da ciência das finanças, como observou Giuliani Fonrouge.[38] Como vimos, a distinção entre tributos diretos e indiretos é critério informador da mensuração da carga tributária pelo legislador, a partir da identificação da capacidade contributiva indireta na fase de legitimação do ordenamento jurídico, mas no plano do Direito posto é distinção que não influencia a aplicação da hipótese de incidência em relação ao sujeito passivo escolhido por lei.

Negada a legitimidade ativa do contribuinte de fato e subordinada a possibilidade de o contribuinte de direito pleitear a repetição de

34. Hugo de Brito Machado, *Comentários ao Código Tributário Nacional*, cit., vol. III (arts. 139 a 218), p. 430; Ricardo Lobo Torres, *Restituição de Tributos*, Rio de Janeiro, Forense, 1983, p. 16.

35. STJ, 1ª Turma, REsp/Ag 1.003.046, rel. Min. Francisco Falcão, *DJU* 17.4.2008; STJ, 2ª Turma, REsp 964.256-CE, rel. Min. Castro Meira, *DJU* 20.9.2007, p. 280.

36. STJ, 1ª Seção, REsp 903.394-AL, rel. Min. Luiz Fux, *DJe* 26.4.2010.

37. Eduardo Bottallo, "Restituição de impostos indiretos", *RDP* 5(22)/314-332, São Paulo, Ed. RT, 1972; Brandão Machado, "Restituição do indébito no direito tributário", cit., in Brandão Machado (coord.), *Estudos em Homenagem ao Professor Ruy Barbosa Nogueira*, 1984.

38. Carlos M. Giuliani Fonrouge, *Derecho Financiero*, cit., 7ª ed., p. 912. No mesmo sentido: Luís César Souza Queiroz, *Sujeição Passiva Tributária*, Rio de Janeiro, Forense, 1998, pp. 181-182.

indébito aos casos – menos frequentes – em que não houve repercussão econômica, aliada à inviabilidade dos inúmeros e anônimos consumidores autorizarem o pleito, o literal cumprimento do art. 166 do CTN levaria, em quase todas as situações, à manutenção da situação draconiana prevista na vetusta Súmula 71 do STF, em flagrante violação ao princípio da legalidade e ao próprio Estado de Direito, que se locupletaria com o recolhimento de tributo indevido.[39]

Por outro lado, a teoria do enriquecimento sem causa não apresenta mais a vitalidade de outrora, pois, como salienta Giuliani Fonrouge – ao comentar a sua já superada adoção pela Suprema Corte argentina –, levaria a uma imunidade absoluta do Estado para exigir tributos ilegítimos, uma vez que a regra é a existência da repercussão econômica e a restituição é negada ao consumidor que não possui título hábil à restituição. Ademais, nas lições do Mestre argentino, exigir prova de que a repercussão econômica inexistiu gera a necessidade de fazer a prova diabólica da inexistência de uma situação.[40]

De fato, se no auge do intervencionismo do Estado Social era admissível o enriquecimento sem causa da Administração Pública com a manutenção de tributo ilegítimo, a partir da reaproximação do Direito e dos princípios promovida pelo pós-Positivismo do Estado Social e Democrático de Direito, onde os interesses estatais não podem fulminar os direitos fundamentais do cidadão, parece inaceitável que tributo cobrado em desacordo com a Constituição e com a lei não possa ser restituído porque houve aquilo que o legislador deseja na tributação indireta: que a carga tributária seja transmitida ao preço dos produtos.

Por essas razões, o primado da Constituição e da lei exige uma interpretação do art. 166 do CTN que restrinja ao direito privado uma eventual discussão sobre a inclusão de tributos no preço dos produtos e serviços, que não encontra amparo no ordenamento jurídico.[41]

39. Marcelo Fortes de Cerqueira, "Capítulo V – Da extinção da obrigação tributária: compensação e repetição de indébito", in Eurico Marcos Diniz de Santi (coord.), *Curso de Especialização em Direito Tributário – Estudos Analíticos em Homenagem a Paulo de Barros Carvalho*, Rio de Janeiro, Forense, 2007, pp. 390-393.

40. Carlos M. Giuliani Fonrouge, *Derecho Financiero*, cit., 7ª ed., pp. 911-912.

41. Marcelo Fortes de Cerqueira, "Capítulo V – Da extinção da obrigação tributária: compensação e repetição de indébito", cit., in Eurico Marcos Diniz de Santi (coord.), *Curso de Especialização em Direito Tributário – Estudos Analíticos em Home-*

Esta é a consequência prática da juridicização da repercussão econômica com a interpretação da referida disposição de nossa lei de normas gerais em conformidade com a Constituição Federal, que não admite que tributos cobrados em desacordo com a lei deixem de ser restituídos.[42]

Vale registrar que a própria decisão da 1ª Seção do STJ que negou legitimidade ao contribuinte de fato para pleitear a repetição de indébito trouxe na sua ementa as citações de Marcelo Fortes Cerqueira no sentido de que os efeitos do art. 166 se limitam ao direito privado, não condicionando a restituição ao contribuinte de direito:

> 5. A exegese do referido dispositivo indica que "o art. 166 do CTN, embora contido no corpo de um típico veículo introdutório de norma tributária, veicula, nesta parte, norma específica de direito privado, que atribui ao terceiro o direito de retomar do contribuinte tributário, apenas nas hipóteses em que a transferência for autorizada normativamente, as parcelas correspondentes ao tributo indevidamente recolhido. Trata-se de norma privada autônoma, que não se confunde com a norma construída da interpretação literal do art. 166 do CTN. É desnecessária qualquer autorização do contribuinte de fato ao de direito, ou deste àquele. Por sua própria conta, poderá o contribuinte de fato postular o indébito, desde que já recuperado pelo contribuinte de direito junto ao Fisco. No entanto, note-se que o contribuinte de fato não poderá acionar diretamente o Estado, por não ter com este nenhuma relação jurídica. Em suma: o direito subjetivo à repetição do indébito pertence exclusivamente ao denominado contribuinte de direito. Porém, uma vez recuperado o indébito por este junto ao Fisco, pode o contribuinte de fato, com base em norma de direito privado, pleitear junto ao contribuinte tributário a restituição daqueles valores. A norma veiculada pelo art. 166 não pode ser aplicada de maneira isolada, há de ser confrontada com todas

nagem a Paulo de Barros Carvalho, pp. 390-393; Gilberto de Ulhôa Canto, "Repetição de indébito tributário – O IOF sobre operações de câmbio ou importação de bens", cit., in *Caderno de Pesquisas Tributarias* 8/9-10.

42. Gabriel Lacerda Troianelli, "Repetição do indébito, compensação e ação declaratória", in Hugo de Brito Machado, *Repetição de Indébito e Compensação no Direito Tributário*, São Paulo/Fortaleza, Dialética/ICET, 1999, p. 121; Schubert de Farias Machado, "O direito à repetição do indébito tributário", in Hugo de Brito Machado, *Repetição de Indébito e Compensação no Direito Tributário*, cit., pp. 401-402.

as regras do sistema, sobretudo com as veiculadas pelos arts. 165, 121 e 123 do CTN. Em nenhuma delas está consignado que o terceiro que arque com o encargo financeiro do tributo possa ser contribuinte. Portanto, só o contribuinte tributário tem direito à repetição do indébito.

"Ademais, restou consignado alhures que o fundamento último da norma que estabelece o direito à repetição do indébito está na própria Constituição, mormente no primado da estrita legalidade. Com efeito, a norma veiculada pelo art. 166 choca-se com a própria Constituição Federal, colidindo frontalmente com o princípio da estrita legalidade, razão pela qual há de ser considerada como regra não recepcionada pela ordem tributária atual. E mesmo perante a ordem jurídica anterior era manifestamente incompatível frente ao sistema constitucional tributário então vigente" (Marcelo Fortes de Cerqueira, in *Curso de Especialização em Direito Tributário – Estudos Analíticos em Homenagem a Paulo de Barros Carvalho*, coordenação de Eurico Marcos Diniz de Santi, Forense, Rio de Janeiro, 2007, pp. 390-393). (STJ, 1ª Seção, REsp 903.394-AL, rel. Min. Luiz Fux, *DJe* 26.4.2010)

No entanto, a referida decisão da Corte Superior, extraída de um contexto em que o contribuinte de fato pleiteara a restituição, embora tenha utilizado como fundamento a interpretação de que a norma do art. 166 do CTN não condiciona o direito do contribuinte *de jure* de pleitear a devolução, não chegou a estabelecer essa diretriz como a coerência exigiria.

Por isso, em decisões posteriores o STJ acabou por exigir que, embora o contribuinte de fato não tenha legitimidade ativa para pleitear a restituição, a autorização deste ou a prova de que não houve a repercussão econômica ainda sejam verificadas como pressupostos de admissão da legitimidade ativa do contribuinte de direito.[43]

Ou seja: entre avanços e recuos pretorianos, em um ambiente em que a repercussão econômica é a regra desejada pelo legislador e a autorização pelo consumidor para que o contribuinte pleiteie a restituição é em quase todos os casos inviável, corremos o risco de voltar ao draconianismo da Súmula 71, com a consagração da tributação estabelecida ao arrepio da Constituição da República.

43. STJ, 1ª Turma, REsp 1.191.860-SC, rel. Min. Luiz Fux, *DJe* 14.4.2011; STJ, 2ª Turma, REsp/ED 1.269.048, rel. Min. Mauro Campbell Marques, *DJe* 9.12.2011.

É preciso avançar, fazendo valer os pressupostos do posicionamento jurisprudencial pacificado no REsp 903.394-AL:

(a) O contribuinte de fato não é contribuinte; portanto, não tem direito à repetição do indébito.

(b) A repercussão econômica não afasta o direito do contribuinte de direito de pleitear a repetição do indébito.

(c) O contribuinte de direito não precisa de autorização do consumidor para pleitear a repetição do indébito.

(d) Eventual enriquecimento sem causa do contribuinte de direito em detrimento do contribuinte de fato, a partir da prática de preço abusivo, em face da introdução no preço de parcelas reconhecidas pelo Estado como indevidas, deve ser investigado e discutido à luz do direito privado, sendo a Fazenda Pública estranha a essa lide.

IV – Tributos indiretos e imunidades

Consoante já tivemos oportunidade de destacar: "As imunidades são não incidências constitucionalmente qualificadas, que, em nome dos direitos fundamentais, sejam eles de índole individual e política, ou social e econômica, foram expressamente estabelecidas pela Constituição Federal, em verdadeira exceção às regras de competência tributária".[44]

Neste contexto, pode a Constituição Federal estabelecer imunidades *objetivas* ou *subjetivas*. Nas primeiras o Texto Maior afasta a aplicação da norma de incidência em relação a determinadas situações, pouco importando quem seja o contribuinte do tributo. É o caso da imunidade prevista no art. 150, VI, "d", da CF para livros, jornais, periódicos e o papel destinado à sua impressão. Aqui, o que é imune é o veículo de difusão de informação, e não as empresas jornalísticas ou editoras e escritores. Logo, são imunes os tributos incidentes sobre as operações, como, por exemplo, o ICMS e o IPI, e não aqueles vinculados à pessoa do contribuinte, como o IR. Nestas, pouco importa investigar se houve repercussão econômica, uma vez que todos os que praticarem operações com livros, jornais e periódicos serão imunizados.

44. Ricardo Lodi Ribeiro, *Limitações Constitucionais ao Poder de Tributar*, Rio de Janeiro, Lumen Juris, 2010, p. 183.

Já, nas imunidades *subjetivas* a Constituição Federal impede a aplicação das normas de incidência relativas a todos os impostos no que se refere ao ente imune, e não aquelas exigências vinculadas a esta ou àquela operação. É o caso da imunidade recíproca (art. 150, VI, "a", da CF) e das imunidades das entidades de assistência social e de educação sem fins lucrativos, dos partidos políticos e suas fundações, dos sindicatos de trabalhadores (art. 150, VI, "c", da CF). Em relação à imunidade dos templos de qualquer culto (art. 150, VI, "b", da CF), embora esteja associada à pessoa jurídica regularmente constituída que promova o culto – sendo, portanto, uma imunidade subjetiva –, é objetivamente limitada ao templo e ao culto.[45]

Em relação aos tributos indiretos as imunidades constitucionais serão aplicáveis quando a entidade imune for o contribuinte de direito, pouco importando se o encargo financeiro é transmitido a terceiro. Assim, é aplicável a imunidade do art. 150, VI, "c", da CF em relação ao ICMS que seria incidente sobre as operações de circulação de mercadorias das entidades beneficentes.[46] Porém, se o destinatário constitucional da imunidade for apenas contribuinte de fato não há que se falar em não incidência constitucional.[47] É que a Constituição só imuniza os impostos em que o ente imune é o contribuinte de direito,[48] pois a mera repercussão econômica não tem o condão de estender a imunidade ao sujeito passivo que não tem direito à liberalidade constitucional, por ser esta destinada apenas ao consumidor, que não integra a relação jurídico-tributária.

V – Conclusão: resposta ao questionário

Diante de todo o exposto, conclui-se que a classificação entre tributos diretos e indiretos é relevante para as ciências das finanças, e não

45. Ricardo Lobo Torres, *Tratado de Direito Constitucional Financeiro e Tributário*, vol. III ("Os Direitos Humanos e a Tributação – Imunidades e Isonomia"), 2ª ed., Rio de Janeiro, Renovar, 1999, p. 241.

46. STF, Pleno, RE/EDv 210.251-SP, rel. para o acórdão Min. Gilmar Mendes, *DJU* 28.11.2003, p. 11. *Contra*: Ricardo Lobo Torres, *Tratado de Direito Constitucional Financeiro e Tributário*, cit., 2ª ed., vol. III, p. 276.

47. STF: "Súmula 591. A imunidade ou a isenção tributária do comprador não se estende ao produtor, contribuinte do imposto sobre produtos industrializados".

48. Ricardo Lodi Ribeiro, *Limitações Constitucionais ao Poder de Tributar*, cit., p. 187.

para o direito tributário, a partir do estudo da repercussão econômica. No entanto, esta é levada em consideração na fase de legitimação do ordenamento jurídico, a fim de conformar a legislação aplicável aos impostos sobre consumo, identificando a capacidade contributiva indireta do consumidor.

No entanto, o Código Tributário Nacional juridicizou a classificação econômica, introduzindo requisitos especiais para que o contribuinte de direito busque a restituição do indébito. Nesse cenário, o art. 166 da referida norma é dirigido aos tributos em que a repercussão tem relevância jurídica – o que ocorre nos impostos multifásicos submetidos ao princípio da não cumulatividade, que são o IPI e o ICMS. A sistemática legal do ISS incidente sobre a construção civil também subordina tal exigência a essa disciplina.

A Constituição Federal não admite que tributos indevidos deixem de ser restituídos, sendo afastada a interpretação do art. 166 do CTN que condicione a restituição ao contribuinte de direito, o único legitimado para tal, à autorização do consumidor ou à prova da inexistência da repercussão econômica.

A juridicização do fenômeno da repercussão econômica, caro às ciências das finanças, mas não ao direito tributário, produz efeitos apenas no direito privado, com a possibilidade de o prejudicado pelo enriquecimento sem causa pleitear o ressarcimento do que foi indevidamente embutido no preço e recuperado pelo contribuinte.

Diante dessas premissas, passamos a responder ao questionário:

1. Identificação dos tributos indiretos

1.1 Existem tributos indiretos? O que os caracteriza?

R.: Sim. São aqueles em que a repercussão econômica tem relevância jurídica conferida pelo ordenamento jurídico.

1.1.1 No Direito Brasileiro o ICMS é um tributo indireto? E o IPI? Por quê? Há relação entre não cumulatividade e tributação indireta? Qual? Basta ser não cumulativo para ser considerado indireto o tributo, e vice-versa?

R.: A relevância jurídica da repercussão econômica revela-se pela possibilidade de crédito do imposto suportado em relação ao que é pago como contribuinte de direito, como se dá no princípio da não cumulatividade. Deste modo, são tributos indiretos o ICMS e o IPI. Porém, nem sempre a expressão "não cumulatividade" é utilizada no âmbito da tributação sobre a circulação de bens e serviços, uma vez que se traduz em conceito vazio, precisando ser sempre compreendido de acordo com o fato gerador de cada tributo.

> 1.1.2 Afirmativa a resposta à pergunta anterior, seriam indiretos também o PIS e a COFINS? E o IRPJ, quando incidente sobre o lucro presumido do comerciante vendedor? Por qual razão o ônus referente ao ICMS seria repassado ao consumidor, e o do IRPJ não?

R.: A chamada *não cumulatividade* do PIS e da COFINS, não estando associada à tributação da circulação de bens e serviços pela cadeia econômica, por incidirem sobre a receita bruta das empresas, não caracteriza a tributação indireta no plano jurídico. Embora haja repercussão econômica em vários tributos diretos, como o IRPJ no lucro presumido, não há que se falar em tributação indireta, que somente existe quando o direito tributário empresta relevância à assunção do encargo financeiro por aquele que não praticou o fato gerador. No ICMS e no IPI, havendo relevância jurídica na repercussão econômica em face do princípio da não cumulatividade, há tributação indireta.

> 1.1.3 Ainda em relação ao IRPJ, faria diferença o fato de ele incidir sobre o lucro presumido ou sobre o lucro real? Qual?

R.: Não, pois em qualquer dos casos, ainda que haja repercussão econômica – o que só pode ser apreciado no caso concreto –, esta não é relevante para o direito tributário.

> 1.1.4 Nos serviços públicos, havendo fixação de preços e previsão de manutenção do equilíbrio econômico-financeiro dos contratos, pode-se dizer que os tributos que oneram a atividade são indiretos? Todos? Alguns? Quais?

R.: Não há relação entre a repercussão econômica dos tributos nos contratos, sejam eles administrativos ou privados, e a tributação indireta, pois a previsão de cláusula contratual ou legal determinando a manutenção do equilíbrio econômico-financeiro dos contratos envolve apenas os contratantes na formulação do preço, não vinculando a Fazenda Pública enquanto sujeito ativo de tributos.

> 1.1.5 O aumento de tributo incidente sobre um serviço público, sendo imediatamente transferido ao consumidor por força de previsão contida no contrato de concessão, deve ser considerado um aumento de tarifa? Caso negativo, isso significa que o consumidor está pagando tributo? Há algum reflexo, em razão disso, na aplicação do art. 166 do CTN a tais hipóteses?

R.: Sim, os tributos integram a tarifa. O usuário não paga tributo, mas o preço público. Ele apenas suporta economicamente o tributo. Não há reflexo em relação ao art. 166 do CTN.

> 1.1.6 Imagine-se que um consumidor final de energia elétrica questiona em juízo a cobrança do ICMS incidente sobre as faturas que paga à concessionária correspondente. Em face de medida liminar, deixa de sofrer o acréscimo do imposto nos termos impugnados. Essa liminar é confirmada por sentença e por acórdão do Tribunal de Justiça. Muitos anos depois, o STJ afirma a ilegitimidade ativa *ad causam* do consumidor final e extingue o processo sem exame do mérito. Pergunta-se: o Estado poderá exigir o ICMS que deixou de ser recolhido em todo o período de vigência da liminar? Ele poderá exigir esse imposto de quem? Da concessionária que estava impedida de descontá-lo? Do consumidor que teve extinguido seu processo, por não ser considerado contribuinte?

R.: Não gerando a decisão que não transitou em julgado tutela à confiança legítima do contribuinte, o Estado pode cobrar o ICMS incidente sobre energia elétrica. Em princípio o imposto seria exigido da concessionária, que é contribuinte de direito. No entanto, como a concessionária foi impedida de embutir o ICMS na tarifa, em razão de decisão judicial exarada em processo em que ela não foi parte, não há como exigir o ICMS dela, máxime por ter sido obrigada a não inserir o imposto na fatura. Neste caso, o tributo deve, excepcionalmente, ser cobrado do consumidor final, como decorrência de seu insucesso em ação que ele mesmo ajuizou. Muitas vezes decisões ilegais acabam sendo corrigidas por soluções que contrariam o sistema, já que não há como retornar ao *status quo ante*.

2. Tributação indireta e repetição do indébito

2.1 O art. 166 do CTN se aplica à restituição de tributos indiretos? Ele se aplica a alguma outra hipótese de restituição do indébito tributário?

R.: O art. 166 do CTN aplica-se exclusivamente ao ICMS, ao IPI e ao ISS na construção civil. No entanto, seu sentido, hoje, é bem restrito, não impedindo o contribuinte de direito de pleitear a restituição, independentemente de prova da percussão econômica ou da autorizaçao do contribuinte de fato. Sua única consequência jurídica é permitir a este o direito de regresso em relação ao contribuinte de direito que obteve a devolução.

2.2 O art. 166 do CTN se aplica a outras ações relacionadas aos tributos indiretos, diversas da ação de restituição? Embargos à execução fiscal, por exemplo?

R.: Não se traduzindo o referido dispositivo legal em restrição ao ajuizamento de ação de repetição de indébito, tampouco constitui limite para o exercício de qualquer outra medida judicial pela qual o contribuinte questione o crédito tributário.

2.3 Há diferença entre a situação do contribuinte que paga tributo indireto e em seguida postula sua restituição e a daquele que, em vez de pagar, deposita o valor correspondente, questionando a cobrança? Por qual razão o art. 166 do CTN seria aplicável na primeira situação, e não na segunda?

R.: Não há diferença, o art. 166 do CTN não restringe a restituição do indébito e nem o direito de discutir a legitimidade do tributo com ou sem depósito judicial.

> *2.4 O art. 166 confere legitimidade ao contribuinte "de fato" para postular a restituição do indébito? Caso negativo, como se poderá obter a restituição do indébito, sobretudo em situações nas quais o contribuinte de direito, que repassou o ônus financeiro do tributo ao consumidor, não tem como identificá-lo? Haveria ofensa ao art. 5º, XXXV, da CF de 1988?*

R.: Não. O contribuinte de fato não tem relação jurídica com o Fisco. Pode, quando muito, acionar o contribuinte de direito, pleiteando a devolução do que lhe foi repassado indevidamente no âmbito de uma relação de direito privado.

> ***3. Tributação indireta e imunidades subjetivas***
>
> *3.1 Caso um comerciante vendedor seja titular de imunidade subjetiva, poderá ele invocá-la para se eximir da cobrança de tributo indireto incidente sobre as vendas que realiza? Poder-se-á dizer que tal imunidade não é aplicável, eis que quem "verdadeiramente" arca com o tributo é o consumidor final, não imune?*

R.: Sim, pois a repercussão econômica não retira a imunidade quando o contribuinte de direito é seu destinatário constitucional. Não, é irrelevante que o ônus tenha sido transferido para terceiro.

> *3.2 Caso um consumidor final seja titular de imunidade subjetiva, poderá ele invocá-la para fazer com que sobre as mercadorias e serviços que consome não incidam tributos indiretos? Poder-se-á dizer que tal imunidade não é por ele invocável, pois o "verdadeiro" contribuinte é o vendedor, não imune?*

R.: Não pode o contribuinte de fato invocar a imunidade que lhe seria deferida constitucionalmente caso fosse contribuinte de direito. Sim, a imunidade só atinge o contribuinte de direito. Não sendo este imune, há tributação.

> *3.3 É possível oferecer resposta coerente às duas perguntas anteriores? Essa resposta é coerente com aquelas fornecidas às perguntas do item 2?*

R.: Tendo as três respostas não considerado relevância jurídica à repercussão econômica, mostram-se coerentes.

> ***4. Tributação indireta e apropriação indébita***
>
> *4.1 Quando o vendedor de uma mercadoria em cujo preço supostamente está embutido o tributo indireto recebe o pagamento desse preço mas não recolhe o tributo incidente sobre a operação, há apropriação indébita? Pode-se dizer que é o consumidor quem "verdadeiramente" paga o tributo, tendo o comerciante o papel de apenas repassá-lo aos cofres públicos, incorrendo em apropriação indébita se não o fizer?*

R.: Não há apropriação indébita na repercussão econômica, pois o contribuinte de direito não se apropriou de tributo pago por terceiro. Deixou de recolher tributo cujo sujeito passivo é unicamente ele. Trata-se, portanto, de mero inadimplemento. Ao contrário do que ocorre quando há retenção na fonte e não recolhimento à Fazenda Pública.

> *4.2 Se não há apropriação indébita, eis que não se trata de mero repasse de tributo pago pelo consumidor, qual a justificativa para se negar ao comerciante o direito à restituição quando esse tributo é por ele recolhido indevidamente, nos termos do art. 166 do CTN?*

R.: Sustentamos que o comerciante tem direito à restituição.

5. Tributação indireta e inadimplência do consumidor

5.1 Caso o consumidor final não pague pela mercadoria adquirida, ainda assim o comerciante vendedor deverá recolher o tributo incidente sobre a operação?

R.: Na tributação sobre a circulação de bens e serviços o inadimplemento pelo consumidor é irrelevante em relação à obrigação do contribuinte de direito de recolher o tributo.

5.2 Afirmativa a resposta à pergunta anterior, há coerência com a tese segundo a qual o comerciante não poderia pleitear a devolução do tributo pago indevidamente, a qual se funda na afirmação de que esse tributo seria pago, "na verdade", pelo consumidor final?

R.: Sustentamos que o comerciante tem direito à restituição.

6. Tributação indireta e regressividade

6.1 A tributação indireta conduz, sempre, à regressividade? Caso afirmativo, como evitar ou minimizar isso?

R.: Alguns autores sustentam que a regressividade pode ocorrer na tributação indireta quando se adota a proporcionalidade, uma vez que as pessoas de menor poder aquisitivo comprometeriam a maior parte da sua riqueza com suas necessidades básicas. Neste caso, o remédio seria a adoção da seletividade. Porém, entendemos que, embora o raciocínio seja correto, no caso, não há que se falar em regressividade, salvo quando as alíquotas são reduzidas em função do aumento da base de cálculo. Este fenômeno também pode ser combatido com a seletividade.

6.2 Afirmar a regressividade da tributação indireta com base no fato de que seu ônus recai sobre o consumidor final é coerente com a afirmação de que a inadimplência desse consumidor não autoriza o comerciante a deixar de pagar o tributo correspondente? E com a afirmação de que não há apropriação indébita por parte do comerciante caso o consumidor pague o preço e ele, comerciante, não pague ao Fisco o tributo respectivo?

R.: Não sustentamos a regressividade na tributação indireta.

6.3 É a seletividade um reconhecimento constitucional (pelo menos em relação ao ICMS e ao IPI) de que tais tributos são indiretos? O que isso significa? Que são juridicamente suportados pelos consumidores finais?

R.: Sim. Mas a relevância jurídica desse fenômeno reside na fase de legitimação do ordenamento jurídico, a fim de dimensionar a capacidade contributiva do consumidor final. Tal sistemática seletiva não tem outras consequências tributárias além da diferenciação das alíquotas.

7. Tributação indireta e base de cálculo de contribuições sobre a receita ou o faturamento

7.1 Caso se considere que os tributos indiretos são verdadeiramente pagos pelos consumidores finais dos produtos e serviços por eles onerados, poderia o ônus a eles correspondente ser considerado receita ou faturamento dos comerciantes vendedores?

R.: Não havendo relevância jurídica na repercussão econômica, a inserção desses valores na receita ou faturamento dos comerciantes irá depender de o imposto incidente sobre a venda integrar, ou não, o preço do bem. Sendo o IPI calculado por fora, não integra o faturamento do devedor. O ICMS calculado por dentro integra a receita, salvo nos casos dos valores pagos a título de substituição tributária.

7.2 Se comerciantes vendedores, quando pagam indevidamente um tributo indireto, não podem pleitear a devolução, sob o argumento de que quem teria pago tais tributos, na verdade, teria sido o consumidor final, por qual razão esse mesmo tributo, "pago" pelo consumidor final e apenas repassado ao Fisco, seria receita do comerciante?

R.: Sustentamos que o comerciante tem direito à restituição. Coerentemente, tais valores podem integrar sua receita.

8. Tributação indireta e consciência fiscal

8.1 Quais o sentido e o alcance do art. 150, § 5º, da CF de 1988? Estaria ali o reconhecimento de que o consumidor final é o "verdadeiro contribuinte" dos tributos que oneram as mercadorias e os serviços que consome?

R.: Não. A previsão constitucional, baseada no princípio da transparência, não tem esse condão, mas apenas o de fornecer ao cidadão a informação sobre a carga tributária por ele suportada.

8.2 A regulamentação do aludido dispositivo deveria ocorrer por meio de lei complementar? Quais tributos deveriam ser abrangidos pelo dever de esclarecimento ao consumidor?

R.: Não. Pode a lei ordinária de cada unidade federativa prever a matéria. São abrangidos o IPI, o ICMS e o ISS, impostos que incidem sobre a circulação de bens e serviços, como determina o dispositivo constitucional.

8.3 Quais seriam as consequências práticas desse esclarecimento na formação da consciência fiscal?

R.: Acredito que o cidadão, sentindo o peso da tributação indireta no seu dia a dia, teria maior consciência da carga tributária a que está submetido. As consequências daí decorrentes não são jurídicas, mas políticas.

9. Tributação indireta e desoneração das exportações

9.1 Por qual razão a Constituição Federal estabelece a não incidência de certos tributos sobre operações de exportação? Seria um reconhecimento de que tais tributos seriam verdadeiramente pagos pelos consumidores dos produtos, situados no Exterior?

R.: Não. A desoneração das exportações está associada à extrafiscalidade destinada a estimular a atividade econômica no âmbito interno, a partir da maior participação do produto brasileiro no mercado internacional.

TRIBUTAÇÃO INDIRETA E REGRESSIVIDADE

Sacha Calmon Navarro Coelho
Ex-Professor Titular das Universidades Federais
do Rio de Janeiro e Minas Gerais – Parecerista

1. Introdução: noções prévias. 2. Tributação e regressividade. 3. A inadimplência do consumidor final. 4. A inadimplência do sujeito passivo de direito que recebe o preço de venda com o ICMS embutido no preço e o IPI acrescido a ele (por fora). 5. O significado do princípio da seletividade.

1. Introdução: noções prévias

Para encaminhar o assunto do ensaio convém fazer esse prólogo epistemológico, sem o qual não será possível desenvolver e compreender adequadamente a temática da obra, em boa hora levantada pelo professor Hugo de Brito Machado, cujo relevo no direito tributário brasileiro já está escancaradamente visível. Sejamos breves. Se, de um lado, as taxas e as contribuições, sejam as de melhoria, sejam as demais, revelam fatos geradores que traduzem uma *atividade estatal específica* prestada ao contribuinte ou a um grupo de contribuintes beneficiários da atuação estatal, atestando que o fato gerador desses tributos é *ato do Estado* (que carece de ter seu custo reposto, caso das taxas, ou provisionado a fim determinado, nas contribuições), por outro lado, os impostos possuem fatos geradores independentes de quaisquer atividades estatais diretamente relacionadas às pessoas que contribuem (art. 16 do CTN). Noutras palavras: os impostos buscam no mundo fático eventos reveladores de fatos-signos de *capacidade contributiva* que os tornam fatos jurígenos (Becker). *Grosso modo*, as sociedades complexas do hodierno expõem à visitação do legislador – conforme Tipke e Lang – quatro eventos significativos de capacidade contributiva em torno dos quais é possível fazer incidir impostos, a saber:

(a) A renda, nas suas diversas facetas de riqueza nova no momento em que é ganha e realizada (impostos sobre a renda).

(b) A renda já ganha e transformada nos vários tipos de patrimônio (aziendal, automobilístico, imobiliário, financeiro), a suscitar os impostos sobre o capital e o patrimônio.

(c) As transferências de capital ou patrimônio (os impostos sobre a transmissão de bens por atos *inter vivos* ou *causa mortis*). E:

(d) A renda no momento em que é consumida na aquisição de bens e serviços, pelas pessoas físicas e jurídicas (impostos sobre o consumo ou indiretos, noutra terminologia).

Importa sublinhar que nos impostos sobre o consumo o *legislador* não busca a *capacidade contributiva* dos agentes econômicos que propiciam a produção e a circulação de bens e serviços, mas, ao invés disso, busca a capacidade contributiva dos consumidores de bens e serviços e os tributa efetivamente, valendo-se de dois mandados da justiça distributiva.

- Quem gasta mais paga mais (proporcionalidade).
- Quem gasta com itens caros paga ainda mais (seletividade).

Tecnicamente, esses desiderатos são alcançados por dois mecanismos.

(a) Pela técnica da não cumulatividade (repercussão jurídica obrigatória por força de lei), caso dos impostos sobre valor agregado/IVAs.

(b) Pela técnica da repercussão econômica autorizada e pressuposta, caso dos impostos sobre vendas finais (*v.g.*, os *sales taxes* dos Estados nos Estados Unidos da América).

Em qualquer desses casos o legislador quer que o consumidor final suporte o custo dos impostos incidentes sobre os atos de gastar a renda no consumo de bens e serviços.

Dá-se nestes impostos a clássica distinção entre contribuintes *de jure* ou “de direito” e “contribuintes de fato” ou simplesmente consumidores finais, pessoas físicas e jurídicas, os destinatários econômicos dos impostos sobre a renda gasta.

A maior parte dos problemas que assolam os impostos sobre o consumo deriva dessa dualidade, pois tem-se como axioma jurídico que a relação jurídico-tributária – é verdade – trava-se entre o *sujeito ativo* (o Estado) e o contribuinte *de jure* (o sujeito passivo), ficando o contribuinte de fato numa espécie de "limbo", muito embora a ciência das finanças e a doutrina demonstrem de modo cabal que o *contribuinte de fato* é quem suporta a carga tributária nos impostos sobre a renda gasta no consumo de bens e serviços (repercussão jurídica desejada e expressa do ônus fiscal). É dizer: não se cuida, nessa área, de repercussão econômica, fato estranho ao Direito; mas de repercussão jurídica obrigatória, estabelecida legalmente na Constituição e/ou nas leis, devendo necessariamente ser considerada pelos *operadores do direito tributário*. No Brasil nega-se, por exemplo, ao contribuinte *de jure* a repetição do indébito, ao argumento de que ele "repercutiu" (não assumiu) o ônus do imposto indevido ou inconstitucional; mas certa doutrina judicial perniciosa nega a quem sofreu a repercussão legitimidade processual para pedir a devolução do indébito, ao argumento de que não participa da relação tributária formal...

Com isso, essa jurisprudência "blinda" a apropriação pelo Estado de dinheiro alheio e seu enriquecimento sem causa. Se o contribuinte de fato tem à mão a prova de que suportou imposto ilegal ou inconstitucional, tem direito de ação e legítimo interesse econômico e moral. Por último, mas não menos importante, os impostos ditos "indiretos", não cumulativos, juridicamente falando, existentes no Brasil são o imposto sobre produtos industrializados/IPI e o imposto relativo às operações de circulação de mercadorias e serviços/ICMS, ademais disso *plurifásicos*. O PIS e a COFINS são impostos sobre a receita bruta, tipo *gross income tax*, na terminologia anglo-saxã, inexistindo nexo entre os impostos pagos pelos contribuintes relativos aos respectivos lucros brutos (são impostos sobre a renda e o capital das empresas), sendo impróprio em relação a eles falar-se em princípio da não cumulatividade, cuja aplicabilidade exige operações interligadas (plurifasia), devendo cada contribuinte pagar seu imposto após deduzir o imposto pago na operação anterior; ou seja: deve pagar sobre o *valor por ele adicionado ao bem ou serviço* (comparado com o valor de aquisição do bem ou serviços ou dos insumos (*inputs*) necessários ao fabrico do produto (*output*) ou serviços).

2. Tributação e regressividade

Os impostos, todos, devem submissão aos princípios da igualdade e da capacidade contributiva. Os impostos sobre a renda e o patrimônio bem como os incidentes sobre transferências de renda e patrimônio, por força dos princípios acima referidos, estão necessariamente submetidos ao princípio da progressividade. Quanto maior sejam as classes de renda e patrimônio, maiores são as alíquotas, de modo a extratar maiores recursos de quem mais pode, em prol do bem comum. Quando tal não ocorre diz a doutrina que se está diante de uma situação de regressividade em que – contra a igualdade e a capacidade contributiva – quem menos tem é que paga mais; daí a ideia do injusto tributário.

Nos chamados impostos sobre o consumo a regressividade é um termo, em princípio, impróprio, mas ocorre quando os bens e serviços essenciais são mais tributados que os supérfluos ou luxuosos, onerando os mais pobres. Esta situação está presente no Brasil. A tributação da cesta básica não é eficazmente desonerada, e os insumos universais – energia, combustíveis e comunicações – são os itens mais tributados pelo ICMS. Duas são as consequências. *Primus* – todos os bens e serviços precisam dos insumos universais, o que torna os mesmos muito caros, penalizando os consumidores de menor capacidade contributiva. *Secundus* – as pessoas ricas ou pobres e as pessoas jurídicas precisam usar energia, utilizar combustíveis e se comunicar. É claro, então, que os mais pobres pagam um preço maior, se levarmos em conta sua capacidade contributiva, mesmo quando *tarifas sociais* para os pequenos consumos são utilizadas. O ICMS, mais que o IPI – instrumento extrafiscal do Governo Federal –, apresenta-se regressivo e injusto. Cabe ao legislador colmatar seus defeitos. Além disso, os Estados-membros da Federação fazem do ICMS – um imposto que difunde seus efeitos em todo o território nacional – poderoso aliciante fiscal, gerando disfunções. Sem falar que o imposto deveria pertencer ao Estado do consumidor final da mercadoria ou serviço, mas é repartido com o Estado de origem.

3. A inadimplência do consumidor final

Na relação mercantil, quando a venda não é à vista e o consumidor deixa de pagar o preço, isto nada importa à fiscalidade. Somente quando a mercadoria é sinistrada autoriza-se o estorno do ICMS pelo contribuinte de direito, o mesmo ocorrendo com a venda desfeita e a devolução da mercadoria. A regra do batente é universal nos impostos sobre o valor adicionado, não cumulativos e plurifásicos. No Brasil o ICMS está dentro do preço. Pela via da cobrança civil forçada, o contribuinte de direito, ao buscar o preço impago, consegue recuperar o imposto trasladado. De todo modo, o prejuízo irá ao balanço de perdas e ganhos.

4. A inadimplência do sujeito passivo de direito que recebe o preço de venda com o ICMS embutido no preço e o IPI acrescido a ele (por fora)

Sobre ser, ou não, apropriação indébita o ato omissivo do contribuinte de direito que, recebendo o IPI e o ICMS constantes da nota fiscal, não os recolhe aos sujeitos ativos da obrigação tributária, a resposta é negativa. O tipo penal exige intenção deliberada de se apropriar de coisa alheia como se fosse sua, com *animus* definitivo. Acontece que o imposto não é "coisa" (é objeto da obrigação). A inadimplência, na espécie, é de dar coisa certa, tem natureza obrigacional e se resolve pela exigência do tributo devido (execução fiscal) pela Fazenda Pública.

5. O significado do princípio da seletividade

O princípio da capacidade contributiva realiza-se com maior perfeição nos impostos sobre a renda ganha e nos patrimoniais. Nos impostos sobre o consumo a seletividade implica colocar menor carga tributária por sobre os artigos de primeira necessidade, pensando nos pobres, mas beneficiando igualmente os ricos.

Penso que a seletividade em tema de ICMS deveria impor sobre os insumos universais, os remédios de uso constante e os gêneros de consumo popular uma tributação amenizada. O princípio constitucional da seletividade é potencial (poderá ser). Cabe ao legislador complementar da Constituição dar efetividade ao princípio, com disposições específicas, obrigando os legisladores ordinários das três ordens de governo da Federação.

TRIBUTAÇÃO INDIRETA NO DIREITO BRASILEIRO

Schubert de Farias Machado
Advogado e Diretor do Instituto Cearense de Estudos Tributários (ICET)

O ICET nos convida a participar de mais uma importante iniciativa de estudo cientifico do Direito, desta feita envolvendo os tributos indiretos e as consequências de se adotar essa classificação na solução de litígios.

As perguntas apresentadas pelos professores Hugo Machado e Hugo Machado Segundo põem em evidência as dificuldades e desencontros decorrentes das tentativas de dar conotação jurídica a uma classificação econômica, tornando árduo e profícuo o esforço de responder a elas.

Assim, adotamos, nesse breve ensaio, a metodologia de responder diretamente a cada pergunta, seguindo o roteiro muito bem traçado que nos foi apresentado.

1. Identificação dos tributos indiretos

1.1 Existem tributos indiretos? O que os caracteriza?

A classificação dos tributos em diretos e indiretos adota como premissa a possibilidade, ou não, de transferência do respectivo encargo financeiro a pessoa diferente daquela à qual a lei impõe a obrigação de pagar o tributo. É a chamada *repercussão econômica* do tributo. *Tributos indiretos* são aqueles que permitem a transferência de seu encargo a pessoa diferente (contribuinte de fato) daquela à qual a lei atribui a obrigação de pagá-los ao erário (contribuinte de direito).[1] Já, aqueles cujo encargo é suportado pela pessoa obrigada por lei a pagá-los ao Fisco (contribuintes de direito e de fato) são considerados *tributos diretos*.

Essa classificação, que leva em conta apenas uma possível repercussão econômica do tributo, é tema que encerra profundas e inconciliáveis divergências doutrinárias e jurisprudenciais.

Voltando ao tempo em que o STF aplicava a sua Súmula 71[2] – depois superada com a edição da Súmula 546[3] –, destacamos a oposição então firmada por Aliomar Baleeiro, ensinando que "o mesmo tributo poderá ser direto ou indireto, conforme a técnica de incidência e até conforme as oscilações do mercado, ou a natureza da mercadoria ou a do ato tributado".[4]

Respondendo ao argumento de que em face da repercussão econômica do tributo indireto, por questão de justiça, seria preferível deixar com o Estado o valor indevidamente arrecadado, Baleeiro disse: "(...) não pode se negar a nocividade, do ponto de vista ético e pragmático, duma interpretação que encoraja o Estado mantenedor do Direito a praticar, sistematicamente, inconstitucionalidades e ilegalidades na certeza de que não será obrigado a restituir o proveito da torpitude de seus agentes e órgãos. Nada pode haver de mais contrário ao progresso do Direito e à realização da ideia-força da Justiça".[5] E mais: "(...) no mundo inteiro a regra é a de que se restituem os impostos cobrados indevidamente. Há Países que adotam o princípio do *solve et repete*. No Brasil os Estados e Municípios são sempre encorajados a receber impostos ilegítimos, inconstitucionais, porque depois não restituem, desde que há a Súmula n. 71".[6]

1. Hugo de Brito Machado e Schubert de Farias Machado, *Dicionário de Direito Tributário*, São Paulo, Atlas, 2011, p. 105.

2. STF: "Súmula 71. Embora pago indevidamente, não cabe restituição de tributo indireto".

3. STF: "Súmula 546. Cabe restituição do tributo pago indevidamente quando reconhecido, por decisão, que o contribuinte *de jure* não recuperou do contribuinte *de facto* o *quantum* respectivo".

4. Trecho do voto do Min. Aliomar Baleeiro no STF, 2ª Turma, RE 45.977-ES, *RDP* 2/236.

5. Idem, *RDP* 2/236-237.

6. A. Theodoro Nascimento, "A. Baleeiro e a construção jurisprudencial do princípio da restituição do indébito tributário. A revogação da Súmula 71, sua substituição

No julgamento do RE 203.075-DF o Min. Carlos Mário da Silva Velloso consignou em seu voto: "O contribuinte do ICMS é o vendedor, não obstante tratar-se de um imposto que repercute e acaba sendo pago pelo comprador. Todavia, esse é um fato econômico, que o STF entende que não tem relevância na relação jurídica contribuinte/Fisco".[7]

O STJ, por sua vez, embora venha seguindo a anterior orientação do STF, aplicando o art. 166 do CTN e a Súmula 546, tenta estabelecer um critério jurídico para identificação dos "tributos que comportem, por sua natureza, transferência do respectivo encargo financeiro", como indica acórdão da lavra do Min. José Delgado, a saber: "1. A prova da ausência da translação cogitada no art. 166 do CTN só se relaciona com tributos que comportam a incorporação direta ao preço, o que não é o caso do adicional de imposto de renda julgado inconstitucional pelo colendo STF. 2. Nem todos os tributos, por sua própria natureza, comportam transferência do respectivo encargo financeiro. 3. A identificação dos tributos que não comportam transferência do respectivo encargo financeiro dar-se-á com base em critérios normativos hauridos do ordenamento posto, e não em razões de ciência econômica. 4. A transferência a que se refere o art. 166 do CTN é a transferência jurídica do encargo financeiro por agregação à relação subjacente de natureza civil, comercial ou semelhante, vinculando as partes (transferidor e destinatário da transferência). 5. A natureza do tributo é fornecida por seu fato gerador (aspecto material da hipótese de incidência); portanto, na Constituição Federal, no Código Tributário e na legislação ordinária específica é que serão encontrados os elementos necessários à caracterização do critério a ser utilizado nessa identificação. 6. Comportam transferência: 6.1 tributos cujo fato gerador envolva uma dualidade de sujeitos, ou seja, o fato gerador é uma operação, e 6.2 cujo contribuinte é pessoa que impulsiona o ciclo econômico, podendo transferir o encargo para o outro partícipe do mesmo fato gerador (Marco Aurélio Greco, in *Repetição de Indébito Tributário – O IOF sobre Operações de Câmbio ou Importação de Bens*, cit. por Lindemberg

pela de n. 546, do Supremo. A consagração da tese de Baleeiro pelo art. 166 do CTN", in Roberto Rosas, Lafayette Pondé e Paulo Gustavo Gonet Branco (orgs.), *Aliomar Baleeiro no Supremo Tribunal Federal (1965-1975)*, Rio de Janeiro, Forense, 1987, p. 122.

7. *Repertório IOB de Jurisprudência* 24/616, 2ª quinzena de dezembro/1998, Caderno 01.

da Mota Silveira, 77, *Caderno de Pesquisas Tributárias* 8/77, Resenha Tributária)".[8]

Na busca da identificação do tributo indireto, o STJ tem considerado ilegal a limitação imposta à repetição do indébito das contribuições previdenciárias, por considerá-las *tributo direto*.[9]

O STJ tem decidido, ainda – e nesse ponto mantido a antiga orientação do STF –, que, tratando-se de café exportado em grãos, cujo preço é fixado pelo IBC, a repetição de ICMS indevidamente pago dispensa prova negativa de repercussão exigida pelo art. 166.[10] No mesmo sentido decidiu o STJ ao afastar a aplicação do mencionado art. 166 no caso das empresas prestadoras de serviço de transporte aéreo, quando o preço era controlado pelo Governo.[11] A questão das tarifas

8. STJ, 1ª Turma, REsp 118.488-RS, rel. Min. José Delgado (recte.: Estado do Rio Grande do Sul; recda.: Vidraçaria Santa Rosa Ltda.), v.u., *DJU*-1 6.10.1997, p. 49.888; *Repertório IOB de Jurisprudência* 22/537, Caderno 1, 1997.

9. "(...). 7. A contribuição previdenciária da responsabilidade do empregador é tributo direto. Não se lhe aplicam para fins de repetição de indébito ou compensação as regras do art. 166 do CTN (...)" (STJ, 1ª Turma, REsp 112.015-RS, rel. Min. José Delgado, m.v., *DJU*-1 19. 5.1997, p. 20.588; *RDD* 23/117).

10. STJ, 1ª Turma, REsp 108.893-SP, rel. Min. Humberto Gomes de Barros, *DJU*-1 23.6.1997, p. 29.052; *Revista Dialética de Direito Tributário* 24/193. No mesmo sentido: STJ, 2ª Turma, REsp 68.401-RS (95.31011-2), rel. Min. Ari Pargendler, v.u., *DJU*-1 28.4.1997, p. 15.837; *Revista Dialética de Direito Tributário* 22/172.

11. "Processual civil e tributário – Desnecessidade de produção de prova – Julgamento antecipado da lide – Livre convencimento do magistrado – Acervo documental suficiente – Não ocorrência de cerceamento de defesa – ICMS – Execução fiscal – Empresas aéreas – Preço controlado pelo Governo Federal (Departamento de Aviação Civil/DAC) – Repasse de encargo financeiro ao consumidor final – Inexistência – Art. 166 do CTN – Não aplicação, *in casu* – Legitimidade ativa. 1. Recurso especial contra acórdão *a quo* considerou a recorrente parte ativa ilegítima *ad causam* para postular a repetição de indébito de ICMS indevidamente pago. 2. Quanto à necessidade da produção de provas, o juiz tem o poder-dever de julgar a lide antecipadamente, desprezando a realização de audiência para a produção de provas, ao constatar que o acervo documental é suficiente para nortear e instruir seu entendimento. É do seu livre convencimento o deferimento de pedido para a produção de quaisquer provas que entender pertinentes ao julgamento da lide. 3. Nos termos da reiterada jurisprudência do STJ, 'a tutela jurisdicional deve ser prestada de modo a conter todos os elementos que possibilitem a compreensão da controvérsia, bem como as razões determinantes de decisão, como limites ao livre convencimento do juiz, que deve formá-lo com base em qualquer dos meios de prova admitidos em direito material, hipótese em que não há que se falar em cerceamento de defesa pelo julgamento antecipado da lide', e que 'o magistrado tem o poder-dever de julgar antecipadamente a lide, desprezando a realização de audiência para a produção de prova testemunhal, ao constatar que o acervo

controladas pelo Poder Público merece especial consideração, que está feita na resposta à pergunta 1.4.

Ao examinar a tormentosa questão da repercussão econômica do tributo, não podemos esquecer que, em geral, todos os custos da atividade produtiva fazem parte do preço do bem ou serviço produzido, ou seja, são suportados pelos consumidores desses mesmos bens ou serviços. Quando isso não ocorre, o empreendedor simplesmente quebra. Assim, os tributos pagos pelos empreendedores são – dentre vários outros – elementos formadores do preço, o qual, em ultima análise, é ditado pelo mercado e suportado pelo consumidor.

Até mesmo tributos classificados como diretos muitas vezes têm seu custo repassado pelo contribuinte a terceiros. É o caso do IR devido pelos profissionais liberais quando fixam os honorários pelo valor líquido, ou seja, nele não consideram os ônus tributários, que são integralmente suportados pelos tomadores dos seus serviços. Da mesma forma é o IPTU nas relações de locação, cujo custo é repassado pelos proprietários ao inquilino.

documental acostado aos autos possui suficiente força probante para nortear e instruir seu entendimento' (REsp n. 102.303-PE, rel. Min. Vicente Leal, *DJU* 17.5.1999). – Inexistência de cerceamento de defesa em face do indeferimento de prova pleiteada. 4. A jurisprudência do STJ é no sentido de que o art. 166 do CTN contém referência clara ao fato de que deve haver, pelo intérprete, sempre identificação se o tributo, por sua natureza, comporta a transferência do respectivo encargo financeiro para terceiro ou não, quando a lei, expressamente, não determina que o pagamento da exação é feito por terceiro, como é o caso do ICMS e do IPI. Esse entendimento consolidou-se, por se considerar que o art. 166 do CTN só tem aplicação aos tributos indiretos, isto é, que se incorporam explicitamente aos preços, como é o caso do ICMS, do IPI etc. Há que se notar a natureza do tributo, se direta ou indireta, para fins de se verificar a transferência do respectivo encargo financeiro para terceiros. 5. No caso específico dos autos, há a certidão na qual consta registro de que na composição dos custos das empresas aéreas (concessionárias de serviços públicos de transporte), inclusive nos anos de 1989, 1990, 1991, 1992, 1993 e 1994, o ICMS não foi incluído. No período em que foi inconstitucionalmente exigido da recorrente o recolhimento do ICMS, o preço dos serviços de transportes aéreos era controlado pelo Governo Federal (Departamento de Aviação Civil/DAC), ficando a recorrente sem campo de ação para estabelecer qualquer critério de fixação de sua remuneração. Não há, *in casu*, formação da base tarifária, nem possibilidade do repasse de qualquer tributo aos usuários. 6. Não há como o transportador aéreo repassar ao consumidor final (o passageiro ou o expedidor de cargas) eventual tributo exigido pelo Fisco. Tais empresas não desempenham atividades mercantis geradoras do ICMS, sendo, portanto, inaplicável o art. 166 do CTN. 7. Recurso especial provido" (STJ, 1ª Turma, REsp 902.327-PR, rel. Min. José Delgado, j. 19.4.2007, *DJU* 10.5.2007, p. 357).

Rubens Gomes de Souza, ainda em 1949, rejeitou tal classificação, pois "o critério da classificação dos impostos em diretos e indiretos com base na definição do contribuinte, além de ser um critério econômico e não jurídico, é ainda por cima variável ou inconstante".[12]

Alfredo Augusto Becker faz severa crítica à classificação dos tributos em diretos e indiretos, concluindo que é "falsa e impraticável".[13]

Assim, não obstante ainda estarem STF e STJ debruçados sobre o tema, como veremos nas respostas que se seguem, a classificação dos tributos em diretos e indiretos, com base na repercussão econômica, carece de fundamento jurídico e traz consigo a incerteza da própria consequência econômica na qual busca fundamento. Por isso, não é adequada para conferir efeitos jurídicos ao respectivo pagamento e ao direito à sua eventual restituição.

Vale, aqui, registrar que toda a temática posta nessas perguntas foi analisada com profundidade por Hugo de Brito Machado Segundo no livro *Repetição do Tributo Indireto: Incoerências e Contradições*, no qual, com inteira propriedade, revela as dificuldades enfrentadas pela doutrina e pela jurisprudência no trato do chamado *tributo indireto* e aponta o caminho para se chegar a um entendimento que guarde coerência entre as soluções dadas aos múltiplos problemas decorrentes da consideração da figura do "contribuinte de fato" na relação jurídico-tributária.[14]

1.1.1 No Direito Brasileiro o ICMS é um tributo indireto? E o IPI? Por quê? Há relação entre não cumulatividade e tributação indireta? Qual? Basta ser não cumulativo para ser considerado indireto o tributo, e vice-versa?

Conforme apontamos na resposta à pergunta anterior, o fenômeno da repercussão econômica do ônus do tributo não traz elementos

12. Rubens Gomes de Souza, "Curso de introdução ao direito tributário", *Revista de Estudos Fiscais* 10/383, São Paulo, Centro de Estudos dos Agentes Fiscais do Imposto de Consumo, outubro/1949.

13. Alfredo Augusto Becker, *Teoria Geral do Direito Tributário*, São Paulo, Saraiva, 1963, p. 488.

14. Hugo de Brito Machado Segundo, *Repetição do Tributo Indireto: Incoerências e Contradições*, São Paulo, Malheiros Editores, 2011.

seguros e capazes de fundar uma classificação jurídica dos tributos em diretos e indiretos. O ICMS e o IPI são apontados pela doutrina e pela jurisprudência como típicos impostos indiretos, uma vez incidentes sobre a operação de circulação e com seu valor expressamente indicado na respectiva fatura como componente do preço. Isso se dá em razão da sistemática de incidência não cumulativa.

Por disposição constitucional, o IPI e o ICMS são impostos não cumulativos, "compensando-se o que for devido em cada operação com o montante cobrado nas anteriores".[15] Para viabilizar essa técnica de incidência a lei cria uma série de exigências, obrigando os contribuintes a fazer a apuração desses impostos em separado, com destaque nos documentos de controle de vendas. Isso, contudo, por si só, não os torna impostos indiretos. Ao contrário, em situação na qual uma indústria compre em determinado mês grande volume de matéria-prima e não produza tanto, pela técnica da não cumulatividade poderá apurar saldo credor de IPI e de ICMS, nada devendo, e por isso nada pagando em relação a esse período, embora nas suas vendas tenha destacado esses dois impostos como devidos.

As mesmas dificuldades relatadas por Rubens Gomes de Souza, Becker e Balceiro inviabilizam a classificação de tais impostos como indiretos. De fato, nem sempre o custo tributário é fator decisivo para a fixação do preço. As condições de concorrência podem levar o empresário a ofertar um desconto no preço de seus produtos mesmo diante de eventual aumento do ICMS, ou do IPI, ou a manter ou mesmo aumentar o preço quando houver uma diminuição desses impostos.

> 1.1.2 Afirmativa a resposta à pergunta anterior, seriam indiretos também o PIS e a COFINS? E o IRPJ, quando incidente sobre o lucro presumido do comerciante vendedor? Por qual razão o ônus referente ao ICMS seria repassado ao consumidor, e o do IRPJ não?

A contribuição para o PIS e a COFINS são *impostos* disfarçados de contribuições, que incidem sobre o faturamento das empresas. São calculados mediante a aplicação de uma alíquota diretamente sobre o

15. CF de 1988, art. 153, § 3º, II, e art. 155, § 2º, I.

valor da receita, facilmente considerados na composição do preço. Trazem, portanto, todas as características dos chamados tributos indiretos. Da mesma forma o IRPJ e a CSLL quando pagos no regime do lucro presumido, uma vez que também são apurados com base em um percentual da receita da empresa.

Sendo assim, o critério de classificação dos tributos em diretos e indiretos baseado na repercussão econômica implica, necessariamente, considerar tais tributos como indiretos. Na verdade, como pontuamos nas respostas anteriores, todos os tributos incidentes sobre a atividade produtiva – assim como todos os demais custos – podem ser repassados pelos empresários ao consumidor em razão da lógica econômica, o que nos leva a reforçar a conclusão de que não é adequado retirar efeitos jurídicos da classificação dos tributos em diretos e indiretos.

1.1.3 Ainda em relação ao IRPJ, faria diferença o fato de ele incidir sobre o lucro presumido ou sobre o lucro real? Qual?

O IRPJ apurado no regime do lucro presumido corresponde a um percentual do valor da receita, facilitando o cálculo da sua parte na formação do preço. O IRPJ incidente sobre o valor do lucro real é apurado no final de determinado período de tempo, calculado sobre o resultado positivo então apresentado. Isso torna muito mais complexo auferir sua participação específica no preço dos produtos mas não evita – nem poderia – que o empresário considere seu ônus ao estimar os custos totais da sua atividade para o período seguinte. Continua, como todos os custos da atividade, a fazer parte do preço.

1.1.4 Nos serviços públicos, havendo fixação de preços e previsão de manutenção do equilíbrio econômico-financeiro dos contratos, pode-se dizer que os tributos que oneram a atividade são indiretos? Todos? Alguns? Quais?

A questão da tributação indireta muda de todo e por completo quando se trata de serviços públicos com preços controlados. A tese que defendemos, segundo a qual a repercussão meramente econômica não basta para se conferir efeitos jurídicos à dualidade *contribuinte de direito* e *contribuinte de fato*, está calcada na liberdade para a fixação de preços (valor da operação tributada e base de cálculo do tributo). Essa liberdade simplesmente inexiste quando se cuida de tarifa (valor da operação tributada e base de cálculo do tributo) que é fixada e controlada pelo Poder Público. É o que passaremos a examinar.

Nos serviços públicos prestados por concessão o concessionário não tem a liberdade de fixar o preço, que é controlado pelo poder concedente. Tal controle se justifica em face da peculiar situação na qual esses serviços são ofertados à sociedade, colocando os respectivos prestadores em regime de monopólio ou com mínima concorrência, ou seja, alheios às exigências do mercado. Assim, faz-se necessário controlar as tarifas para evitar abusos e mantê-las em valor minimamente razoável. Por conta desse controle, não é possível aos concessionários aumentar o valor das tarifas sempre que houver incremento no valor dos tributos incidentes sobre sua atividade, mesmo quando o tributo onerado merecer a classificação de indireto. O STJ já desconsiderou qualquer efeito à classificação do ICMS como tributo indireto ao fundamento de que o preço dos serviços de transporte aéreo era então controlado pelo Governo e o concessionário ficava sem campo de ação para alterar o valor de sua remuneração. Não há, nesses casos, formação da base tarifária, nem possibilidade do repasse de qualquer tributo aos usuários.[16]

Por isso mesmo, com a finalidade de manter o equilíbrio econômico financeiro dos contratos de concessão dos serviços públicos, a lei que regula tais concessões passou a autorizar que o ônus relativo ao

16. "(...) 5. No caso específico dos autos, há a certidão na qual consta registro de que, na composição dos custos das empresas aéreas (concessionárias de serviços públicos de transporte), inclusive nos anos de 1989, 1990, 1991, 1992, 1993 e 1994, o ICMS não foi incluído. No período em que foi inconstitucionalmente exigido da recorrente o recolhimento do ICMS, o preço dos serviços de transportes aéreos era controlado pelo Governo Federal (Departamento de Aviação Civil/DAC), ficando a recorrente sem campo de ação para estabelecer qualquer critério de fixação de sua remuneração. Não há, *in casu*, formação da base tarifária, nem possibilidade do repasse de qualquer tributo aos usuários. 6. Não há como o transportador aéreo repassar ao consumidor final (o passageiro ou o expedidor de cargas) eventual tributo exigido pelo Fisco. Tais empresas não desempenham atividades mercantis geradoras do ICMS, sendo, portanto, inaplicável o art. 166 do CTN. 7. Recurso especial provido" (STJ, 1ª Turma, REsp 902.327-PR, rel. Min. José Delgado, j. 19.4.2007, *DJU* 10.5.2007, p. 357).

aumento de tributos fosse repassado ao consumidor, através do respectivo aumento da tarifa.[17] Dá-se, então, a *repercussão jurídica* do tributo, ou seja, não mais se trata de simples fenômeno econômico, e sim de expressa determinação de lei, que, inclusive, confere legitimidade àquele que é obrigado a suportar o repasse para questionar a validade do tributo respectivo, como veremos adiante.

Isso muda por completo a situação. O consumidor de energia elétrica, por exemplo, deixa sua condição de mero contribuinte de fato para assumir – por força de lei – a obrigação de pagar o tributo. A concessionária funciona apenas como agente arrecadador.

Tal *repercussão jurídica* não se limita aos tributos indiretos. De fato, a referida permissão legal de repasse de ônus diz respeito a *qualquer* tributo cujo aumento venha a onerar a atividade da concessionária de serviços públicos. Não há, portanto, como distinguir entre tributo direto e indireto. Ao contrário, ao tratar genericamente o ônus tributário, a lei negou efeito a essa distinção. A única exceção contida naquela norma diz respeito ao imposto de renda/IR, cujo eventual aumento deve ser suportado pelo concessionário, sem o repasse do respectivo ônus ao valor das tarifas. Isso não implica que o IRPJ seja o único imposto direto. Na verdade, o IR foi excepcionado apenas porque sua base de cálculo é o lucro gerado pela atividade concedida, e, sendo assim, seu eventual aumento não compromete o equilíbrio econômico-financeiro do contrato de concessão.

A *repercussão jurídica* do tributo no valor das tarifas públicas tem o importante efeito de conferir ao consumidor a legitimidade para eventual oposição à cobrança dos tributos que lhe são repassados por força de lei – o que o torna sujeito na relação jurídica tributária. No mesmo dispositivo a lei também determina a repercussão da diminuição do custo com a carga tributária do concessionário, que deve implicar a proporcional redução do valor da tarifa.[18]

17. Lei 8.987/1995, art. 9º, § 3º.

18. Lei 8.987/1995:

"Art. 9º. A tarifa do serviço público concedido será fixada pelo preço da proposta vencedora da licitação e preservada pelas regras de revisão previstas nesta Lei, no edital e no contrato.

"§ 1º. A tarifa não será subordinada à legislação específica anterior e somente nos casos expressamente previstos em lei sua cobrança poderá ser condicionada à existência de serviço público alternativo e gratuito para o usuário.

Note-se que a autorização legal de repasse antes referida atende a dois interesses ao mesmo tempo. O primeiro, explicitamente apontado como sendo a razão do repasse, é a necessidade de manutenção do equilíbrio econômico-financeiro dos contratos de concessão. O segundo, implícito, mas não menos verdadeiro, diz respeito aos interesses do Fisco. Enquanto o aumento de qualquer outro componente do custo dos concessionários sofre rigoroso controle governamental, os tributos são repassados de forma automática. Com isso, o Fisco pode facilmente impor aumento do ônus tributário à sociedade de forma disfarçada, encarecendo o preço dos serviços públicos. A tarifa de energia elétrica – que mais uma vez utilizamos como exemplo – contém mais de 70% de encargo tributário destacado na fatura respectiva (ICMS, PIS, COFINS e contribuição de iluminação pública).

Retirar do consumidor o direito de se insurgir contra eventuais aumentos ou instituições abusivas de tributos sobre os serviços públicos, quando esses aumentos não são suportados pela concessionária, que simplesmente os repassa, é deixar aberta a porta para a prática de abusivas cobranças.

> 1.1.5 O aumento de tributo incidente sobre um serviço público, sendo imediatamente transferido ao consumidor por força de previsão contida no contrato de concessão, deve ser considerado um aumento de tarifa? Caso negativo, isso significa que o consumidor está pagando tributo? Há algum reflexo, em razão disso, na aplicação do art. 166 do CTN a tais hipóteses?

Não há dúvida de que o aumento do tributo incidente sobre um serviço público, quando transferido ao consumidor por força do contrato e/ou da lei, implica aumento do valor da tarifa, assim entendida como o total do ônus pago pelo usuário para obter o serviço.

"§ 2º. Os contratos poderão prever mecanismos de revisão das tarifas, a fim de manter-se o equilíbrio econômico-financeiro.

"§ 3º. Ressalvados os impostos sobre a renda, a criação, alteração ou extinção de quaisquer tributos ou encargos legais, após a apresentação da proposta, quando comprovado seu impacto, implicará a revisão da tarifa, para mais ou para menos, conforme o caso."

É importante destacar, todavia, que o STJ fez a distinção entre o valor da tarifa fixado no contrato e controlado pelo poder concedente, que deve atender às garantias conferidas ao consumidor, e o valor do tributo acrescido à tarifa, que é repassado pela concessionária ao consumidor com expressa autorização de lei. Conforme o entendimento do STJ, o repasse do ônus tributário estaria fora do âmbito do direito consumerista, sujeitando-se apenas ao regime traçado pelas normas que regulam a concessão dos serviços públicos, que expressamente o autorizam. Prevaleceu aqui a distinção conferida ao regime de concessão dos serviços públicos, que não pode ser tratado como gozando da liberdade de mercado.[19]

A referida decisão do STJ considerou que a concessionária simplesmente repassa ao consumidor o valor do tributo instituído ou aumentado depois que o valor da tarifa é contratado com o Poder Público. Conforme o STJ, a concessionária tem o direito à manutenção do equilíbrio econômico-financeiro do contato de concessão. Por isso, é o consumidor – por força de lei – quem deve arcar com o novo ônus tributário.

Registramos que o mesmo STJ tem decidido que, "no caso da energia elétrica, embora o consumidor final possa ser considerado contribuinte de fato, jamais será contribuinte de direito, pois não existe lei que inclua o consumidor no polo passivo da relação tributária, além de não competir a ele recolher o imposto ao Fisco Estadual, nem promover a saída da mercadoria, o que torna impossível classificá-lo como contribuinte de direito".[20]

Outra decisão do STJ deve aqui ser referida, por dizer que, "segundo a jurisprudência da 1ª Seção do STJ, as concessionárias de energia elétrica não possuem legitimidade *ad causam* para figurar no polo passivo das ações que tratam da cobrança de ICMS sobre a demanda contratada de energia elétrica, uma vez que somente arrecadam e transferem os valores referentes ao tributo para o Estado".[21]

19. STJ, 1ª Seção, REsp 976.836-RS, rel. Min. Luiz Fux, j. 25.8.2010, *DJe* 5.10.2010.

20. STJ, 2ª Turma, AREsp 31.020-SC/EDAgR, rel. Min. Humberto Martins, j. 22.11.2011, *DJe* 25.11.2011.

21. STJ, 1ª Turma, REsp/AgR 1.127.543-RJ, rel. Min. Arnaldo Esteves Lima, j. 27.9.2011, *DJe* 30.9.2011.

Essas três decisões precisam ser vistas em conjunto. Na primeira o STJ negou ao consumidor de serviços públicos o direito de acionar a concessionária, opondo-se ao aumento da tarifa, sob o fundamento de que se tratava de repasse do encargo tributário, autorizado por lei e decorrente da necessidade de manter o equilíbrio econômico-financeiro do contrato de concessão. Na segunda decisão o STJ negou ao consumidor o direito de acionar o Estado insurgindo-se contra o aumento de tributo incidente sobre o serviço público a ele prestado, sob o fundamento de que ele – consumidor – não tem relação direta com o Fisco, pois não ostenta a condição de contribuinte de direito. No terceiro caso o STJ negou ao consumidor o direito de acionar a empresa concessionária insurgindo-se, desta feita, diretamente contra a cobrança de tributo destacado no valor da tarifa, sob o fundamento de que esta, concessionária, não tem legitimidade passiva para tanto, pois apenas arrecada e transfere o tributo para o Estado.

Aceitas as premissas postas nessas três decisões, chegamos à conclusão de que cabe ao consumidor pagar – *sem oposição* – o tributo que porventura for incluído no valor da tarifa de serviço público. Isso confere ao Estado o *poder ilimitado* de instituir tributos sobre a prestação de serviços públicos. Tal situação é simplesmente inadmissível. Atenta contra os mais elementares fundamentos do Estado de Direito.

O STJ, que se intitula o "Tribunal da Cidadania", não pode acatar e manter essa iníqua situação.

A melhor solução para o caso da tributação dos serviços públicos é interpretar em conjunto as normas que regulam as relações de consumo e de tributação, assim como aquelas relativas à concessão dos serviços públicos, para reconhecer que o consumidor de tais serviços, em relação aos tributos que são a ele repassados juntamente com a tarifa, adquire a condição de contribuinte *de fato* e *de direito*. Como consequência lógica, deve ser conferida ao consumidor a legitimidade para se insurgir contra uma indevida instituição ou aumento de tributo, acionando diretamente o Estado, sem prejuízo de a concessionária do serviço também poder fazê-lo. Realmente, como antes mencionado, a lei que "dispõe sobre o regime de concessão e permissão da prestação de serviços públicos", previstos no art. 175 da CF, no mesmo artigo que possibilita o repasse de encargos tributários ao valor da tarifa confere ao consumidor o direito à revisão para menos no valor dessa tarifa quando tais encargos forem reduzidos. A melhor interpretação desse dispositivo exige que se dê ao consumidor o direito de acionar diretamente o Fisco para afastar uma ilegal cobrança e, com isso, obter a respectiva redução da tarifa, uma vez que a concessionária, que apenas repassa tal encargo, isso não costuma fazer, até mesmo em face das peculiaridades inerentes ao funcionamento das concessões e à fixação do valor das tarifas.

> 1.1.6 Imagine-se que um consumidor final de energia elétrica questiona em juízo a cobrança do ICMS incidente sobre as faturas que paga à concessionária correspondente. Em face de medida liminar, deixa de sofrer o acréscimo do imposto nos termos impugnados. Essa liminar é confirmada por sentença e por acórdão do Tribunal de Justiça. Muitos anos depois, o STJ afirma a ilegitimidade ativa *ad causam* do consumidor final e extingue o processo sem exame do mérito. Pergunta-se: o Estado poderá exigir o ICMS que deixou de ser recolhido em todo o período de vigência da liminar? Ele poderá exigir esse imposto de quem? Da concessionária que estava impedida de descontá-lo? Do consumidor que teve extinguido seu processo, por não ser considerado contribuinte?

Essa questão põe luz sobre um problema prático por demais interessante, e nos faz refletir sobre as consequências de determinadas posições assumidas pelos tribunais, especialmente pelo STJ, com relação à chamada *tributação indireta*.

Na resposta à pergunta anterior dissemos que o consumidor dos serviços públicos, por conta da repercussão jurídica do ônus do tributo, tem legitimidade para repetir o valor desse mesmo tributo quando pago indevidamente. A decisão que nega tal legitimidade provoca uma distorção no ordenamento, como é mostrado na sequência do raciocínio desenvolvido na própria pergunta.

Realmente, se, durante o decorrer do trâmite da ação, o usuário teve a seu favor ordem judicial que lhe reconhecia a legitimidade e conferia o direito de não pagar a parte da tarifa relativa ao ICMS, e assim o fez durante vários anos, vindo depois o STJ a decidir que ele não detinha legitimidade para tanto, cassando a ordem anterior, então, ele, na condição de usuário do serviço e na vigência da liminar, pagou tarifa a menor à concessionária prestadora dos serviços de fornecimento de energia elétrica. Dele, usuário, portanto, o Estado não pode cobrar o imposto que deixou de receber, até porque, como decidiu o STJ, com ele o Estado não mantém relação jurídica.

A concessionária, por sua vez, deixou de pagar o ICMS por força de ordem judicial, que a impediu de repassar o ônus desse imposto ao usuário. Agiu de forma não apenas lícita, mas obrigatória. Deixou de receber uma parte do seu preço. Exatamente aquela parte que correspondia ao ICMS. Caso também tenha deixado de pagar esse mesmo imposto ao Estado, fica sujeita, no prazo não alcançado pela decadência, ao lançamento do ICMS corresponde à sua inadimplência.

2. Tributação indireta e repetição do indébito

2.1 O art. 166 do CTN se aplica à restituição de tributos indiretos? Ele se aplica a alguma outra hipótese de restituição do indébito tributário?

Antes da resposta a essa pergunta, traçaremos algumas considerações gerais sobre o tema. Rubens Gomes de Souza ensina que, sendo a lei a causa da obrigação tributária, o fundamento para o pedido de repetição do indébito tributário pode ser encontrado em três planos: (a) no plano constitucional, onde se verifica se a lei é válida; (b) no plano legislativo, onde se verifica se a lei está sendo corretamente aplicada (aspecto material do lançamento); e (c) no plano administrativo, onde se verifica se a atividade administrativa do lançamento foi exercida conforme a lei (aspecto formal do lançamento).[22] Nesses três planos referidos por Rubens Gomes de Souza está presente o fundamento constitucional, pois a cobrança de tributo sem lei, com aplicação de lei inválida, com a má aplicação da lei ou, ainda, quando a atividade administrativa de lançamento estiver em desacordo com as disposições da lei confere ao contribuinte o direito de obter a respectiva restituição, por força da mesma garantia constitucional de que não haverá criação ou aumento de tributo sem lei.

22. Rubens Gomes de Souza, *Compêndio de Legislação Tributária*, obra póstuma, coordenação IBET, São Paulo, Resenha Tributária, 1975, p. 99.

A única forma de dar efetividade a essa garantia constitucional é assegurando ao contribuinte o direito incondicional de pedir a devolução do indébito. A lei não pode impor qualquer condição ao exercício do direito de repetir o tributo indevidamente pago, que pode ser reclamado com base na Constituição.

Destacamos que o dispositivo constitucional que trata do princípio da legalidade está dentre aqueles que não podem ser suprimidos ou ter seu alcance reduzido nem mesmo por emenda constitucional.[23] Se nem mesmo o *poder constituinte derivado* pode restringir o direito de o sujeito passivo pagar tributos nos termos da lei, não é o legislador ordinário que, restringindo o direito de repetir o indébito, pode esvaziar por completo essa garantia fundamental.

Por isso, não é o art. 165 do CTN que dá ao contribuinte o direito de repetir o indébito. Esse dispositivo de *lei complementar*[24] apenas regula o exercício desse direito, e, por isso mesmo, não pode suprimi-lo.

Posta essa premissa, passamos ao exame da validade do art. 166 do CTN, que está assim redigido: "Art. 166. A restituição de tributos que comportem, por sua natureza, transferência do respectivo encargo financeiro somente será feita a quem prove haver assumido o referido encargo, ou, no caso de tê-lo transferido a terceiro, estar por esse expressamente autorizado a recebê-la".

É evidente que a referida norma coloca obstáculo ao exercício do direito de repetir os tributos "que comportem, por sua natureza, transferência do respectivo encargo financeiro".

Saber qual tributo comporta, por sua natureza, "transferência do respectivo encargo financeiro" é árdua tarefa, como apontamos na res-

23. "(...). Uma emenda constitucional, emanada, portanto, de Constituinte derivada, incidindo em violação à Constituição originária, pode ser declarada inconstitucional pelo STF, cuja função precípua é de guarda da Constituição (art. 102, I, 'a', da CF)" (STF, Pleno, ADI 939-7-DF, rel. Min. Sydney Sanches, m.v., *DJU*-1 18.3.1994, p. 5.165).

24. Hugo de Brito Machado ensina: "Aqui podemos dizer, em síntese, que *lei ordinária* e *lei complementar* são duas espécies normativas distintas, sendo a última hierarquicamente superior à primeira. E que as leis ordinárias editadas antes do advento da atual Constituição Federal tratando de matérias que esta reservou à lei complementar continuam válidas e ganharam o *status* de leis complementares, e só por lei complementar, portanto, podem ser alteradas ou revogadas. É o que aconteceu com o *Código Tributário Nacional*" (*Curso de Direito Tributário*, 33ª ed., São Paulo, Malheiros Editores, 2012, p. 81).

posta à primeira indagação, ao constatar a insuficiência da classificação dos tributos em diretos e indiretos em razão de critério econômico, e não jurídico.

Mais importante é não esquecer que o pagamento indevido de tributo faz surgir para quem o paga o direito subjetivo de repeti-lo. A lei não pode suprimir esse direito – mesmo que a título de melhor identificar quem de fato arcou com o ônus de tal indevido pagamento –, sob pena de ofensa à Constituição Federal.

Assim, o art. 166 do CTN, como qualquer outra norma legal tendente a suprimir esse direito, é evidentemente inconstitucional, até porque a relação jurídico-tributária que dá origem ao direito de repetir o indébito se estabelece apenas entre o contribuinte apontado como tal pela lei e o Fisco, restando sem qualquer consequência jurídica a figura do chamado *contribuinte de fato*. Inconstitucional como é, não pode ser aplicado em caso algum.

2.2 O art. 166 do CTN se aplica a outras ações relacionadas aos tributos indiretos, diversos da ação de restituição? Embargos à execução fiscal, por exemplo?

A inconstitucionalidade impede a aplicação do art. 166 do CTN em qualquer caso.

De todo modo, em atenção à pergunta e ao fato de que o referido art. 166, não obstante inconstitucional, continua a ser aplicado pelos tribunais, examinaremos esse ponto.

A pergunta trata da possibilidade de aplicação do art. 166 em casos nos quais não houve o pagamento do tributo. Tal dispositivo do Código Tributário Nacional, além de servir para conferir ao Fisco um inimaginável direito de não restituir o tributo pago indevidamente, se aplicado a casos assim, se prestaria, ainda, a obrigar o contribuinte a pagar um tributo mesmo reconhecidamente indevido, apenas porque teria havido o repasse do ônus respectivo ao consumidor (contribuinte de fato).

Voltemos mais uma vez ao dispositivo em análise: "Art. 166. A restituição de tributos que comportem, por sua natureza, transferência do respectivo encargo financeiro somente será feita a quem prove haver assumido o referido encargo, ou, no caso de tê-lo transferido a terceiro, estar por esse expressamente autorizado a recebê-la".

O texto do artigo inicia com a expressão "A restituição", e somente a ela se refere até seu final. Isso, por si só, impede sua aplicação para casos outros que não sejam os de pedido de restituição.

É necessário considerarmos, ainda, que o Fisco não pode exigir o pagamento de um tributo apenas por conta de sua provável anterior inclusão nos preços dos bens e serviços. O fundamento do tributo é – antes de tudo – a lei. Quando não estiver fundado em lei, ou seja, quando ausente o pressuposto de validade do lançamento, o Fisco não pode exigir o pagamento de tributo algum. Não fosse assim, restariam abolidas de vez todas as garantias que a Constituição confere ao cidadão.

Nem mesmo o critério econômico permite aplicar o art. 166 quando ausente o prévio pagamento do tributo. De fato, não havendo o pagamento, não há o ônus específico a ser repassado ao preço. Ao contrário, em situações assim o valor do tributo que deixou de ser pago refletiu – como a redução de qualquer custo poderia refletir – na proporcional diminuição do preço que foi pago pelo consumo do bem ou serviço. O consumidor não resta prejudicado; ao contrário, é beneficiado com a redução do preço.

Assim, conforme, inclusive, o entendimento do STJ,[25] não se pode aplicar de forma alguma o art. 166 no caso de embargos à execução fiscal.

> *2.3 Há diferença entre a situação do contribuinte que paga tributo indireto e em seguida postula sua restituição e a daquele que, em vez de pagar, deposita o valor correspondente, questionando a cobrança? Por qual razão o art. 166 do CTN seria aplicável na primeira situação, e não na segunda?*

25. "Tributário – ICMS – São Paulo – Majoração inconstitucional – 17% para 18% – Art. 166 do CTN – Inaplicabilidade no caso de embargos à execução fiscal. 1. A 1ª Seção firmou o entendimento de que não se aplica o art. 166 do CTN no caso de embargos à execução fiscal, pois não houve pagamento do tributo, nem repasse do encargo financeiro. 2. Agravo regimental provido" (STJ, 2ª Turma, Ag/AgR 972.687-SP, rel. Ministro Herman Benjamin, j. 20.5.2008, *DJe* 19.12.2008).

Já nos posicionamos no sentido de que o art. 166 é inconstitucional. De todo modo, os dois casos postos na pergunta – pagamento ou depósito judicial do tributo cuja cobrança tem sua validade questionada – não são equivalentes.

Realmente, o depósito judicial do montante integral do crédito tributário se dá exatamente para evitar o pagamento. O contribuinte não entrega os recursos para ao Estado, mas os deposita à disposição do juízo para, a final, obter o pronto recebimento ou a conversão em renda do Fisco. No tempo que perdurar a lide, fica suspensa a exigibilidade do crédito tributário posto em depósito.

Além disso, o art. 166 do CTN traz exceção que não pode ser interpretada extensivamente. Nele é muito clara a referência à *restituição de tributos*, o que pressupõe *pagamento*. Não é possível aplicá-lo *por analogia* ao caso de depósito.

Registramos que o STJ já decidiu por "afastar o levantamento do depósito administrativo pela empresa de telefonia, por não ter suportado o ônus financeiro do tributo".[26] Para tanto, considerou irrelevante se "tratar de pagamento, de depósito elisivo voluntário ou de depósito forçado, porquanto, em todos os casos, o que se pretende é coibir o enriquecimento sem causa".

Mais uma vez o STJ dá relevo à repercussão econômica do ônus tributário, certamente motivado pelo fato de o caso por ele decidido tratar da tributação pelo ICMS dos serviços públicos de telefonia. Como foi visto na resposta à pergunta anterior, o valor dos tributos que recaem sobre a atividade da concessionária é repassado ao consumidor

26. "Tributário – Repetição de indébito ou levantamento de depósitos administrativos – Art. 166 do CTN – Legitimação subjetiva ativa apenas do contribuinte de fato, ou seja, daquele que efetivamente suportou o encargo financeiro do tributo – Ilegitimação do contribuinte de direito – Precedentes – Irrelevância de se tratar de pagamento, de depósito elisivo voluntário ou de depósito forçado, porquanto, em todos os casos, o que se pretende é coibir o enriquecimento sem causa (REsp n. 554.203-RS, rel. Min. Teori Albino Zavascki, *DJU* 11.5.2004) – Agravo regimental provido. 1. O agravo regimental merece ser provido, para afastar o levantamento do depósito administrativo pela empresa de telefonia, por não ter suportado o ônus financeiro do tributo, devendo o recurso especial do Estado de Minas Gerais ser oportunamente julgado por esta douta Turma para decidi-lo, como entender de direito. 2. Agravo regimental do Estado de Minas Gerais provido" (STJ, 1ª Turma, Ag/AgR 1.365.535-MG, rel. Min. Benedito Gonçalves, rel. para o acórdão Min. Napoleão Nunes Maia Filho, j. 7.2.2012, *DJe* 21.6.2012).

mediante o respectivo ajuste da tarifa. Sendo assim, o consumidor suporta – por força de lei[27] – todo o ônus com tais tributos.

Ocorre que a lei também determina que a redução do encargo tributário deva igualmente ser repassada ao consumidor, mediante a respectiva redução do valor da tarifa. Assim, o eventual enriquecimento ilícito combatido pelo STJ somente estaria materializado no caso de a concessionária obter a redução do encargo tributário, com o recebimento do valor dos depósitos, e não efetuar a correspondente redução da tarifa.

Em situações outras, quando o preço dos bens e serviços é regulado pelo mercado, não há relação direta entre a formação desse preço e o fato de o empresário contribuinte ter – ou não – depositado em juízo o valor de um tributo cuja validade decidiu questionar. Da mesma forma que não tem relação com o depósito eventualmente feito em uma questão relativa ao valor do aluguel de estabelecimento comercial, ou de salário de seus empregados. Na verdade, qualquer dos elementos que integram o custo dos bens e serviços postos no comércio pode ser discutido em juízo e ter seu valor depositado sem que isso implique enriquecimento ilícito do contribuinte que restar vitorioso na demanda e obtiver a liberação dos valores por ele depositados.

2.4 O art. 166 confere legitimidade ao contribuinte "de fato" para postular a restituição do indébito? Caso negativo, como se poderá obter a restituição do indébito, sobretudo em situações nas quais o contribuinte de direito, que repassou o ônus financeiro do tributo ao consumidor, não tem como identificá-lo? Haveria ofensa ao art. 5º, XXXV, da CF de 1988?

Mais uma vez reafirmamos nosso entendimento pela inconstitucionalidade do art. 166 do CTN. Todavia, em respeito à pergunta, teceremos algumas considerações. Na medida em que o referido artigo do Código Tributário Nacional condiciona o exercício do direito de repetir pelo *contribuinte de direito* à autorização do *contribuinte de fato*,

27. Lei 8.987/1995, art. 9º, § 3º.

seria razoável entender que quem pode autorizar pode pedir diretamente. Surge, então, intransponível dificuldade, a de saber qual o liame jurídico que liga o Fisco ao *contribuinte de fato*, a justificar a ação repetitória.

Respondendo a essa indagação, Rubens Gomes de Souza ensina: "A repercussão é um fenômeno tipicamente econômico e não jurídico, circunstância, essa, que por si só deveria ser suficiente para se obstar a que se pretendesse atribuir qualquer consequência jurídica à figura do contribuinte de fato". E acrescenta, de forma irrefutável: "(...) o Fisco é terceiro em relação às convenções particulares sujeitas à tributação; uma das consequências desse princípio é a de que o Fisco exige o tributo da pessoa designada pela lei como obrigada ao seu pagamento, ignorando as convenções particulares porventura tendentes a deslocar a incidência daquela pessoa para outra, operando tais convenções exclusivamente entre as partes. O princípio pode portanto ser sintetizado dizendo-se que o Fisco só toma conhecimento do contribuinte legal, isto é, da pessoa expressamente designada pela lei como obrigada ao pagamento do tributo (...). Ora, se assim é em matéria de cobrança do tributo, tudo indica que assim também deve ser em matéria de restituição; por outras palavras, se o Fisco não admite que a translação lhe seja oposta como defesa por ocasião da cobrança, tampouco lhe caberá opô-la, ele próprio, como defesa quando pedida a restituição. E pouco importa a esta conclusão que a translação invocada, num e noutro caso, tenha decorrido de convenção particular ou de dispositivo expresso de lei: o fundamento da conclusão é tão somente o fato de que o Fisco só conhece o contribuinte legal, e esse fato permanece constante em ambas as hipóteses".[28]

Por isso, entendemos que o art. 166 somente poderá ser aplicado quando houver a *repercussão jurídica* do ônus financeiro do tributo para o consumidor, que, por ter a obrigação legal de arcar com tal ônus, tem igualmente a legitimidade para questionar diretamente contra o Estado a validade de sua instituição e de sua cobrança.

Não sendo assim estaríamos diante de clara ofensa ao inciso XXXV do art. 5º da CF de 1988, na medida em que ficaria o consumidor sem

28. Rubens Gomes de Souza, in *RDA* 24, 1946, conforme José Morschbacher, *A Restituição dos Impostos Indiretos*, Porto Alegre, Síntese, 1977, pp. 87-89.

acesso ao Poder Judiciário para defender seu direito fundamental de pagar tributos nos termos da lei e dos ditames constitucionais. Ao mesmo tempo em que ficaria livre o Estado para cobrar qualquer valor, sem ter quem pudesse se insurgir contra essa exigência, por mais ilegal e abusiva que fosse. Isso é simplesmente inadmissível.

Aqui colocamos em relevo a forma pela qual esse dispositivo está sendo aplicado pelo STJ, negando ao *contribuinte de fato* legitimidade para se insurgir contra cobranças indevidas de tributo, sob o fundamento de que este não estabelece relação jurídica tributária diretamente com o Estado, ao mesmo tempo em que nega ao *contribuinte de direito* o direito de questionar a validade dessas cobranças, sob o fundamento de que repassou o ônus ao *contribuinte de fato*. Voltamos aos tempos da Súmula 71 do STF, quando o chamado tributo indireto simplesmente não podia ser repetido, mesmo que reconhecidamente ilegal fosse a sua cobrança.

Resta evidente, portanto, não só a negação da garantia da legalidade tributária, mas a negação da garantia das garantias, que é o acesso ao judiciário.

3. *Tributação indireta e imunidades subjetivas*

3.1 Caso um comerciante vendedor seja titular de imunidade subjetiva, poderá ele invocá-la para se eximir da cobrança de tributo indireto incidente sobre as vendas que realiza? Poder-se-á dizer que tal imunidade não é aplicável, eis que quem "verdadeiramente" arca com o tributo é o consumidor final, não imune?

Sim, o contribuinte que goza de imunidade não pode ser obrigado a pagar imposto, nem mesmo quando apontado como um *imposto indireto*.

A possibilidade de repasse do valor do tributo ao preço não retira do contribuinte imune o direito de não se sujeitar à sua cobrança. Vale ressaltar que, em casos assim, normalmente o não pagamento do tributo reflete no preço de forma negativa, ou seja, reduzindo seu valor. Até porque não pode haver o repasse de tributo que não incidiu na operação.

3.2 Caso um consumidor final seja titular de imunidade subjetiva, poderá ele invocá-la para fazer com que sobre as mercadorias e serviços que consome não incidam tributos indiretos? Poder-se-á dizer que tal imunidade não é por ele invocável, pois o "verdadeiro" contribuinte é o vendedor, não imune?

Não. O consumidor não é o contribuinte, embora suporte o ônus de toda a carga tributária incidente sobre os bens e serviços que consome. O STF tem decisões várias no sentido de que a imunidade *não alcança o contribuinte de fato.*[29] Os fundamentos dessa posição do STF, que não merecem qualquer reparo, indicam o desacerto de decisões outras que negam a restituição dos tributos considerados indiretos sob o fundamento de que teria havido o repasse do ônus. Note-se que em casos assim normalmente o que há é a redução do preço do bem ou serviço fornecido pela entidade imune, exatamente em razão da redução de custos decorrente da menor carga tributária a que está sujeita.

3.3 É possível oferecer resposta coerente às duas perguntas anteriores? Essa resposta é coerente com aquelas fornecidas às perguntas do item 2?

Sim. Para guardar coerência nessas respostas basta aplicar o seguinte raciocínio: o contribuinte de direito é quem paga o tributo ao Fisco, e o consumidor de seus bens e serviços paga apenas o preço respectivo. Assim, a imunidade beneficia o contribuinte, e não o consumidor.

Esse mesmo raciocínio aplicamos nas respostas às perguntas do item 2.

29. "*Ementa:* Tributário – ICMS – Serviços de energia elétrica – Município – Contribuinte de fato – Imunidade recíproca – Art. 150, VI, 'a', da Constituição – Inaplicabilidade – Agravo improvido. I – A imunidade do art. 150, VI, 'a', da Constituição somente se aplica ao imposto incidente sobre serviço, patrimônio ou renda do próprio ente beneficiado, na qualidade de contribuinte de direito. II – Como o Município não é contribuinte de direito do ICMS relativo a serviços de energia elétrica, não tem o benefício da imunidade em questão, uma vez que esta não alcança o contribuinte de fato – Precedentes. III – Agravo regimental improvido" (STF, ARE/AgR 663.552-MG, rel. Min. Ricardo Lewandowski, disponível em *www.stf.jus.br*).

> ***4. Tributação indireta e apropriação indébita***
>
> *4.1 Quando o vendedor de uma mercadoria em cujo preço supostamente está embutido o tributo indireto recebe o pagamento desse preço mas não recolhe o tributo incidente sobre a operação, há apropriação indébita? Pode-se dizer que é o consumidor quem "verdadeiramente" paga o tributo, tendo o comerciante o papel de apenas repassá-lo aos cofres públicos, incorrendo em apropriação indébita se não o fizer?*

O preço pago pelo consumidor – contribuinte de fato – contém, em princípio, todos os custos necessários para o desempenho da atividade empresarial, inclusive os tributos incidentes sobre a operação de venda. Por isso, não concordamos com a afirmação de que é o consumidor que paga o tributo e o comerciante, ao receber o preço, apenas repassa parte ao Estado, e, quando não o faz, estaria a se apropriar do que não é seu. Não é assim!

A apropriação indébita exige o *animus* de se apropriar de coisa alheia. Os chamados tributos indiretos são apurados e pagos pelo chamado contribuinte de direito, que detém a obrigação tributária para com o Fisco. Assim, quando não paga o tributo por ele apurado como devido, não há apropriação de coisa alheia, mas tão somente o reconhecimento de uma dívida.

Não podemos deixar de considerar, ainda, que muitas vezes o consumidor não paga pela compra que faz – muitas são as causas da inadimplência – e o comerciante vendedor da mercadoria ainda assim terá que pagar seus tributos nos vencimentos respectivos, sob pena de sofrer execução fiscal em razão dessa dívida.

O STJ já decidiu que "no ICMS o contribuinte de direito recolhe o tributo por obrigação própria, embora o contribuinte de fato suporte o ônus financeiro do imposto, de modo que o inadimplemento da obrigação tributária principal não importa em apropriação indébita".[30]

30. "Tributário – Processo civil – Responsabilidade tributária – ICMS – Inadimplemento – Sócio-gerente – Obrigação própria – Descaracterização – Art. 535 do CPC – Alegações genéricas – Penhora – Alienação – Legitimidade de parte – Ausência de indicação de dispositivo legal – Embargos de declaração – Multa por utilização

4.2 Se não há apropriação indébita, eis que não se trata de mero repasse de tributo pago pelo consumidor, qual a justificativa para se negar ao comerciante o direito à restituição quando esse tributo é por ele recolhido indevidamente, nos termos do art. 166 do CTN?

Não há justificativa razoável para se negar ao comerciante o direito à restituição do tributo que pagou indevidamente, mesmo quando tal tributo faz parte do preço da mercadoria vendida.

5. Tributação indireta e inadimplência do consumidor

5.1 Caso o consumidor final não pague pela mercadoria adquirida, ainda assim o comerciante vendedor deverá recolher o tributo incidente sobre a operação?

É da maior evidência que o comerciante, na condição de contribuinte de direito, está, sim, obrigado a pagar o tributo incidente sobre uma venda mesmo quando o consumidor adquirente da mercadoria não faz o pagamento do preço respectivo.

5.2 Afirmativa a resposta à pergunta anterior, há coerência com a tese segundo a qual o comerciante não poderia pleitear a devolução do tributo pago indevidamente, a qual se funda na afirmação de que esse tributo seria pago, "na verdade", pelo consumidor final?

protelatória – Cabimento. 1. Incabível o conhecimento de recurso especial quando os fundamentos resumem-se a alegações genéricas, pelas quais não se possibilita compreender as razões da insurgência, bem como quando nao indicado o dispositivo tido por violado, nos termos da Súmula n. 284/STF. 2. Cabível a imposição de multa pela utilização protelatória de embargos de declaração quando explícito o prequestionamento da tese fundamento do recurso especial. 3. No ICMS o contribuinte de direito recolhe o tributo por obrigação própria, embora o contribuinte de fato suporte o ônus financeiro do imposto, de modo que o inadimplemento da obrigação tributária principal não importa em apropriação indébita. 4. Recurso parcialmente conhecido e, nesta parte, parcialmente provido" (STJ, 2ª Turma, REsp 851.260-RS, rela. Min. Eliana Calmon, j. 4.9.2008, *DJe* 8.10.2008).

A resposta afirmativa que demos à pergunta anterior é incompatível com a tese de que o comerciante não poderia pleitear a devolução do tributo pago indevidamente por esse tributo ter sido pago, "na verdade", pelo consumidor final.

Realmente, quem afirma que o tributo indireto é de fato pago pelo consumidor deveria admitir que, se o consumidor não pagar o preço, o comerciante não deveria ser obrigado a pagar o tributo respectivo.

6. Tributação indireta e regressividade

6.1 A tributação indireta conduz, sempre, à regressividade? Caso afirmativo, como evitar ou minimizar isso?

Entende-se por tributo regressivo aquele que incide mais fortemente sobre quem tem menor capacidade contributiva, ao contrário do progressivo, que aumenta em razão de indicadores de aumento da capacidade contributiva.

A tributação indireta, aqui identificada como tributação sobre o consumo, tem nítido caráter regressivo, pois seu peso é suportado por todos os que pagam o preço dos bens e serviços – o que envolve pessoas com maior, menor ou nenhuma capacidade contributiva, e que o fazem de forma desavisada.

Uma forma de amenizar essa regressividade seria tributar mais fortemente os produtos que normalmente são consumidos por quem detém maior capacidade econômico-financeira e – por consequência – maior capacidade contributiva. É assim que deveria funcionar a seletividade do ICMS e do IPI. O que se vê, contudo, é uma forte tributação de bens e serviços essenciais a todos – como é o caso da energia elétrica, das telecomunicações e da gasolina –, que são onerados com a alíquota mais elevada do ICMS.

6.2 Afirmar a regressividade da tributação indireta com base no fato de que seu ônus recai sobre o consumidor final é coerente com a afirmação de que a inadimplência desse consumidor não autoriza o comerciante a deixar de pagar o tributo correspondente? E com a afirmação de que não há apropriação indébita por parte do comerciante caso o consumidor pague o preço e ele, comerciante, não pague ao Fisco o tributo respectivo?

A regressividade da tributação indireta é fato incontestável. O ônus tributário que pesa sobre as operações de produção e circulação de bens e serviços contribui de forma muito importante para o encarecimento dos preços desses bens e serviços, que é suportado por quem os consome. É um fenômeno econômico que, como já apontamos nas respostas às perguntas anteriores, não transfere para o contribuinte de fato o dever jurídico de pagar o tributo.

Por isso mesmo, a inadimplência do consumidor não autoriza o comerciante a deixar de pagar o tributo incidente sobre a venda cujo preço restou sem pagamento. Como dissemos na resposta à pergunta 4.1, os tributos indiretos são apurados e pagos pelo contribuinte de direito, que detém a obrigação tributária para com o Fisco. Se não pagar o tributo por ele apurado como devido, ficará sujeito a execução fiscal.

A regressividade não deixa de existir com a inadimplência. Esta é – em princípio – uma exceção e acarreta o surgimento de uma dívida do consumidor para com o comerciante, que pode fazer uso dos instrumentos legais de cobrança. Serve a inadimplência para evidenciar que é o comerciante o devedor do tributo incidente sobre a operação. Serve, ainda, para afastar a afirmação de que o não pagamento do tributo indireto implicaria apropriação indébita do valor desse tributo por parte do contribuinte de direito.

> *6.3 É a seletividade um reconhecimento constitucional (pelo menos em relação ao ICMS e ao IPI) de que tais tributos são indiretos? O que isso significa? Que são juridicamente suportados pelos consumidores finais?*

A questão é a mesma. O tributo cobrado na operação de industrialização ou circulação de mercadorias está diretamente ligado à formação do preço do produto respectivo. Por isso mesmo, é excelente instrumento de controle para o aumento ou diminuição desse preço.

Assim, para estimular ou desestimular o consumo ou a produção de algum produto, o imposto seletivo é utilizado para diminuir ou aumentar o preço respectivo. Isso, entretanto, não muda a relação jurídico-tributária, que continua a envolver o contribuinte de direito e o Fisco.

7. Tributação indireta e base de cálculo de contribuições sobre a receita ou o faturamento

7.1 Caso se considere que os tributos indiretos são verdadeiramente pagos pelos consumidores finais dos produtos e serviços por eles onerados, poderia o ônus a eles correspondente ser considerado receita ou faturamento dos comerciantes vendedores?

Não. Uma vez que se considere que os tributos indiretos são pagos pelo consumidor, o comerciante vendedor seria apenas o repassador desses recursos para o Estado. Devemos ter atenção, contudo, ao fato de que os consumidores pagam o preço dos bens e serviços, nele incluídos os tributos respectivos. Nesse sentido, os consumidores pagam os tributos, como também pagam todos os demais custos dos comerciantes vendedores.

É o comerciante vendedor, na condição de contribuinte de direito, quem verdadeiramente paga o tributo ao Fisco. É ele que fica sujeito a cobrança executiva com penhora de bens, mesmo quando os consumidores de suas mercadorias restam inadimplentes.

7.2 Se comerciantes vendedores, quando pagam indevidamente um tributo indireto, não podem pleitear a devolução, sob o argumento de que quem teria pago tais tributos, na verdade, teria sido o consumidor final, por qual razão esse mesmo tributo, "pago" pelo consumidor final e apenas repassado ao Fisco, seria receita do comerciante?

No nosso entender, os "contribuintes de direito" podem, sim, pleitear a restituição dos tributos por eles pagos indevidamente. Como dissemos, o tributo faz parte do preço do bem ou serviço e, por isso, é, sim, receita de quem os vende.

Por outro lado, dizer que os "contribuintes de direito" não poderiam reclamar a devolução dos tributos "pagos" pelo consumidor implica, necessariamente, admitir que a arrecadação de tais tributos não faça parte da receita desses contribuintes de direito, que seriam meros repassadores desses valores do consumidor para o Estado.

8. Tributação indireta e consciência fiscal

8.1 Quais o sentido e o alcance do art. 150, § 5º, da CF de 1988? Estaria ali o reconhecimento de que o consumidor final é o "verdadeiro contribuinte" dos tributos que oneram as mercadorias e os serviços que consome?

O § 5º do art. 150 da CF de 1988 confere ao legislador a obrigação – ainda não cumprida – de estabelecer medidas para que os consumidores sejam esclarecidos sobre os impostos que incidem sobre mercadorias e serviços.

Essa norma, contudo, não se presta a identificar os contribuintes desses impostos, mas tão somente a tornar mais transparente a carga tributária que onera a economia como um todo, e em especial as mercadorias e os serviços.

8.2 A regulamentação do aludido dispositivo deveria ocorrer por meio de lei complementar? Quais tributos deveriam ser abrangidos pelo dever de esclarecimento ao consumidor?

Essa matéria está prevista no art. 150 da Carta Constitucional, que trada dos limites ao poder de tributar, e, nos termos do art. 146, está reservada à lei complementar. Além disso, o trato desse assunto é de interesse da União, Estados e Municípios, reclamando sua disciplina através de lei nacional.

O § 5º aqui referido trata dos *impostos que incidam sobre mercadorias e serviços.* Isso nos leva a entender que é dirigido ao IPI, ICMS e ISS. Nada impede, contudo, que a lei estabeleça elenco maior de tributos, envolvendo inclusive as contribuições (CIDEs, PIS e COFINS), hoje impostos disfarçados que incidem sobre a receita decorrente de operações com mercadorias e serviços.

8.3 Quais seriam as consequências práticas desse esclarecimento na formação da consciência fiscal?

Os impostos que incidem sobre as operações de consumo de mercadorias e serviços influem fortemente na formação dos respectivos preços. Entendeu o legislador constituinte que é importante esclarecer ao consumidor quais os impostos que oneram diretamente tais operações, de forma a neles despertar o interesse no controle do recolhimento desses tributos (mediante a exigência da respectiva nota fiscal), assim como na boa aplicação dos recursos públicos deles provenientes. Isso é de grande ajuda na formação da consciência-cidadã, uma vez que todos – até mesmo aqueles sem qualquer capacidade contributiva – suportam o peso da carga tributária, e precisam saber disso.

9. Tributação indireta e desoneração das exportações

9.1 Por qual razão a Constituição Federal estabelece a não incidência de certos tributos sobre operações de exportação? Seria um reconhecimento de que tais tributos seriam verdadeiramente pagos pelos consumidores dos produtos, situados no Exterior?

O ônus com o pagamento dos tributos deve ser – necessariamente – considerado na formação dos preços dos produtos. Os tributos que incidem sobre as operações de circulação de mercadorias e prestação de serviços oneram especificamente o custo de tais operações, e são, por isso mesmo, fatores de elevação do preço respectivo.

Nas operações de comércio exterior os tributos alfandegários funcionam como elementos de controle, uma vez que influem fortemente na formação do preço respectivo. Aumentar um tributo que tem como fato gerador a importação é uma forma de desestimular o ingresso de produtos estrangeiros em território nacional. Na exportação ocorre o inverso, a saída de produtos nacionais é desestimulada com o aumento de impostos sobre tais operações, que encarecem o preço do produto nacional.

Assim, quando a Constituição determina que não incidirá o ICMS na exportação, por exemplo, está garantindo que os Estados-membros não dificultarão a venda dos produtos nacionais ao Exterior com a cobrança desse imposto, que implicaria aumento dos custos do exportador.

Os compradores dos produtos brasileiros situados no Exterior pagam todos os custos da exportação, inclusive os tributos incidentes no Brasil sobre tais operações. Por isso, o legislador constituinte entendeu por bem conferir imunidade de ICMS a essa atividade, que considerou útil ao desenvolvimento de nossa economia.

00165

GRÁFICA PAYM
Tel. (011) 4392-3344
paym@terra.com.br